古代歷史文化研究輯刊

十 編

王明蓀 主編

第 13 冊

陳翔唐史研究文存

陳 翔 著

國家圖書館出版品預行編目資料

陳翔唐史研究文存／陳翔 著 — 初版 — 新北市：花木蘭文化
出版社，2013〔民 102〕
序 6+ 目 4+318 面；19×26 公分
（古代歷史文化研究輯刊 十編；第 13 冊）
ISBN：978-986-322-341-2（精裝）
1. 唐史
618   102014406

ISBN-978-986-322-341-2

9 789863 223412

古代歷史文化研究輯刊
十 編　第十三冊　　　　　　　　　ISBN：978-986-322-341-2

陳翔唐史研究文存

作　　　者　陳翔
主　　　編　王明蓀
總 編 輯　杜潔祥
出　　　版　花木蘭文化出版社
發 行 所　花木蘭文化出版社
發 行 人　高小娟
聯絡地址　235 新北市中和區中安街七二號十三樓
　　　　　　電話：02-2923-1455／傳眞：02-2923-1452
網　　　址　http://www.huamulan.tw 信箱 sut81518@gmail.com
印　　　刷　普羅文化出版廣告事業
初　　　版　2013 年 9 月
定　　　價　十編 35 冊（精裝）新台幣 62,000 元

陳翔唐史研究文存

陳　翔　著

作者簡介

陳翔（1979.11.11-2012.10.21），福建南安人。安康學院政治與歷史系講師（去世後追評為副教授）、武漢大學歷史學博士、中國唐史學會、早期中國史研究會會員。2003 年 6 月，畢業於福建師範大學社會歷史學院，獲歷史學學士學位；2006 年 6 月，畢業於陝西師範大學歷史文化學院，師從杜文玉教授，獲歷史學碩士學位；2010 年 6 月，畢業於武漢大學中國三至九世紀研究所，師從朱雷教授，獲歷史學博士學位。2012 年 10 月，逝世於安康學院政治與歷史系講師崗位上，鞠躬盡瘁！

提　　要

　　本書為陳翔博士生前關於唐代政治、軍事等方面的論文之匯集，包括碩士論文《關於唐代澤潞鎮的幾個問題》、博士論文《唐代中央與地方關係研究——以三類地方官為中心》及其他單篇論文和書評。內容包括：第一，對澤潞鎮的考察，弄清了關於澤潞鎮的建置·沿革·擴建及地位、與唐中央政府的關係、在中晚唐歷史上的軍事地位等問題，並在此基礎上對張正田《「中原」邊緣：唐代昭義軍研究》一書學術價值予以評價；第二，對唐代安史之亂的平定與河北藩鎮的重建問題進行新的討論，揭示了唐代宗末期對藩鎮的強硬政策和僕固懷恩的樹黨自固之心；第三，對唐代中央與地方關係的研究，特別是從三類地方官在整個唐代的發展變化出發，即「京官兼任之地方官」、「帶京銜之地方官」、「州縣攝官」，通過大量統計，揭示出唐代中央集權體制逐步消解；第四，通過對地方官的統計，拾遺、訂正了郁賢皓《唐刺史考全編》，並對賴瑞和《唐代中層文官》一書學術價值予以評價；第五，通過對史料的抉微，揭示玄武門之變前後，唐高祖對秦王李世民的獎勵、慰勞完全是秉公而為，太子與秦王的矛盾起於劉黑闥再反之時，高祖與秦王關係的變化發生在楊文幹事件之後，秦王政變成功存在極大偶然性；第六，對唐代「踏歌」習俗、皇后籍貫地理分佈的考察；第八，對唐代清正廉潔之陝西人的普及性介紹。

序一：憶陳翔

朱　雷

　　2012 年 10 月 21 日上午，我正在書房看書，突然電話鈴聲響起，是學生權家玉打過來的，他告訴我數日前陳翔突發腦溢血病逝了。我驚呆了，無法接受這個事實，大腦一片空白，半天才回過神來。據權家玉說：那天陳翔才上完兩節課，已感覺到勞累，準備回住所休息；一路上還在與學生交談，耐心答疑解惑，回到住所後剛坐下休息，就體力不支，突發昏迷，人事不醒；緊急送醫院搶救，經過數日治療無效，撒手人寰，時年猶止三十三歲，英年早逝啊！

　　雖然事發突然，也必然有其因果。反觀他在求學階段，他自福建師範大學社會歷史學院畢業後，考取了陝西師範大學歷史文化學院碩士生，師從杜文玉教授，學習隋唐史，後又考取武漢大學歷史學院博士生，隨我學習。這是一個漫長而又艱辛的學習過程，既要閱讀大量的原始文獻，又要時刻關注本門學科學術史與最新進展，可知其負擔之沉重。待畢業取得博士學位以後，剛走上工作崗位，沉重的工作負擔又壓上來，教學、開講座、科研任務接踵而來。他青年氣盛，要爭先進，好勝心強，教學搞上去了，又在海峽兩岸雜誌上接連發表數篇論文，但始終未想到稚嫩的肩膀上，承受不了這麼重的負荷！而這時他又給自己制訂了做博士後的計劃。高負荷地工作、學習，熬夜成為家常便飯……他終於承受不住，離開我們遠行。

　　他走了，我內心久久不能平靜！往事一幕幕重播，回憶起當年他隨我學習時的點點滴滴。他是一位沉穩好學、言語不多的好青年，喜歡看書，喜歡買書，喜歡思考並善於發現問題，關心本學科的學術動態。他沉迷於學習，每日都是三點一線地活動（寢室→食堂→資料室或導師家）。他尊敬師長，友

善同學。他的突然逝去，令人惋惜！惜哉！痛哉！

　　他的遠行，深深地刺痛了我的心！如果我能早一點提醒他，青年教師正處於事業起步階段，只要對人生有一個長遠規劃，一步一個腳印慢慢前行，經過奮鬥就可以達到目標；同時，把身體健康放在第一位，不要熬夜，合理安排時間，勞逸結合是很重要的；再者，要學會釋放壓力，聽聽音樂，與朋友們談談心，讓自己生活在一個寬鬆的環境中……總之，這幾點對青年學者尤為重要，願與大家共勉！

　　他走了，他的同學、朋友們願意幫他把論文結冊出版，以此悼念陳翔，於是我應約寫了以上的話。

　　願陳翔一路走好！

序二

杜文玉

在中國古代史的研究中，有關隋唐史的研究歷來都受到學界的重視，自宋代以來直到現今，這方面的成果可謂汗牛充棟，多不勝數。這種現象的好處是可資參考的資料很多，不利之處是要想選一個適當的研究課題都十分困難。前些年，我曾對我的研究生們說：有唐一代前後設置的藩鎮甚多，其個案研究雖有成果問世，但由於其數量較多，未涉及者仍然有之，可以從中選擇作爲學位論文的題目。時至今日，要想從中再進行選擇也已經不大容易了，學術的發展與變化眞是日新月異。

當時陳翔正隨我攻讀碩士學位，受我此話的影響，遂選擇了唐代的澤潞鎮作爲學位論文的選題。由於我諸事繁多，便叮囑他一定查清楚與此相關的論著情況，切不可重複研究。在確認不會重複研究的情況下，他便開始了其論文的撰寫。當論文基本完成時，有一天他來找我，說臺灣有一篇碩士論文就是以此爲題的，作者是張正田，導師是中正大學的廖幼華教授。由於眾所周知的原因，兩岸的學術信息交流至今也不是十分暢通的，信息滯後，出現這種情況也不奇怪。由於沒有與張正田的聯繫辦法，好在我與廖教授十分熟悉，就讓他先與廖教授聯繫。當時張正田的論文還沒有出版，廖教授便把她手邊僅有一本論文寄給了陳翔。將兩篇論文的內容對照後，發現內容相同部分不少，顯然繼續照原樣寫下去已無必要，可是重新擬題已來不及了，因爲很快就要答辯了。再三考慮後，我們決定將重複部分刪去，又補充了一些史料，將題目改爲《關於唐代澤潞鎮的幾個問題》，僅對澤潞鎮研究中尚未涉及的或者比較薄弱問題進行研究，這樣做對澤潞鎮的研究也算是有所補益吧。本書的下編就是由陳翔的碩士學位論文，再加上他以後公開發表的數篇論文構成的。

　　本書的上編實際上是陳翔的博士學位論文。陳翔命運多舛，當初考上武漢大學朱雷先生的博士生時，正處在其家庭危難之際。由於其父生意經營困難，無力承擔高昂的學費，他又求學心切，於是只好與陝西安康學院聯繫，願意畢業後去該校工作，作爲條件其學費與生活費則由該校支付。這就是他博士學業完成後，到安康學院工作的根本原因。陳翔博士畢業的那一年，安康學院早早地就給他安排了上課任務，並催促他畢業後馬上來校工作。誰知他竟然食言了，直到一年後才正式工作，原因是那一年他根本就沒有完成學位答辯。

　　事情的經過是這樣的：朱雷先生想請我主持陳翔的博士論文答辯，於是早早地便把論文寄給了我，我閱後認爲寫得還不錯，就答應了這件事。我從西安飛赴武漢後，不料卻突發變故。在答辯進行到了投票階段時，答辯委員中的多數委員（均爲本校老師）認爲論文質量不高，建議推遲答辯。並且善意地提醒我說：如果此次投票不通過，按照該校的規定，再有一次答辯的機會，再不通過就取消學籍；如果此次不投票，就算這次答辯沒有進行，這樣陳翔還有兩次答辯的機會。我想如果堅持投票，肯定通不過，還少了一次答辯的機會，只好同意了他們的建議。這件事我至今仍想不通，因爲按照大陸大學的規定，博士論文在答辯前都要送外校請數名教授評審，一致同意後才能進行答辯。陳翔的論文不但獲得一致通過，有的教授還評爲優秀論文，提出推遲答辯的這幾位委員多非研究隋唐史的教授，莫非外行的水準還高於同行教授？其次，在答辯開始前，我還看見有的答辯委員在休息室正在閱讀陳翔的論文，從其翻閱的厚度看，至少還有一半沒有看完，既然都沒有看完，憑什麼得出質量不高的結論？還一個現象非常奇特，按照規定導師本人不能成爲答辯委員會成員，但是可以旁聽，可是朱雷先生卻被請出了答辯現場，剝奪了他的旁聽權。加之那一天現場氣氛緊張，火藥味甚濃，質疑者聲色俱厲，完全失去了學者應有的溫文爾雅。我一生主持或參加過許多場學位論文的答辯，像這樣的場合還是第一次遇到，也算是人生的一種體驗吧。在大陸的大學中，人際關係複雜，如朱先生這樣的寬厚長者也難免不自覺地陷入其中，波及學生也不是不可能的。又過了一年，第二次答辯仍由我主持，由於換了答辯委員，雖有波折總算通過了。話又說回來，經過一年的修改，陳翔的論文又有了進一步地提高，如此說來也算是好事多磨。

　　本書的上編就其內容而言，應屬於唐代職官制度的範圍。在唐代官制的

研究中，中央官制由於史料豐富，研究成果頗豐，而地方官制由於政書的記載極為簡略，史料零星而又分散，故仍有不少方面需要進一步研究，當然研究難度也就增大了。陳翔的論文涉及了唐代的三類地方官，即京官兼任地方官、地方官帶京官銜和州縣攝官。這些問題前人不是沒有涉及過，但大都是淺嘗輒止，沒有深入進行下去。陳翔的研究除了將這三類地方官進行了深入的研究，搞清了有唐一代近三百年的變化情況外，還有一個特點，就是史料的收集比較豐富，尤其了補充了不少的新出土碑誌的資料，從而使其論文建立在一個比較堅實的基礎上。

畢業以後，儘管安康學院的研究條件不是很好，陳翔仍然能堅持不懈地將唐史研究進行下去，不僅發表了數篇學術論文，而且還申請了政府資助的課題，盡量地為自己的研究創造一些條件。由於他每次發表論文，都會給我寄來影印本，看著自己的學生所取得的進步，尤其是得知他已經取得廈門大學從事博士後研究的資格後，我打心底裏感到高興。不料他卻英年早逝，年僅 33 歲便離開了大家。使我至今仍感到遺憾的是，當我得知他患病時，正好有一個重要的活動要參加，心想他畢竟年輕，待此事過後再去看望他，孰料他堅持不到二天便去了，竟使我沒能最後見他一面。在這篇序中我沒有多談學術問題，而是寫了以上文字，以表達我對陳翔的懷念，希望讀者能理解我的心情，不要責怪。

杜文玉寫於古都西安

目次

上　編　唐代中央與地方關係研究
　　　　　——以三類地方官爲對象

第一章 緒 論

第一節 選題緣起與研究對象

中央與地方關係是國家政治結構中最基本的權力關係之一〔註1〕，其實質上是「以一定利益爲基礎並體現某種利益關係的占統治地位的階級內部的一種政治關係和權力結構關係。」歸根結底，也可以說是一種利益關係。〔註2〕這種利益關係往往是通過一些政治活動體現出來的。而所有的政治活動又都離不開人這一主體。再者，從某種意義上來講，人又是趨利性、嗜利性的動物。利己的企圖產生了人類的活動。〔註3〕由此，即使得中央與地方關係的問題無論是在歷史上還是在現實中都一直受到重視，成爲中國古代政治的一個重要問題。

陳寅恪（1890～1969）先生關於唐代前後期歷史變化的論斷，早已爲學者所熟知。從中央與地方關係的變化方面來說也是如此。自唐後期開始，王朝出現了分裂的趨勢，離心力日漸加強，由一個大一統且強盛的時代急轉而下，這種變化在中國古代史上是頗爲罕見的。所以，這一時期中央與地方關係的變化發展就很值得我們重視和研究。

〔註 1〕 燕繼榮：《政治學十五講》（北京：北京大學出版社，2006 年），頁 127。
〔註 2〕 辛向陽：《大國諸侯：中國中央與地方關係之結》（北京：中國社會出版社，2008 年），頁 18。
〔註 3〕 黑格爾著，王造時譯：《歷史哲學》（上海：上海書店出版社，2006 年），頁 1～73。

中央與地方官府的權力結構最能夠直接、具體地反映中央與地方的關係，〔註4〕因此本文擬從唐代京官兼任之地方官、帶京銜之地方官及州縣攝官等幾類地方官的設置、演變出發，探討這一時期的中央與地方關係。可以說，探討這幾類地方官的變化是本文的主要內容；探討有唐一代中央與地方關係的變化則是本文更深層次的目的。

第二節　學術史回顧

關於有唐一代中央與地方關係的問題，學界已從不同的角度進行了研究，並取得了相當大的成果。由藩鎮入手者，如日野開三郎（1908～1989）、王壽南、張國剛之大作，已是眾所周知。以州郡的角度入手的，有陳志堅《唐代州郡制度研究》〔註5〕。而從地方職官著眼者，數量就更多了。〔註6〕

唐代中央與地方關係所涵蓋的內容極爲廣泛，涉及政治、經濟、軍事、文化諸方面。儘管現今有關唐代中央與地方關係問題的研究成果已經相當多，但是相比於中央與地方關係所包含的內容，目前的研究也並非沒有繼續探討的空間。史學研究講究多角度、多側面研究問題。以其它地方官亦即前人未曾涉及或極少探討者入手，仍可以繼續深化這一時期中央與地方關係問題的研究。而本文所欲探討之地方官即京官兼任之地方官、帶京銜之地方官及州縣攝官，目前學界的相關研究尚少，可研究的空間還很大。這就是筆者選擇以此作爲研究中央與地方關係問題之切入點的原因。下面先就這三類地方官的研究情況論述如下：

〔註4〕李治安主編：《唐宋元明清中央與地方關係研究》（天津：南開大學出版社，1996年），頁451～457。

〔註5〕日野開三郎：《唐代藩鎮の支配體制》（東京：三一書房，1980年）；王壽南：《唐代藩鎮與中央關係之研究》（臺北：大化書局，1978年）；張國剛：《唐代藩鎮研究》（長沙：湖南教育出版社，1987年；增訂版，北京：中國人民大學出版社，2010年）；陳志堅：《唐代州郡制度研究》（上海：上海古籍出版社，2005年）。

〔註6〕這方面的代表作有劉詩平：〈唐代前後期內外官地位的變化——以刺史遷轉途徑爲中心〉，榮新江主編《唐研究》第二卷（北京：北京大學出版社，1996年），頁325～345；李文瀾：〈從唐代地方長官的選任看中央與地方的政治關係——以山南荊楚爲例〉，《魏晉南北朝隋唐史資料》第十九輯（武漢：武漢大學文科學報編輯部，2002年），頁153～163。

一、唐代京官兼任之地方官問題的學術史回顧

　　京官兼任之地方官現象的出現是唐朝中央政府重視地方政治而推行的一項舉措。這種以京官兼任之地方官存在兩種類型。一類是以京官遙領地方官者，這種情況以宗室諸王、宰相居多。《唐會要》就記載：「開元十六年（728）十一月，兵部尚書、河西節度副大使、知節度事蕭嵩（約668～749），除同中書門下平章事，節度如故。宰相遙領節度使，自茲始也。至二十六年（738）二月，中書令李林甫（683～753）遙領隴右節度。天寶十載（751）十一月，楊國忠（？～756）又遙領劍南節度。蕭嵩以牛仙客（675～742）爲留後，李林甫以杜希望爲留後，楊國忠以崔圓（705～768）爲留後。」〔註7〕另一類則是以京官兼任地方官而實際赴任者。在筆者看來，這類官員是屬於差遣性質的。而本文所欲研究者正著眼於此類官員。

　　關於京官兼任之地方官問題，目前學術界尚未有專門研究者，更多的是將其當作史料來使用。如劉詩平在論述唐代內重外輕問題時提到的，長安四年（704）納言李嶠（645～714）等人在與武則天（624～705）討論州縣官問題時上奏：「竊以物議重內官而輕外職，凡所出守，多因貶累，非所以澄風俗、安萬人。臣請擇才於臺閣省寺之中，分典大州，共康庶政。」〔註8〕武則天隨即採納他們的意見，任命鳳閣侍郎韋嗣立（654～719）、御史大夫楊再思（？～708）等二十人以京官本官檢校刺史。〔註9〕還有，李文瀾指出，開元時期，爲解決當時「人皆不樂外官」的情況，宰相裴光庭（676～733）建議採取「重臣兼外官領刺史」的措施，這類似於武則天時期的檢校刺史。〔註10〕從這些論述來看，似乎京官兼任之地方官現象的出現是爲了解決當時內重外輕的問題，解決唐代內重外輕的問題就是京官兼任之地方官現象出現的終極原因。

　　〈崔長先墓誌〉載：

> 公妙達機兆，奮翼雲漢，詔拜大將軍、尚書比部郎中。於時東夏未賓，聖皇旰食。以公藝用優洽，謀略縱橫，可綏靖方隅，弼成岳牧，

〔註7〕王溥：《唐會要》（上海：上海古籍出版社，2006年）卷七八〈諸使中・宰相遙領節度使〉，頁1699。

〔註8〕杜佑撰，王文錦、王永興、劉俊文、徐庭雲、謝方點校：《通典》（北京：中華書局，1988年）卷三三〈職官典・郡太守〉，頁908。

〔註9〕劉詩平：〈唐代前後期內外官地位的變化——以刺史遷轉途徑爲中心〉，頁327。

〔註10〕李文瀾：〈從唐代地方長官的選任看中央與地方的政治關係——以山南荊楚爲例〉，頁156。

以本官檢校陝州總管府長史。王世充竊名假號，旅拒三川；秦王受
脤出軍，方清四險……武德八年（625）歲次乙酉七月癸巳朔十四日
景午，終於洛州公館。〔註11〕

由「王世充竊名假號，旅拒三川；秦王受脤出軍，方清四險」一句可知，崔長
先（564～625）以本官京官比部郎中檢校陝州總管府長史是在武德初年。而從
該墓誌銘的記載來看，其以京官兼任地方官似乎不是出於地方行政的考慮，而
是出於軍事層面上的原因。這樣一來，京官兼任之地方官現象的出現似還有其
它因素？因此京官兼任之地方官現象出現的原因還有待進一步探討。

京官兼任之地方官的現象在唐代前後期均存在，這種現象在前後期有什
麼不同與變化？這種不同體現在哪幾個層面？而這種變化又說明了什麼？這
些都是本文所欲研究的問題。

二、唐代帶京銜之地方官問題的學術史回顧

在唐史研究中，一般認為「帶職」是方鎮使府僚佐才有的現象。〔註12〕
筆者在翻閱唐代史料時注意到，有唐一代不僅僅是使府僚佐有這種現象，地
方上的府州縣官也同樣有此現象。如貞觀年間，李勣（594～669）就以并州
大都督府長史帶太子左衛率。〈李勣墓誌銘〉載：

太宗踐祚，授并州大都督……皇上（即高宗）之居藩邸，遙攝并州，
改授公左光祿大夫、并州長史。（貞觀）六年（632）初，議封建，
徙封英國公，冊拜蘄州刺史。時並不就國，復以本官遙領太子左衛
率，徵拜兵部尚書，參謀國政。〔註13〕

〔註11〕 崔行襃：〈崔長先墓誌〉，周紹良、趙超主編：《唐代墓誌彙編》（上海：上海
古籍出版社，1992 年）武德○○五，頁 3；又見吳鋼主編：《全唐文補遺》第
六輯（西安：三秦出版社，1999 年），頁 235～236。另，李方《唐代西州地
方行政體制》（哈爾濱：黑龍江教育出版社，2002 年，頁 173）指出：「高宗
武后總章年間前後西州已有了檢校官。西州檢校官的出現似乎也比內地檢校
官的出現要早。」誤。由〈崔長先墓誌〉可知，早在武德時期內地就有檢校
地方官。事實上，隋代就已經有檢校地方官了。具見馮培紅：〈論唐五代藩鎮
的帶職現象——以檢校、兼、試官為中心〉，收入高田時雄主編：《唐代的宗
教文化與制度》（京都：京都大學人文科學研究所，2007 年），頁 146～147。

〔註12〕 關於使府僚佐帶職的問題，前賢已從各個方面進行了研究、探討，成果相當
豐富，不易超越。關於這方面的研究情況，可參閱馮培紅對此的回顧、評介，
詳見前揭馮氏之文，頁 135～143。

〔註13〕 劉禕之：〈大唐故司空太師贈太尉揚州大都督上柱國英國公勣墓誌銘并序〉（吳

此處的本官即指「并州大都督府長史」，而「太子左衛率」乃屬遙領之職，並非實授之職，因爲其並未到京師的太子東宮擔任此職。從〈李勣墓誌銘〉之「遙領」可知。這亦可從《舊唐書‧李勣傳》的記載得知：「時高宗爲晉王，遙領并州大都督，授勣光祿大夫、行并州大都督府長史。父憂解，尋起復舊職。（貞觀）十一年（637），改封英國公，代襲蘄州刺史。時並不就國，復以本官遙領太子左衛率。勣在并州凡十六年，令行禁止，號爲稱職。太宗謂侍臣曰：『隋煬帝不能精選賢良，安撫邊境，惟解築長城以備突厥，情識之惑，一至於此！朕今委任李世勣於并州，遂使突厥畏威遁走，塞垣安靜，豈不勝遠築長城耶？』」〔註14〕由此可知，李勣擔任并州大都督府長史後一直任職於此，未曾離開，即未曾到京師任職太子左衛率。因此可以說太子左衛率乃虛

鋼主編：《全唐文補遺》第一輯，西安：三秦出版社，1994年，頁55～58；周紹良、趙超主編：《唐代墓誌彙編續集》總章〇一〇，上海：上海古籍出版社，2001年，頁177～178）。劉昫等《舊唐書》卷六七〈李勣傳〉（北京：中華書局，1975年，頁2486）的記載亦大致相同。而歐陽修等《新唐書》卷九三〈李勣傳〉（北京：中華書局，1975年，頁3818～3819）中其任并州大都督府長史的相關記載未記其帶職。另，筆者認爲，李勣以并州大都督府長史兼太子左衛率並非始於冊拜蘄州刺史以後，此前似已以并州大都督府長史遙領太子左衛率。宋敏求編《唐大詔令集》卷六二〈冊李勣改封英國公文〉（北京：中華書局，2008年，頁337）記載：「維貞觀某年月日甲子，皇帝使某官持節冊命曰：『於戲！列爵者必俟茂勳，設官者咸資懿德，所以翼贊王室，宏宣帝載。惟爾光祿大夫、行并州大都督府長史、太子左衛率、曹國公李勣，識量恢弘，風略宏遠，忠以奉上，信以立身。獻款西歸，邱鄘風美；分麾東略，號鄭景從。預艱難於藩邸，展經綸而方面。南定維揚，北清大漠，威振殊俗，勳書冊府。及入司禁旅，出帥藩鎮；勞勤表於凤夜，績用成於期月。蘄黃之地，濱帶江淮，鎮捍之重，允屬功烈，是用命爾爲使持節蘄州諸軍事、蘄州刺史，改封英國公。任重六條，地優五等，爲朕藩屏，傳爾子孫。往欽哉！其祗膺朝命，克固臣節，勤恤黎元，垂裕後世，可不愼歟！」董誥等編《全唐文》卷九（北京：中華書局，1983年，頁112～113）的記載與之同。該詔敕稱李勣改授蘄州刺史前的官銜是「并州大都督府長史、太子左衛率」。一般情況下，屬於「帶京銜之地方官」範疇者即是「地方官」書寫在前，「京官」書寫在後的書寫習慣；屬於「京官兼任之地方官」範疇者則反之，即「京官」書寫在前，「地方官」書寫在後的書寫習慣（關於「京官兼任之地方官」及「帶京銜之地方官」書寫習慣差異的論述詳見本書上編第二章第一節）。如此則說明，「并州大都督府長史、太子左衛率」即屬於帶京銜之地方官的範疇。再者，從李勣的列傳、墓誌銘所記「復以本官遙領太子左衛率」之「復」似亦可知。由此即可證明，在冊拜李勣爲蘄州刺史之前，其即以并州大都督府長史遙領太子左衛率了。

〔註14〕《舊唐書》卷六七〈李勣傳〉，頁2486。亦見《新唐書》卷九三〈李勣傳〉，頁3818～3819。

衙，是李勣任職并州大都督府長史時所遙領之「京衙」。據此可知，「并州大都督府長史、太子左衛率」即屬於帶京衙之地方官的範疇。

再舉另外一個實例：前此所舉乃唐前期的例子，下面所提及則爲大曆年間獨孤及（725～777）以舒州刺史兼檢校司封郎中。《新唐書·獨孤及傳》載：

> 遷禮部員外郎。歷濠、舒二州刺史。歲饑旱，鄰郡庸亡什四以上，舒人獨安。以治課加檢校司封郎中，賜金紫。〔註15〕

由此可見，獨孤及是因爲在舒州刺史任上政績出眾而被加授「檢校司封郎中」的。檢校官在唐後期並無實際職掌，更多地是作爲使府僚佐的階官。〔註16〕從邏輯上來看，獨孤及是不可能因爲政績出色而被授予一獨立之檢校官的。此「檢校司封郎中」應該是舒州刺史的兼官。在〈祭峴山文〉、〈祭韋炎端公文〉等文中獨孤及也都自稱是「檢校司封郎中兼舒州刺史」〔註17〕、「司封郎中兼舒州刺史」〔註18〕。而獨孤及自大曆五年（770）擔任舒州刺史以來一直沒有離開過舒州，直到大曆八年（773）改任常州刺史。〔註19〕據此可知，「檢

〔註15〕《新唐書》卷一六二〈獨孤及傳〉，頁 4993。李昉編《文苑英華》（北京：中華書局，1966 年）卷九二四〈故常州刺史獨孤公神道碑銘并序〉（頁 4864～4865）、同書卷九七二〈朝散大夫常州刺史賜紫金魚袋獨孤公行狀〉（頁 5115～5117）、《全唐文》卷四〇九（頁 4195～4197）、同書卷五二二（頁 5302～5304）的記載略同。

〔註16〕張國剛：《唐代官制》（西安：三秦出版社，1987 年），頁 169～170；閻步克：〈「品位──職位」視角中的傳統階制的五期變化〉，《歷史研究》，2001 年第 2 期，頁 3～14；張東光：〈唐代的檢校官〉，《晉陽學刊》，2006 年第 2 期，頁 74～78；賴瑞和：《唐代基層文官》（北京：中華書局，2008 年），頁 226，及同氏：〈論唐代的檢校官制〉，《漢學研究》第 24 卷第 1 期，頁 175～208；同氏：〈論唐代的檢校郎官〉，收入杜文玉主編《唐史論叢》第十輯（西安：三秦出版社，2008 年），頁 106～119；同氏：《唐代中層文官》（臺北：聯經出版事業公司，2008 年），頁 228～230。

〔註17〕獨孤及：〈祭峴山文〉，《毗陵集》（上海：上海古籍出版社，1993 年）卷一九，頁 145；《文苑英華》卷九九六〈祭峴山神祈雨文〉，頁 5233；《全唐文》卷三九三〈祭峴山文〉，頁 4003。

〔註18〕獨孤及：〈祭韋炎端公文〉，《毗陵集》卷二〇，頁 151；《文苑英華》卷九八一，頁 5163；《全唐文》卷三九三，頁 4000。另，時人在記載這些檢校官時，往往會省略「檢校」兩字。茲可參閱賴瑞和：《唐代基層文官》（頁 226）、同氏〈論唐代的檢校官制〉（頁 175～208）及〈論唐代的檢校郎官〉（頁 106～119）。故而其在祭文中有時簡稱其官銜爲「司封郎中兼舒州刺史」。至於其將京官書寫於前，乃是因京官高貴之故。這些論述詳見於本書上編第二章。

〔註19〕羅榮添：〈獨孤及考證〉，《大陸雜誌》，第四十八卷第三期，1974 年，頁 32～33；郁賢皓：《唐刺史考全編》（合肥：安徽大學出版社，2000 年）卷一二八〈淮南道·舒州〉，頁 1747。

校司封郎中」即舒州刺史兼官，亦即舒州刺史所遙領之京銜。

　　有唐一代，帶京銜之府州縣官者並不止這些。那麼，中央政府為什麼要授予府州縣官京銜？使府僚佐之帶職是因為使職本身沒有品秩，而以帶職使之納入品秩系統。但是，府州縣官本身已經有品秩，為什麼還要帶京銜？換句話說，朝廷使府州縣官帶京銜的用意何在？上舉獨孤及是因其在任上政績出眾而被加授京銜的，但是李勣呢？舊史對其為何帶京銜隻字不提。那麼，如何解釋這一問題？可先看看前賢對此的研究，或許可從中得到一些啟發。這裏筆者需要先解釋一個概念問題。使府僚佐帶職的範圍包括京官、州縣官；〔註20〕府州縣官帶職的範圍僅限於京官，不及州縣官。因此筆者稱府州縣官之帶職為帶京銜。

　　楊志玖（1915～2002）是較早注意到這一問題的學者，他在1982年所發表的〈釋「臺參」並論韓愈和李紳爭論〉一文中指出：韓愈（768～824）所任之京兆尹兼御史大夫，京兆尹是其正式官職，御史大夫是兼職，實際是虛銜。〔註21〕不過他僅僅簡單地描述了這一現象，再無更多的討論。

　　之後，張國剛發表了〈唐代的光署錢與五代的光臺錢和光省錢〉與〈唐代階官與職事官的階官化〉兩文，首次探討了與帶京銜之地方官相關的臺省禮錢。〔註22〕前文指出：五代時期，諸道節度、觀察、防禦、經略等使，刺史、縣令、諸道幕府參佐及諸司帶憲銜兼官者，均必須納錢給御史臺，這筆錢稱為光臺錢。只有禮錢納畢，才付憲官告身。而這種繳納禮錢的制度起源於唐代，並且很可能肇端於光署錢並由之發展而來。它由從三署超資得官例須納錢本署，發展到凡帶憲銜、檢校官銜皆必須納錢臺省。光署錢起初不過是宴請本署同僚的慶賀錢，後來則成為這些官署的一筆常規收入，說明這些官府的雜費開支已經有賴於這筆款子了。這種情況實際上是中央政府一種變態的賣官鬻爵。張文談及更多的是與帶京銜之地方官相關的臺省禮錢。後文中有關帶京銜之地方官問題的論點主要是對前文的總結，其指出：唐五代時期刺史、錄事參軍、縣令等正員職事官也都加上檢校、試、憲官等帶職，及帶職納錢的制度化和定

〔註20〕陳志堅：《唐代州郡制度研究》，頁83；朱溢：〈論晚唐五代的試官〉，《國學研究》第十九卷（北京：北京大學出版社，2007年），頁62、65。

〔註21〕楊志玖：〈釋「臺參」並論韓愈和李紳爭論〉，《社會科學戰線》，1982年第3期，頁149。

〔註22〕前文原收於《中國歷史大辭典通訊》，1982年第3期；後文原發表於《中華文史論叢》，1989年第2期，頁71～90；二文後皆收入氏著《唐代政治制度研究論集》（臺北：文津出版社，1994年），頁261～266、頁223～226。本文所引兩文皆據其論文集。

量化，都屬於帶職階官化進一步發展的重要表現。按照張氏所舉的關於帶職之地方官的例子及其把帶職之地方官問題放在「帶職階官化的進一步發展」這一節來看，似乎其認爲帶京銜之地方官的現象始於晚唐。而按照張氏的界定，晚唐是在元和（806～820）以後。但是筆者在史籍中發現，帶京銜之地方官的現象不始於晚唐，在唐前期就已經出現了，上舉李勣就是一例。〔註23〕

1985 年，香港學者劉健明撰文，在認同前舉楊志玖觀點的基礎上進一步指出：唐代京兆尹兼御史大夫乃是安史之亂後常有的現象，因爲京兆尹治理京畿，豪強土霸甚多，故多兼御史職，以提高京兆尹的地位與聲望。〔註 24〕另外，該文還旁及了京兆尹兼御史臺官的原因。

之後，臺灣學者張榮芳在《唐代京兆尹研究》一書中專闢一節「兼官職」，探討了京兆尹的兼官。他指出：整個唐代京兆尹兼官職以御史臺官與尚書省職官爲主，而御史臺官又以御史大夫最多，尚書省則以六部尚書、侍郎最多。京兆尹所兼御史大夫、御史中丞，並非虛職，而是針對京兆尹的職掌有其實

〔註23〕 張國剛還指出：職事官之淪爲階官，可以說在唐初就有了。武德年間涼州總管楊恭仁（568～639）遙領納言，嚴格地說，這裏的納言只能算作階官，因爲他並不董理實務。張氏關於武德年間涼州總管楊恭仁遙領納言的說法，是因循《舊唐書》卷六二〈楊恭仁傳〉、《新唐書》卷六一〈宰相表上〉、《新唐書》卷一○○〈楊恭仁傳〉及《資治通鑑》卷一八七武德二年冬十月己亥條的記載所致。但是〈楊恭仁墓誌銘〉對此卻存在著相反的記載。不著撰人〈大唐故特進觀國公墓誌〉（《全唐文補遺》第一輯，頁 482～483；《唐代墓誌彙編續集》貞觀○二一，頁 22～23）載：「公姓楊氏，諱溫，字恭仁……武德二年春三月，仍爲黃門侍郎。十月，遷納言。三年，改授侍中。出納綸誥，典綜樞機；烹鮮之要，遊刃斯在。王化伊始，西域未賓，授公河西道安撫大使、檢校涼州總管。管內刺史以下，皆得便宜從事，隨方選補。」按照《楊恭仁墓誌銘》的記載，楊恭仁是先任侍中，再出爲涼州總管。根據郁賢皓的研究，武德二年在涼州任上的是安修仁，楊恭仁任職涼州是在武德三年。具見郁賢皓：《唐刺史考全編》卷三九〈隴右道·涼州〉，頁 466。郁氏的結論是正確的，因爲如果確如兩唐書楊恭仁本傳及《資治通鑑》等所云楊恭仁任職涼州時間在武德二年的話，那麼武德二年安修仁任職涼州的記載又將怎麼處理？又，《舊唐書》卷一〈高祖紀〉（頁 13～14）載：武德六年「四月己未……侍中、觀國公楊恭仁爲吏部尚書。」據郁賢皓研究，武德六年楊恭仁還在涼州總管任上，而此仍云其爲侍中。如此，似楊恭仁任職涼州時還兼帶侍中。而這兩個官職中，侍中是授任在先的，涼州總管授任於後，因此可以說楊恭仁是以侍中本官檢校涼州總管的，即屬於京官兼任之地方官的範疇，而非張氏所說以涼州總管遙領納言。

〔註24〕 劉健明：〈論韓愈和李紳：臺參的爭論〉，《大陸雜誌》，第 70 卷第 6 期，1985 年 6 月，頁 256。

際作用存在的，其兼官只在特殊時期或需要時方能發揮其效用。儘管如此，其畢竟不同於正式編制的職官。京兆尹加（削）兼御史臺官主要關乎其政績的優良與否。〔註25〕張氏在這一節中指出了京兆尹所兼京衛的主要類型，比劉健明的研究更進一步。但是他指出其所兼之官並非虛職，並引用《新唐書·嚴郢傳》的記載爲例證。這種觀點恰與前此楊志玖、劉健明的見解相左。《新唐書·嚴郢傳》如此記載：「大曆（766～779）末，進拜京兆尹。……御史臺請天下斷獄一切待報，唯殺人許償死，論徒者得悉徙邊。郢言：『……又按，京師天下聚，論徒者至廣，例不覆讞。今若悉待報，有司斷決有程，月不啻五千獄，正恐牒案填委，章程紊撓。且邊及近邊犯死徒流者，若何爲差？請下有司更議。』炎惡異己，陰諷御史張著劾郢匿發民濬渠，使怨歸上。繫金吾，長安中日數千人遮建福門訟郢寃。帝微知之，削兼御史中丞。人知郢得原，皆迎拜。」〔註26〕張氏據此指出：「當御史臺論刑獄事時，嚴郢亦得參預意見，可知嚴郢兼御史中丞，既有出席、議論的資格，還以京兆尹的地位與實際情況中止了御史臺原案，足證此時的兼御史臺官並非僅僅是一加銜虛職而已。」筆者認爲，張氏所引嚴郢之例似不能說明「兼御史臺官並非僅僅是一加銜虛職而已」。《新唐書·嚴郢傳》說的是嚴郢參預百官的討論，而非參預御史臺內部的討論；講的是御史臺奏請朝廷而嚴郢反駁之事。如果其所言是御史臺內部討論，那麼，文中「御史臺請天下斷獄一切待報」之「請」及「請下有司更議」之「有司」當作何解？因此可以說，嚴郢所參預的是百官討論，而其能夠參預討論亦非「兼御史臺官」所致。需要注意的是張氏所論的京兆尹之兼官有很多是有實際職掌的，甚至有部分是以京官帶京兆尹的，當屬於京官兼任之地方官的範疇。

2002 年，吳麗娛出版《唐禮摭遺──中古書儀研究》一書，繼續對外官禮錢的意義進行討論，認爲外官禮錢本身的交納意義，不僅是外官對朝廷盡義務，實際上也是使其尊奉朝廷的一種象徵。〔註27〕

〔註25〕張榮芳：《唐代京兆尹研究》（臺北：學生書局，1987 年），頁 71～77。

〔註26〕《新唐書》卷一四五〈嚴郢傳〉，頁 4728～4729。王欽若等編纂《冊府元龜》卷六一六〈刑法部·議讞三〉（北京：中華書局，1960 年，頁 7405～7406）的記載與之略同。本文所參考的《冊府元龜》，主要以明本爲主，同時輔以宋本及新近出版的校勘本。除非遇到較大爭議者，否則一般僅注明本之出處。

〔註27〕吳麗娛：《唐禮摭遺──中古書儀研究》（北京：商務印書館，2002 年），頁 563～565。

2004 年，杜文玉師撰文探討了助禮錢與諸司禮錢，提出了許多與張國剛觀點不同的見解。〔註 28〕兩位學者在唐五代諸司禮錢是否與賣官鬻爵有關、光臺錢在唐代是否爲國家制度，及諸司禮錢是否具有強制性約束力等問題上存在著相左見解。對此，筆者試做辨析：

第一，唐五代的諸司禮錢制度與賣官鬻爵有關，因爲它具有強制性的約束力。後唐同光二年（924）三月三十日，御史臺奏：「……應有諸道節度觀察使、刺史、經略防禦等使及諸道幕府上佐官，并諸司班行新受兼官者，並合送納前件光臺憲銜禮錢，今欲准例勒辭謝樞使官申報，兼牒兵部，勒告身案，除准宣取外，准例候送納光臺禮錢畢，朱鈔到方可給付，仍轉帖諸道進奏及諸州使院等，准前事例申報催徵，無致有隳舊規。」〔註 29〕杜文玉師已據此指出有關部門只有收到御史臺的朱鈔，證明光臺錢已收畢，方可給兼任憲官者發給告身。由此可知，這一制度是具有強制性的，這裏說的是五代的情況。再從「准例」、「舊規」等用語即可知這種強制要求交納禮錢的規定是源於唐朝的。因爲後唐一直自視爲李唐正統之後，這裏的「舊規」只能是指李唐王朝，不可能是指剛剛建立一年的後唐。〔註 30〕因此筆者以爲唐代的諸司禮錢制度也具有強制性。正因爲其具有強制性，只有禮錢納畢，方可取得告身，從某種意義上來說，可以說是一種變相的賣官鬻爵。〔註 31〕

第二，光臺錢在唐代已經成爲一種制度。杜文玉師在文中以〈御史臺記〉所記載宋務先交納光臺錢爲愚弄之例來說明光臺錢雖然始見於唐代，但是在唐代並非國家的制度規定，僅是官員的個人行爲，似欠妥。因爲宋務先交納光臺錢之事發生在唐代前期，在前期交納光臺錢屬於個人行爲。但是，在經歷了那麼長的時間，到了唐代末期其已演變成了一種制度。此點由張國剛所提到的「本朝元納」、「本朝故事」等用語〔註 32〕即可知。

同年，賴瑞和也提到判司可作爲地方官的加官以示獎勵。〔註 33〕但是賴

〔註 28〕杜文玉：〈唐五代的助禮錢與諸司禮錢〉，《陝西師範大學學報》（哲學社會科學版），2004 年第 2 期，頁 76～82；後收入氏著《五代十國制度研究》（北京：人民出版社，2006 年），頁 533～551。

〔註 29〕王溥：《五代會要》（上海：上海古籍出版社，1978 年）卷一七〈御史臺〉，頁 283。

〔註 30〕張國剛：《唐代政治制度研究論集》，頁 226。

〔註 31〕張國剛稱之爲「變態的賣官鬻爵」，筆者以爲用「變相」一詞似更妥當。

〔註 32〕張國剛：《唐代政治制度研究論集》，頁 226。

〔註 33〕賴瑞和：《唐代基層文官》，頁 198。另，賴氏在〈論唐代的州縣「攝」官〉（收

氏對帶京銜之地方官問題的論述僅此而已。

　　綜合上述學界目前對唐代帶京銜之地方官問題的研究來看，已有討論多涉及與帶京銜之地方官相關聯的臺省禮錢，對帶京銜之地方官現象本身的研究很少，多局限於京兆尹帶京銜問題的研究，且篇幅極爲單薄。即便如此，對京兆尹兼官問題的研究還存在不盡相同的看法。而對京師以外其它帶京銜之地方官的現象，研究者尚未觸及。因此可以深入的空間還很大。在全國範圍內，帶京銜之地方官現象出現的原因是什麼？其有何特點？前後期有何變化？帶京銜有何意義、作用與功能？這些問題都是本文所欲探討的。

三、唐代州縣「攝」官問題的學術史回顧

　　唐代「攝」官有兩種：一種是由朝廷所任命的，所謂「攝者，言敕攝，非州府版署之命」〔註34〕；另一種則是由地方長官所署任的，「謂之版授，時號假版官，言未授王命，假攝耳」〔註35〕，也就是本文所說的州縣「攝」官。這裏的地方長官包括州刺史、郡太守、都督府長史、府尹，前期的採訪使、按察使、節度使，及後期的節度使、觀察使等。〔註36〕也就是說這種由地方

入杜文玉主編：《唐史論叢》第九輯，西安：三秦出版社，2007 年，頁 66～86）一文中指出藩鎮辟署州縣攝官時會爲其奏請朝銜，並將許多帶京銜之地方官解讀爲攝州縣官帶京銜。筆者認爲賴氏在州縣攝官的概念及攝官與帶職（試官）關係的理解上存在著問題。關於此文的評介詳見後文。

〔註34〕《通典》卷一九〈職官一·歷代官制總序〉，頁 472。

〔註35〕趙彥衛撰，傅根清點校：《雲麓漫鈔》卷四（北京：中華書局，1996 年），頁60～61。

〔註36〕州郡長官、都督府長史、府尹辟署州縣攝官：不著撰人〈大唐故貝州宗成縣丞裴君墓誌銘并序〉(《唐代墓誌彙編續集》開元一七五，頁 572）載：裴宥（689～739）「開元廿四年（736），調貝州宗城縣丞。官未充量，其材莫展。無何，州牧委攝経城縣令。」徐季鴒〈屯留令薛僅善政碑〉(《全唐文》卷三六二，頁 3677）載：開元年間，薛僅「授江陽丞。(揚州都督府) 長史王易從、李朝隱以公清正直，攝江陽、江都、海陵三縣令。」蕭鼎〈唐故興元府南鄭縣丞扶風馬府君墓誌銘并序〉(吳鋼主編：《全唐文補遺》第四輯，西安：三秦出版社，1997 年，頁 210；《唐代墓誌彙編》大中一二七，頁 2350）載：馬攸（806～854）「後任河南府鞏縣丞，勤乎厥署，勞必在公。果爲尹長盧公貞之知。會河南府洛陽尉闕，是委公假之，兼領戎務。」按察使辟署州縣攝官：佚名〈大唐故監察御史天水趙府君墓誌銘并序〉(吳鋼主編《全唐文補遺》第七輯，西安：三秦出版社，頁 380；《唐代墓誌彙編續集》開元一五五，頁 559～560）載：趙陵陽（688～737）「累貶秦州參軍。會恩昭洗，量授趙州平棘主簿。……於是以清白著聞，爲皇華振拔，則按察使蕭嵩，差攝冀州武邑縣令。」採訪

長官任命的攝官在唐代前後期均存在。〔註37〕本文所要探討的乃是第二種攝官，且主要是內地區域的。

唐代州縣攝官爲數眾多，尤其是在唐後期。州縣攝官的多寡是一個國家中央集權強弱的標誌之一。因此，歷來不乏研究者。自宋以來，就有學者對其進行探討。只是古代學者的探討都僅對其進行簡單比對及評論而已。〔註38〕相關的研究是近現代以來才逐漸多起來的。

松井秀一於 1959 年發表的〈盧龍藩鎮考〉一文是較早注意這一問題者，他指出盧龍徹底執行以軍將及幕職兼攝州縣官之策略，乃是確保其強有力軍事體制的原因。〔註39〕松井氏並非專門研究州縣攝官問題，只是在探討盧龍藩鎮時涉及。

但是此後將近十年的時間幾無人論及此問題，直到 1969 年才有學者再次涉足這一領域。臺灣學者王壽南此年出版的《唐代藩鎮與中央關係之研究》一書在論及唐代藩鎮對於地方的控制時指出：藩鎮派遣幕職官差攝州縣官是控制州縣的辦法之一。而節度使、觀察使差人假攝的州縣官主要爲刺史、縣

使辟署州縣攝官：趙推〈大唐故廣陵郡海陵縣丞張府君墓誌銘并序〉（《全唐文補遺》第一輯，頁 160～161；《唐代墓誌彙編》天寶○八一，頁 1589）載：張俊（686～744）「乃調授廣陵郡海陵縣丞。心澄用晦之明，手握不貪之寶。時或闕宰，逾年獨攝。緝化而吳俗坐變，調風而楚人行歌。復以揚子江都咸關毗贊，本道（採訪）使皇甫翼劉楚屬城，薦君名聞九天，委君位攝二邑。眾曹鞅掌，劇務盈庭。刃遊其間，地有餘隙。」前期節度使辟署州縣攝官：不著撰人〈大唐故靜塞軍司馬杜府君墓誌銘并序〉（吳鋼主編：《全唐文補遺》第二輯，西安：三秦出版社，1995 年，頁 492～493；《唐代墓誌彙編》開元三六○，頁 1404～1405）載：杜孚（682～732）「調仙州西平尉。才大任小，安卑效初，雖跡屈州縣，而心盡戎旅。開元中，幽州節度使趙含章特相器重，引攝漁陽縣，兼知判營田。」後期節度使辟署州縣攝官：馮行儉〈唐故青州戶曹參軍京兆韋府君墓誌銘并序〉（吳鋼主編：《全唐文補遺》第三輯，西安：三秦出版社，1996 年，頁 187～188；《唐代墓誌彙編續集》寶曆○○六，頁873）載：韋挺（770～825）「次歷青州毗贊焉，……節制薛公平以德行知見，改攝司錄焉。」觀察使辟署州縣攝官：盧僑〈唐故朝議郎行宣州當塗縣令上柱國范陽盧府君墓誌銘〉（吳鋼主編：《全唐文補遺》第八輯，西安：三秦出版社 2005 年，頁 176～177）載：盧季方（782～848）「尋授宣州溧水令，……廉使崔公龜從，深加器遇。既辭滿，以屬邑廣德政紊，請公爲假長以莅之。」
〔註37〕賴瑞和認爲唐前期內地並無州縣攝官，誤。具見氏撰〈論唐代的州縣「攝」官〉，頁 76。
〔註38〕《雲麓漫鈔》卷一○，頁 177；顧炎武撰，黃汝成集釋，樂保群、呂宗力校點：《日知錄集釋全校本》（上海：上海古籍出版社，2006 年）卷九〈知縣〉，頁536～537。
〔註39〕松井秀一：〈盧龍藩鎮考〉，《史學雜誌》，第 68 卷第 12 號，1959 年 10 月。

令，其次爲州縣佐史。〔註 40〕這一觀點爲後此的學界所認可，後來者對藩鎮如何控制州縣問題的論述也多未能超出王氏之論。

此後，大約又過了十幾年方有學者論及此問題。1985 年，劉海峰在探討內重外輕問題的同時，才兼及州縣攝官的作用、待遇、影響。〔註 41〕該文是大陸較早論及州縣攝官問題者。

應該說，這一時期有關唐代州縣攝官問題的研究還是很零散的；直到二十世紀九十年代中後期至本世紀初，才眞正繁盛起來。

1998 年，李錦繡出版了《唐代制度史略論稿》一書，該書有兩篇文章涉及唐代州縣攝官。〈唐代的勒留官〉一文以勒留官爲出發點探討了唐代後期州縣攝官出現的原因，指出由於州縣官的勒留，使得攝、判、知州縣官作爲勒留官的補充廣泛發展起來，促進了州縣官差遣制的發展。〔註 42〕〈唐代「散試官」考〉一文則首次論及散試官，並論及中央關於散試官差攝州縣官政策，指出在嶺南、河東、靈武等道以外，散試官是不允許被差攝奏請州縣官的。〔註 43〕惜其未梳理出不同時期中央對散試官攝職州縣官政策之變化。

2002 年，李方《唐代西州行政體制考論》一書系統探討了唐代邊境地區西州的「攝官」，指出西州的兼攝官存在四種類型：西州兼攝官中參軍檢校類型、差遣官類型及一般代理類型具有短暫性的特點，攝官類型則具有相對固定的特點；西州兼攝官的出現源自於西州闕官多、戰事多以及參軍過多地參與檢校、差遣官攝職；西州兼攝官的出現保證了西州地方政府工作的正常運轉，同時也破壞了唐代某些制度的精神實質，使得某些制度在地方上漸趨形式化，尤其是在兼攝勾官方面表現得最爲明顯，勾官闕而勾官爲判官兼攝，使得勾檢制度有名無實。〔註 44〕該書雖屬於研究邊疆西州的攝官之作，但是

〔註 40〕該書 1969 年由臺灣嘉新水泥公司基金會資助出版；1978 年由臺北大化書局出版修訂本，本文所參即修訂本之頁 128～133。1977 年，王氏又發表了長文〈唐代文官任用制度之研究〉略及州縣「攝官」，觀點與前書所述大體一致，沒有變動。該文收入氏著《唐代政治史論集》（臺北：臺灣商務印書館，1977 年，頁 27～30；增訂本，臺北：臺灣商務印書館，2004 年，頁 156～158）。

〔註 41〕劉海峰：〈唐代俸料錢與內外官輕重的變化〉，《廈門大學學報》，1985 年第 2 期，頁 106～114。

〔註 42〕李錦繡：〈唐代的勒留官〉，收入氏著《唐代制度史略論稿》（北京：中國政法大學出版社，1998 年），頁 183～197。

〔註 43〕李錦繡：〈唐代「散試官」考〉，頁 200～201。

〔註 44〕李方：《唐代西州行政體制考論》，頁 123～188。李氏在頁 162 還指出：「王歡悅永徽二年（651）遣爲攝官，而內地垂拱（685）以後才『正員不足，權補

對本文研究內地州縣攝官問題有很大的啓發。

2005 年，石雲濤出版《唐代幕府制度研究》。該書雖爲探討有唐一代的幕府制度之專著，亦間及州縣系統的攝官。他指出：使府僚佐兼攝州郡縣官是唐代後期藩鎮職權擴大的重要表現。〔註 45〕這一提法是前此王壽南觀點之不同表述。此外他還指出：開元、天寶時期，還存在著邊鎮幕府以幕職兼任管內州縣官的現象，這種州縣官是由節帥署任的，只是代理性質，故而常常稱爲「攝」職。〔註 46〕他指出的唐代前期就有方鎮幕職攝職州縣官的現象，是一個重要的啓發。

同年出版的陳志堅《唐代州郡制度研究》一書部分章節也論及唐後期州縣攝官，其所討論的內容包括中央對攝、知州長官的政策，州縣攝官出現的原因、特點、身份，及攝官奏正制度、散試官攝職政策等。〔註 47〕但該書對不同時期的史料雜糅使用，且未能理出不同時期中央對攝官奏正及散試官攝職州縣政策之變化。

隨後，賴瑞和撰文〈論唐代的州縣「攝」官〉〔註 48〕繼續探討中晚唐時期的州縣攝官問題。該文論述了中晚唐時期中央對州縣攝官的政策、使府所辟之「攝州縣官」的特色及州縣攝官盛行的地區。但該文在州縣攝官的概念及攝官與帶職（試官）關係的理解上存在一些問題。如認爲藩鎮辟署州縣攝官時會爲其奏請朝銜，並舉例云，中唐朱巨川爲試大理評事兼濠州鍾離縣令，及「轉授（柳府君）太子通事舍人、溧陽令……滿歲，授大理司直、考城令」皆屬於攝官帶朝銜（即京銜）的實例。同樣的問題也出現在賴氏的另一篇文章〈論唐代的檢校郎官〉〔註 49〕中，該文提及《舊唐書》列傳記載的一些官員的官職如李承（722～783）的檢校考功郎中兼江州刺史，喬琳（714～784）

試、攝、檢校之官」，神龍、景龍年間（705～710）攝官盛行，是西州攝官已比內地早許多年」。李氏所說的內地攝官乃是敕攝官而非州府署之官，與邊疆的攝官是兩個概念，似不可比擬。再者，內地攝官在高祖時期就已經出現。孫國棟對此已有論述，茲見氏撰〈宋代官制紊亂在唐制的根源〉，收入氏著《唐宋史論叢》（香港：龍門書店，1980 年），頁 197～210。

〔註 45〕石雲濤：《唐代幕府制度研究》（北京：中國社會科學出版社，2003 年），頁 339。
〔註 46〕石雲濤：《唐代幕府制度研究》，頁 126～127。
〔註 47〕陳志堅：《唐代州郡制度研究》，頁 41～57、84～105。
〔註 48〕賴瑞和：〈論唐代的州縣「攝」官〉，頁 66～86。
〔註 49〕賴瑞和：〈論唐代的檢校郎官〉，頁 106～119。

的檢校駕部郎中兼果、綿、遂三州刺史也是攝官帶職。在筆者看來，賴氏對州縣「攝官」的理解是有問題的，賴氏文中所舉的實例都屬於帶京銜之地方官的範疇。對於帶職與州縣攝官的關係，陳志堅認爲：「使職奏僚屬的同時，通常會奏試官爲其僚屬的階官；而唐朝後期，在諸道州縣出現闕官時，又通常會派遣使職僚佐擔任臨時代理，即州縣官的攝職。試官（帶職）與攝職州縣官就是這樣發生關係的。」〔註50〕陳氏並指出，《八瓊室金石補正》卷六三〈趙州刺史何公碑陰記〉中的「判官、朝議郎、試左金吾衛兵曹參軍、攝寧晉縣」等例子可能就是這種情況。〔註51〕而賴氏在引用這一材料後卻將這種僚屬攝職州縣官時所帶的試官看作是地方長官辟署州縣攝官爲其所奏請的朝銜，這是錯誤的。顯然，賴氏是將地方官所帶之京銜及幕府僚佐所攝職之州縣官名上書寫的試官都看作是地方長官辟署州縣攝官所奏請的朝銜。這一錯誤源自其對州縣攝官概念理解上的失誤。攝官是由地方長官任命的，不需要上奏，所謂「未奉報者稱攝」〔註52〕、「不關上聞，攝職可也」〔註53〕。因此，州縣攝官任職後是沒有自己所帶朝銜的。〔註54〕此外，該文在得出攝官盛行

〔註50〕陳志堅：《唐代州郡制度研究》，頁96～97。

〔註51〕陳志堅說「判官、朝議郎、試左金吾衛兵曹參軍、攝寧晉縣」等例子可能就是這種情況。其云「可能」是因爲「朝議郎、試左金吾衛兵曹參軍」可能構成散試官攝職州縣官，也可能如陳氏所說以幕職的試官身份攝職州縣官。但是這兩種可能均表明此朝銜、京銜非攝官本身所帶。

〔註52〕《通典》卷三二〈職官一四‧總論州佐〉，頁890。

〔註53〕杜牧：〈銀青光祿大夫檢校禮部尚書兼御史大夫充浙江西道都團練觀察處置等使上柱國清河郡開國公食邑三千戶贈吏部尚書崔公行狀〉（陳允吉校點：《樊川文集》卷一四，上海：上海古籍出版社，1978年，頁207～211；《文苑英華》卷九七七，頁5144～5146；《全唐文》卷七五六，頁7840～7843）。

〔註54〕賴氏在稍後出版的《唐代中層文官》（頁313～318）對攝官帶職問題的說法進行了一定的更正、修改，但是由於其對帶職與州縣攝官關係的理解存在問題，因此該書在許多實例面前無法自圓其說。其先指出這些帶京銜的州縣官是由地方辟署但已上報中央認可、批准的正員官、正規官。按照賴氏的意思，似乎所有帶京銜的地方官都是原先爲地方長官辟署者。賴氏即以朱巨川之被舉授爲試大理評事兼濠州鍾離縣令即是地方長官辟署爲例，恐誤。「舉」乃推薦之意，舉授實爲推薦、舉薦，是地方長官推薦某人當某官，而非奏薦。關於舉薦與奏薦的差別，可參見陳志堅：《唐代州郡制度研究》，頁128～129。因此就不能說帶京銜的地方官都是先爲地方長官所辟署，然後在地方上報中央批准時，再由中央授予一朝銜。實際上，帶京銜的地方官先爲地方長官辟署，而在地方上報中央批准時，再由中央授予一朝銜的情況極少。此後，賴氏繼續指出，〈趙州刺史何公碑陰記〉中的「判官、朝議郎、試左金吾衛兵曹參軍、攝寧晉縣」之例也屬於已上報中央者；至於其仍用「攝」字，是因爲書寫時

範圍論斷的基礎上進一步指出：中晚唐中央政府真正能夠控制的區域主要集中在兩京赤畿地區、汴河以及大運河流域的江南地區。筆者以為似不可僅根據攝官的分佈區域而斷定中央所能夠控制的區域範圍。因為攝官在某些地區的盛行不僅僅是因為中央集權的衰弱，還包括其它方面的因素如這些地區是否為富庶地區、選人是否願意去等等。澤路、京西北屬於貧瘠之地，選人多不願意去，故而攝官多，但是不能據此認為這裏不為中央所控制。

此外，鄭炳俊、寧欣、劉後濱、王勳成、金宗燮、凍國棟、夏炎、朱溢、張玉興諸氏也在論著中多少論及州縣「攝官」。〔註55〕

唐代州縣攝官的資料比較零散，較為集中的史料是這一時期的詔敕，且主要集中在唐後期。筆者通讀了這一時期州縣攝官的相關史料後，感覺學界對於唐代州縣攝官的研究雖然不少，但在不少關鍵問題上仍有不小的研究空間。如唐代前後期州縣均存在攝官，攝職州縣者的身份在這麼一個長的時間段裏有沒有變化？這種變化具體表現是什麼？同時，各個地區是不是也存在差異？這些都是筆者很想研究的問題。再者，唐代藩鎮幕職官差攝州縣官的問題。以往的研究仍然缺乏一個比較長時段及地區間差異的角度入手。有唐一代，中央對於幕職官差攝州縣的規定有沒有變化？這種變化具體表現是什麼？各個地區是不是也存在差異？不同州縣官的差攝是不是也存在變化？這些問題至今沒有得到很好的解決。最後，唐代州縣攝官的特點問題。以往的

沒有隱去的緣故。因為賴氏一直把這些試官理解為州縣攝官本身所帶京銜，理解為是地方上報中央時由中央授予的朝銜，以致於會有這樣的解釋，以致於在「攝」字的理解上不能徹底，故而得出有些官員仍然被稱為「攝」州縣官，儘管這些州縣官已由中央批准的論斷。

〔註55〕鄭炳俊：〈唐代の觀察處置使研究について——藩鎮體制の一考察〉，《史林》，第77卷第5號，1994年，頁63～64；寧欣：《唐代選官研究》（臺北：文津出版社，1995年），頁119～120；劉後濱：〈論唐代縣令的選授〉，《中國歷史博物館館刊》，1997年第2期，頁51～58；王勳成：《唐代的銓選與文學》（北京：中華書局，2001年），頁212～219；金宗燮：〈五代時期中央對地方的政策研究——以對州縣政策為主〉，《中國社會歷史評論》第四輯（北京：商務印書館，2002年），頁545～553；黃惠賢、陳鋒主編：《中國俸祿制度史》（武漢：武漢大學出版社，2005年）第五章〈中晚唐五代時期的俸祿制度〉（該章由凍國棟執筆），頁232；夏炎：《唐代州級行政體制研究》（南開大學歷史系博士論文，2005年），頁276～282、292～304；朱溢：〈論晚唐五代的試官〉，頁80；張玉興：《唐代縣官與地方社會研究》（天津：天津古籍出版社，2009年），頁35～41、94～101。另，王勳成、夏炎、張玉興諸氏亦未能將舉薦與奏薦二者很好地區分開來。

研究都是從攝官的任期來論述攝官的特點。那麼，在這麼長一段時間內，擁有五種類型〔註56〕且數量眾多的攝官是不是只有這一特點，從別的角度、層面討論，其是不是還可以得出其它的特點呢？鑒於目前學界對唐代州縣攝官的研究往往局限於一個比較小的時段，且對於不同時期的史料往往雜糅使用，使得許多結論似是而非。因此，本文打算把視野放寬到整個唐代，在充分搜集這一時期的相關史料的基礎上，探討這一時期州縣攝官，主要涉及唐代州縣攝官的身份及其變化、幕職官差攝州縣的規定上的變化及州縣攝官的特點三個內容。

　　以上是筆者對本文所欲探討的中央與地方關係之切入點的三類地方官之學術史的扼要回顧。因為京官兼任之地方官、帶京銜之地方官及州縣攝官現象的出現、變化都反映了當時中央與地方的關係；再者，在現有的研究中對這些地方官的討論並不多，故而筆者將其納入同一文章。對這三類地方官的問題，筆者更多地關注其在有唐一代的變化，並希望以此探求當時中央與地方關係的變化。我們只是就這三類地方官研究中較有心得的問題拿出來探討，以求通過這一途徑來豐富、深化對這一時期中央與地方關係的認識，並以此窺視唐代政治社會的發展趨勢。

第三節　本文的結構與研究思路

　　本文主要側重於對唐代京官兼任之地方官、帶京銜之地方官及州縣攝官具體內容的探討，並在此基礎上探討中央與地方關係之變化。正文分為三章：第二章探討唐代京官兼任之地方官問題，第三章研究唐代帶京銜之地方官問題，第四章討論唐代州縣「攝」官問題。

　　第二章開篇先探究在具體史籍中如何辨析、區分京官兼任之地方官與帶京銜之地方官，這是研究京官兼任之地方官與帶京銜之地方官問題的基本前提。緊接著探討唐代京官兼任之地方官問題，根據所搜集的實例進行清單、分析、比較，指出唐前期京官兼任地方官現象的出現有著極為多樣的意圖：軍事層面上的意義如加強對割據勢力的平定、邊疆地區征討、防禦異族或叛黨的討伐；政治層面上的意義如加強對兩京的政治管理或對功臣、諸王藩維王室的重視；行政層面上的意義如重視地方州郡的建設；經濟層面上的意義

〔註56〕這五種類型的說法詳見本書上編第四章。

如加強對大河南、北地區的經濟管理。但是到了開元年間，京官兼任地方官的現象出現象徵化的趨勢、衰弱的跡象，表現在諸王以京官兼任地方官的政治意圖趨於象徵意義。到了後期，京官兼任地方官在意圖、功能上更趨衰弱：肅代時期，其是以軍事、經濟為主；到了德宗時期，則是經濟為主，軍事層面的意圖、考量不如經濟因素突出。

第三章主要根據所搜集到的帶京銜之地方官者的實例討論前後期帶京銜之地方官在類型、內涵、特點上的變化，指出帶京銜在前期更多地是授予邊疆甚或軍事要衝之地的地方長官，同時也存在授予地方長官任績出色者；帶京銜現象在前期體現了個體性、局域性的特點。隨著政治形勢、時局的變化，這一現象也在內容、特點上發生了巨大的變化，帶京銜被授予者包括前期兩類官的同時，增加了內地軍事要衝地、歸順中央的、立有戰功者甚至貶官者，類型、內涵大大增加，這也使得其特點有所變更，即分佈更趨均衡、普遍，呈現出日趨制度化的跡象。而在州郡長官帶防禦、團練使的類型中，其分佈更集中於內地，體現了朝廷軍事防禦重心的變化。隨後在帶京銜者類型、內容、特點的基礎上繼續論述兼京銜的意義、作用、功能，由此可知京銜屬於虛職，其作用的發揮更多地是因為社會、民眾對於京官的敬畏，這可以從某種程度上解釋為什麼其屬於虛銜，而中央政府仍會以此授予官員。其中原因還包括其有一定的實際利益。本章把京銜的變質放在最後一點作一論述，指出帶京銜之地方官到了唐末發生了質的轉變，到了晚唐時期要獲得憲官、檢校官等告身需要先交納禮錢，這成了獲得此類告身的必經程序。這使得京銜的本質發生了一個根本變化，原本用於鼓勵久任、勸勉地方官治理、撫慰歸降之政策演變成為一種「變相的賣官鬻爵」。這是對其流變的探索。

第四章先論及州縣攝官的身份及其變化，指出唐代前期中央政府僅僅允許現任州縣官攝職，後期則逐漸允許前資官，穆宗、文宗以後更是在部分地區允許散試官攝職，且這種被允許的區域在此後逐漸擴大。次及使府僚佐攝職州縣官規定的變化，該節在進行後期規定的探討時主要根據州縣官的不同類型進行分類探討。主要指出對於使府僚佐的攝職，中央政府在前期有部分的允許，只是這種許諾的限度是很小的；到了後期，穆宗以前基本上是強令禁止的，穆宗以後才對使府僚佐差攝各種州縣官的規定漸漸放寬，而不同的官員所被允許差攝的程度、區域都有差別，這與它們所在區域的富庶程度以及它們各自的地位有關。最後，本章在前兩節論述的基礎上探討攝官的特點，

並指出攝官的特點即攝官任命方式的任意性、強制性越來越強；攝官奏正的機會越來越大；攝官的身份越來越低；攝官的待遇越來越低。這些特點與中央政府對州縣攝官身份的限定政策、幕職官差攝州縣官政策及其變化有密切關係，雙方互為因果。這樣前後敘述、研究則有了一定的聯繫、呼應。

　　餘論則在正文三篇的基礎上指出，上述京官兼任之地方官、帶京銜之地方官及州縣攝官等三類地方官本身各自的變化揭示出上位包含下位的中央集權體制正處於逐步的消解之中。而這三類地方官正是在這種中央權威日益消減、中央政府極力維持集權體制與地方肆意破壞集權的運作中結合在一起的。

第二章　唐代京官兼任之地方官

京官兼任地方官是指京官保留原來的身份到地方上任職，體現的是朝廷對於王朝某一地區軍事、政治或經濟的重視，所發出的是一種「加強對該區域某類事務的管理」的信息。所需要注意的是這類地方官是屬於差遣性質的，之所以稱之爲「官」，乃是結構完整之需要及便於行文論述所致。

第一節　京官兼任之地方官與帶京銜之地方官的區分

天寶二年（743）十一月十六日，敕：

> 京官兼太守等官，俸料兩給者，宜停其外官。太守兼京官，準式。
> 親王帶京官任外官副大將軍、副大使、知軍及知使事，京官兼外官
> 知使事，據文合兼給者，仍任逐穩便，餘並從一處給。〔註1〕

該詔敕提到了兩類官，一類是「京官兼太守」，一類是「太守兼京官」。前者即是「京官兼任之地方官」，後者則爲「帶京銜之地方官」。由此可見，唐前期這兩類官皆是存在的。而詔敕在說明時又將其分開，則凸顯了這兩類官是有差異的。那麼在具體史料中，應該如何辨別、區分這兩類官呢？這就要從時人對這兩類官的書寫習慣說起。

所謂「書寫習慣」，是指某一類事物被記錄時有一種較爲固定的要求、準則。時人的官銜大致可分爲兩種類型：一爲單一型，即一官銜僅有一個官號、

〔註1〕《唐會要》卷九一〈內外官料錢上〉，頁 1962。這段史料與《唐會要》卷九○〈內外官祿〉（頁 1956～1957）、《冊府元龜》卷五○六〈邦計部・俸祿二〉（頁 6071）的相關記載有所不同。李錦繡對此已經做了非常精細的考證，詳見氏著《唐代財政史稿》（上卷）（北京：北京大學出版社，1995 年）第三編〈唐前期的財政支出〉，頁 897～898。

官名，如御史大夫、御史中丞；一是複合型，即前此所提及的「京官兼任之地方官」、「帶京銜之地方官」。前一種類型就無所謂書寫習慣，似一眼即可辨認。筆者所感興趣的是後一種類型即復合型官銜。當時人對其是如何書寫的，以致於可較準確地辨認出何者爲「京官兼任之地方官」、何者爲「帶京銜之地方官」？亦即，它們各自的書寫習慣是什麼？

先來看看「京官兼任之地方官」的書寫習慣。

一、「京官兼任之地方官」的書寫習慣

下面打算舉出一些「京官兼任之地方官」的實例，通過不同著述對同一任官經歷的記載來分析其書寫習慣。

《冊府元龜》載：

> 劉蘭，貞觀十二年（638）爲右領軍將軍。及太宗行幸洛陽，以蜀王惜爲夏州都督，又以蘭爲長史。惜不之藩而蘭總其事，封平原郡公。尋領檢校代州都督，將軍如故。〔註2〕

由此可知，劉蘭先擔任將軍一職，後再領代州都督；由「領檢校代州都督，將軍如故」亦見，其擔任代州都督時仍任將軍之職。據此似見其屬於京官兼任之地方官的範疇。《舊唐書・太宗紀下》中有一段對劉蘭擔任該官的敘述：「貞觀十七年（643）春正月戊辰，右衛將軍、代州都督劉蘭謀反，腰斬。」〔註3〕〈太宗紀下〉所記劉蘭的官職名爲「右衛將軍、代州都督」。再綜合前此對上舉《冊府元龜》有關劉蘭官銜記載的分析，似可見「右衛將軍、代州都督」的記載即爲京官兼任之地方官書寫習慣的體現。

又據《資治通鑑》卷二一〇先天元年（712）三月丁丑條：

> 幽州大都督薛訥鎮幽州二十餘年，吏民安之，未嘗舉兵出塞，虜亦不敢犯。與燕州刺史李璡有隙，璡毀之於劉幽求，幽求薦左羽林將軍孫佺代之。三月丁丑，以佺爲幽州大都督，徙訥爲并州長史。〔註4〕

〔註2〕《冊府元龜》卷七八〈帝王部・委任二〉，頁896。

〔註3〕《舊唐書》卷三〈太宗紀下〉，頁54。〈太宗紀下〉對劉蘭所擔任的這個將軍記爲「右衛將軍」，與《冊府元龜》所記不同。二書各執己見，難定孰是。今皆存之。儘管二書對劉蘭所擔任的將軍一職存在著不同的記載，但是這一官職記載的差異對其書寫習慣的判斷沒有影響。

〔註4〕司馬光：《資治通鑑》（北京：中華書局，1956年）卷二一〇先天元年三月丁丑條，頁6672。

由此可見，孫佺是任職左羽林衛大將軍在先，後任幽州都督的。再看《新唐書‧北狄傳》關於孫佺任該官職的記載：

> 延和元年（712），以左羽林衛大將軍幽州都督孫佺、左驍衛將軍李
>
> 楷洛、左威衛將軍周以悌帥兵十二萬，爲三軍，襲擊其部。〔註5〕

《新唐書‧北狄傳》錄孫佺的官名爲「左羽林衛大將軍、幽州都督」。再依據它們授任之先後順序，孫佺即是以左羽林衛大將軍檢校幽州都督，屬於京官兼任之地方官的範疇。如此則說明，「左羽林衛大將軍、幽州都督」的記載是京官兼任之地方官書寫習慣的體現。

　　從上舉兩例來看，複合型官銜中的兩個官銜記錄的順序若是「京官書寫於前、地方官書寫於後」的即是指京官兼任之地方官。也就是說，「京官兼地方官」的記載即是京官兼任之地方官的書寫習慣。所需要注意的是，並非所有的「京官兼地方官」的書寫都是指京官兼任之地方官的範疇。

　　這種情況在唐後期的史料中尤爲常見。如《冊府元龜》載：

> 魏懿文爲邵州刺史，貞元十三年（797）以懿文有善政，加簡校司門
>
> 郎中。〔註6〕

由此可見，魏懿文是先任職邵州刺史的，然後加授「檢校司門郎中」的。另據〈魏氏墓誌〉載：「皇考諱懿文，檢校尙書司門員外郎兼邵州刺史。」〔註7〕從官職授任的先後順序來看，「檢校尙書司門員外郎兼邵州刺史」當屬於帶京銜之地方官的範疇。

　　再如貞元二年（786）的〈優恤畿內百姓並除十縣令詔〉：

> 涇陽縣令韋滌，潔己貞明，處事通敏，有禦災之術，有字物之方，
>
> 人不流亡，事皆辦集。惟是一邑之內，獨無愁怨之聲。古之循良，
>
> 何以過此！就加寵秩，允叶前規。可檢校工部員外郎兼本官，仍賜
>
> 緋魚袋，並賜衣一襲、絹百匹、馬一匹。〔註8〕

由該詔書可知，韋滌是在涇陽縣令任上有出色的政績而爲朝廷加授「京銜」

〔註5〕　《新唐書》卷二一九〈北狄傳〉，頁6174。

〔註6〕　《冊府元龜》卷六七三〈牧守部‧褒寵二〉，頁8043。

〔註7〕　崔循：〈唐故歙縣尉博陵崔府君夫人鉅鹿魏氏墓誌〉，吳鋼主編：《全唐文補遺‧千唐誌齋新藏專輯》（西安：三秦出版社，2006年），頁368。

〔註8〕　陸贄：〈優恤畿內百姓並除十縣令詔〉（《陸贄集》卷四，王素點校，北京：中華書局，2006年，頁113～114；《全唐文》卷四六三，頁4727）。《全唐文》卷五一〈褒涇陽令韋滌詔〉（頁560）與《冊府元龜》卷七〇一〈令長部‧褒異〉（頁8362）所記略同。

即「檢校工部員外郎」的。詔書中所記之「檢校工部員外郎兼本官」之本官即是指涇陽縣令。從官職的授任順序來看，「檢校工部員外郎兼本官」即屬於帶京銜之地方官的範疇。時人如是書寫，或是因為京官更為高貴的緣故。因此在具體史料的辨析過程中，還需要考慮到時人的其它書寫習慣，切不可教條化、模式化。

二、「帶京銜之地方官」的書寫習慣

　　同樣，筆者舉數個「帶京銜之地方官」的實例，並通過不同著述對同一任官經歷的記載來看看何為「帶京銜之地方官」的書寫習慣。

　　《冊府元龜》載：

> 崔瓘〔註9〕為澧州刺史，下車，削去煩苛，以安人為務。居二年，風化大行，流亡襁負而至，增戶數萬，有司以聞。代宗寶應二年（763），優詔特加五階至銀青光祿大夫，仍賜兩季俸祿，兼侍御史。
>
> 以瓘能政，遷潭州刺史兼御史中丞、湖南都團練觀察處置使。〔註10〕

武德、貞觀年間，職事官之品階高於散官一階者或者說散官低於職事官一階者，須在職事官前加「兼」；永徽（650～655）年間，或用「兼」，或用「守」，極為混亂；咸亨（670～674）以後，職事官無論高出散官幾階皆用「守」，不再用「兼」。咸亨以後的「兼」僅指職事官之間的連用。〔註11〕由此可見，此之「兼侍御史」之「兼」乃是兼職之謂。而由《冊府元龜》可知，澧州刺史任職在前，侍御史則是授任於後。當時中央政府在轉遷崔瓘（？～770）為湖南觀察使時曾頒有詔敕，其中就有崔瓘任職澧州時關於該官職的記錄。〈授崔瓘湖南觀察使制〉載：

> 敕：刺史案部，外廉數州。遵俗宣風，所繫尤重。今海內甫定，方澄化源，綱理群縣，大明黜陟，安人之寄，歷選惟難。必二千石職連者處之，朗然明觀，以訓天下。銀青光祿大夫、前澧州刺史兼侍

〔註9〕 常袞〈授崔瓘湖南觀察使制〉（《文苑英華》卷四○八，頁 2068）、常袞〈授崔瓘自澧州刺史除湖南觀察使制〉（《全唐文》卷四一三，頁 4230）作「崔瓘」。

〔註10〕 《冊府元龜》卷六七三〈牧守部·褒寵二〉，頁 8042。

〔註11〕 岑仲勉：〈依唐代官制說明張曲江集附錄誥命的錯誤〉，收入氏著《金石論叢》（北京：中華書局，2004 年），頁 460～475；趙望秦：〈略論唐代官制中的「守、行、兼」制度〉，收入杜文玉主編《唐史論叢》（西安：三秦出版社，2006 年），頁 59～77。

御史、上柱國、義豐縣開國男崔瓘……可使持節都督潭州諸軍事、

潭州刺史兼御史中丞，充湖南都團練、守捉及觀察、處置等使，仍

兼充諸道營田副使、知本道營田事，散官、勳、封如故。〔註12〕

此制明確記錄崔瓘任職澧州的官職爲「澧州刺史兼侍御史」，再根據它們授任的先後順序，「澧州刺史兼侍御史」乃屬於帶京銜之地方官的範疇。由此似見「澧州刺史兼侍御史」的記載即是帶京銜之地方官書寫習慣的體現。

再舉另外一個例子。〈權知朔州刺史樂璘正授兼御史中丞制〉載：

敕：樂璘：專習武經，旁通吏道。試補郡守，以觀其能。連帥上聞，

果副所舉。夫審官之要，在因其所長而任之，則政速成而化易就也。

才既試可，官宜即眞。何以寵之？就加憲職。可朔州刺史兼御史中

丞。〔註13〕

由此可見，樂璘是先權知朔州刺史，然後因爲在任上有一定的政績被朝廷正式授予朔州刺史的。當時先授權知官而後正授的例子不少。如〈權知陵州刺史李正卿正除刺史制〉云：「敕：審材之要，考察爲先。吾之於人，試可乃用。李正卿：頗窺吏道，因假郡符，畏法愛人，善於其職。夫速旌其能則吏勸，久於其政則化成。未可轉遷，就加眞秩。副吾知獎，無怠始終。可陵州刺史。」〔註14〕「未可轉遷，就加眞秩」可知其即是在權知刺史的基礎上眞授、正授郡守的。〈權知朔州刺史樂璘正授兼御史中丞制〉中的「才既試可，官宜即眞」亦如是指。可以說，樂璘一直在地方上任職，並沒有離開朔州任上。因此這個「御史中丞」乃爲遙領之職，其是在地方的任上而爲朝廷所加授的，由此可知「朔州刺史兼御史中丞」當屬於帶京銜之地方官的範疇。「朔州刺史兼御史大夫」的記載則爲帶京銜之地方官書寫習慣的體現。

從上舉兩例來看，複合型官銜中兩個官銜記錄的順序若是「地方官書寫於前、京官書寫於後」的敘述即是指帶京銜之地方官。也就是說，「地方官兼京官」的記載即是帶京銜之地方官的書寫習慣。不過，一個官職、官名、官

〔註12〕常袞〈授崔瓘湖南觀察使制〉（《文苑英華》卷四〇八，頁 2068）、常袞〈授崔瓘自澧州刺史除湖南觀察使制〉（《全唐文》卷四一三，頁 4230）。

〔註13〕白居易：〈權知朔州刺史樂璘正授兼御史中丞制〉，《白居易集箋校》卷五三（朱金城箋注，上海：上海古籍出版社，1988 年），頁 3105；《全唐文》卷六五九，頁 6706。

〔註14〕白居易：〈權知陵州刺史李正卿正除刺史制〉，《白居易集箋校》卷五三，頁 3088；《全唐文》卷六五九，頁 6703。

衙是不是帶京衙之地方官還需要根據實際的史料來判斷，不可僅僅根據上述模式而妄下結論。這是因爲時人撰寫墓誌銘記錄某人官職時往往會把其生前的所有官衙全部列在一起，並同時打亂任職的先後順序。例如〈劉密故夫人崔氏墓誌銘〉載：

> 劉公名密……歷官唐州長史兼監察御史。〔註15〕

這是劉夫人崔氏的墓誌銘。如果僅根據這一方墓誌銘來看，劉密（762～831）似乎是以唐州長史帶監察御史。但是再翻閱劉密本人的墓誌銘，就不會有這樣的看法了。〈劉密墓誌〉載：

> 遂束書東遊，濟漢，揖漢南節度使樊公澤。澤愛其材，表爲試太常寺協律郎兼列職於轅門之內。奉禮樂於清秩，整介胄於軍旅。貞元十五年（799），于公頓節制漢南，尚以淮寧阻命，鄰境是憂。念陸賈之使南越，思食其以下齊城。府幕軍戎，無所當選，乃命往說焉。有功兵還，奏加兼監察御史。元和六年，裴均相國領鎮，錄以前功，奏授朝請大夫、唐州長史。〔註16〕

由此可見，監察御史與唐州長史是劉密在不同時期擔任的兩個官職，皆屬於使職之兼官，且監察御史授任在先。因此不能僅僅根據上述所言的書寫習慣就簡單地下結論。

更何況，在唐後期州縣官往往成爲使府僚佐的階官。〔註17〕更有甚者，它們還往往與京官組合，成爲使府僚佐的階官。〔註18〕上舉〈劉密墓誌〉之「監察御史兼唐州長史」就是例證。再加上時人撰寫墓誌銘記錄官員陞遷、遷轉時，有僅記錄官的變化而不書職的變化的習慣〔註19〕，這無疑就增加了

〔註15〕 辛勗：〈唐朝請大夫唐州長史兼監察御史彭城劉公故夫人崔氏墓誌銘并序〉，《全唐文補遺》第三輯，頁 164～165；《唐代墓誌彙編》元和○七四，頁 1999～2000。

〔註16〕 不著撰人：〈唐故朝請大夫唐州長史兼監察御史彭城劉府君墓誌并序〉，《全唐文補遺》第四輯，頁 489～490；《唐代墓誌彙編》大和○五○，頁 2230～2231。

〔註17〕 陳志堅：《唐代州郡制度研究》，頁 83；朱溢：〈論晚唐五代的試官〉，頁 62、65。

〔註18〕 陳志堅：《唐代州郡制度研究》，頁 83。

〔註19〕 權德輿：〈使持節歙州諸軍事守歙州刺史賜緋魚袋陸君墓誌銘〉（《權德輿詩文集》卷二四，郭廣偉點校，上海：上海古籍出版社，2008 年，頁 365～366）記載：陸參（748～802）「縣試佐環衛，歷大理評事、攝監察御史裏行，佐黔中。又以殿中侍御史、内供奉，佐浙東。凡四居憲職，介二方伯，皆有直聲休利，邦人宜之。」《文苑英華》卷九五二（頁 5007～5008）、《全唐文》卷五

判定帶京銜之地方官的難度。因此，在做判定時還需結合具體的史料。

第二節　唐前期京官兼任之地方官

　　緒論中已經提到京官兼任之地方官現象的出現不僅僅是出於解決唐代前期內重外輕問題的緣故，似乎還有其它的因素在其中。史籍中或可提供一些直接的史料，但是更多的相當隱晦。有鑑於此，筆者擬整理、分析唐前期京官兼任之地方官的諸實例，通過分析它們的分佈情況來探求京官兼任之地方官現象的出現是基於什麼因素。爲了便於分析，筆者根據所搜集的資料列成表四〈唐前期京官兼任之地方官〉列於正文之後。

　　根據表四，可試作如下分析、解釋：

　　其一、筆者試以貞觀十道爲劃分基礎，統計出各道所含京官兼任之地方官的數量以求其大致的分佈情況並附表如下。

表一：唐前期京官兼任之地方官的分佈情況

道 名	數 量	道 名	數 量	道 名	數 量
關內道	25	河南道	25	河北道	16
河東道	17	隴右道	6	山南道	5
劍、嶺南道	3	淮南道	1		

　　通過表一，可以很清楚地看出唐前期京官兼任之地方官主要分佈在河南、關內、河東、河北四道；分佈的區域主要集中在北方府州，而南方府州的數目僅及關內道的半數。這在一定程度上也說明了當時的政治、經濟等中心仍在北方。

○三（頁 5119～5120）與之同。該墓誌銘僅記陸君擔任幕職時兼官的變化，而對幕職本身的變化未嘗提及，僅言「佐黔中」及「佐浙東」。再如〈唐故給事中使持節房州諸軍事守房州刺史賜緋魚袋崔公墓誌銘并序〉（《權德輿詩文集》卷二六，頁 406；《全唐文》卷五〇三，頁 5120）記載：崔述（745～801）「尋轉婺州浦陽令、揚州兵曹參軍，皆以吏理著稱。故辟書交委，命書隨之。歷監察御史、殿中侍御史，再爲侍御史，實佐壽、潭、洪三邦賦之重。拊循輯睦，繁上介是賴。府遷於荊，薦言於朝。」〈房州刺史崔公墓誌銘〉（《文苑英華》卷九五二，頁 5009）與之略同，唯「歷監察御史、殿中侍御史再爲侍御史」一句，《文苑英華》作「歷監察御史，再爲侍御史」。今從《權德輿詩文集》、《全唐文》。該墓誌銘所記載的「監察御史、殿中侍御史及侍御史」即是指崔述任職方鎮使府僚佐的兼官，但對其所擔任的使職的變化未見有記錄。

其二、根據筆者初步統計，唐前期京官兼任之地方官總共約有 98 人次。在這 98 人次中，以京官兼任邊境地區的府州長官的次數就多達 33 人次，佔了近 35%之強。這些地區大多地近夷狄如涼州、幽州、代州等，中央政府以京官兼任之，或有以此控壓異族，加強這一地區對異族侵擾的軍事征討、防禦。如〈楊執一墓誌銘〉就記載：

> 出許州刺史。屬單于犯闕，上（唐玄宗）急邊任，復授右衛將軍、檢校勝州都督、處置降戶等使。府君德以綏之，寬以莊之，邊氓用安，外戶不閉。尋還本官，復兼原州都督。〔註20〕

楊執一（662～726）以右衛將軍檢校勝州都督是因爲「單于犯闕」。同樣，《舊唐書·韋待價傳》記載：「徵拜右武衛將軍，兼檢校右羽林軍事。儀鳳三年（678），吐蕃又犯塞，待價復以本官檢校涼州都督，兼知鎮守兵馬事。俄又徵還舊職，復封扶陽侯。」〔註21〕韋待價（？～689）以京官檢校涼州都督也是由於外族的入侵即「吐蕃又犯塞」。楊執一、韋待價等人擔任的地方官本身就具有軍事管理的意義，以京官兼任所體現的正是朝廷的支持、決心。而這些官員在完成任務後也都恢復原職。

這種軍事層面意義上的京官兼任之地方官是在前期京官兼任之地方官現象中佔據絕大多數的。這或許是因爲京官兼任之地方官現象的出現源始於此的緣故吧。如〈楊恭仁墓誌〉載：

> （武德）三年，改授侍中。出納綸誥，典綜樞機。烹鮮之要，遊刃斯在。王化伊始，西域未賓，授公河西道安撫大使、檢校涼州總管。管內刺史以下，皆得便宜從事，隨方選補。李軌竊據涼州，不賓王命，黃河之右，盡爲鯨敵。公運籌制勝，剋平西夏。〔註22〕

由此可見，朝廷是因「西域未賓」而令時任侍中的楊恭仁（568～639）檢校涼州總管的。這裏的西域指的是當時盤踞於涼州的李軌政權。筆者在前此緒論中已經提及，其是以京官侍中檢校涼州總管的。那麼，其以京官檢校涼州總管即體現了朝廷平定、安撫尙未臣服的西部邊境地區的強烈意願，所包含

〔註20〕 賀知章：〈大唐故金紫光祿大夫行廓州刺史贈戶部尚書上柱國河東忠公楊府君墓誌銘幷序〉，《全唐文補遺》第一輯，頁114～115；《唐代墓誌彙編》開元二六三，頁1336～1337。

〔註21〕《舊唐書》卷七七〈韋待價傳〉，頁2672。

〔註22〕 不著撰人：〈大唐故特進觀國公墓誌〉，《全唐文補遺》第一輯，頁482～483；《唐代墓誌彙編續集》貞觀○二一，頁22～23。

的軍事意義可見一斑，表現出了當時尚未統一全國的唐政權對於軍事的重視。再如前揭〈崔長先墓誌〉載：

> 詔拜大將軍、尚書比部郎中。於時東夏未賓，聖皇旰食。以公藝用
> 優洽，謀略縱橫，可綏靖方隅，弼成岳牧，以本官檢校陝州總管府
> 長史。〔註23〕

由此可見，朝廷因爲「東夏未賓」故而授崔長先陝州總管府長史，其是以尚書比部郎中檢校陝州總管府長史的。其體現的軍事意義與楊恭仁以京官檢校涼州總管的情況一致。而這裏的東夏指的是割據於洛陽一帶的王世充政權。這些是京官兼任之地方官最早出現的實例。京官兼任之地方官現象在此之後體現得更多的是對於邊疆軍事的重視。在有些時候也會體現出新的軍事意義。〈豆盧望之碑〉就記載：「徵爲尚書兵部□□。……時高宗厭俗上仙，太后臨朝稱制。□國以之作難，三叔於是流言。淮海荊河，稱兵嘯聚。太后以漢數四七，時遘屯蒙。□中□二，事□□□，乃以公檢校同州刺史。兇黨克平，追復本職。」〔註24〕這是豆盧望（624～709）以京官檢校同州刺史以求戰勝不服武則天之黨羽，體現的則是唐廷堅決鋤滅叛黨的用意。

其三、仔細觀察還會發現，在兩京附近分佈著許多帶京官本官之州郡。像高宗時期的秦州、鄜州皆位居京師附近；而開元初期的幽州〔註25〕、虢州、鄭州、岐州、絳州等，則位居兩京的近鄰。擔任這幾個州郡長官的人皆是皇帝之叔父或兄弟。秦州都督乃荊王元景（？～653）所檢校，鄜州則爲趙王福（634～670）所兼任。秦州地靠京師之西，鄜州則處京師之正北，兩地爲皇族所擔任似有控衛京師之意。開元初期，大概從開元二年到八年，玄宗讓自己的幾個兄弟外任擔任州郡長官。如開元二年（714）六月，以司徒、申王撝（？～724）爲幽州刺史，司空、邠王守禮（672～741）爲虢州刺史。〔註26〕

〔註23〕不著撰人：〈崔長先墓誌〉，《全唐文補遺》第六輯，頁235～236；《唐代墓誌彙編》武德○○五，頁3。

〔註24〕李迥秀：〈大唐故開府儀同三司尚書左僕射上柱國贈司空芮國元公豆盧府君之碑并序〉，《全唐文補遺》第七輯，頁30。

〔註25〕諸書如《舊唐書》卷九五〈惠莊太子撝傳〉（頁3015）、蘇頲〈岐王範太子少師等制〉（《唐大詔令集》卷三五，頁152；《全唐文》卷二五二，頁2546）等皆將諸王以京官檢校的幽州刺史誤記爲幽州刺史。對此，前輩已有考證，可參郁賢皓：《唐刺史考全編》卷六〈京畿道・邠州〉，頁179。

〔註26〕蘇頲：〈岐王範太子少師等制〉，《唐大詔令集》卷三五，頁152；《全唐文》卷二五二，頁2546。

開元四年（716），以岐王範（？～726）爲太子太師兼虢州刺史，薛王業（？～734）爲太子少保兼豳州刺史。〔註27〕豳州即是邠州，在京師西北；虢州則在京師東面。又，《舊唐書·玄宗紀上》記載：「（開元五年十一月）以司徒兼鄧州刺史、申王撝兼虢州刺史……（六年春正月）以太子少師兼許州刺史、岐王範兼鄭州刺史。」〔註28〕虢州就在東都西面，鄭州則在東都的東面。再如開元六年（718）〔註29〕以邠王守禮兼晉州刺史、申王撝兼絳州刺史、岐王範兼岐州刺史、薛王業兼虢州刺史。〔註30〕晉州、絳州在京師的東北面，岐州在京師的西面，虢州則在京師的東面。綜觀開元時期諸王以京官所檢校的府州分佈來看，它們或位於東都兩翼，或處於京師兩側。玄宗的這幾位兄弟外任之處多爲近靠兩京之地，與玄宗同他們關係頗佳〔註31〕當有一定的關係。但是如果從這樣一個分佈情況來看，玄宗這樣做，似也有使之拱衛兩京之政治意圖蘊涵其中。再者諸王實際上也是赴任的。《舊唐書·邠王守禮傳》就記載：「先天二年（713），遷司空。開元初，歷虢、隴、襄、晉、滑六州刺史，非奏事及大事，並上佐知州。時寧、申、岐、薛、邠同爲刺史，皆擇首僚以持綱紀。源乾曜、袁嘉祚、潘好禮皆爲邠府長史兼州佐，守禮唯弋獵、伎樂、飲謔而已。」〔註32〕由此可見，諸王皆是赴任的。只不過更多的時候是趨於遊閒狀態。或者可以說，這種以諸王帶京官兼任之地方官的政治意圖正日益趨於象徵意義。但也並非完全毫無意義可言，畢竟「不可煩以細務，自非大事及奏事，餘並令上佐知主者」〔註33〕、「令到官，但領大綱。自餘州務，皆委上佐主之」〔註34〕，即是說大事、上奏之事仍然需要他們的主持。

〔註27〕 《舊唐書》卷八〈玄宗紀上〉，頁173。

〔註28〕 《舊唐書》卷八〈玄宗紀上〉，頁178～179。

〔註29〕 《唐大詔令集》卷三五〈邠王守禮等兼晉州刺史制〉（頁152）記爲「開元元年」。根據郁賢皓的考證，此當爲「六年」之誤，今從之。見氏著《唐刺史考全編》卷五〈京畿道·岐州〉，頁152。

〔註30〕 《唐大詔令集》卷三五〈邠王守禮等兼晉州刺史制〉，頁152。

〔註31〕 《資治通鑑》卷二一一開元二年五月條，頁6701。

〔註32〕 《舊唐書》卷八六〈邠王守禮傳〉，頁2833；亦見《新唐書》卷八一〈邠王守禮傳〉，頁3592～3593。

〔註33〕 《唐大詔令集》卷三五〈岐王範華州刺史等制〉、〈邠王守禮等兼襄州刺史等制〉、〈邠王守禮等兼晉州刺史制〉，頁151～152；唐玄宗〈授岐王範華州刺史、薛王業同州刺史制〉（《全唐文》卷二一，頁243）、〈授邠王守禮襄州刺史制〉（同卷，頁249）。

〔註34〕 《資治通鑑》卷二一一開元二年五月條，頁6701。

事實上包含這種政治意圖的舉措在貞觀年間就推行過，只是實行得並不徹底或者說沒有成功。貞觀十一年（637），太宗皇帝擬讓功臣世襲刺史，此舉即是鑒於魏晉時期諸朝沒有封建諸侯而不能「永固無窮」。因此乃令功臣世襲刺史。其目的即是要「固磐石之基」。〔註35〕而這些功臣例皆「餘官、食邑並如故」，即是原先任職京官者可保留身份任職地方。如〈程知節墓誌銘〉就記載：「（貞觀）十一年，封建功臣，以公為普州刺史，改封盧國公，邑依舊，真食七百戶，仍令子孫代代承襲。出藩之日，帶以京官。」〔註36〕這體現的是中央政府對功臣藩維王室的重視與優寵。高宗、玄宗時期令諸王帶京官兼任之也是具有這種政治用意的。

其四、還有一些頗具特點的州郡如魏、洺、德、汴、曹、壽、濮等州。這些州郡皆屬於河南、河北地區，為經濟發達地區，這可從這些城市的手工業、商業得知。如魏州，李白（701～762）〈魏郡別蘇少府因北遊〉中說到：「魏郡接燕趙，美女誇芙蓉。淇水流碧玉，舟車日奔衝。青樓夾兩岸，萬室喧歌鐘。天下稱豪貴，遊此每相逢。」〔註37〕此蘇少府據考證是指蘇晉（676～734），在開元二十一年（733）曾擔任魏州刺史。〔註38〕由此詩可以想見當時也就是開元末期魏州的繁華。時之民戶多達上萬戶，而天下豪貴多來此一遊，其繁華程度可見一斑。再如汴州，乃京杭大運河之重要樞紐站，當時一大都會，所謂「河南，汴為雄郡，自江淮達於河洛，舟車輻輳，人庶浩繁。」〔註39〕由此亦見汴州的繁華。其它城市則可從手工業瞭解其發展程度。當時河南、河北地區「蠶桑倍多」。〔註40〕《唐六典》記載得更為詳細：「凡絹、布，出有方土，類有精粗；絹分為八等，布分為九等」，其下注曰：「鄭、汴、

〔註35〕 《唐大詔令集》卷六五〈長孫無忌等十四人並為刺史封國公令子孫承襲詔〉，頁 358～359；《舊唐書》卷六五〈長孫無忌傳〉，頁 2449；唐太宗：〈功臣世襲刺史詔〉，《全唐文》卷六，頁 71～72。

〔註36〕 不著撰人：〈大唐驃騎大將軍益州大都督上柱國盧國公程使君墓誌銘〉，《全唐文補遺》第二輯，頁 203～204；《唐代墓誌彙編續集》麟德〇一九，頁 151。

〔註37〕 李白：〈魏郡別蘇少府因北遊〉，瞿蛻園、朱金城校注，《李白集校注》（上海：上海古籍出版社，1980 年）卷一五，頁 912；中華書局編輯部點校：《全唐詩：增訂本》（北京：中華書局，1999 年）卷一七四，頁 1786。

〔註38〕 翁俊雄：《唐代區域經濟研究》（北京：首都師範大學出版社，2001 年），頁 64。

〔註39〕 《舊唐書》卷一九〇中〈齊澣傳〉，頁 5037。

〔註40〕 張廷珪：〈請河北遭旱澇州準式折免表〉，《文苑英華》卷六〇九，頁 3159～3159；《全唐文》卷二六九，頁 2733。

曹、懷之絹……並第二等；滑、衛、陳、魏、相、冀、德、海、泗、濮、徐、
兗、貝、博之絹……徐、楚、廬、壽之火麻……並第三等；……洺、邢、恒、
定、趙之絹……並第四等。」〔註41〕由此足見，當時汴、曹、魏、壽、濮、
德、洺等州絲織業的水準之高。總而言之，上述這些城市都屬於經濟意義上
的州郡。而中央政府以京官兼任之，或有經濟意圖寓於其中，自不待言。

　　其五、在前期的京官兼任之地方官現象中，有 13 人次是以京官兼任兩京
長官者，佔了近 15%。兩京乃屬唐朝政治中心之所在，其作為城市，體現得
更多的是政治層面上的意義。這裏官員聚集、豪強眾多，要處理好京城事務
不容易，所謂「惟雍設都，實難其理」〔註42〕。所以時人把鎮守京師、任職
京師稱為「綜浩穰之劇」。且京師是其它地方取則之處，所謂「神京務殷，仙
臺政本，四方由是取則」〔註43〕、「三川作都，四方取則」〔註44〕。因此其地
任務又很重要，「輦轂之務，風化所急」。那麼以京官兼任之就頗具政治意味，
蓋體現了中央政府欲加強兩京的政治管理的意圖。

　　這裏有必要對京官、勳臣、皇親宗室兼任之地方官的意義做一說明。京
官兼任之地方官是京官保留身份到地方任職，所涵蓋的是對官員個人的一種
政治優寵。但是經常性地在某一區域、地區實行這種政策所體現的就不僅僅
是個人的意義，更多體現了中央對該區域的意圖。

　　綜上所述，京官兼任之地方官的現象最初是伴隨著國家統一、征討餘寇
的需要而出現的，所體現的是一種軍事意義。後因其它需要而擴展為加強地
區的政治管理、行政管理、經濟管理之用。

第三節　唐後期京官兼任之地方官

　　進入唐後期之後，京官兼任之地方官的數量相對地減少了。那麼，唐後

〔註41〕李林甫等撰，陳仲夫點校：《唐六典》（北京：中華書局，1992 年）卷二○〈太
　　　　府寺〉，頁 541。
〔註42〕蘇頲：〈授宋璟兼京兆尹制〉，《文苑英華》卷四○六，頁 2057。
〔註43〕不著撰人：〈大唐故銀青光祿大夫行揚州大都督府長史魏縣子盧公墓誌銘并
　　　　序〉，羅振玉：《芒洛冢墓遺文四編》（收入新文豐出版公司編輯部編：《石刻
　　　　史料新編》第一輯第十九冊，臺北：新文豐出版公司，1977 年）卷三，頁 14227；
　　　　又收入國家圖書館善本金石組編：《隋唐五代石刻文獻全編》第二冊（北京：
　　　　北京圖書館出版社，2003 年）。
〔註44〕孫逖：〈授崔隱甫河南尹制〉，《文苑英華》卷四○六，頁 2059。

期京官兼任之地方官與前期的有什麼變化？爲了便於分析，筆者根據所搜集的實例製成表五〈唐後期京官兼任之地方官〉列於正文之後。〔註45〕

〔註45〕這裏有必要對京官兼任之地方官的另一個問題做一個解釋說明。筆者在閱讀唐後期的傳世文獻及墓誌、石刻史料時發現，有些京官外貶地方官時是以京官本官的檢校形式兼任的。如李華：〈故相國兵部尚書梁國公李峴傳〉（《李退叔文集》卷二，上海：上海古籍出版社，1993年，頁36〜37）載：「歷御史大夫、禮部尚書，遷吏部領選江西，改兵部，覆命至南陽，詔兼衢州刺史。一州之人如得父母。永泰二年（766）八月，薨於衢州。」由此可見，李峴（708〜766）先任吏部尚書，然後改遷兵部尚書。而從「詔兼衢州刺史」，其似以兵部尚書兼任衢州刺史。再看《新唐書》卷一三一〈李峴傳〉（頁4505〜4506）的記載：「遷吏部尚書，復知江淮選，改檢校兵部尚書兼衢州刺史。」由此之記載，再結合上舉《李退叔文集》的記載，李峴當是以京官本官的檢校形式兼任衢州刺史的。另，《舊唐書·代宗紀》（頁279、283）記載：永泰元年「六月癸亥，吏部尚書李峴南選，回至江陵，貶衢州刺史。……（二年）秋七月辛酉，檢校兵部尚書、衢州刺史李峴卒。」由此可見，李峴之以京官本官的檢校形式兼任衢州刺史是以貶官的性質赴任的。再如陳苑：〈唐故通議大夫試秘書少監兼漢州別駕上柱國陳府君墓誌銘〉（《全唐文補遺》第六輯，頁101〜102；《唐代墓誌彙編續集》興元○○一，頁732）記載：陳如（726〜774）「累遷鴻臚主簿、太常丞、太子左諭德、殿中少監，三任秘書少監，後以事見出，兼漢州別駕。凡所蒞政，厥有嘉績歟。」高宗以後「兼」字僅指職事官之間的連任。此之「漢州別駕」當是前此京官所兼任者，而由墓誌銘之題名「試秘書少監」可知，其亦是以京官本官的檢校形式兼任地方官的。只是墓誌銘記得極爲簡略，略去了授官改遷的整個過程。而所謂「以事見出」，乃謂其因某事而被請外任，似有貶任之意。那麼，爲什麼外貶之人仍然保留原來京官本官的檢校官形式而外任？相關的史料並不能給我們提供直接的證據，只能從其它的史料獲得一點提示。咸通年間的一方墓誌銘就給我們提供了一點有益的提示。崔沆〈唐故朝請大夫使持節宋州諸軍事守宋州刺史兼御史中丞充本州團練鎮遏使上柱國博陵縣開國男食邑三百戶贈左散騎常侍崔府君墓誌銘並敘〉（《全唐文補遺·千唐誌齋新藏專輯》，頁403〜404）記載：崔鏶（816〜862）「改光祿卿。令式，許公卿大夫五年一拜祖先墓。去歲孟春，府君白宰執，乞假抵東周。越月，授宋州刺史，非所求也。議者以爲府君三踐列卿，不宜有是拜。丞相知其不可，乃追制就加御史中丞。府君素樂親人官，殊不以資級介意。」由此可見，崔鏶在乞假東都祭掃先人墓地後不久即被改遷宋州刺史，這一職任並非其所願。而由「議者以爲府君三踐列卿，不宜有是拜」及「府君素樂親人官，殊不以資級介意」，似見崔鏶之外任似有外貶之意。「丞相知其不可，乃追制就加御史中丞」之「不可」者，乃不投合的意思，意即不合當時人的說法。換言之，其加授「御史中丞」是在輿論要求下獲准的。更重要的是因爲他曾三踐列卿，有此經歷才會有此輿論。因此，其外貶後加授「御史中丞」當是受其先前的資歷影響。這裏所論固然是帶京銜之地方官的例子，但是其對理解、解釋上述京官外貶爲地方官時是以京官本官的檢校形式兼任之的原因或許有所幫助。上舉〈李峴墓誌

根據表五，可作如下分析、比較：

其一、在唐後期總共 30 人次的京官兼任之地方官的實例中，共有 10 人次分佈在南方諸道如江南道等，佔了近 33%。在唐後期，南方已經成為國家之根本，是為當時中央政府之經濟命脈。中央政府令京官兼任之，當是寓含經濟意圖於其中。

其二、在這些京官兼任之地方官的實例中，共有 4 人次集中於京師地區。京師固然是中央政府的政治中心。但是這些京官兼任之地方官的出現都是出於經濟的原因，而非出於政治因素的考量。如〈鄭洵墓誌銘〉載：

> 左端揆裴公昆特薦所知，詔授監察御史。紀綱由是不紊矣。屬大軍
> 之後，畿內凋瘵。公素著新繁之稱，有詔遂以本官兼盩厔令。下車
> 而罷人息矣。居無何，復正拜監察御史，兼總以軍儲之務。〔註46〕

鄭洵（717～769）先任監察御史，後檢校本官兼任盩厔令〔註47〕，此屬於京官兼任之地方官的範疇。朝廷如此任命是因為「畿內凋瘵」。再如貞元二年（786）頒佈的〈優恤畿內百姓並除十縣令詔〉云：「今旬內凋殘，亦已太甚。每一興想，盡然傷懷。非慈惠不能卹疲甿，非才術無以賑艱食。臺郎、御史，選重當時，得不分朕之憂，救人之弊！昨者詳延群彥，親訪嘉猷。尚書司勳員外郎竇申等十人，咸以器能，理道精心，究悉黎之疾苦，知教化之宗源，輟於周行，往蒞通邑。申可長安縣令，鄭珣瑜可檢校吏部員外郎兼奉先縣令，韋武可檢校禮部員外郎兼昭應縣令，⋯⋯王倉可檢校禮部員外郎兼昭應縣令」〔註48〕，詔書中所提到的鄭珣瑜（738～805）、韋武（752～806）之外任，舊史及碑刻如下記載：《新唐書・鄭珣瑜傳》曰：「訖喪，遷吏部。貞元初，詔

銘〉及〈陳如墓誌銘〉之墓主二人外任前皆長期任職於京師，而李峴更是歷任御史大夫、禮部尚書、吏部尚書、兵部尚書等要職。故筆者懷疑此舉或是為了彰顯其曾任京官身份之故，也就是說包含著凸顯京官之高貴地位吧。由此似見，這種外貶的官員雖是以京官本官的檢校形式出現的，但他們的出現更多地基於個人身份的意義，不能體現中央與地方關係的內涵，故不列入本文的討論範圍。

〔註46〕鄭深：〈唐故監察御史貶岳州沅江縣尉滎陽鄭府君墓誌銘并序〉，《全唐文補遺》第七輯，頁 61；《全唐文補遺》第八輯，頁 79。

〔註47〕這裏的「檢校」似乎在墓誌銘中被省略了。從「居無何，復正拜監察御史」來看，鄭洵任職盩厔令並非是以本官兼任的，而是以京官本官的檢校形式兼任的，否則就難以理解「復正拜監察御史」。疑墓誌銘中缺記「檢校」二字。

〔註48〕陸贄：〈優恤畿內百姓並除十縣令詔〉，《陸贄集》卷四，頁 113～114；《全唐文》卷四六三，頁 4726～4727。

擇十省郎治畿、赤。珣瑜檢校本官兼奉先令。」〔註49〕〈韋武神道碑〉曰:「屬邦畿艱食,朝議敦本,選臺閣通理術者十人,分宰大邑,公與故相國公鄭公珣瑜等同被推擇,遂檢校本官兼昭應縣令。」〔註50〕由此可見,他們都是屬於京官兼任之地方官的範疇。當時唐王朝剛剛經歷了涇原兵變,整個京畿地區的經濟受到了很嚴重的破壞。貞元初,京畿的財政狀況就頗爲嚴峻,舊史記載的關於當時德宗聞韓滉運米至陝州而大喜的事情頗能說明問題。時「關中倉廩竭,禁軍或自脫巾呼於道曰:『拘吾於軍而不給糧,吾罪人也!』上憂之甚,會韓滉運米三萬斛至陝,李泌即奏之。上喜,遽至東宮,謂太子曰:『米已至陝,吾父子得生矣!』」〔註51〕可見當時整個中央的禁軍都沒有充足的糧食供應,致使軍人牢騷滿腹,生怕再因之生變的唐德宗在得知江南糧食已運至陝州後,情不自禁地大言「得生」,此番情景頗耐人尋味。中央的禁軍尚無糧食足充,整個京畿地區的經濟、財政情況可見一斑。當時百姓的生活可想而知,時「關中饑民蒸蝗蟲而食之」〔註52〕。正是在這種大背景下,中央才頒佈〈優恤畿內百姓並除十縣令詔〉;這也正是詔書所提到的「甸內凋殘」、「疲甿」及「艱食」寫照的具體。由此可見,他們檢校京師縣令都是出於經濟因素。綜合第一條而言,京官兼任之地方官現象的出現基於經濟因素者共計 14 人次之多,佔了約 48%,近乎一半。由此似見,當時京官兼任之地方官現象的出現更著眼於經濟意圖。

其三、在這些實例中,有 9 人次是屬於以京官兼任之邊疆地區州郡長官或軍事要地長官者,也佔了近 33%。不過其更多是出現在肅、代時期,僅肅宗至代宗前期就佔了 7 人次之多。疑此是受安史之亂的影響,甚至是前期京官兼任之地方官重軍事的一種延續。而大曆以後,以軍事意圖出現之以京官兼任地方官者所佔的比重就很小了。因此,從其在安史之亂以後的分佈來看,唐後期京官兼任之地方官的軍事意圖似已逐漸衰減。

其四、京官兼任之地方官的形式在唐後期也發生了一定的變化。上舉〈韋武神道碑〉與《新唐書・鄭珣瑜傳》中韋武與鄭珣瑜皆是以京官本官的檢校

〔註49〕《新唐書》卷一六五〈鄭珣瑜傳〉,頁 5064。

〔註50〕呂溫:〈唐故銀青光祿大夫京兆尹兼御史大夫上柱國贈吏部尚書京兆韋公神道碑銘并序〉,陸心源《唐文拾遺》卷二七,《全唐文》(北京:中華書局,1983 年),頁 10671～10674。

〔註51〕《資治通鑑》卷二三二貞元二年四月甲申條,頁 7469。

〔註52〕《舊唐書》卷一二〈德宗紀上〉,頁 348。

形式兼領京畿縣令的。他們都是先任職於朝廷的，所以他們的本官也就是京官。而這種以京官本官的檢校形式兼任之地方官也屬於京官兼任之地方官的範疇。這是後期京官兼任之地方官新出現的形式。在前期，一般是以京官本官兼任之；到了後期，則出現了以京官本官的檢校形式兼任之的情況，而「檢校」二字有時也會省略。前此已述，可參閱。不過，前期的那種形式仍然也存在。

綜上所述，唐後期京官兼任之地方官的現象與前期的相比發生了不小的變化，主要表現在功能、意圖上的衰弱。這一時期，京官兼任之地方官現象的出現更多地是基於軍事及經濟層面上的考慮。

小　結

京官兼任地方官的現象最初是伴隨國家統一而出現的，其首先是爲了剷除唐初的割據勢力的需要而出現的，而後才因其它需要而在意義上有所擴展。可以說，在唐前期，京官兼任地方官現象的出現有著極爲多樣的意圖：軍事層面上的意義如加強對割據勢力的平定，對邊疆地區征討，防禦異族或叛黨的討伐；政治層面上的意義如加強對兩京的政治管理，或對功臣、諸王藩維王室的重視；行政層面上的意義如重視地方州郡的建設；經濟層面上的意義如加強對河南、河北地區的經濟管理。但是到了開元年間，京官兼任地方官現象出現了象徵化的趨勢、衰弱的跡象，表現在諸王以京官兼任地方官現象的政治意圖趨於象徵意義。到了後期，京官兼任之地方官現象在意圖、功能上更趨衰弱：肅代時期，以軍事、經濟爲主；到了德宗時期，則以經濟爲主，軍事層面的意圖、考量已不如經濟因素突出。而整個後期京官兼任之地方官的現象也是逐漸走向消亡的。

第三章　唐代帶京銜之地方官

　　在唐代，「帶職」不僅僅是方鎮使府僚佐的現象，地方上的府州縣官也同樣有此現象。筆者稱之爲「帶京銜之地方官」。這種特殊的現象早在唐朝前期就已出現。前揭天寶二年（743）十一月十六日的敕文告訴我們，天寶時期中央政府給予太守兼京官者兩處料錢。這就從一個側面反映了唐前期確實存在帶京銜之地方官的現象。不然，何以中央政府會頒此詔敕？那麼，這種現象爲何出現？下面就先來談談唐前期的情況。

第一節　唐前期帶京銜之地方官

　　對於帶京銜之地方官的現象，迄今的研究更多地是集中在唐後期，對前期的情況則沒有給予太多的關注。有鑑於此，筆者擬整理、論述及分析所搜集的前期諸實例，並通過尋求這些實例的分佈情況以求探明其出現的原因。

　　下面，筆者先逐一整理、論述唐前期帶京銜之地方官的實例。

　　① 李勣（594～669）：武德二年～四年（619～621），黎州總管，大將軍〔註1〕

　　《舊唐書·李勣傳》載：

〔註 1〕《舊唐書》卷五四〈竇建德傳〉（頁 2239）記爲「左武衛大將軍」；《舊唐書》卷一〈高祖紀〉（頁 10）作「左武侯大將軍」；吳兢《貞觀政要》卷二〈任賢〉（上海：上海古籍出版社，1978 年，頁 42）、《舊唐書》卷六七〈李勣傳〉（頁 2484）、《冊府元龜》卷八〇四〈總錄部·義〉（頁 9554）、唐高宗〈大唐故司空太子太師上柱國贈太尉揚州大都督英貞武公李公碑〉（《全唐文》卷一五，頁 187）皆作「右武侯大將軍」。筆者無法斷定何者爲是，故僅記爲大將軍。

武德二年，（李）密爲王世充所破，擁眾歸朝。其舊境東至於海，南
至於江，西至汝州，北至魏郡，勣並據之，未有所屬，……乃遣使
啟密。使人初至，高祖聞其無表，惟有啟與密，甚怪之。使者以勣
意聞奏。高祖大喜曰：「徐世勣感德推功，實純臣也。」詔授黎陽總
管、上柱國、萊國公。尋加右武候大將軍，改封曹國公，……令勣
總統河南、山東之兵以拒王世充。〔註2〕

由此可見李勣在武德初年的官職經歷，即先任黎陽總管也就是黎州總管，〔註3〕
不久又加授右武候大將軍。《舊唐書》列傳用了「加」字〔註4〕，「加」字有兩種
意思：第一種是指「從舊職卸任而使其任新職」，如《舊唐書·柳亨傳》載，柳
亨（？～655）「以譴出爲邛州刺史，加散騎常侍，被代還，數年不調」〔註5〕，
從「被代還」三字可看出〈柳亨傳〉的「加」是「從舊職卸任而使其任新職」的
意思；另一種則是指在原有官職的基礎上再加另一種官職，如〈鄭密墓誌銘〉記
載：「二京返正，天子選賢守相令長，將蘇瘡痍之人。殿中侍御史王政以公充賦，
拜商州洛南令。數月，訟平賦均。監察御史李椅、殿中侍御史王延昌、御史中丞
元公載並表言其狀，詔書褒稱，加公壽王府戶曹參軍，洛南如故。」〔註6〕從「洛
南如故」四個字來看，鄭密（714～763）的「加」即在原有官職的基礎上再加另
一種官職的意思。那麼，李勣爲朝廷加授大將軍之「加」到底屬於哪一種含義？

《新唐書·高祖紀》記載：武德二年「十一月丙子，竇建德陷黎州，執
淮安王神通、總管李世勣」〔註7〕，由此可見，武德二年末李勣仍在黎州總管
的任上。《舊唐書·高祖紀》有相似記載：武德二年「十一月丙子，竇建德陷

〔註2〕《舊唐書》卷六七〈李勣傳〉，頁2484。另外《貞觀政要》卷二〈任賢〉（頁
42～43）、《舊唐書》卷六七〈李勣傳〉（頁2484）、《冊府元龜》卷八〇四〈總
錄部·義四〉（頁9554）、唐高宗〈大唐故司空太子太師上柱國贈太尉揚州大
都督英貞武公李公碑〉（《全唐文》卷一五，頁187）對李勣擔任這幾個官職的
先後順序也有記載。

〔註3〕諸書多記爲「黎州總管」，僅〈舊唐書·李勣傳〉（頁2484）記爲「黎陽總管」。

〔註4〕《貞觀政要》卷二〈任賢〉（頁42～43）、《舊唐書》卷六七〈李勣傳〉（頁2484）、
《冊府元龜》卷八〇四〈總錄部·義四〉（頁9554）的記載與之同。而唐高宗
〈大唐故司空太子太師上柱國贈太尉揚州大都督英貞武公李公碑〉（《全唐文》
卷一五，頁187）記爲「又」。其意同。

〔註5〕《舊唐書》卷七七〈柳亨傳〉，頁2681。

〔註6〕獨孤及〈唐故商州錄事參軍鄭府君墓誌銘并序〉，《毘陵集》卷一二，頁94
～95；《全唐文》卷三九二，頁3986～3987。

〔註7〕《新唐書》卷一〈高祖紀〉，頁10。

黎陽，盡有山東之地。淮安王神通、左武候大將軍李世勣，皆沒於賊」〔註8〕，由此似見，武德二年末李勣已被授封大將軍了。綜合兩唐書〈高祖紀〉的記載，其在黎州任上是兼有兩職的。但是這一時期李勣一直是在黎州的領地上，他不可能離開黎州遠赴京師任大將軍；再從官銜授任的先後順序來看，大將軍是李勣任職黎州總管後加授的，當屬於遙領之職、虛銜，是李勣任黎州總管所帶之京銜。也就是說，《舊唐書·李勣傳》的「加」字即是「在原有官職的基礎上再加另一種官職」的意思。

②周仲隱（581～649）：武德四年（621），蓬州刺史，大將軍

〈周仲隱墓誌銘〉載：

> 武德四年，蒙授柱國、平州刺史，報殊勳也。其年，又遷蓬州刺史，
> 仍授大將軍、平輿縣開國公、食邑一千戶，刺史如故。職列襃帷，
> 秩兼戎號。中外惟允，時論榮之。〔註9〕

由此可見，周仲隱是先授任蓬州刺史，然後再加授大將軍的。而從「刺史如故」及「職列襃帷，秩兼戎號」〔註10〕的記載可見周仲隱是兼任這兩個職官的。那麼，蓬州刺史兼大將軍即屬於帶京銜之地方官的範疇。

③李勣：貞觀三年～十五年（629～641），并州大都督府長史，太子左衛率

此例在緒論中已有論述，可參見。

④李貞（625～686）：顯慶（656～661）中，絳州刺史，太子少保

〈越王墓誌銘〉記載：

> 歷安、徐、揚三州都督，相州刺史，遷絳州刺史兼太子少保……乃
> 授綿州刺史，又遷豫州刺史。〔註11〕

由此可見，李貞在擔任絳州刺史時還兼任太子少保。從「絳州刺史兼太子少

〔註8〕《舊唐書》卷一〈高祖紀〉，頁10。

〔註9〕 不著撰人：〈大唐故上柱國通直散騎常侍使持節唐州諸軍事唐州刺史平輿縣開國公周府君墓誌銘并序〉，《全唐文補遺》第三輯，頁347～348；《唐代墓誌彙編》貞觀一七五，頁120。

〔註10〕「襃帷」意為官吏親近百姓，實施廉政。由此可見，「職列襃帷」即是指蓬州刺史這一蓬州地區的親民官。而「戎號」即指大將軍。

〔註11〕 不著撰人：〈唐故太子少保豫州刺史越王墓誌銘〉，《全唐文補遺》第二輯，頁432；《唐代墓誌彙編》開元〇六五，頁 1199。而兩唐書之〈越王李貞傳〉均未記載其任絳州刺史一事。

保」的敘述來看，其當是以絳州刺史遙領太子少保的。因爲帶京銜之地方官
的判斷準則是「地方官兼京銜」的書寫習慣。但是因爲京官高貴，時人在書
寫帶京銜之地方官時往往將京官放置地方官之前。〈李貞墓誌銘〉將京官放置
於地方官之後，則更說明李貞之「絳州刺史兼太子少保」屬於帶京銜之地方
官的範疇無疑。只是有一點需要注意：宗室諸王擔任州郡長官者多不赴任。
李貞任職絳州是否也是如此？如果李貞擔任絳州刺史也屬於遙領的話，那麼
「絳州刺史兼太子少保」就不屬於帶京銜之地方官的範疇了。

又根據郁賢皓的研究，越王李貞確實出閣赴任絳州刺史。〔註12〕因此，李
貞之任「絳州刺史兼太子少保」確實屬於帶京銜之地方官。至於誌題所書「太
子少保豫州刺史」則並不能說明什麼，因爲時人在撰寫墓誌銘時往往將墓誌主
人終任官與生前所任品秩最高的京官官銜列在一起，這是時人書寫墓誌銘題名
的習慣之一。這在時人墓誌中比較常見，如〈唐故東宮通事舍人隆州閬中縣令
衛府君墓誌銘并序〉記載：衛規（592～638）「貞觀元年，任東宮通事舍人。……
七年，授德州平原縣令。……十二年，轉授隆州閬中縣令。……即以其年二月
八日薨。」〔註13〕隆州閬中縣令是衛府君之終任官，東宮通事舍人則是其生前
擔任的品秩最高的京官官銜。這即是將墓誌主人之終任官與生前所任的品秩最
高的京官官銜列在題名之中。可再舉另一例。〈大唐故戶部郎中泉州長史姑蘇張
府君墓誌銘〉記載：張響彥（587～658）「隋釋褐拜謁者臺奉禮郎，皇朝洺州司
戶參軍（從七品下）、冀州都督府兵曹（正七品下），又除洛州都督府法曹（正
七品下），尋轉大理寺司直（從六品上），仍遷大理丞（從六品上）。……又除都
官員外郎（從六品上），又遷刑部郎中（從五品上），又除戶部郎中（從五品
上）。……又除夏州都督府司馬（正五品上），又除交州都督府長史（正五品上），
尋轉泉州長史（從五品上）。……以顯慶三年九月十七日薨。」〔註14〕泉州長史
乃張府君之終任官；而戶部的地位高於刑部〔註15〕，因此戶部郎中是其生前擔
任的品秩最高的京官官銜。這也是將墓誌主人之終任官與生前所任的品秩最高
的京官官銜列在題名之中。

〔註12〕 郁賢皓：《唐刺史考全編》卷八○〈河東道・絳州〉，頁 1148。

〔註13〕 不著撰人：〈唐故東宮通事舍人隆州閬中縣令衛府君墓誌銘并序〉，《全唐文補
遺》第三輯，頁 500～501；《唐代墓誌彙編續集》延載○○六，頁 336。

〔註14〕 不著撰人：〈大唐故戶部郎中泉州長史姑蘇張府君墓誌銘〉，《全唐文補遺》第
六輯，頁 265～266；《唐代墓誌彙編續集》顯慶○二五，頁 100。此處之官員
品階係筆者所添加。

〔註15〕 嚴耕望：《唐僕尚丞郎表》（上海：上海古籍出版社，2007 年），頁 19。

⑤王志愔（？～722）：太極元年（712），汴州刺史，御史中丞（內供奉）〔註16〕

《宋本冊府元龜》卷五一二〈憲官部‧選任〉載：

> 王志愔爲汴州刺史。太極元年，睿宗以志愔有政聲，召兼御史中丞。

〔註17〕

「兼」在咸亨以後即指職事之連任，故此「御史中丞」當爲汴州刺史之兼官。此是因爲王志愔汴州任上政績出色而被加授御史中丞。王志愔以本官汴州刺史兼御史中丞（內供奉），因此可以說這個「御史中丞（內供奉）」屬於虛職。這就屬於帶京銜之地方官的範疇。

⑥郭知運（667～721）：開元二年（714），伊州刺史，中郎將〔註18〕

〈郭知運碑〉載：

> 解褐，以善戰授昭武校尉、秦州三度府左果毅。以敗敵北庭，加游擊將軍、沙州龍勒府折衝兼右金吾郎將、瀚海軍副使。尋改朝散大夫、伊州長史、伊吾副使。以軍累破虜，即授其州刺史，進當軍經略使。朝廷以未愜前除，且有後命，遷本衛中郎將，仍舊爲州軍使。默啜之寇北庭也，公奔命解圍，軍聲大振，加雲麾將軍、右武衛將軍、封介休縣開國公、食邑二千戶。〔註19〕

〔註16〕王欽若等編纂：《宋本冊府元龜》卷五一二〈憲官部‧選任〉（北京：中華書局，1989 年，頁 1302）記爲「御史中丞」；《舊唐書》卷一〇〇〈王志愔傳〉（頁 3123）與《新唐書》卷一二八〈王志愔傳〉（頁 4464）則記爲「御史中丞內供奉」。今無法斷定何者爲是，故兼記之。

〔註17〕明本《冊府元龜》同卷記爲「王至（志）愔爲汴州刺史。太極元年，睿宗以志愔有政聲名，兼御史中丞。」（頁 6133）與宋本所記略有差異。從文意上來看，當以宋本爲是。

〔註18〕張說〈贈涼州都督上柱國太原郡開國公郭君碑奉敕撰〉（《張燕公集》卷一九，上海：上海古籍出版社，1992 年，頁 160～162；《全唐文》卷二二七，頁 2294～2296）、張說〈冠軍大將軍郭知運神道碑〉（《文苑英華》卷九〇七，頁 4772～4773）皆記爲「右金吾中郎將」；而《舊唐書》卷一〇三〈郭虔瓘傳〉（頁 3187～3188）、唐玄宗〈封郭虔瓘郭知運制〉（《全唐文》卷二〇，頁 242）、《冊府元龜》卷一二八〈帝王部‧明賞〉（頁 1533）、蘇頲〈授郭虔瓘右驍衛大將軍等制〉（《文苑英華》卷四〇一，頁 2034；《全唐文》卷二五二，頁 2543～2544）記爲「右驍衛翊府中郎將」。諸書記載互異，今僅記中郎將。

〔註19〕張說：〈贈涼州都督上柱國太原郡開國公郭君碑奉敕撰〉，《張燕公集》卷一九，頁 160～162；《全唐文》卷二二七，頁 2294～2296；張說：〈冠軍大將軍郭知運神道碑〉，《文苑英華》卷九〇七，頁 4772～4773。

〈郭知運碑〉所云之「當軍經略使」即是伊吾軍使。由「授其州（伊州）刺史，進當軍經略使。朝廷以未愜前除，且有後命。遷本衛中郎將，仍舊爲州軍使」可知，郭知運是先授任州軍使即伊州刺史兼伊吾軍使，後再任本衛中郎將的。那麼，「伊州刺史、伊吾軍使兼中郎將」就屬於帶京衛之地方官的範疇。

⑦張守珪（684～740）：開元十六年（728）～十七年（729），瓜州都督，左衛率

〈張守珪墓誌〉載：

> （開元）十五年，拜瓜州刺史。屬破敗之後，傷痍未復，鳩集散卒，纔滿八千。更造軍州，築城將半，賊精甲三萬，四面合圍。我出奇奮擊，所向摧靡。當不存之地，成必勝之功，使瓜州忘土，隴外底定。求之自古，諒所稀聞。賊退，加宣威將軍、左領衛率兼瓜州都督。[註20]

《舊唐書・張守珪傳》亦曰：「十五年，吐蕃寇陷瓜州，王君㚟死。河西恟懼，以守珪爲瓜州刺史、墨離軍使，領餘眾修築州城。板堞纔立，賊又暴至城下。城中人相顧失色，雖相率登陴，略無守禦之意。守珪曰：『彼眾我寡，又創痍之後，不可以矢石相持，須以權道制之也。』乃於城上置酒作樂，以會將士。賊疑城中有備，竟不敢攻城而退，守珪縱兵擊敗之。於是修復廨宇，收合流亡，皆復舊業。守珪以戰功加銀青光祿大夫，仍以瓜州爲都督府，以守珪爲都督。」[註21] 兩者的記載在文意上大致不差，只是官銜的敘述有所不同，墓誌銘有「左衛率」一職的記載，《舊唐書》則缺。

在唐代，都督是例兼治所州刺史的，[註22] 故瓜州都督是兼任瓜州刺史

[註20] 達奚珣：〈唐故輔國大將軍右羽林大將軍幽州長史兼御史大夫括州刺史（下闕）〉，《全唐文補遺》第六輯，頁62～63。另，「率」是東宮十二衛之職官，但是東宮十二衛中並無左右領衛率，而有左右衛率。在皇帝的十二衛中則有左右領衛。筆者以爲〈張守珪墓誌銘〉所記載的張守珪之官職應是「率」；因爲如果其所任爲十二衛之左領衛，墓誌銘則缺其所任之官職。因此〈張守珪墓誌銘〉所記「左領衛率」應是「左衛率」之誤，「領」乃衍字。在其後的行文中，筆者將「左領衛率」皆改爲「左衛率」，不從墓誌銘。

[註21] 《舊唐書》卷一〇三〈張守珪傳〉，頁3193～3194。亦見《新唐書》卷一三三〈張守珪傳〉，頁4548～4549。

[註22] 岑仲勉：〈都督與刺史〉，收入氏著《通鑑隋唐紀比事質疑》（北京：中華書局，2004年），頁44；夏炎：《唐代州級行政體制研究》，頁257～258；同氏〈試論唐代都督府與州的關係〉，《史學集刊》，2008年第2期，頁28。

的。在筆者看來，儘管朝廷對張守珪官職做了一下變動，但可以說他一直在瓜州刺史任上。因此，張守珪是先任職瓜州刺史，再加授左衛率的。所以筆者認爲「左衛率兼瓜州都督」乃屬於帶京銜之地方官的範疇。

　　⑧吉溫（？～755）：天寶十一載（752），魏郡太守，侍御史

《舊唐書‧吉溫傳》記載：

> （天寶）十載，（安）祿山加河東節度，因奏溫爲河東節度副使，並知節度營田及管內採訪監察留後事。其載，又加兼雁門太守，仍知安邊郡鑄錢事，賜紫金魚袋。及丁所生憂。祿山又奏起復爲本官，尋復奏爲魏郡太守兼侍御史。楊國忠入相，素與溫交通，追入爲御史中丞，仍充京畿、關內採訪處置使。〔註23〕

帶京銜之地方官的判斷準則是「地方官兼京銜」的書寫習慣。但是因爲京官高貴，時人在書寫帶京銜之地方官時往往將京官放置於地方官之前。而《舊唐書‧吉溫傳》的相關記載直接將京官放置於地方官之後，似更說明「魏郡太守兼侍御史」是帶京銜之地方官的範疇無疑。

　　上述即是筆者所搜集到的有關唐前期帶京銜之地方官的實例。只是囿於筆者學識所限，必有一些史料被忽略。爲了便於參考唐前期的帶京銜之地方官，筆者製成表二如下：

表二：唐前期帶京銜之地方官

人　物	年　份	本　官	帶京銜
李勣	619～621	黎州總管	大將軍
周仲隱	621	蓬州刺史	大將軍
李勣	629～641	并州大都督府長史	太子左衛率
李貞	656～661	絳州刺史	太子少保
王志愔	712	汴州刺史	御史中丞（內供奉）
郭知運	714	伊州刺史	中郎將
張守珪	728～729	瓜州都督	左衛率
吉溫	752	魏郡太守	侍御史

〔註23〕《舊唐書》卷一八六下〈吉溫傳〉，頁4856。而《新唐書》卷二〇九〈吉溫傳〉（頁5916）未記其任魏州刺史之兼官。

　　根據該表，似見唐代前期帶京銜之地方官現象的分佈有一定規律可循。在這 8 例中，共有 4 例地處軍事要衝或邊疆地區，佔了半數。如李勣在黎州、并州；郭知運在伊州；張守珪在瓜州。

　　黎州：李勣歸順唐朝政府時，天下仍然處於混戰割據狀態，朝廷便令其擔任黎州總管，此舉是爲了「總統河南、山東之兵以拒王世充」。黎州總管府，「武德二年置，……管殷、衛、洹、澶四州」〔註 24〕。武德二年黎州總管的範圍有多大？這可從其所領的黎、殷、衛等州各自的地域範圍來計算。只是諸書對當時這些州的範圍的記載可能不是很全面，因此只能是對其領轄範圍作一粗略推斷。

　　《舊唐書・地理二》載：「衛州望，隋汲郡，本治衛縣。武德元年，改爲衛州。二年，陷竇建德。四年，賊平，仍舊領衛、清淇、湯陰三縣。」〔註 25〕由此可知，衛州在武德二年時就領衛、清淇、湯陰三縣。同時據《元和郡縣圖志》，貞觀元年起還領有新鄉。〔註 26〕而黎州、殷州在武德初的轄縣僅《元和郡縣圖志》、《新唐書》有所記載。據記載，武德二年黎州曾領內黃、黎陽、臨河三縣；〔註 27〕殷州在初置時則領修武、武陟兩縣。〔註 28〕據此，筆者可以大致推斷出武德二年黎州總管的轄區範圍，即以黎陽縣爲中心，西南到武陟縣附近，西北到湯陰縣，東北到內黃縣。而這一範圍就包含著許多具有重要戰略地位的據點。

〔註 24〕　《舊唐書》卷三九〈地理二・衛州〉，頁 1491。《舊唐書》卷三九〈地理二・衛州〉（頁 1491）記爲：「武德二年，置黎州總管府，管殷、衛、洹、澶四州。」但是李吉甫《元和郡縣志》卷一六〈河北道一・澶州〉（賀次君點校，北京：中華書局，1983 年，頁 466）載：「澶州，本漢頓丘縣地，武德四年分魏州之頓丘、觀城二縣於今理置澶州。」《新唐書》卷三九〈地理三・衛州〉（頁 1013）又云：「澶州上，武德四年析黎州澶水、魏州之頓丘、觀城置。」由此可見，似乎澶州是在武德四年才設置的。不著撰人〈唐上柱國邢國公李君之墓銘〉（《全唐文補遺》第八輯，頁 253～254；《唐代墓誌彙編續集》武德〇〇一，頁 1～2）這樣記載時任黎州總管的李勣：李密「故吏、上柱國、使持節黎州總管、殷、衛、澶四州諸軍事、黎州刺史、曹國公徐世勣。」由此似見，當時的黎州總管不包括洹州。歧異如是，茲難辨解，今僅定其可信之處，即諸書所認可的「黎、殷、衛」三州。

〔註 25〕　《舊唐書》卷三九〈地理二・衛州〉，頁 1490。

〔註 26〕　《元和郡縣志》卷一六〈河北道一・衛州〉，頁 460。

〔註 27〕　《元和郡縣志》卷一六〈河北道一・相州〉，頁 453～455；同卷〈河北道一・衛州〉，頁 462；《新唐書》卷三九〈地理三・衛州〉，頁 1012。

〔註 28〕　《元和郡縣志》卷一六〈河北道一・懷州〉，頁 445～446。

　　當時唐王朝的主要勁敵如竇建德、王世充駐於黎州的東西兩側。王世充囤積洛陽，竇建德的軍隊則佔據了河北北部，並建都於洺州。黎州處於兩地的掣肘之間：殷州、衛州地區地近王世充的勢力範圍，但是這一範圍能夠直指洛陽腹心。因爲這裏有太行東麓南北走廊從衛州通往洛陽的主要驛道。〔註29〕官軍可以從這一驛道與西面的唐朝主力軍隊合圍洛陽。而黎陽地區擁有黎陽津渡口，其乃「南北津渡之要」〔註30〕，可以掌控橫渡河津的主動性。由此可見黎州總管之戰略地位。

　　并州：并州地處邊境地區，是唐朝防禦北方強敵突厥重要的軍事據點之一。〔註31〕《舊唐書・李勣傳》就記載了唐太宗對李勣鎮守并州的評價：「隋煬帝不能精選賢良，安撫邊境，惟解築長城以備突厥，情識之惑，一至於此。朕今委任李世勣於并州，遂使突厥畏威遁走，塞垣安靜，豈不勝遠築長城耶？」〔註32〕由此足見并州確是防禦突厥的軍事要地。

　　伊州：伊州與北庭、西州乃是唐朝西北之極邊，內爲河西諸州之屏障，外爲二千里外安西都護府之支持，實爲唐代控制西域之中心根據地，〔註33〕此可見伊州軍事地位之重要性。

　　瓜州：瓜州地臨吐蕃，經常受其侵擾。上舉《舊唐書・張守珪傳》就載張守珪是在吐蕃侵擾瓜州後繼任該州刺史的，其後不久吐蕃又來侵擾。另據《舊唐書・玄宗紀上》：開元十五年（727）「九月丙子，吐蕃寇瓜州，執刺史田元獻及王君㚟父壽，殺掠人吏，盡取軍資倉糧而去。」〔註34〕由此可見吐蕃之犯瓜州之頻繁。而這裏也成了防禦吐蕃的前線。開元十七年（729），瓜州刺史張守珪等人就曾率軍大敗吐蕃。〔註35〕

〔註29〕嚴耕望：《唐代交通圖考》（上海：上海古籍出版社，2007年）第五卷〈河東河北區〉篇四五〈太行東麓南北走廊驛道〉，頁1519。

〔註30〕嚴耕望：《唐代交通圖考》第五卷〈河東河北區〉篇四六〈河陽以東黃河流程與津渡〉，頁1565。

〔註31〕嚴耕望：《唐代交通圖考》第五卷〈河東河北區〉篇三七〈太原北塞交通諸道〉，頁1335。

〔註32〕《舊唐書》卷六七〈李勣傳〉，頁2486。亦見《新唐書》卷九三〈李勣傳〉，頁3818～3819。

〔註33〕嚴耕望：《唐代交通圖考》第二卷〈河隴磧西區〉篇一四〈北庭都護府通伊西碎葉諸道〉，頁585。

〔註34〕《舊唐書》卷八〈玄宗紀上〉，頁191。

〔註35〕《冊府元龜》卷一三三〈帝王部・襃功〉，頁1608。

上述這四個地區都處於軍事要衝，且多兼處邊疆。它們的長官也多為軍事長官：黎州總管是主管軍事的，所謂「置總管府，以統軍戎」〔註36〕；伊州刺史兼任州軍使，瓜州刺史兼任墨離軍使，屬於軍鎮的範疇。朝廷以「京銜」加授之即為了提高該地的軍事地位，表示朝廷對這些地區軍事戰略地位的重視。而對并州、伊州、瓜州等邊疆地區的加授暗示朝廷對於防禦外敵的關注，說明朝廷對邊疆地區安危的關心。而這種加授又局限於某一地區上的某一任地方長官，體現了這種加授「京銜」的個體性傾向，而缺乏連續性、穩定性；且加授的區域集中於邊疆區域或軍事重要地帶，表現出這種加授具有地域性的特徵。同時，這種「京銜」還只授予地方最高一級長官，凸顯了這種加授缺乏普遍性、局限性。

此外，王志愔因在地方任上政績出色而被加授京銜，這是中央政府所採取的褒獎良吏的一種新途徑，也從側面說明了中央政府對地方吏治的重視、關注。

在強盛的國家政治面前，加授地方官京銜的用途、目的僅限兩類即重視軍事與獎勵地方吏治。直至進入政治風雲變化的唐後期之後，加授地方官京銜的用途、目的才逐漸變得豐富起來。

第二節　唐後期帶京銜之地方官

從強盛的唐朝前期跨越安史之亂的界限進入紛雜不堪的唐後期，受政治局勢變化的影響，「京銜」加授的用途、目的變得尤為豐富，伴隨而來的內涵也逐漸擴大。

一、唐後期帶京銜之地方官的類型

筆者根據中央政府加授地方官「京銜」的原因，將後期帶京銜之地方官的現象分成如下數類：

（1）立有戰功而被加授者

①王翃（？～802）：廣德二年（764），辰州刺史，秘書少監

《新唐書・王翃傳》載：

　　王翃字宏肱，并州晉陽人。少治兵家。天寶中，授翃衛尉、羽林軍

〔註36〕《舊唐書》卷三八〈地理一〉，頁1384。

宿衛。擢才兼文武科，出爲辰州刺史，與討襄州康楚元有功，加兼
秘書少監，遷朗州刺史。〔註37〕

康楚元叛亂起於乾元二年（759）八月，歷時僅三月即被平定。〔註38〕時任辰
州刺史的王翊也參與了此次討叛。諸書中僅《新唐書》本傳言及此事，更遑
論提及「兼秘書少監」一事。高宗咸亨（670～674）以後，「兼」僅指職事官
間的兼任，故此「秘書少監」乃是辰州刺史之「兼官」。而從官職授任的先後
順序來看，其即屬於帶京銜之地方官的範疇。

②竇覦：建中四年（783）～興元元年（784），坊州刺史〔註39〕，御史
中丞

《舊唐書・竇覦傳》載：

> 竇覦，昭成皇后族姪。父光，華原尉。覦以親蔭，釋褐右衛率府兵
> 曹參軍。鄜坊節度臧希讓奏爲判官，累授監察殿中侍御史、檢校工
> 部員外郎、坊州刺史。興元元年，討李懷光於河中，詔覦以坊州兵
> 七百人屯鄜陽。賊平，以功兼御史中丞。遷同州刺史，入朝爲戶部
> 侍郎。〔註40〕

這裏說的是興元元年朝廷討伐李懷光之事。《舊唐書》本傳提的「兼御史中
丞」與前此所提及之「兼秘書少監」的意思是一致的。因此，此之「御史中
丞」並非獨立官職。再者，朝廷不會因一次戰功而加授一具有獨立之官職性
質的御史中丞予人。畢竟「御史，吾（即指朝廷）耳目官也，非清明勁正不
泥不撓者，安可使辨淑慝，振紀律，廣吾之聰明焉？」〔註41〕所以，此之「御
史中丞」乃是坊州刺史之兼官，屬於虛銜。

③趙犨（824～889）：中和三年（883），陳州刺史，檢校兵部尚書

《舊五代史・趙犨傳》載：

〔註37〕《新唐書》卷一四三〈王翊傳〉，頁4691。
〔註38〕康楚元叛亂及被平定的經過可參見《資治通鑑》卷二二一乾元二年八月乙巳
　　　條、十一月甲子條，頁7080、7088。
〔註39〕《冊府元龜》卷三○二〈外戚部・立功〉（頁3562）作「房州刺史」。竇覦是
　　　因討伐河中節度而出戰的，坊州離河中較近，房州則遠在山南。在當時危難
　　　之際，朝廷只能是就近詔諸州出兵。因此筆者以爲當以「坊州」爲是。
〔註40〕《舊唐書》卷一八三〈外戚・竇覦傳〉，頁4749。
〔註41〕白居易：〈太常博士申伯可侍御史鹽鐵推官監察御史裏行高諧河東節度參謀兼
　　　監察御史崔植並可監察御史三人同制〉，《白居易集箋校》卷四九，頁2932～
　　　2933；《全唐文》卷六六三，頁6736。

及黃巢陷長安，天子幸蜀，中原無主，人心騷動。於是，陳州數百
人相率告許州連帥，願得犨知軍州事。其帥即以狀聞，於是天子下
詔，以犨守陳州刺史。既視事，乃謂將吏曰：「賊巢之虐，徧於四方，
苟不爲長安市人所誅，則必驅殘黨以東下。況與忠武久爲仇讎，淩
我土疆，勢必然也。」乃遣增垣墉，濬溝洫，實倉廩，積薪芻。凡
四門之外，兩舍之內，民有資糧者，悉令輦入郡中。繕甲兵，利劍
稍，弓弩矢石無不畢備。又招召勁勇，置之麾下。以仲弟昶爲防遏
都指揮使，以季弟玼爲親從都知兵馬使，長子麓、次子霖皆分領銳
兵。黃巢在長安，果爲王師四面扼束，食盡人饑，謀東奔之計。先
遣驍將孟楷擁徒萬人，直入項縣。犨引兵擊之，賊眾大潰，斬獲略
盡，生擒孟楷。中和三年，朝廷聞其功，就加檢校兵部尚書，俄轉
右僕射。不數月，加司空，進潁川縣伯。〔註42〕

上舉所列史料所論乃是朝廷阻擊黃巢之事，時任陳州刺史的趙犨立有戰功。
從其「以仲弟昶爲防遏都指揮使，以季弟玼爲親從都知兵馬使」可知，此時
陳州刺史當兼有防遏兵馬使。檢校官在唐後期並無實職，多作爲階官之用，
因此趙犨因功爲朝廷所加之「檢校兵部尚書」當非獨立官職，而後之右僕射、
司空亦當爲「檢校右僕射」、「檢校司空」之略稱，前此已論，可參見。

上舉三例或是地方官率軍參與平定叛亂，或是親自護駕有功，或是阻擊
叛亂，然後被朝廷授予兼官、京銜，以示對他們的褒獎。

（2）官員在任上做得出色遷轉後加授者

①羅珦（？～809）：貞元十八年（802），壽州刺史，御史中丞

〈羅珦德政碑〉載：

天子以壽春右郡，淮海內屏，地雄人富，東南樞轄，有介馬數百，
徒兵萬人，詔公爲壽州刺史、本州團練使。……壽春抵廬江三百里，
公嘗牧茲郡。壽人望而愛之。赤幰即露，壽人自理。俄有詔曰：「壽
州刺史羅珦，前爲廬江，政事居最，惠養贍助，一邦阜安，中司執
法，外督州部，可兼御史中丞。」〔註43〕

〔註42〕薛居正：《舊五代史》（北京：中華書局，1976 年）卷一四〈趙犨傳〉，頁 192～
193。《冊府元龜》卷三六〇〈將帥部·立功〉（頁 4297）、同書卷三八六〈將帥部·
襃異〉（頁 4584）、同書卷六九六〈牧守部·修武備〉（頁 8303）的記載略同。
〔註43〕楊憑：〈唐廬州刺史本州團練使羅珦德政碑〉，《全唐文》卷四七八，頁 4884
～4886。

由授任詔書所記的「壽州刺史羅珦，前爲盧江，政事居最，惠養瞻助，一邦阜安，中司執法，外督州部，可兼御史中丞」可知，這個京銜乃是因爲羅珦在此前的盧州刺史任上政績出色而加授的。權德輿爲羅氏所撰的墓誌銘詳細記載了羅公任職盧州刺史期間所做之能事。〈羅珦墓誌銘〉云：「刺盧、壽二州，就加御史中丞，入爲司農卿。……盧江劇部，號爲難理。強家占田，而竄人無告；鄉校廢落，而冗吏猥多。被病者捨醫事，求淫祀。公皆去其弊而圖其利，人人得盡四支之敏，而務十全之術。修起經師、弟子以理庠塾，每歲以廉、茂計偕者，倍於他邦。化條簡易，和氣浹洽。靈芝產，白雀至。連率今司徒岐公上其理狀，詔賜紫金命服。」〔註44〕由此可見，羅公是採取了禁淫祀、辦學校、簡易政治等各種措施使得難理如盧州者「政洽化淳」的。〔註45〕而由〈羅珦墓誌銘〉記載的「刺盧、壽二州，就加御史中丞，入爲司農卿」之「入爲司農卿」，似見「御史中丞」是在地方任上加授的，乃屬於遙領之職。

②李方乂（769～814）：元和九年（814）前，河中府寶鼎縣令，秘書郎

〈李方乂墓誌銘〉載：

> 府罷，授陝州靈寶縣令。趙嘉之理劇，周紆之威名，百里之內，熙熙如也。廉使具以政績上聞，朝廷方議超拜。屬今□府河東公坐鎮蒲津，請惠所部，遂兼秘書郎，爲寶鼎縣令。雛猾吏，息疲民，猶前政也。〔註46〕

「百里之內，熙熙如也」意指李方乂所在的這個縣百姓和和睦睦、非常歡樂，暗指當地官員即李方乂治理該縣有成績。故而「廉使具以政績上聞」時，「朝廷方議超拜」。只是「河東公坐鎮蒲津，請惠所部」，因此沒有按照朝廷原有的想法實行。這裏的河東公疑指張弘靖。〔註47〕朝廷本是欲「超拜」其官的，

〔註44〕權德輿：〈唐故太中大夫守太子賓客上柱國襄陽縣開國男賜紫金魚袋羅公墓誌銘并序〉，《權德輿詩文集》卷二三，頁349～350；《全唐文》卷五○六，頁5148～5149。《新唐書》卷一九七〈羅珦傳〉（頁5628）亦有簡略的敘述。

〔註45〕楊憑：〈唐盧州刺史本州團練使羅珦德政碑〉，《全唐文》卷四七八，頁4884。

〔註46〕李虞仲：〈唐故試秘書省秘書郎兼河中府寶鼎縣令趙郡李府君墓誌銘并序〉，《全唐文補遺》第六輯，頁135；《唐代墓誌彙編》元和○七九，頁2003～2004。

〔註47〕〈李方乂墓誌銘〉記載李方乂擔任靈寶縣令前爲涇原節度判官。據戴偉華的考證可知，其任職涇原判官時的節帥是段祐。見戴偉華：《唐方鎮文職僚佐考》（修訂本，桂林：廣西師範大學出版社，2007年），頁22～23。李方乂是在

而終遷寶鼎縣令。寶鼎縣乃次畿縣；靈寶縣乃望縣，低於寶鼎縣。這種遷轉應該是「升」。由「兼秘書郎，爲寶鼎縣令」可知，秘書郎是縣令的兼官。加授「京銜」則是爲了褒獎，以示寵任，所謂「不有兼官，豈云重寄？」〔註48〕其還未在現任官上有任何政績而得此京銜，應該是受其在前任職位上出色的政績影響的。

③張屼：長慶元年（821），盧州刺史，御史中丞

〈張屼授盧州刺史兼御史中丞制〉載：

> 敕：盧龍軍節度判官、檢校刑部郎中張屼：司徒總言爾從事於幽、薊之間，有年歲矣。嘗委事任，備觀器用。務叢而益辦，職久而彌勤，頗出輩流，宜加獎擢。況公侯之胄，幕府之英，餘慶所鍾，有才如是。今以名郡寵而任之。旌善勸能，仍兼中憲。可盧州刺史。

〔註49〕

制敕的題名稱其爲「盧州刺史兼御史中丞」，根據帶京銜之地方官的判斷準則，其應屬於帶京銜之地方官的範疇。而授予張屼盧州刺史的制敕云「務叢而益辦，職久而彌勤」，這是說他在前此的職任上都作出了一定的政績，故而其遷轉時「仍兼中憲」。

上舉三例皆是因爲官員本人在過去的職任上政績優異而在遷轉時加授「京銜」，體現的是對個人的優寵、肯定，也包含著對地方吏治的重視。

段祐離任涇原節帥之後，才轉任靈寶縣令的，而段祐離任涇原節帥的時間是在元和三年（808）（吳廷燮：《唐方鎮年表》卷一，北京：中華書局，1980年，頁56）。再按當時縣令改轉的年限爲四年（《唐會要》卷六九〈都督刺史已下雜錄〉，頁1436；《唐大詔令集》卷九〈廣德元年冊尊號敕〉，頁58；《舊唐書》卷一一〈代宗紀〉，頁273；《冊府元龜》卷八八〈帝王部・赦宥〉，頁1048；同書卷六三〇〈銓選部・條制〉，頁7555），那麼其轉任寶鼎縣令的時間大約是在元和七年（812）。「蒲津」即是指河中府、河中節度。查《唐方鎮年表》（頁451）得知，元和七年任職河中節度者爲張弘靖。張弘靖乃張嘉貞之孫，《舊唐書》卷九九〈張嘉貞傳〉（頁3090）云：「張嘉貞，蒲州猗氏人也。」《新唐書》卷一二七〈張嘉貞傳〉（頁4441）記載得更爲詳細：「張嘉貞，字嘉貞，本范陽舊姓。高祖子吒，仕隋，終河東郡丞，遂家蒲州，爲猗氏人。」由此可見，張弘靖即是河東人氏，而其極有可能是因爲家於蒲州而爲時人稱爲「河東公」的。如此即已吻合，故筆者推斷此「河東公」即爲張弘靖。

〔註48〕 常袞：〈授京兆府尹魏少游加御史大夫制〉，《文苑英華》卷四〇六，頁2058；《全唐文》卷四一二，頁4227。

〔註49〕 白居易：〈張屼授盧州刺史兼御史中丞制〉，《白居易集箋校》卷五一，頁3019；《全唐文》卷六五七，頁6690。

（3）現任官政績出色而加授者

①陳皆（730～802）：貞元十四年（798）前，敘州刺史，右庶子

〈陳皆墓誌銘〉載：

> 後牧施、敘二州。先時，夷人未和，且阻方命。卅餘載，教令莫達。
> 公傳示恩化，遂乞保鄉族，充奉徵賦。鄰有虞者，因之亦安，斯所
> 以知君子之居也。朝廷旌能，拜右庶子，金章副焉。貞元十四年遷
> 台州刺史。……公遂有施、敘之拜。乃寬夷禮以□豪家，友吏權以
> 申王化。報政周月，夷人不勝其和。〔註50〕

施、敘二州地處少數民族區域，幾十年來不曾知有教令。陳皆上任即「寬夷禮以□豪家，友吏權以申王化」，僅僅過了一個月，「夷人不勝其和」。故而朝廷特意褒獎之。墓誌銘中所指的這個東宮僚佐官並不是獨立官職，乃是遙領之職。因為太子東宮僚佐在唐後期屬於閒散之職〔註51〕，若為獨立官職，將其遷任閒散官，又何言「旌能」？

②李位：貞元十二年（796），房州刺史，簡校兵部郎中；鄭賈：貞元十二年，金州刺史，簡校司勳郎中；劉源：大和七年（833），銀州刺史，簡校國子祭酒

《冊府元龜》載：

> 李位為房州刺史，貞元十二年，以位有善政，加簡較兵部郎中。鄭
> 賈為金州刺史，貞元十二年，以賈有能政，加簡較司勳郎中。……
> 劉源為銀州刺史，太和七年，就加簡較國子祭酒，旌營田積粟之功
> 也。〔註52〕

李位等人在現任職位上都有善政，故朝廷特意加授他們京官。這些京官都帶「檢校」。在唐後期，檢校官多為階官之用，並無實際職掌。因此這些檢校京銜當屬於虛銜，屬於這些地方官遙領之職。否則，何以勸能者？

③王敬蕘（？～907）：中和四年（884）～乾寧四年（897），潁州刺史，檢校太子太保

〔註50〕崔芃：〈唐故中散大夫使持節台州諸軍事守台州刺史上柱國賜紫金魚袋潁川陳公墓誌銘并序〉，《全唐文補遺》第一輯，頁247～248；《唐代墓誌彙編》貞元一三○，頁1932～1933。

〔註51〕任士英：《唐代玄宗肅宗之際的中樞政局》（北京：社會科學文獻出版社，2002年），頁170～201。

〔註52〕《冊府元龜》卷六七三〈牧守部·褒寵〉，頁8043～8044。

〈授穎州刺史充本州防禦使王敬薨加檢校太子太保制〉載：

> 敕書云：若網在綱，有條而不紊。故國家化條，施於天下者，牧
> 伯謹而舉之，政不紊矣。具官王敬薨：始學司馬法，克礪諸侯劍。
> 奮之以果敢之氣，濟之以練達之謀。自握郡符，頗圖成績。穎水
> 則清，年數且深，理濟彌遠，耕桑滿地。不奪農時，卒乘在軍，
> 未忘武備，遂得見稱。元帥是當，善舉化條，保民之崇，增秩甚
> 貴。吾用漢家之典，爾登循吏之名。更務克終，斯爲守貴。可依
> 前件。〔註53〕

由「自握郡符，頗圖成績。穎水則清，年數且深，理濟彌遠，耕桑滿地，不
奪農時，卒乘在軍，未忘武備，遂得見稱元帥」可知，王敬薨在穎州任上的
政績不一般，故而朝廷欲褒寵之，使登「循吏之名」。而制敕所欲加授之「檢
校太子太保」實爲虛職，無實權可用，故當爲遙領者？不然何爲嘉獎者？

上舉數人皆是在現任上做出成績而爲朝廷嘉獎者，所加都爲檢校官，故
而都屬於本官之兼官。

（4）貶官帶京銜者

①王質（774～836）：大和五年～七年（831～833），虢州刺史，御史中丞

〈王質神道碑〉載：

> 會宋丞相坐狷直爲飛語所陷，抱不測之罪。大僚進言無益，公率諫
> 官數輩，日晏伏閤，上爲不時開便殿。公於旅進中，獨感激雪涕居
> 多。由是上怒稍解，得從輕比。公終以言責爲憂，求爲虢州刺史。
> 宰相惜去，又重違誠請，增之以兼御史中丞，用示異於人也。〔註54〕

神道碑所云之宋丞相當指宋申錫，所謂「爲飛語所陷，抱不測之罪」，當指其
被宦官王守澄誣告之事。〔註55〕而王質在勸諫之後，因擔心言語辯辭受到懲

〔註53〕 錢珝：〈授穎州刺史充本州防禦使王敬薨加檢校太子太保制〉，《文苑英華》卷
　　　　四〇九，頁2074；《全唐文》卷八三二，頁8771。

〔註54〕 劉禹錫：〈唐故宣歙池等州都團練觀察處置使宣州刺史兼御史中丞贈左散騎常
　　　　侍王公神道碑〉（瞿蛻園，《劉禹錫集箋證》卷三，上海：上海古籍出版社，
　　　　1989年），頁89～99；《文苑英華》卷九一七，頁4826～4827；《全唐文》卷
　　　　六〇九，頁6156～6158。

〔註55〕 詳見《舊唐書》卷一六七〈宋申錫傳〉，頁4370～4371；《新唐書》卷一五二
　　　　〈宋申錫傳〉，頁4844～4846。

罰，故求外任虢州刺史。墓誌銘向有溢美之傾向。對王質之外任虢州刺史，《舊唐書‧王質傳》有不同記載：

> 大和中，王守澄構陷宰相宋申錫。文宗怒，欲加極法。質與常侍崔元亮兩泣切諫，請付外推，申錫方從輕典。質為中人側目，執政出為虢州刺史。〔註56〕

《新唐書‧王質傳》對此的記載則更簡略，也更直接：

> 宋申錫之得罪，質與諫官伏閣。文宗開延英召見，泣涕陳諫。帝稍寤，申錫得不死。為宦豎所惡，出虢州刺史。〔註57〕

王質之外任虢州，《舊唐書》記為「質為中人側目，執政出為虢州刺史」，《新唐書》則記為「為宦豎所惡，出虢州刺史」，意思略同，但是出之之人略異。《舊唐書》中，儘管其為宦官憎恨，但是讓其外任者為宰相；而《新唐書》中則是宦官令其外任的。考慮到當時「士大夫黨乃閹寺黨之附屬品」〔註58〕，因此可以說，令其外任似為中人之意，而執政者只是執行者。從列傳的語意來看，其外任似有外貶之意。再結合〈王質墓誌銘〉，其被貶之時被追增「兼御史中丞」，乃是為了「示異於人」。從墓誌銘來看，其外貶時被加增京銜乃是「宰相惜去」之故，更多地體現出個人的意義、價值。而從整個授官過程來看，此「御史中丞」當屬虛銜無疑，乃是遙領之職。

②崔鐵（816～862）：咸通三年（862）前，宋州刺史，御史中丞

〈崔鐵墓誌銘〉載：

> 改光祿卿。令式，許公卿大夫五年一拜祖先墓。去歲孟春，府君白宰執，乞假抵東周。越月，授宋州刺史，非所求也。議者以為府君三踐列卿，不宜有是拜。丞相知其不可，乃追制，就加御史中丞。府君素樂親人官，殊不以資級介意。睢陽郡兼兵賦之重，當災沴之餘，府君明以燭奸，仁以恤下，整緝紊緒，芟去苛文，民用便安，政居尤最。〔註59〕

〔註56〕《舊唐書》卷一六三〈王質傳〉，頁4267。亦見《冊府元龜》卷五四七〈諫諍部‧直諫〉，頁6563。
〔註57〕《新唐書》卷一六四〈王質傳〉，頁5052。
〔註58〕陳寅恪：《唐代政治史述論稿》（石家莊：河北教育出版社，2002年），頁268。
〔註59〕崔沆：〈唐故朝請大夫使持節宋州刺史兼御史中丞充本州團練鎮遏使上柱國博陵縣開國男食邑三百戶贈左散騎常侍崔府君墓誌銘並敘〉，《全唐文補遺‧千唐誌齋新藏專輯》，頁403～404。

崔鍼因乞假往河南祭掃先人墓而被改任宋州刺史。由後來的追加御史中丞可知，此「御史中丞」屬於虛銜，乃是遙領之職。由「議者以爲府君三踐列卿，不宜有是拜」及「府君素樂親人官，殊不以資級介意」，似見崔鍼外任有外貶之意。其得以加授「御史中丞」是因他曾三踐列卿之故。可以說，其即是受其先前資歷之影響而加授京銜者。

上舉二人外貶州郡長官時皆兼京銜，更多的是個人因素所致，外貶加官的意義更多地體現了個人的價值。

（6）歸順中央或表忠心而被加授者

①陳皆（730～802）：建中（780～783）年間，均州刺史，御史中丞

〈陳皆墓誌銘〉載：

> 拜均州刺史。王師平漢南，以公肇經惠迪，就加御史中丞……（梁崇義）戎心方啓，負固不朝。公惕其邪謀，願理他郡，由是有武當（均州）之拜。皇帝初元年，誅諸侯不軌道者，而崇義爲首。今相國賈公領舟師，臨於漢池。公乃獻其北門之鑰，導我統率，遂爲誠臣。賈公上聞，是有就加之寵。而逆烈（李希烈）怙亂，屠襄陽，獲全物，而動獸心。乃料民於均，悉索興賦。公亟詣軍壘，一言解圍。後希烈以蔡人叛命，鄧郊不聞。公自均部抵商顏，開火炬山以通運路。〔註60〕

墓誌銘所記建中初年朝廷討伐跋扈之山南節度使梁崇義之事。此之「相國賈公」當指賈耽，時任山南西道節度使。〔註61〕該墓誌銘撰於貞元二十年（804）左右，而賈耽自貞元九年（793）至順宗（805）時一直任居宰相之位。〔註62〕故墓誌銘稱其爲「今相國」也。陳皆在中央政府軍隊駕臨漢南之時即開城門爲之導引，故被朝廷加授御史中丞。從其後「逆烈怙亂，屠襄陽，獲全物，而動獸心。乃料民於均，悉索興賦。公亟詣軍壘，一言解圍。後希烈以蔡人叛命，鄧郊不聞。公自均部抵商顏」可知，其被加授「御史中丞」後仍在均州任職，因此「御史中丞」乃是虛銜，屬於遙領之職。

〔註60〕崔芃：〈唐故中散大夫使持節台州諸軍事守台州刺史上柱國賜紫金魚袋潁川陳公墓誌銘并序〉，《全唐文補遺》第一輯，頁247～248；《唐代墓誌彙編》貞元一三〇，頁1932～1933。

〔註61〕大曆（766～779）末至建中三年（782）賈耽任山南西道節度使，參《唐方鎮年表》卷四〈山南西道〉，頁654。

〔註62〕《舊唐書》卷一三八〈賈耽傳〉，頁3783～3787；《新唐書》卷一六六〈賈耽傳〉，頁5084。

②孫液：貞元元年（785），鄭州刺史，御史中丞

《冊府元龜》載：

> 貞元元年三月己未，以光州固始縣令孫液爲鄭州刺史兼御史中丞。
> 始液因官陷賊李希烈，寇沒汴州，廼迫武牢，盡爲所制。託液心腹，
> 授偏師鎮鄭州。希烈敗，退保蔡州，液以州來歸。〔註63〕

這是德宗時期朝廷討伐淮西節度使李希烈之事。孫液原爲唐朝官員，後因其
地陷賊，故受制於李希烈。舊史稱之爲「希烈鄭州守將」〔註64〕。但是《冊
府元龜》不稱其僞官，而稱其授任鄭州刺史前的官職「光州固始縣令」。根據
帶京銜之地方官的判斷準則，「鄭州刺史兼御史中丞」即屬於帶京銜之地方官
的範疇。

③董昌齡：元和（806～820）時期，郾城令，監察御史

《舊唐書・董昌齡母楊氏傳》載：

> 董昌齡母楊氏。昌齡常爲泗州長史，世居於蔡。少孤，受訓於母，
> 累事吳少誠、少陽。至元濟時，爲吳房令。楊氏潛誡曰：「逆順之理，
> 成敗可知。汝宜圖之。」昌齡志未果。元濟又署爲郾城令。楊氏復
> 誡曰：「逆黨欺天，天所不福。汝當速降，無以前敗爲慮，無以老母
> 爲念。汝爲忠臣，吾雖歿無恨矣。」及王師逼郾城，昌齡乃以城降，
> 且說賊將鄧懷金歸款於李光顏。憲宗聞之喜，急召昌齡至闕，眞授
> 郾城令兼監察御史，仍賜緋魚。〔註65〕

這是元和時期朝廷征討吳元濟之事。董昌齡在其母的勸說及朝廷軍隊的逼迫
下投降，並勸說他人歸順。史稱「吳元濟聞郾城不守，甚懼」〔註66〕，故董
昌齡之降，其功可謂不小。而根據帶京銜之地方官的判斷準則，「郾城令兼監
察御史」即屬於帶京銜之地方官的範疇。此舉蓋有勉勵、獎賞之意。

　　上舉三人皆是投降朝廷的。朝廷爲了勉勵、褒獎他們的忠誠之心而加授
「京銜」，其中也包含著對他們歸順中央而使戰局發生變化之功的酬賞。

〔註63〕《冊府元龜》卷一六五〈帝王部・招懷〉，頁1988。
〔註64〕《資治通鑑》卷二三一興元元年十一月癸卯條，頁7447。
〔註65〕《舊唐書》卷一九三〈董昌齡母楊氏傳〉，頁5149。《新唐書》卷二○五〈董
　　　昌齡母楊傳〉（頁5827）、《冊府元龜》卷一四○〈帝王部・旌表〉（頁1693～
　　　1694）的記載略同。
〔註66〕《資治通鑑》卷二四○元和十二年四月乙未條，頁7733。

（7）官民乞留任而被加授的

①李條（741～799）：代宗初期，宣城令，大理司直。

〈李條墓誌銘〉載：

> 公諱條，字堅，後以字爲諱。……改宣城令。滿歲受代，縣人以理
> 狀乞留。廉車上聞，詔可其奏，且加大理司直，從人欲也。縣鄙之
> 南，水泉委匯，每暑雨流潦，輒傷大田。公乃峻爲之防，悅使其眾，
> 人就安利，稼皆登成。〔註67〕

李條在宣城任上蓋多爲百姓謀利，故離任之時爲民所乞留。「詔可其奏」也就
是同意其留任，由此可知此「大理司直」即屬遙領之職，屬於宣城令所兼之
「京銜」。

②姚侑（747～802）：建中（780～783）、貞元（785～805）前期，潞
　　州銅鞮縣令，試詹事府司直

〈姚侑墓誌銘〉載：

> 建中年，四海底清，中外齊致。以字民之職，爲教化所由。衡鏡掄
> 材，公實在選，授潞州銅鞮縣令。朞月而信讓漸洽，三年而富庶知
> 方。滿歲，爲本道節度使相國李公表請量留。從人之欲，就加試詹
> 事府司直。〔註68〕

姚侑在潞州銅鞮縣令任上政績出色，使得該地富庶、融洽。在其任期將滿之
時，時任昭義節度使的李抱眞上表請留。「本道節度使相國李公」即指李抱眞。
〔註69〕由「從人之欲」，可知其是留任的，那麼所加之官「試詹事府司直」即
屬遙領之職，屬於潞州銅鞮縣令所兼之「京銜」。

③竇弘餘：大中五年（851），台州刺史，檢校太子右庶子

〈竇弘餘加官依前台州刺史、蘇莊除鄧州刺史等制〉載：

〔註67〕權德輿：〈朝散大夫守司農少卿賜紫金魚袋隴西縣開國男李公墓誌銘〉，《權德
　　　輿詩文集》卷二五，頁375～376；《文苑英華》卷九四二，頁4952～4953；《全
　　　唐文》卷五〇二，頁5113～5114。

〔註68〕徐放：〈唐故朝散郎前試詹事府司直兼蘄州黃梅縣令姚公墓誌銘并序〉，《全唐
　　　文補遺‧千唐誌齋新藏專輯》，頁298～299。

〔註69〕潞州銅鞮縣屬昭義節度使管轄。由墓誌銘可知姚氏任職該縣令在建中、貞元
　　　前期，而這一時期昭義節度使是李抱眞，後者在德宗朝曾任使相。參《唐方
　　　鎮年表》卷四〈昭義〉，頁476～478；《唐會要》卷一〈帝號上〉，頁9。

敕：朝散大夫、使持節台州諸軍事、守台州刺史、上柱國竇弘餘，……
南郡盜作而蕭育拜，河内政美而寇恂留，為人擇官，因重而撫，考
於兩漢，行古道也。弘餘，廉使上言，父老有請，其為政也，長育
多方，惠訓不倦，凡設教令，皆有科指。……就加超拜，各叶所宜，
仕至二千石，可庇人矣，無異文律，不自貴重。……弘餘可檢校太
子右庶子，餘如故。〔註70〕

從制敕題名所云「依前台州刺史」可知，竇弘餘加授「檢校右庶子」前即是
任職於台州。由「其為政也，長育多方，惠訓不倦，凡設教令，皆有科指」
可知其在台州任上政績優異，故「廉使上言，父老有請」，蓋請其留任也，從
「依前台州刺史」亦或可知。這一制敕的頒佈使其得以留任，「檢校右庶子」
則屬於台州刺史所兼之「京銜」。

上舉三例皆屬於官員在任期內政績出色而為官民所請留，朝廷或為了能夠使
其更好地治理地方故而同意他們的留任，並加授「京銜」，以示勉勵、褒賞之意。

（8）因報恩而被加授的

①路應（745～811）：貞元三年～四年（787～788），虔州刺史，屯田郎中

《新唐書・路應傳》載：

應字從眾，以蔭為著作郎。貞元初，出為虔州刺史，詔嗣父封。鑿
贛石梗嶮以通舟道。德宗時，李泌為相，號得君。帝嘗曰：「誰於卿
有恩者？朕能報之。」泌乃言：「曩為元載所疾，謫江西。路嗣恭與
載厚。臣嘗畏之。會與其子應並驅，馬齧其脛，臣惶恐不自安。應
悶不言，勉起見父。臣常媿其長者，思有以報。」帝曰：「善。」即
日，加應檢校屯田郎中，服金紫。〔註71〕

「檢校官」在唐後期並無實職，多為階官之用。此之「檢校屯田郎中」亦如
是，乃屬於虛銜。朝廷不可能因為報恩而授其一個沒有實職的官。〈路公神道
碑銘〉記此兼官為「尚書屯田郎中」〔註72〕，未記「檢校」二字，乃是省略
之故，緒論中對此類官銜已有論述，可參見。

〔註70〕杜牧：〈授竇弘餘加官依前台州刺史蘇莊除鄧州刺史等制〉，《樊川文集》卷一
　　　　八，頁270；《文苑英華》卷四一一，頁2082；《全唐文》卷七四八，頁7754。

〔註71〕《新唐書》卷一三八〈路應傳〉，頁4624。

〔註72〕韓愈：〈銀青光祿大夫守左散騎常侍致仕上柱國襄陽郡王平陽路公神道碑
　　　　銘〉，《韓昌黎文集校注》卷六，頁393；《全唐文》卷五六二，頁5692。

（9）加授邊疆州郡長官者

①李偲：會昌（841～847）中，隴州刺史，御史大夫

〈授李偲隴州刺史兼防禦使制〉載：

> 敕：隴陝之西，地連蕃境。雖舅甥和好，絕塞無虞。而邊徼撫循，長才以藉。爾武能禦寇，智可圖功，早推奉國之誠，共許統戎之略。及位分六校，職長千夫，彌彰夙夜之勞，益盡爪牙之用。是思寵擢，委以疆場。爾宜推赤心以任人，勵玄甲而訓士，約以奉己，忠以報君。……將表戎旃之盛，仍兼專席之榮。可隴州刺史兼御史大夫，充本州刺史、防禦使。〔註73〕

②李知讓：大中四年～五年（850～851），邠州刺史，御史中丞

〈李知讓加御史中丞依前邠州刺史韋瓊加侍御史充振武軍掌書記等制〉載：

> 敕：大中大夫、使持節邠州諸軍事、守邠州刺史、充兵馬留後、上柱國、賜紫金魚袋李知讓等。以知讓所理，雜以華夷，宜假霜臺，用壓戎落。……可依前件。〔註74〕

③李誠元：大中五年（851），朔州刺史，檢校國子祭酒兼御史中丞

〈李誠元除朔州刺史制〉載：

> 敕：銀青光祿大夫、檢校國子祭酒、前使持節都督勝州諸軍事、兼勝州刺史、御史中丞、充本州押蕃落及義勇軍等使、上柱國李誠元。……僉曰：誠元家本北邊，志氣慷慨，將軍之子，頗傳父業，學萬人敵，知四夷事。跡榆林之前政，寄馬邑之名邦，仍留兼官，用震殊俗。夫車馬甲兵，戰之器也；禮樂慈愛，戰所蓄也。然後要之誠信，御以堅明，雖曰戎夷，豈不畏服，深期國士，無頹家聲。可檢校國子祭酒、使持節朔州諸軍事、兼朔州刺史、御史中丞，散官、勳如故。〔註75〕

朔州、邠州皆地處邊境地區，地近夷狄之地，朝廷在其改轉時，或在其原任上加授「京銜」，即是為了「震殊俗」、「壓戎落」。隴州亦是「地連蕃境」，加

〔註73〕 崔嘏：〈授李偲隴州刺史兼防禦使制〉，《文苑英華》卷四○九，頁2073～2074；《全唐文》卷七二六，頁7481。

〔註74〕 杜牧：〈李知讓加御史中丞依前邠州刺史、韋瓊加侍御史充振武軍掌書記等制〉，《樊川文集》卷一九，頁287；《全唐文》卷七四九，頁7481。

〔註75〕 杜牧：〈李誠元除朔州刺史制〉，《樊川文集》卷一八，頁271～272；《全唐文》卷七四九，頁7755。

京銜是為了「表戎旃之盛」，顯示這裏軍事力量之強大，實際上也可說是為了以此控壓蕃俗。

（10）加授內地防禦州、團練州者

①田穎：元和十五年（820）～長慶二年（822），亳州刺史，檢校右散騎常侍兼御史大夫

〈田穎可亳州刺史制〉載：

> 敕：正議大夫、前檢校右散騎常侍、使持節洺州諸軍事、兼洺州刺史、御史大夫、充本州團練使、上柱國、賜紫金魚袋田穎：自別屯將壘，專領郡城。而能勤恤師人，與之勞逸。故臨戎則士樂為用，撫下而眾知向方。忠勳既彰，能政亦著。牧守之選，吾所重之。譙酇之間，人亦勞止。授爾印綬，往勞來之。宜推前心，佇立後效。可檢校右散騎常侍、使持節亳州諸軍事、兼亳州刺史、御史大夫、本州團練使、鎮遏使。散官、勳、賜如故。〔註76〕

②劉禹錫（772～842）：大和八年～九年（834～835），汝州刺史，御史中丞

〈汝州刺史謝上表〉載：

> 臣某言：伏奉去年七月十四日詔書，授臣使持節汝州諸軍事、守汝州刺史、兼御史中丞、充本道防禦使，餘如故者。〔註77〕

③裴識（796～864）：會昌六年（846）～大中二年（848），壽州刺史，檢校右散騎常侍

《舊唐書‧裴識傳》載：

> 識以蔭授官，累遷至通議大夫、檢校右散騎常侍、壽州刺史、本州團練使、上柱國、襲晉國公、食邑三千戶、實封一百五十戶、賜紫金魚袋。〔註78〕

〔註76〕白居易：〈田穎可亳州刺史制〉，《白居易集箋校》卷五三，頁3076；《全唐文》卷六五八，頁6700。

〔註77〕劉禹錫：〈汝州刺史謝上表〉，《劉禹錫集箋證》卷一六，頁400～403；《文苑英華》卷五八六，頁3037；《全唐文》卷六〇一，頁6075～6076。

〔註78〕《舊唐書》卷一七〇〈裴識傳〉，頁4433～4434。〈唐故邠寧慶等州節度使管內觀察營田處置等使裴公墓誌銘并序〉（中國文物研究所、河南文物研究所編：《新中國出土墓誌‧河南壹》下冊，北京：文物出版社，1994年，頁328）的記載與此略同。

劉禹錫、裴諿、田穎三人所任皆是州郡長官兼本州防禦、團練或鎮遏使，亦即兵馬眾者。兼御史中丞、御史大夫及散騎常侍是中央政府對這些軍州重視的一種表示。因為「御史大夫、中丞，掌邦國憲法、朝廷紀綱，兼此官者，皆以所領務重，時為寵獎」〔註79〕，而朝廷又規定「左右散騎常侍是中書門下正三品官，謂之侍極，宰臣次列。除特委方面者，餘不合兼任使」〔註80〕。

　　根據京銜加授的原因，可把唐後期帶京銜之地方官者分成上舉數類。〔註81〕嚴格地說，可以進一步分成：內地防禦州、團練州加授型；邊疆州郡長官加授型；地方官政績出色加授型；歸順中央表忠心加授型；抗敵立功加授型；貶官加授型；恩敕型。因為官民乞留及前任官、現任官政績出色者皆屬於地方官政績出色加授型。從「京銜」的分類可以看出，「京銜」加授的用途、目的比前期更為豐富，不僅僅是因為邊疆軍鎮及政績出色加授「京銜」者大大超過了前期，同時還有內地軍州被加授者、歸順中央而被加授者、打敗叛藩、賊軍而被加授者。可以說，加授「京銜」的內涵從邊防安危、地方吏治層面擴大到了內地的軍事防禦、防範叛藩、君臣關係等層面上，這也是前後期政治局勢差異所造成的。至於為什麼把京銜授予這些官員，將於下文論述之。

二、唐後期帶京銜之地方官的特點

　　受唐後期政治局勢變化的影響，「京銜」加授的用途、目的在唐後期變得更為豐富，其所包含的內涵也明顯地比前期的來得廣泛，而隨之體現出來的特點也與前期的有所不同。為了便於參考唐後期帶京銜之地方官的情況，筆者根據帶京銜之地方官的本官分別製成相關的表格（表六～表十三）列於正文之後。

　　從這些表格可以看出，唐後期帶京銜之地方官現象的分佈範圍不像前期那樣多集中於邊疆地區，而是全面分佈於全國諸道，河北諸道有之，江南諸道有之，西北各道亦有之。這說明了唐後期帶京銜之地方官分佈的均衡化。

〔註79〕《唐會要》卷二五〈文武百官朝謁班序〉，頁568。
〔註80〕《唐會要》卷五四〈左右散騎常侍〉，頁1097。
〔註81〕筆者的意思並非所有帶京銜之地方官者都可以細分成上述類型。在所見帶京銜之地方官群體中，有部分是無法分類的，因為相關史料只提供了官職名稱，並沒有整個歷官之經過。

但是如果從各道分佈情況來看似乎還是有所區別的。筆者想具體談談防禦、團練州的類型在諸道分佈的差異。帶京銜之地方官現象是基於軍事防禦、攻略而出現的，到了唐後期地方官出於這種需要而帶京銜者還有不少。筆者僅就這一類型談談它們的分佈情況，是因為由於功績、政績及歸順等因素出現者之偶然性較大些，而從這些軍州加授「京銜」者的分佈，則可以想見當時中央與地方關係的一些變化。筆者根據正文之後的表格統計而得其在諸道的分佈情況如下表，而這種道的區分仍然是以貞觀十道爲標準的。

表三：唐後期帶京銜之防禦、團練州長官之分佈情況

諸道名稱	人　數	諸道名稱	人　數
關內道	37	山南道	4
河南道	20	隴右道	2
河北道	12	劍南道	2
淮南道	7	河東道	2

由此表可知，帶京銜之防禦、團練州長官主要分佈在兩河地區以及京師所在之關內道。這也證明這裏是時人爭戰之場所。諸道皆有邊州及內地州，如果按照這種標準劃分，邊州帶防禦、團練使的數量明顯不及內地州郡。〔註82〕相比前期兼京銜者更多是分佈在邊疆地區，後期則主要集中在內地地區。這是前、後期帶京銜之軍州分佈的最大差別。當時河北道諸郡多爲跋扈之帥所據，〔註83〕內地州郡集中了這麼多兼京銜之軍州，似乎暗示著朝廷軍事防禦重心的變化。

根據正文之後的這些表格還可發現，帶京銜之地方官幾乎存在於各級地方官中，這也不同於前期，體現了唐後期帶京銜之地方官分佈的普遍性。同時，這些地方官所兼之「京銜」似有一定的規律，什麼樣的地方官一般是帶什麼樣的「京銜」。在所搜集到總共221人次的州府長官帶京銜的實例中，帶御史中丞的佔了69人次，佔了近30%，這是州府長官所帶京銜之最；帶複合

〔註82〕整個邊州帶防禦、團練使者僅有16人，而內地州郡帶防禦、團練使者光河南道就已超過之，再加上同州、華州、淮南及河北恭順之人，則邊州帶防禦、團練使者數量不及內地州郡的，自不待言。

〔註83〕河北道以州郡長官兼京銜者有之，但是在總共13人中有7人爲恭順之人，超過半數。

型京銜的佔了 41 人次，所謂「複合型兼京銜」指所兼京銜爲兩種京銜，如檢校右散騎常侍兼御史大夫；帶御史大夫的佔了 24 人次。帶六部職官的總共佔了 22 人次；帶侍御史的也佔了 16 人次。由此可見，御史中丞及複合型京銜是州長官刺史通常所帶之京銜，其次則是御史大夫、六部官及侍御史。而河南府尹通常帶御史大夫、禮部尙書或散騎常侍。在府州別駕方面，其所帶者主要是郎中與少卿；縣令方面，主要是大理寺職官及監察御史。不過，也並非所有地方官所兼之京銜都能夠理出一個兼領的準則，但是各地方官所能帶的京銜範圍是一個浮動的尺規，因此可以看到各地方官所帶的京銜除了上述幾種比較固定的京銜外，還有少數其它幾種京銜。這一浮動的尺規也是有限定的，如刺史一般就不能帶尙書僕射，府州少尹、上佐一般就不能帶御史大夫，縣令一般就不能帶御史中丞。這是爲了保持、維持一種平衡，故在地方官與兼官的對應上有一定的標準。〔註84〕

乾符（874～879）年間以後，州府長官所帶京銜出現了檢校僕射、司空、司徒等三公或類似三公之官。在乾符以至唐末這一時期總共 42 人次的實例中，這幾類兼官佔了 25 人次，近乎半數之多，足見其已經逐漸取代了御史中丞及複合型京銜作爲兼官的主導地位。前此提及州府長官所兼之六部官員還有這樣一個特徵：即在唐後期的前半段，主要帶各部郎中，後半段則多帶六部尙書；所謂前半段即是指德宗以前，後半段即爲元和（806～820）以後，而其出現頻率較高者乃是在大中（847～859）以後。綜合而言，似乎越到唐末，州府長官所兼之京銜的品秩越高。這種情況也存在於其它地方官身上，如王愷，僖宗時期（873～888）以萬年令帶御史中丞；咸通（860～874）年間孫公以彭州別駕帶御史大夫。

這一趨勢也延續至五代十國時期。刺史方面：如嚴居貞〈晉暉墓誌銘〉載：晉暉（845～923）「遂授懷忠耀武衛國功臣、兼集州刺史。遷光祿大夫、檢校司空。……又除遂州防禦使，遷特進、檢校司徒。……復移近地，牧守陽安。初只權知，續乃正授。又遷開府儀同三司、檢校太保。……又刺天彭，遷檢校太尉。」這些「檢校官」不可能是實職，乃是州長官所兼之「京銜」。

〔註84〕 馮培紅：〈論唐五代藩鎮的帶職現象──以檢校、兼、試官爲中心〉（頁185）指出：幕職與帶職之間要遵循大致對應的序列，以保持職與官之間的相對平衡。筆者以爲幕職與帶職固然如此，地方官與兼官也同樣需要這樣的平衡。

縣令方面：嚴居貞「撰此誌時，署朝散大夫、檢校尚書戶部郎中、行成都縣令、兼御史中丞、上柱國、賜紫金魚袋」。〔註85〕

　　地方官所兼京銜越到唐末品秩越高，或以宋人洪邁（1123～1202）之語作為比喻最為合適：「至於僖、昭之世，遂有『捉船郭使君』、『看馬李僕射』。周行逢據湖湘，境內有『漫天司空、遍地太保』之譏。李茂貞在鳳翔，內外持管鑰者，亦呼為『司空』、『太保』」〔註86〕，「僖、昭以降，藩鎮盛彊，武夫得志，纔建節鉞，其資級已高。於是復升太保、太傅、太尉，其上惟有太師，故將帥悉稱太尉。」〔註87〕

　　縱然如此，也不能完全否定當時仍然存在如縣令兼監察御史、刺史兼御史中丞的情況。如〈薛逢吉墓誌銘〉作者□昭懿「撰此誌時，署名前守澠池縣令兼監察御史」〔註88〕。該方墓誌銘撰於顯德二年（955），其任縣令時當不會超出五代。只是這種京銜相對地減少了。由於五代十國並非本文研究範圍，就不再深究了。

　　又，唐後期的中央政府還出臺了不少給予帶京銜之地方官者特殊權利的政策、規定：

　　1、某些帶京銜之地方官享有更高之俸料額數。前揭貞元二年（786）〈優恤畿內百姓並除十縣令詔〉載：「賈全可咸陽縣令兼監察御史，霍琮可華原縣令兼監察御史，……李曾可盩厔縣令兼監察御史，荀曾可三原縣令兼侍御史，李緄可富平縣令兼殿中侍御史。其有散官、封賜者並如故。應畿內縣令俸料，宜準常參官例，均融加給。」〔註89〕所謂「應畿內縣令俸料，宜準常參官例，均融加給」，就是說這些帶京銜縣令的俸祿額是在各自縣令俸料數額的基礎上，準所檢校、兼之臺郎御史（常參官）例均融加給。〔註90〕可見有時朝廷會提高某些帶京銜地方官之俸料額數。

〔註85〕嚴居貞：〈大蜀故忠貞護國佐命功臣前武泰軍節度觀察處置等使開府儀同三司檢校太師兼中書令守黔州刺史上柱國弘農王食邑五千戶贈太師弘農王賜諡獻武晉公墓誌銘并序〉，《全唐文補遺》第七輯，頁 173～176。

〔註86〕洪邁：《容齋三筆》（北京：中華書局，1996 年）卷七〈冗濫除官〉，頁 510。

〔註87〕《容齋三筆》卷七〈節度使稱太尉〉，頁 510。

〔註88〕□昭懿：〈薛逢吉墓誌銘〉，吳鋼主編：《全唐文補遺》第五輯（西安：三秦出版社，1998 年），頁 83。

〔註89〕陸贄：〈優恤畿內百姓並除十縣令詔〉，《陸贄集》卷四，頁 113～114；《全唐文》卷四六三，頁 4726～4727。

〔註90〕李燕捷：〈唐代後期內外官主要經濟收入對比——唐代內外官輕重問題研究〉，《晉陽學刊》1990 年第 1 期，頁 61～62。

2、帶京銜之刺史入朝時在班序上或可立在本品同類官之上。元和元年（806）四月，御史中丞武元衡（758～815）奏：「貞元二年，御史中丞竇參所奏，凡諸使兼憲官者，除元帥、都統、節度、觀察、都團練、防禦等使，餘並在本官之位，其後蘇弁、于頔以度支郎中兼御史中丞，鄧泳以易州刺史兼御史大夫，皆奉進旨，令在同類之上。伏以前後異同，遵守不一，臣謹議：伏請自今常參官兼御史大夫中丞者，惟簡省官，立在本品同類之上。」〔註91〕按照武元衡的奏疏，鄧泳曾以易州刺史兼御史大夫奉進旨立在本品同類官之上。可見帶京銜之刺史有時在班序上有優待權。除此之外，兼檢校高官之刺史入朝時可從其所兼京官之班。又，大和七年（833）六月，令狐楚（766～837）「入為吏部尚書，仍檢校右僕射。故事，檢校高官者，便從其班。楚以正官三品，不宜從二品之列，請從本班。優詔嘉之。」〔註92〕由此可見，正員官兼檢校高官者可從其所兼京官之班。由此推之，若兼檢校高官之刺史入朝時似亦可從其所兼京官之班。只是兼此類高官之刺史似多在大中以後。

3、帶京銜之地方官在州府縣的班位上有所提升。《唐會要》記載了會昌二年（842）尚書左丞孫簡（776～857）關於常參官兼御史大夫、中丞者是否該立在尚書左右丞之上的討論。孫簡曾舉了一個例子來論證這種政策的不可行性，曰：「今京兆、河南司錄，及諸州錄事參軍，皆操紀律，糾正諸曹，與尚書省左右丞，綱紀六典略同。設使諸曹掾，因其功勞，朝廷就加臺省官，立位豈得使在司錄及錄事參軍之上？」〔註93〕按照孫簡的比喻，帶京銜之地方官似乎會在州府縣的班位上發生變化。至於如何改變，由於史料闕如，具體的細則就不得而知了。

4、帶京銜之州府長官在考課方面有特權。貞元七年（791）十二月，校外官考使奏：「准〈考課令〉，三品以上官及同中書門下平章事考，並奏取裁

〔註91〕 李昉編《太平御覽》卷二二六〈職官部二十四·御史中丞下〉（北京：中華書局，1960年，頁1072～1073）。略見於《舊唐書》卷一四〈憲宗紀上〉，頁417、《唐會要》卷二五〈文武百官朝謁班序〉，頁566。《冊府元龜》卷五一六〈憲官部·振舉〉（頁6168）與武元衡〈議朝參官班序奏〉（《全唐文》卷五三一，頁5388）所記與此略同，僅最後一句話有所差別，其云：「準簡省官立在本品同類之下。」今從《唐會要》及〈憲宗紀上〉的記載。

〔註92〕《舊唐書》卷一七二〈令狐楚傳〉，頁4462。

〔註93〕《唐會要》卷二五〈文武百官朝謁班序〉，頁567。《唐會要》卷五八〈左右丞〉（頁1174）與《新唐書》卷二○二〈孫逖傳〉（頁5761～5762）的記載與之略同。

注云，親王及大都督亦同。伏詳此文，則職位崇重，考績褒貶，不在有司，皆合上奏。今緣諸州觀察、刺史、大都督府長史及上中下都督、都護等，有帶節度使者，方鎮既崇，名禮當異，每歲考績，亦請奏裁。其非節度、觀察等州府長官，有帶臺省官者，請不在此限。」〔註94〕由此似見，貞元七年以前，其非節度、觀察等州府長官有帶臺省官者即帶京銜者也請奏裁，足見貞元七年以前帶京銜之州府長官在考課方面有特權。這些即是唐後期中央政府給予帶京銜之地方官的特別待遇。

　　事實上，早在天寶時期，中央就已開始給予帶京銜之地方官一定的特殊待遇。李錦繡經過詳細的考證指出：天寶二年（743），外官太守兼京官可以兩給俸料。〔註95〕天寶時期帶京銜之州府長官在俸祿上已經有別於未帶京銜之州府長官。這是從制度上規定了帶京銜之州府長官的特權。這是帶京銜之地方官制度化建設的起始。由朝廷加授地方官京銜似乎有一個尺度，再加上朝廷還給予這類官員一些特權，似見唐代帶京銜之地方官已經明顯出現了制度化趨勢。但只能說是趨勢，因為並非所有地方官皆帶京銜，且部分地方官在帶某類京銜時，尚無統一標準。

三、唐後期地方官帶京銜的意義、作用與功能

　　那麼，唐代中央政府為什麼選擇把「京銜」授予這幾類官員呢？筆者將分類論述之。

（1）地方官政績出色加授型

　　王元輔元和（806～820）末在海州刺史任上政績出色而為朝廷加授「御史中丞」。當時的加官詔敕還保留在《白居易集》中，從這一詔敕可以看出朝廷加授這類官員予京銜的意義。〈海州刺史王元輔加中丞制〉載：

> 敕：海州刺史王元輔。漢制，二千石有政績者，就中加命秩，不即改移。蓋欲使吏久於官，而人安於化也。今元輔為郡，頗有理名，廉使上聞，奏課居最。宜加中憲，旌而寵焉。庶使與君共理者，聞而知勸。可兼御史中丞。〔註96〕

〔註94〕《唐會要》卷八一〈考上〉，頁1781。《冊府元龜》卷六三六〈銓選部‧考課〉（頁7626～7627）的記載與之同。

〔註95〕李錦繡：《唐代財政史稿》（上卷），頁897～898。

〔註96〕白居易：〈海州刺史王元輔加中丞制〉，《白居易集箋校》卷四八，頁2896；《全唐文》卷六六二，頁6728。

在漢代，有「增秩賜金」的故事，其意是爲了使地方上的良吏能夠久安於任上，不使改轉，這樣做即是爲了保證地方能夠大治。從加授王元輔的詔敕上可以明確看出，朝廷加授王元輔御史中丞是傚仿漢代的這一制度。這種做法還可見於其它史料。大曆六年（771），獨孤及在舒州刺史任上因爲政績出色而被朝廷加授「檢校司封郎中」〔註97〕時曾上表陳謝。該表云：

> 伏奉三月一日敕，加臣檢校司封郎中、使持節舒州諸軍事、兼舒州刺史、充當州團練守捉使、仍知淮南岸當界緣江賊盜、賜紫金魚袋。殊榮厚渥，驟鍾臣身，且喜且驚，以愧以懼。臣聞堯舜建官，三考黜陟。漢代二千石以循良稱者，於是有璽書勞勉，增秩賜金之制。臣到官始半歲，職事未有所補，見在戶口，纔肯地著，其中鰥寡疲弱，不能自存者，十猶六七。徵遣徵賦，未嘗及期。此臣政不逮，力不任之效，獲宥罪戾，幸固深矣。豈謂皇恩驟降，復以古典命臣，加位授服，寵過臣量。〔註98〕

獨孤及在表中提到中央加授其「檢校司封郎中」是「以古典命臣」。所謂古典即是「漢代二千石以循良稱者，於是有璽書勞勉，增秩賜金之制」。這種對漢典的傚仿不僅僅是期望當地的建設能夠持續，所謂「欲使人安於教化，且激勵精，本自彫刓，皆成富庶」〔註99〕，還是爲了「與君共理者，聞而知勸」、「以勸能者」〔註100〕，也就是爲了激勵其它地方官，給他們樹立一個榜樣。這從一個側面表現出了當時朝廷對地方吏治的重視。

但是這種做法在當時出現了走樣，許多藩鎮長官往往虛報州縣官員的政績，使得中央政府不得不出面制止這種情況的發生。《唐會要》載：

> 太和三年（829）五月，中書門下奏：「增秩賜金，有故事，前史所載，得者甚希。近日方鎮所奏，人數漸多。自今已後，刺史在任，政績尤異，檢勘不虛者，觀察使具事狀，及所差檢勘判官名銜同奏。若他時察勘不實，本判官量加削奪，觀察使奏聽進止。

〔註97〕《新唐書》卷一六二〈獨孤及傳〉，頁4993。

〔註98〕獨孤及：〈謝加司封郎中賜紫金魚袋表〉，《毗陵集》卷五，頁38～39；《文苑英華》卷五八八，頁3048～3049；《全唐文》卷三八五，頁3919。

〔註99〕錢珝：〈授金州刺史馮行襲檢校太子少保仍封長樂縣開國子加食邑制〉，《文苑英華》卷四一六，頁2107；《全唐文》卷八三三，頁8775。

〔註100〕白居易：〈李昌元可兼御史大夫制〉，《白居易集箋校》卷五三，頁3075；《全唐文》卷六五八，頁6700。

　　所陳善狀，並須指實而言。如增加戶口，須云本若干戶，在任增
　　加若干戶；如稱墾闢田疇，則云本墾田若干頃，在任已來，加若
　　干頃。並須申所司，附入簿籍。如荒地及復業戶，自有年限，未
　　合科配者，亦聽申奏，明言合至其年，並收租賦。如稱營田課則
　　所效，須云本合得若干萬石，在任已來，加若干萬石。其所加配
　　斛斗，便請准數落下，支所供本道本軍斛斗數。如不是供本軍本
　　道斛斗，則申所司收管支遣，以憑考覆，不得虛爲文飾，謬有薦
　　論。」敕旨依奏。〔註101〕

由此可見，中央對觀察使奏陳刺史的政績做了極爲仔細的規定，就是爲了避免
藩鎮長官虛報州縣官員政績的情況再次出現。但是這種規定似未能杜絕虛報情
況的再次出現。《唐會要》亦載大中三年（849）五月中書門下奏：「增秩賜金紫，
雖有故事，如觀察使奏刺史善狀，並須指事而言，不得虛爲文飾。」〔註102〕

（2）歸順中央表忠心而加授型

　　唐代後期是藩鎮林立的時代，存在著許多跋扈的藩鎮如河朔三鎮、淄青、
淮西等等。同時各地也不時出現一些欲效河北自立的藩鎮如汴宋李靈曜（？
～776）、浙西李錡（741～807）、昭義劉從諫（803～843）等等。這些藩鎮都
手握重兵，而中央政府在叛藩出現時只能夠採取以藩制藩的策略，自己卻沒
有一支足以依靠的中央軍隊。倘若這些叛藩中的官員能夠歸順，開門投誠，
對於中央政府而言是很有利的，可以使戰爭更早結束，可以使戰局於中央更
爲有利。像前文已經提及的，中央政府討伐梁崇義時，陳皆就開城門爲王師
導率。此時「京銜」的加授即表示朝廷對這些歸順者的褒獎，同時表現了朝
廷希望通過這種加授的方式勸勉其他官員保持對中央的忠順，使臣下保持對
中央政府的向心力，所謂「若不褒升，何勸來者？」〔註103〕而抗敵立功加授
型與之相似，朝廷亦是希望藉此勸勉更多的地方官能夠挺身而出爲維護中央
的威嚴而戰鬥。可以說，這一類型的帶京銜之地方官的出現是時代的特點、
當時的形勢所賦予、決定的。

〔註101〕《唐會要》卷六八〈刺史上〉，頁1424。

〔註102〕《唐會要》卷三一〈內外官章服〉，頁667。

〔註103〕白居易：〈傅良弼可鄭州刺史制〉，《白居易集箋校》卷五一，頁2982；《全唐
　　　　文》卷六六一，頁6723～6724。

（3）防禦州、團練州加授型

後期的防禦州、團練州長官所兼京銜者多爲御史中丞、御史大夫。朝廷如此做，是因爲「御史大夫、中丞，掌邦國憲法、朝廷紀綱，兼此官者，皆以所領務重，特爲寵獎。」〔註104〕會昌二年（842）十二月，中書門下奏：「伏以御史中丞，近升品秩，向外兼攝，亦宜相重。……諸郡刺史，亦須地望雄重、兵額稍多處，方得兼授，如在前已兼中丞，須再除者，不在此例。」〔註105〕「地望雄重、兵額稍多處」之刺史，當指這些防禦州、團練州。這些防禦州、團練州如宋州、汝州、潁州等都是深處內地，它們屬於中原防遏型藩鎮部內，肩負著抗禦強藩的重任。〔註106〕而如延州、邠州、隴州等地即地處邊境，屬於邊疆防禦型藩鎮部內，肩負著抵禦夷狄的任務。中央政府加授「京銜」即是優寵這些官員，使之能夠更好地爲國家效勞，完成朝廷所給予的任務。

（4）貶官、恩故加授型

王質、崔鏻外貶州郡長官而加兼京銜，是因爲「宰相惜去」或其曾三踐列卿。應當說，其能夠加授京銜是個人的因素。換句話說，這種意義上的加授更多體現的是其個人身份、價值，不能體現中央與地方關係的內涵，與本文主旨不合，故不多置論。另外，恩故加授型所體現的也是個人意義。

那麼，這種「京銜」對於官員在處理事務時究竟可以起到什麼樣的作用？筆者在緒論中曾對張榮芳提出的京兆尹之兼官爲實職做了辯駁，認爲其應該屬於虛銜。前後期御史臺官員均有虛職與實職之分，因此，比較難以區分出「兼御史臺官」是否爲虛職。若以本爲虛銜之職官爲例似比較容易說明問題。如上舉陳皆在敘州任上被加授右庶子、薛元賞被加授檢校吏部尚書。右庶子乃東宮僚佐，在唐後期屬於閒散之職；檢校官在後期亦無實際職掌，更多地是起到階官的作用。以此似可更有力地證明地方官所帶之京銜並無實際職能，僅爲虛銜之用。

既然如此，中央政府爲什麼還要以加授「京銜」這種方式優寵、褒獎他們？筆者以爲主要有如下三點原因：

1、是「京銜」可以爲這些官員帶來一些特殊權利，如俸料額的增加、班序上的提升等等。前已有述，可參閱。

〔註104〕《唐會要》卷二五〈文武百官朝謁班序〉，頁568。
〔註105〕《唐會要》卷六〇〈御史中丞〉，頁1238。
〔註106〕張國剛：《唐代藩鎮研究》（增訂本），頁42～59。

2、有唐一代，無論前期還是後期，到京師任職都是時人的理想之所在。
　　這種「京銜」雖然不能使時人往京師任職，但是從某種程度上可以使
　　時人在心理上得到一定程度上的慰藉。因爲帶有這種京銜，就有被人
　　稱呼爲京官的機會。

3、這些「京銜」在官員的仕途遷轉上可以起到一定的作用。如所周知，
　　幕府僚佐之帶職在官員的陞遷、遷轉上有著重要的作用。同樣地，地
　　方官之「兼官」在官員主要是幕職官之兼官遷轉時也有一個促進作
　　用。換句話說，其實際上是納入幕職官之兼官遷轉體系的。茲舉數例
　　以示說明：

《舊唐書・李抱玉傳》載：

> （乾元）二年（759），自特進、右羽林軍大將軍（正三品）知軍事，
> 遷鴻臚卿員外置同正員（從三品），持節鄭州諸軍事兼鄭州刺史、攝
> 御史中丞（正五品上）、鄭・陳・潁・亳四州節度。……固河陽，復
> 懷州，皆功居第一，遷澤州刺史（從三品）兼御史中丞（正五品上）。
> 代宗即位，擢爲澤潞節度使、潞州大都督府長史兼御史大夫（從三
> 品），加領陳、鄭二州。〔註107〕

李抱玉（704～777）在任職澤州時兼「御史中丞」。其擔任官職所兼憲銜的變
化是攝御史中丞→兼御史中丞→兼御史大夫。從其兼官的變化來看，正是澤
州刺史所帶之兼官，使其在任職潞州節度使時之帶職升爲「御史大夫」。

　　再如〈馬燧行狀〉載：

> 本使尋奏，改左武衛兵曹參軍（正八品下），歷太子通事舍人（正七
> 品下）、著作郎（從五品上），以至祕書少監（從四品上）、兼殿中侍
> 御史（從七品上），轉營田、節度二判官。永泰（765～766）中，拜
> 鄭州刺史兼侍御史（從六品下）。……大曆（766～779）中，改懷州
> 刺史。……拜隴州刺史（從三品）兼御史中丞（正五品上）。……皇
> 帝召見，奇其才，授商州刺史（從三品）兼御史中丞（正五品上）。
> 未旬月，屬河陽三城逐其帥。擇可以撫寧之者。特拜左散騎常侍（正
> 三品）兼御史大夫（從三品），充河陽三城使。〔註108〕

〔註107〕《舊唐書》卷一三二〈李抱玉傳〉，頁3645～3646。
〔註108〕權德輿：〈司徒兼侍中上柱國北平郡王贈太傅馬公行狀〉，《權德輿詩文集》卷
　　　　一九，頁298～299；《文苑英華》卷九七四，頁5124；《全唐文》卷五○七，
　　　　頁5159～5160。

馬燧（726～795）任職鄭州刺史之前，所任幕僚之兼官最高爲「秘書少監兼殿中侍御史」。而其充任河陽三城使時兼官爲「左散騎常侍兼御史大夫」，期間的品秩相差很大。帶職中試官、檢校官與兼官是各爲獨立之系統，〔註109〕因此可以想像散騎常侍能夠由秘書少監遷轉而來，因爲秘書少監爲從四品上，而散騎常侍爲正三品。但是殿中侍御史如何能夠直接遷爲御史大夫。很顯然，是經過侍御史、御史中丞然後遷爲御史大夫的。而這幾個京銜正是地方官之兼官。

可再舉一例。《舊唐書·劉全諒傳》載：

> 全諒本名逸準，以父勳授別駕、長史。建中（780～783）初，劉玄佐爲宋亳節度使，召署爲牙將，以勇果騎射聞。玄佐以宗任厚遇之，累署都知兵馬使、試太僕卿（從三品）兼御史中丞（正五品上）。玄佐卒，子士寧代爲節度使，疑宋州刺史翟良佐不附己，陽言出巡，至宋州，遂以逸準代良佐爲刺史。及董晉卒，兵亂，殺陸長源。監軍俱文珍與大將密召逸準赴汴州，令知留後。朝廷因授以檢校工部尚書（正三品）、汴州刺史，兼宣武軍節度、觀察等使，仍賜名全諒。〔註110〕

另，《唐大詔令集》卷一二四〈平李洄詔〉：

> 宋州刺史兼御史大夫劉逸準……咸竭爲臣之節，各懷奉國之心，並可檢校右散騎常侍，各賜實封一百戶。其本官並如故，仍各賜物二百五十疋。〔註111〕

由此可見，劉全諒（751～799）任職宋州刺史時兼「御史大夫」（從三品），而後更爲「檢校右散騎常侍（正三品）兼御史大夫」。工部尚書雖然也是正三品，但是地位高於散騎常侍無疑。而其任職汴州節度使帶檢校工部尚書，蓋是前此帶散騎常侍之影響。崔弘禮（766～831）由檢校左散騎常侍兼御史大夫充河陽節度因功而加檢校禮部尚書〔註112〕，即其所兼之官由檢校左散騎常侍兼御史大夫遷檢校禮部尚書。劉全諒之遷轉與此相類，故而可知其即是在檢校右散騎常侍的基礎上改遷檢校工部尚書的。

〔註109〕馮培紅：〈論唐五代藩鎮的帶職現象——以檢校、兼、試官爲中心〉，頁 184～188。

〔註110〕《舊唐書》卷一四五〈劉全諒傳〉，頁 3939。

〔註111〕《全唐文》卷五二〈誅李洄詔〉（頁 570～571）的記載同。

〔註112〕馮培紅：〈論唐五代藩鎮的帶職現象——以檢校、兼、試官爲中心〉，頁 178。

　　由以上諸例的分析可知，地方官之「兼官」是納入幕府僚佐兼官系統的，對幕職帶職的遷轉有一定的促進作用。而正是基於此，我們才看到州郡長官所帶之京銜爲什麼有的帶「侍御史」、有的帶「御史中丞」等等不同之京銜？有的州郡等級較高者僅帶侍御史，州郡等級較低者有的卻帶御史中丞。這是因爲地方官之兼官是跟著其過去擔任的幕職之兼官的變化而變化的。而爲了保持、維持一種平衡，必然在地方官與兼官的對應上有一個標準。這也就是爲什麼縣令不能帶御史中丞、州郡長官在乾符（874～879）前沒有帶僕射之故。前此已論，茲不贅述。

　　既然這些「京銜」本身並無實際職掌，那麼這些「兼京銜」又是如何起到控壓「蕃落」、「震殊俗」的作用呢？也就是說如何解釋這些「京銜」的功能？

〈諸使兼御史中丞壁記〉云：

> 古者，交政於四方謂之使。今之制，受命臨戎，職無所統屬者，亦謂之使。凡使之號，蓋專焉而行其道者也。開元以來，其制愈重，故取御史之名而加焉。至於今若干年，其兼中丞者若干人。其使絕域、統兵戎、按州部、專貨食，而柔遠人、固王略、齊風俗、和關石。大者戡復於內，拓定於外。皆得以壯其威、張其聲，其用遠矣。假是名以蒞厥職，而尊嚴若是，況乎總憲度於朝端，樹風聲於天下。其所以翼於君、正於人者，尤可以知也。〔註113〕

該壁記所云即使職帶職之功能、作用，其功能得以完成，作用得以發揮，蓋「假是名以蒞厥職」之故，即借助御史臺官的威望。此處所言帶職如何起作用，對研究帶職在帶京銜之地方官如何行使職權問題上有啓發、借鑒意義。

　　我們看到許多地方官多兼京銜，這些帶京銜者如地處邊疆地區者多有安撫異族、征討蠻夷的任務。那麼，他們兼領京銜即是爲了能夠控壓「蕃落」、「震殊俗」。而讓他們起到這一作用，也需借助於京官的威名，以起震懾作用。這正是「京銜」的社會功能之所在，實爲時人對京官敬畏的一種社會心理反應。

四、帶京銜之變質

　　帶京銜之地方官現象的出現是基於軍事防禦的需要，並逐漸擴大至獎勵

〔註113〕柳宗元：〈諸使兼御史中丞壁記〉，《柳宗元集》卷二六，頁701～702；《文苑英華》卷七九八，頁4225；《全唐文》卷五八〇，頁5858。

吏治清明的地方官。隨著時局的變化及政治形勢的發展，其內涵又進一步延伸至建立軍功、歸降中央的地方官，而兼京銜之地方官的分佈區域也漸進至內地防禦、團練州。上述這些變化都屬於帶京銜內涵的一種延伸、擴充。但是其到了唐末，卻發生了質的變更，也就是說有了一個根本性的轉變。

張國剛指出：「晚唐五代時期，中央規定，刺史、縣令等地方官帶憲銜兼官者，均必須納錢給御史臺，這筆錢稱為光臺錢。只有禮錢納畢，才付憲官告身。檢校官也要納錢。」〔註114〕即要想獲得憲官、檢校官等告身，需先交納完畢方可得之。可以說這成了晚唐時期獲得憲官、檢校官等告身必經的一道程序。而這道程序使得京銜的本質發生了一個根本性的變化。原來中央政府加授地方官京銜是為了表示對他們的重視，是表示對他們政績的褒獎等等，也是以此「勸來者」。而如今中央政府授予地方官京銜，然後設定制度收取禮錢，不交納禮錢者不能得到這一告身。本來用於鼓勵久任、勸勉地方官治理、撫慰歸降之政策卻演變成了一種變相的賣官鬻爵。這是對京銜授予制度的一種扭曲。而納錢的制度化也可以解釋唐代末期地方官所帶京銜之品秩越來越高的原因。因為所收禮錢大致是以所帶京銜的高低為標準的（只有帶散騎常侍者以其本官的職掌大小交納禮錢），品秩越高者所納禮錢數越多。

小　結

唐代前期京銜更多地是授予邊疆甚或軍事要衝之地的地方長官，同時也存在著授予地方長官政績出色者；其在前期體現了個體性、局域性的特點。隨著政治形勢、時局的變化，這一現象在內容、特點上發生了巨大變化，帶京銜被授予者包括前期兩類職官的同時，增加了內地軍事要衝地、歸順中央的、立有戰功者甚至貶官者，類型、內涵大大增加，使得其特點也有所變更，授任「京銜」者之分佈更趨均衡、普遍，帶京銜之防禦、團練州則多處內地，同時呈現出日趨制度化的跡象。京銜屬於虛職，其作用的發揮更多地是因為社會、民眾對於京官的敬畏，這在某種程度上可以解釋其屬虛銜，但是中央政府仍會以此授予官員。個中原因還包括其能夠得到一定的實際利益。只是這一現象在唐末發生了變質，從其中衍生出光臺錢，使之變成了一種「變相的賣官鬻爵」。

〔註114〕張國剛：《唐代政治制度研究論集》，頁 223～226。

第四章　唐代州縣「攝」官

　　州府版署之攝官是由地方長官任命的，這種官員的任命是不需要上奏的，所謂「未奉報者稱攝」〔註1〕、「不關上聞，攝職可也」〔註2〕。在唐代尤其是後期，這樣的官員特別多。這就需要界定一下本章的討論範圍。李方女史討論西州兼攝官時曾指出，攝官有四種類型：參軍檢校類型、差遣官檢校類型、一般代理類型、攝官檢校類型。前三種都是以現任州縣官兼攝的，後一種則不是由州縣官攝任的。此外，她還提到兼攝官的另一種類型即僭越型，即指本身是現任州縣官，但攝職不由中央銓授，或攝職先由地方權授，再由中央認可的官員（這種類型非李文所論）。〔註3〕本編所欲論者即包括這五種類型的攝官。

第一節　唐代州縣攝官者的身份及其變化

　　唐前期西州地區的差遣官檢校、參軍檢校、一般代理類型的兼攝官都是以現任州縣正官攝職州縣的。這些類型的兼攝官在唐前期的內地地區也都存在。試舉幾例以示說明。

〔註1〕　《通典》卷三二〈職官一四・總論州佐〉，頁890。
〔註2〕　杜牧：〈銀青光祿大夫檢校禮部尚書兼御史大夫充浙江西道都團練觀察處置等使上柱國清河郡開國公食邑三千戶贈吏部尚書崔公行狀〉，《樊川文集》卷一四，頁207～211；《文苑英華》卷九七七，頁5144～5146；《全唐文》卷七五六，頁7840～7843。
〔註3〕　李方：《唐代西州行政體制考論》，頁123～188。

（1）差遣檢校類型

1、（開元年間）（薛僅）授江陽丞。（揚州都督府）長史王易從、李朝隱以公清正直，攝江陽、江都、海陵三縣令。〔註4〕

2、（裴宥）開元廿四年（736），調貝州宗城縣丞。官未充量，其材莫展。無何，州牧委攝經城縣令。〔註5〕

（2）參軍檢校類型

1、安定皇甫恂，以開元中，初為相州參軍。有疾暴，卒，數食頃而蘇。刺史獨孤思莊，好名士也，聞其重生，親至恂所，問其冥中所見。云：「……頃者，恂初至官，嘗攝司功。……」〔註6〕

2、（閻）用之（699～758），初為彭州參軍，嘗攝錄事。一日，糾愆謬不法數十事，太守以為材。……天寶中，女為義王玭妃。〔註7〕

（3）一般代理類型

1、唐天寶中，李蓂為絳州司士，攝司戶事。舊傳此闕素凶，廳事若有小孔子出者，司戶必死。天下共傳司戶孔子。蓂自攝職，便處此廳。〔註8〕

2、熊曜為臨清尉，以幹蠱聞。平原太守宋渾被人告，經採訪使論。使司差官領告事人就郡按之。行至臨清，曜欲解其事，乃令曹官請假而權判司法。〔註9〕

上舉諸例皆以現任州縣正官的身份（被）差攝、代理州縣闕官，〔註10〕即唐前期攝職州縣官者的身份都是現任州縣官。而對於現任官員的攝職，中

〔註4〕 徐季鴒：〈屯留令薛僅善政碑〉，《全唐文》卷三六二，頁 3677～3678。

〔註5〕 不著撰人：〈大唐故貝州宗成縣丞裴君墓誌銘并序〉，《唐代墓誌彙編續集》開元一七五，頁 572。

〔註6〕 李昉等：《太平廣記》（北京：中華書局，1961 年）卷三八一〈皇甫恂〉，頁 3033。

〔註7〕 《新唐書》卷一〇〇〈閻用之傳〉，頁 3942～3943。亦可參見獨孤及：〈唐故右金吾衛將軍河南閻公墓誌銘并序〉（《毘陵集》卷一二，頁 92～93；《文苑英華》卷九四九，頁 4993～4994；《全唐文》卷三九二，頁 3985～3986）。

〔註8〕 《太平廣記》卷四五二〈李蓂〉，頁 3697。

〔註9〕 封演撰，趙貞信校注：《封氏聞見記校注》（北京：中華書局，2005 年）卷九〈解紛〉，頁 89。

〔註10〕 一般代理型中所舉《封氏聞見記校注》中的這個例子並非屬於因州縣闕官引起的攝官問題，但是目前我們沒有找到更好的實例，姑且以此例代之。

央政府還是有所區分的，並非所有的州縣正官都可以攝職州縣。武則天長壽三年（694）五月敕：「貶降官並令於朝堂謝之，仍容三五日裝束。至任日，不得別攝餘州縣官，亦不得通計前後勞考。」〔註11〕由此可見，朝廷是禁止左降官被地方長官差攝其它州縣官的。

這一制度在當時也被嚴格執行。《舊唐書・羅希奭傳》載：

（天寶）十一載，李林甫卒，出爲中部、始安二太守，仍充當管經略使。十四載，以張博濟、吉溫、韋陟、韋誡奢、李從一、員錫等流貶，皆於始安，希奭或令假攝。右相楊國忠奏遣司直蔣沇往按之，復令張光奇替爲始安太守，仍降敕曰：「前始安郡太守、充當管經略使羅希奭，幸此資序，叨居牧守。地列要荒，人多寃殛，尤加委任，冀絕姦訛。翻乃嘯結逋逃，群聚不逞，應是流貶，公然安置。或差攝郡縣，割剝黎甿；或輒借館宇，侵擾人吏。不唯輕侮典憲，實亦隳壞紀綱，擢髮數愆，豈多其罪！可貶海東郡海康尉，員外置。」〔註12〕

由此可見，天寶末年，羅希奭擔任經略使時曾令張博濟等流貶官差攝當地其它州縣官，即被玄宗朝廷以「輕侮典憲」、「隳壞紀綱」之罪貶黜爲海東郡海康員外尉。這裏的「典憲」、「紀綱」就是上舉長壽三年（694）武則天所頒發的禁貶降官差攝州縣官之詔敕。羅希奭與李林甫乃姻親關係〔註13〕，而李林甫與楊國忠素來不和。〔註14〕李林甫死後，楊國忠掌權，羅希奭就被貶爲地方官。楊國忠等人後來能夠以其差遣貶降官攝職州縣官爲由再貶之，當中雖不免排斥異己的因素，也說明長壽三年禁貶降官差攝州縣官之詔敕是被嚴格執行的。

安史之亂爆發後，朝廷賦予了諸使任意辟署、任命州縣官的權力。至德元載（756）的〈玄宗幸普安郡制〉載：

其諸路本節度、採訪、支度、防禦等使，號王巨等，並依前充使。其署官屬及本路郡縣官，並各任便自簡擇。五品以上任署置訖聞奏，六品以下任便授已後，一時聞奏。〔註15〕

〔註11〕《通典》卷一七○〈刑法八・寬恕〉，頁4414。亦見《唐會要》卷四一〈左降官及流人〉，頁859。

〔註12〕《舊唐書》卷一八六下〈羅希奭傳〉，頁4858～4859。亦見唐玄宗：〈貶責羅希奭、張博濟敕〉，《全唐文》卷三五，頁384～385。

〔註13〕《舊唐書》卷一八六下〈羅希奭傳〉，頁4858。

〔註14〕《舊唐書》卷一○六〈李林甫傳〉，頁3241。

〔註15〕賈至：〈玄宗幸普安郡制〉，《全唐文》卷三六六，頁3720。亦見《唐大詔令集》

「任便自簡擇」即是允許地方長官可以任意差攝州縣官，同時也暗示被差攝州縣官者不必受身份限制，不必都是現任州縣官。所需注意者，允許地方長官任意差攝州縣官的政策只是戰時的權宜之計。叛亂結束後不久，中央政府就開始限止地方長官的這種權力。廣德元年（763）二月敕：

> 諸州府及縣，今後每有闕官，宜委本州府，當日牒報本道觀察、
> 節度及租庸使使司，具闕由，附便使牒中書門下，送吏部，依闕
> 準式處分。其所闕官，有職務稍重者，委本府長官，於見任及比
> 司官中簡擇，權令勾當，正官到日停。不得更差前資及白身等攝。
> 〔註 16〕

廣德年號是在寶應二年的七月更改的，因此廣德元年二月也就相當於寶應二年二月。安史之亂是在寶應二年正月憑藉朝廷強大的軍事實力平定的。〔註17〕戰後不久，朝廷就頒佈此詔，要求諸道長官及時申闕並禁止諸道以前資官、白身攝職州縣，這是為了收回地方長官任意署任州縣攝官的權力，避免權力的下移。同時也因攝官對於州縣的治理並無多大的積極作用。〈令常參官舉人詔〉就說：「自頃中原多故，汔未小康，州縣屢空，守宰多闕。攝官承乏者，頗無舉職之能；懷才抱器者，或有後時之歎。」〔註18〕無奈這種情況禁而不

卷三六〈命三王制〉，頁 154～155；《文苑英華》卷四六二，頁 2351～2352；
《冊府元龜》卷一二二〈帝王部・征討〉，頁 1457～1458。但稍有差異。虢王
巨前面的官銜，《唐大詔令集》缺「支度」，《文苑英華》、《冊府元龜》作「度
支」。筆者認為，虢王巨的官職應該是有「支度」一職的，因為當時諸路節度
使是兼領支度使這一財政使職的。茲見陳明光、王敏：〈唐朝開元天寶時期節
度使權力狀況析論〉，《廈門大學學報》，2006 年第 3 期，頁 36。而用「支度」，
是因為這是地方使職，「度支」則屬於中央使職。茲見卞孝萱：〈唐代的支度
使與度支使〉，《中國社會經濟史研究》，1983 年第 1 期，頁 59～65。另外《資
治通鑑》亦有記載，相對簡略，可參看《資治通鑑》卷二一八，肅宗至德元
載七月丁亥條，頁 6983～6984。

〔註16〕《唐會要》卷七五〈選部下・雜處置〉，頁 1613。亦見《冊府元龜》卷六三○
〈銓選部・條制〉（頁 7555）、唐代宗〈滿限不到任處分敕〉（《全唐文》卷四八，
頁 528～529）。但文字略有不同。《全唐文》首句「諸州府及縣」後多一「令」，
據文意，當為衍字；「有職務稍重者」少一「稍」字，與文意無大影響。

〔註17〕關於安史之亂的平定，參見拙稿：〈再論安史之亂的平定與河北藩鎮的重建〉，
《江漢論壇》，2010 年第 1 期，頁 70～76；亦收錄於本書下編。

〔註18〕《唐大詔令集》卷一○三〈令常參官舉人詔〉，頁 523；亦見《冊府元龜》卷
六八〈帝王部・求賢〉，頁 765；唐代宗：〈令舉堪任刺史縣令判司丞尉詔〉，《全
唐文》卷四六，頁 508。

止。〈廣德二年南郊赦〉就說：「諸道攝官，頻有處分，一切盡停，尚聞因循，其弊未革，即宜申明舊勅，勒停。」〔註19〕

　　既然州縣攝官禁而不止，禁止前資官等攝職州縣的詔令也就沒有得到很好的執行。於是，中央政府只得做出一定的讓步，允許前資官攝職州縣。《唐會要》載永泰元年（765）正月的詔敕：「諸州府縣，今後有才不稱職，及犯贓私，即任本使及州府奏人請替，餘並不在奏請。其所許奏人，仍須灼然公清曾經驅使者，課効資歷當者，兼具歷任申授年月，並所替官、合替事由，同奏。」〔註20〕「曾經驅使者」就是前資官。這就比廣德初期的詔令寬鬆了一步。此後一直到元和末期，中央政府對州縣攝官身份的限定政策沒有多少變化。

　　唐朝中央政府對州縣攝官身份的限定政策在穆宗時期發生了巨大的變化，它允許某一時間某一地區的散試官攝職奏正。而這一變化對大和、大中時期中央的相關政策是具有潛在影響的。

　　長慶元年（821）的〈南郊改元德音〉載：

> 如聞河南、北，州縣凋殘，戶口未復，官員備設，曹局至閒。或非其才，徒費其祿。其縣州官，各據都邑大小，量公事多少留置，餘並權停。仍先於久經假攝、才行彰著人內選擇，委觀察使訪察勘實，各具前後歷攝勞考，約前銜資序，便與正授。如先無官者，以假攝年深，課績尤異，各具事績聞奏，委中書門下類例。如資序或未相當，且令權知兩考，候有政能，即與正授。〔註21〕

所謂「久經假攝」者，當包括前資攝職者。這一政令即是允許前資官攝職奏正，也就是許可前資官攝職。這是承續代宗永泰元年詔敕的精神。該德音在攝官方面最重要的變化是指出「如先無官者，以假攝年深，課績尤異，各具事績聞奏」，這是允許觀察使奏薦無官差攝州縣官者。這是過去所沒有的規定。「無官」者包括白身、散試官〔註22〕等。李錦繡已經指出散試官不屬於有

〔註19〕《唐大詔令集》卷六九〈廣德二年南郊赦〉，頁386；亦見《冊府元龜》卷八八〈帝王部・赦宥〉，頁1050；唐代宗：〈冊尊號赦文〉，《全唐文》卷四九，頁539～541。

〔註20〕《唐會要》卷六九〈縣令〉，頁1441。

〔註21〕唐穆宗：〈南郊改元德音〉，《全唐文》卷六六，頁701～705。亦見《文苑英華》卷四二六，題〈長慶元年正月三日南郊改元赦文〉，頁2159～2162。

〔註22〕這裏附帶討論一下散試官的問題。散試官的問題為李錦繡首次提出，其開創之功不可磨滅。李氏指出：所謂「散試官」就是試散官形式；它有如下特點：地位低、不屬於有出身有官人、散試官奏充差攝官時條件苛刻、散試官為「虛

衛」、散試官只在喪葬標準等級上起作用；散試官因是未入流者，故其設置嚴格了入流制度，在一定程度上保證了流內隊伍的純潔性。（李錦繡：〈唐代「散試官」考〉，頁198～210）。「散試官「的形式是否即就是試散官，引起數字學者的爭論。賴瑞和《唐代基層文官》一書繼李錦繡、陳志堅（陳氏於2001年在《北大史學》第八輯發表了〈唐代散試官問題再探〉一文，又於2005年出版了《唐代州郡制度研究》一書，其中也涉及散試官問題。筆者所據乃《唐代州郡制度研究》，承蒙告知，其在《北大史學》所發之文與《唐代州郡制度研究》一書所牽涉的散試官內容無異）之後提出了自己對散試官的理解，指出：唐後期其實沒有所謂「散試官」這種新的官制，而史料中的「散試官」都應當點讀爲「散、試官」即分別爲散官和試官，並非陳氏所說爲兩者的結合，亦非李氏所云爲「試散官」（賴瑞和：《唐代基層文官》，頁45）。賴氏對散試官的看法，誠如蔣愛花所說：「並沒有舉出堅實的證據。」（蔣愛花：〈賴瑞和《唐代基層文官》〉，榮新江主編《唐研究》第十二卷，北京：北京大學出版社，2006年，頁564）筆者認爲，中晚唐是存在「散試官」這種新官制的。據李錦繡、陳志堅皆引及的《唐會要》卷三八〈葬〉（頁813）載：「其散試官，但取散官次第，如散官品卑，即據試官品第。五品以上，遞降一等，六品以下，依本官制度。」由此可見，中晚唐確實是存在「散試官」這種官制的。陳志堅就李錦繡關於散試官形式的解讀提出了自己的新見解，認爲散試官是由散官加試官的形式，而非試散官，它是可以單獨授予的，是一個獨立的官銜，是脫離了使職差遣而單授的試官。（陳志堅：《唐代州郡制度研究》，頁97～105）之後，朱溢也對「散試官」提出了自己的看法。他認爲「散試官」並非如陳氏所說的是散官加試官，因此支持李氏的觀點。他認爲擁有散試官的人並非是有官銜而沒有任官經歷的，並舉例予以反駁。其所舉的例子來自錢徽〈楊寧墓誌銘〉（《唐代墓誌彙編》元和一〇五，頁2023）。墓誌云：楊寧（744～817）「既冠，擢明經上第，釋褐衣，授亳州臨渙縣主簿。」據此，朱氏認爲此時楊寧當即擁有了散官銜（其最後的散官是朝散大夫）。墓誌繼續說：「觀察使李公齊運，雅聞其賢，即致弓旌，從遷於蒲，益厚其禮，表授試金吾衛兵曹參軍，充都防禦判官」。據此，朱氏即云楊氏已得試官銜。由此，朱氏認爲「散試官」不可能是散官加試官的形式，否則就不符合散試官地位低下，介於白身與有官人之間的特點了（朱溢：〈論晚唐五代的試官〉，頁82）。筆者認爲，朱氏對於散試官形式的理解頗有問題。其所舉的例子中，散、試官是先後授予的，陳氏所說的散試官則是需要同時授予的，以此來反駁陳氏觀點，顯然站不住腳。若按照朱氏所說，散試官到處可見，則不限於唐後期了。前人對「散試官」的形式頗有爭議，筆者此處認可陳氏意見，同時也感到散試官的形式似乎還有補充的餘地。在墓誌資料中，還有散官加憲官攝職州縣官的。《八瓊金石補正》所錄〈趙州刺史何公碑陰記〉載：「朝散大夫、兼殿中侍御史、攝別駕呂詔」。呂詔有可能是以朝散大夫、兼殿中侍御史攝職的，因此這裏的朝散大夫、兼殿中侍御史應該是散試官的另一種形式即散官加憲官。此外，還有散官加檢校官，但是沒有任官經歷的。此即李錦繡所說銀青階兼檢校官形式，李氏稱其爲廣義的散試官。因此，筆者以爲陳氏所說的散官加試官的形式很可能只是散試官的一種形式而已，似還存在著散官加憲官以及散官加檢校官等其它形式。另外，要眞正弄清楚散試官，還需要分

出身、有官人，〔註23〕亦即無出身、無官之徒。而這一時期，散試官也已經出現了。前舉〈南郊改元德音〉又提到：

> 其去年二月五日赦書中所薦縣令，兼取散試官及白身並見任官者。
> 不學而制，其弊固甚，未操而割，所傷則多。豈有白身及散試官，
> 未經試吏，堪任縣令？永言及此，殊匪朕懷。又見任官吏求舉薦，
> 亦長僥競，不可施行。其散試官及白身並見任官，令吏部並停注擬。
> 自今已後，所舉縣令，更不得舉薦此色。

這就說明在元和末年散試官就已經出現了。按照長慶元年的詔敕，似見長慶年間中央政府允許散試官攝職，不過這僅僅限於兩河地區。這一情況也在長慶二年（822）出現過，只是略有改動。〈敘用勳舊武臣德音〉云：「應河北諸道，宜委觀察使訪察管內見攝官中，如或清強有才行課績者，具前後所攝年月並事蹟奏聞，當與改授。」〔註24〕「德音」中沒有界定應奏聞者的身份，

辨試散官。自李錦繡氏認為其是散試官後，幾無人探討。就筆者所見的資料來看，試散官乃試與散官的結合，類似於試與職事官的結合，屬於散官的範疇。所以它能夠與檢校官結合構成散試官的另一種形式，如〈唐故南陽張府君兼故夫人彭城劉氏合祔墓誌銘并序〉(《唐代墓誌彙編》大中〇八七，頁2316)中，墓主張談英（764〜853）之父張元超「試銀青光祿大夫、檢校太子詹事。」在墓誌資料中，多有地方使職官、州縣官帶試散官階的。如程恭己〈唐隴西李公故夫人琅琊王氏墓誌銘〉(《唐代墓誌彙編續集》元和〇七〇，頁850〜851)載：王氏（791〜817）曾祖「列，成德軍馬軍兵馬使，試特進。」許勝〈大唐故董府君墓誌銘〉(《唐代墓誌彙編續集》大中〇七一，頁1022〜1023)載：董唐之（804〜858）曾祖董傑「定州節度衙前將、試雲麾將軍。」李藝集〈唐故穎川郡陳府君墓誌銘并序〉(《唐代墓誌彙編》咸通〇三五，頁2405)載：陳直（796〜864）曾祖陳滔「試登仕郎、易州易縣尉；祖義，皇試文林郎、愛州九真縣尉。」試散官與試職事官的作用一樣，所起的皆是階官的作用。又，陳直的墓誌銘原本記為「新易州易縣尉」。張勝林認為當為易州易縣尉，今從之。見氏著〈「新易州易縣尉」有誤〉，收入陳國燦、劉健明主編《〈全唐文〉職官叢考》（武漢：武漢大學出版社，1997年），頁487〜488。

〔註23〕李錦繡：〈唐代「散試官」考〉，頁198〜210。

〔註24〕《唐大詔令集》卷六五〈敘用勳舊武臣德音〉，頁363；亦見《文苑英華》卷四三七，同題，頁2212；《全唐文》卷六七，題〈優恤將士德音〉，頁705〜707。但是文字上也略有差異。「如或清強有才行課績者」，《文苑英華》作「如有實清強有才行課績者」，從文意上來看，當從《唐大詔令集》、《全唐文》。「當與改授」，《全唐文》作「當與正授」，此宜從《唐大詔令集》、《文苑英華》更為妥當。因為攝官改授可以是「權知」，也可以是正官；而正授只能是正官而已。而在實際中，攝官並非都能夠馬上正授的，有不少是先得「權知官」，再改為正官的。因此筆者認為《唐大詔令集》、《文苑英華》的記載更為妥當、更為客觀。

似亦包括散試官才對。像「德音」這種敕旨對於散試官攝州縣的許可規定只是一種權宜之計，只是頒佈德音是年的一種暫時性措施，不能看作是一種具有長期法令效力的制度、規定。從「德音」中的「見攝官」三字可以窺探出一點跡象，也可從稍後不久之政令、規定略知一二。大和元年（827）九月，中書門下奏：「山南、三川、峽內及諸道比遠，雖吏部注擬，不情願赴任者，及元不注擬者，其縣令、參軍，長吏倚賴，義不容私。如有才術優長，假攝勞效，特許前資、見任及有出身人中奏請，每道不得過三五人。」〔註25〕「元不注擬」的地區當指河北地區。〔註26〕而論者以爲「諸道比遠」地區包括河東、潞府、邠寧、涇原、靈武、振武、鄜坊、滄德、易定、夏州、三川、嶺南等地區。〔註27〕這一奏請是懇請中央政府禁止那些無官無出身者被差攝州縣奏正，也就是懇請中央政府禁止河北地區的散試官攝職州縣官。從這一禁令似見穆宗時期德音之短時性。

中央政府對州縣攝官身份的限定政策出現具有制度性意義上的變化是在文宗大和中期。大和四年（830）五月中書門下奏：

> 準大和元年九月敕，釐革兩畿及諸州縣官，唯山、劍、三川、峽內及諸州比遠，許奏縣令、錄事參軍，其餘並停。敕下以來，諸道並有奏請，如滄景、德棣，敕後已三數員。伏以敕令頒行，不合違越，苟有便宜，則須改張。自今以後，山、劍、三川、峽內及諸道比遠州縣官，出身及前資正員官人中，每道除令、錄事外，望各許奏三數員。如河北諸道滄、景、德、棣之類，經破蕩之後，及靈、夏、邠、寧、麟（筆者按：或是「鄜」字之誤）、坊等州，全無俸料，有出身及正員官，悉不肯去，吏部從前多不注擬。如假攝有勞，望許於諸色人中，量事奏三數員。其餘勒約及期限，並請依大和元年九月十九日敕處分。〔註28〕

對比上舉《冊府元龜》中大和元年九月的敕旨，其似沒有列劍南，同時「諸州比遠」地區似還包括「元不注擬」的河北三鎮。而比遠地區也並非都是不

〔註25〕《冊府元龜》卷六三一〈銓選部·條制三〉，頁 7566。
〔註26〕《冊府元龜》卷六三一〈銓選部·條制三〉，頁 7572；亦見《舊唐書》卷一七下〈文宗紀下〉，頁 570。
〔註27〕賴瑞和：〈論唐代的州縣「攝」官〉，頁 80～81。
〔註28〕《唐會要》卷七四〈選部上·吏曹條例〉，頁 1601；《冊府元龜》卷六三一〈銓選部·條制三〉，頁 7568。

注擬之處，但是不注擬處似皆為比遠區。大和四年的這一詔敕是承繼大和元年九月的敕旨而有所更改，把原先在大和元年九月詔敕中同為一類的山南、三川、峽內、諸道比遠以及河北諸道滄、景、德、棣、靈、夏、邠、寧、鄜、坊區分開來，允許這些「破蕩」、「無俸料」之處的散試官攝職州縣。因為「諸色人」包括有出身有官者及無官無出身者，也就包括散試官，那就是許可上述地區以散試官攝職州縣。這一政令是具有長期法律效力的，是不同於上舉長慶年間的敕旨。所謂「自今以後」就是憑證。

可是這一政令推行至開成二年（837）卻被遏止。此年「七月，諸道有以試銜奏授州縣官者。帝於閣內謂宰臣曰：『每年選人辛勤用苦，尚無缺員與之，試銜奏授，不可輕許。』唯河北道，吏部不注，許其奏請。繇是，四方之倖人暫息。」〔註29〕這一詔令否定了大和四年五月所依奏的奏請，這使得全國僅河北諸道可以散試官攝職州縣。但此後不久，許可散試官攝職州縣的範圍又有了進一步擴大的趨勢。

先是開成四年（839）三月，中央允許嶺南地區以散試官奏充司馬知州事。該月中書門下奏：「嶺南小州，多是本道奏散試官及州縣官，充司馬知州事，不三兩考，便請正除。僥倖之門，莫甚於此。須作定制，令其得中。應奏授上佐知州事，起今已後，一週年在本任無破缺，即任奏請充權知刺史。宦途之內，猶甚徑捷，仍須事一週年考，不得將兩處相續。」奏文批准後以敕旨形式下發。〔註30〕到了該年七月，允許散試官攝職州縣的範圍繼續擴大：「諸道奏入仕人數轉多，每年吏曹注擬無闕。唯河北諸道、河東、澤潞、劍南、三川、京北、京西，管內官員數多，假攝之中，實有勞效，每年許奏三兩人，仍須是元額闕，不得替見任人。其餘並不得奏入。」〔註31〕這一敕令的推行使得散試官攝職州縣的許可範圍擴大至河東、澤潞、劍南、三川、京北、京西等地區。也就是說在文宗末年，就有河北、嶺南、河東、澤潞、劍南、三川、京北、京西等地可以散試官差攝州縣官。事實上，這些地區比大和四年的規定多了河東、澤路、劍南、三川等地。「京西、京北」即指靈夏、邠寧、鄜坊等地。

但是到了武宗時期，中央又開始嚴格限制散試官差攝州縣官，幾回覆到

〔註29〕《冊府元龜》卷六三一〈銓選部・條制三〉，頁7572；亦見《舊唐書》卷一七下〈文宗紀下〉，頁570。

〔註30〕《唐會要》卷六八〈刺史上〉，頁1429。

〔註31〕《唐會要》卷七九〈諸使下・諸使雜錄下〉，頁1713；《冊府元龜》卷六三一〈銓選部・條制三〉，頁7574。

憲宗以前的時代。記會昌元年（841）五月中書奏：「州縣攝官，假名求食，常懷苟且，不卹疲人。其州縣闕少官員，今後望委本州刺史於當州諸縣官中，量賢劇分配公事勾當，如官員數少，力實不逮處，即於前資官選擇清謹有能者差攝，不得取散試官充。」〔註 32〕這一規定要求刺史挑選官員代理闕少官員時先於現任官中選擇，然後再於前資官中挑選，似見武宗時期對於州縣攝官身份的限定似有恢復至憲宗以前甚至唐前期的跡象。會昌五年（845）六月又敕：「諸道所奏幕府及州縣官，近日多鄉貢進士奏請。此事已曾釐革，不合因循，且無出身，何名入仕？自今以後，不得更許如此。仍永爲定例。」〔註 33〕這是中央政府禁止以鄉貢進士攝職州縣奏正。鄉貢進士亦屬無出身人，散試官也是。對鄉貢進士的禁止如是，對散試官的禁止亦無例外。如此，似到了會昌末年，中央仍然禁止散試官攝州縣奏正。儘管如此，中央政府對於嶺南地區的政策還是比較寬鬆的。開成五年（840）十一月，嶺南節度使盧鈞（778～864）奏：「其潮州官吏，伏望特循往例，不令吏部注擬，且委本道求才。若攝官廉慎有聞，依前，許觀察使奏正。事堪經久，法可施行。」〔註 34〕奏文也以敕旨形式下發。武宗是在開成五年初即位的，因此筆者將此條敕旨劃入武宗時期。當時散試官攝職嶺南州縣必定不少〔註 35〕，這一敕旨就是令這一地區可以奏正散試官攝職嶺南州縣。

　　宣宗即位後，務反武宗之政。只是這種改變也有一個漸進的過程。會昌六年（846）五月敕：「縣令員數至廣，朝廷難悉諳知。吏部注擬，只繫資考，訪聞近日，多不得人。委觀察使、刺史於前資官及承前攝官曾有課績人中，精加選擇，具名聞奏。中書門下勘資歷記，除本道縣令。」〔註 36〕宣宗是在會昌六年三月即位的，因此筆者將此條敕旨劃入宣宗時期。「承前攝官」即有以散試官差攝者，許其「具名聞奏」即是默認其差攝。宣宗在繼任皇位後即

〔註 32〕《冊府元龜》卷六三二〈銓選部・條制四〉，頁 7575；〈會昌二年四月二十三日上尊號赦文〉（《文苑英華》卷四二三，頁 2143～2146）的記載與之同。但是《文苑英華》把這條詔令放在會昌二年，疑以爲這是中央政府重申了這一詔令。

〔註 33〕《唐會要》卷七九〈諸使下・諸使雜錄下〉，頁 1714。

〔註 34〕《唐會要》卷七五〈選部下・南選〉，頁 1624；《冊府元龜》卷六三一〈銓選部・條制三〉，頁 7574。

〔註 35〕《唐會要》卷六八〈刺史上〉（頁 1429）載：開成四年三月，中書門下奏：「嶺南小州，多是本道奏散試官及州縣官，充司馬知州事，不三兩考，便請正除。」

〔註 36〕《唐會要》卷六九〈縣令〉，頁 1445；《冊府元龜》卷六三二〈銓選部・條制四〉，頁 7575。

馬上頒佈此令，當爲招賢之意，似應該看作初即位的一種權宜之策，並非長久之制。從以後的敕旨內容亦可知。〈大中元年正月十七日敕文〉即云：「諸色入仕，近者轉多，內外官員無不填塞。蓋因州府論請，多用虛銜；軍師奏功，或未摭實。自今已後，無正官及無出身者，並不在奏州府縣官限。……素非吏部注擬之處，即不在此限。」〔註37〕「無正官及無出身者」包括散試官。諸道除了「素非吏部注擬之處」都不可以奏之。「素非吏部注擬之處」即指河北、嶺南等地。〔註38〕這與太和初期的區域範圍相比有所變化。也就是說大中初始，中央對於州縣攝官身份的控制還是比較嚴格的，僅僅允許河北、嶺南等地以散試官攝職州縣。而這一政令對於河北、嶺南的規定是具有屬於長期制度意義的。「自今已後」即可以爲證。

大中元年（847）閏三月，鹽鐵奏：

> 據兩池榷鹽使狀，……伏請從今已後，其縣令本界內若五度捉得私鹽，每度捉得一斗已上，兼賊同得者不限歲內歲外，但數捉後即與減一選。如累捉得，亦請累減，減至三選即止。如是別色見任正官員、前官差攝縣令，亦准正縣令處分。如是散試官差攝縣令，無選可減者亦得，年五度捉得私鹽並賊同得者，即請別賞見錢五十貫，累捉得，亦請累賞。〔註39〕

兩池是指河中地區解縣、安邑兩池，其云「如是散試官差攝縣令，無選可減者亦得，年五度捉得私鹽並賊同得者，即請別賞見錢五十貫，累捉得，亦請累賞」，即是默認這裏的長官可以散試官攝職、充任縣令。儘管其有云「從今以後」，但是由於縣令地位的重要性、特殊性，這種默認很快就被推翻。大中五年（851）十月，中書門下奏：「伏見諸道及州府，如縣令、錄事參軍有闕，及見任官公事闕敗，切要替換，即任各舉所知聞奏。及須范官曾有課績，處己必能清廉，如論薦不當，舉主先議懲殿。」〔註40〕這裏規定縣令的奏請只能夠從前資官中選擇。

大中五年四月，又頒佈詔敕稱：「靈鹽、夏州、邠寧、鄜坊四道官吏，自用兵已來，責辦公事，亦甚辛勤。軍將皆已得官，文吏未酬勞績，宜令每道

〔註37〕唐宣宗：〈大中元年正月十七日敕文〉，《文苑英華》卷四三〇，頁 2179；《全唐文》卷八二題作〈大中改元南郊敕文〉，頁 855～860。

〔註38〕《唐會要》卷七五〈選部下‧南選〉，頁 1624；《舊唐書》卷一七下〈文宗紀下〉，頁 570；《冊府元龜》卷六三一〈銓選部‧條制三〉，頁 7574。

〔註39〕《冊府元龜》卷四九四〈邦計部‧山澤〉，頁 5906～5907。

〔註40〕《唐會要》卷七九〈諸使下‧諸使雜錄下〉，頁 1717～1718。

揀選公勤有勞効官吏，具名銜聞奏。有官者與依資轉遷，無官差攝者，當與正官，仍具差攝年月申奏，直須公當，不得轉授囑託。」〔註41〕這裏規定「無官差攝者，當與正官」，而「無官」當包括散試官，因為這一區域散試官攝職州縣者也不少。不過，這一敕令的頒佈乃是因軍功而為，因此筆者認為這一政令屬暫時之舉措。

大中五年十月，中書門下奏：

> 伏見諸道及州府，如縣令、錄事參軍有闕，及見任官公事闕敗，切要替換，即任各舉所知聞奏。及須莅官曾有課績，處己必能清廉，如論薦不當，舉主先議懲殿。其判司、參軍、文學、縣尉、丞、簿，不奏限。其河東、潞府、邠寧、涇原、靈武、振武、鄜坊、滄德、易定、夏州、三川等道，或道路懸遠，或俸料單微，每年選人，多不肯受。若一例不許，則都俸不在給留別限，仍勒知後判官，不許，則都無正官。今請前件數道，除縣令、錄事參軍外，其判司、縣尉、丞、簿，每年量許奏三員。須是元額闕，不得替考深人。其闕一年吏部不注，即注且差攝，二年吏部不注，然後許奏請，仍資序不得超越。如是散試及外身，不得奏第二任官。〔註42〕

所謂「如是散試及外身，不得奏第二任官」，言外之意就是允許散試官奏第一任官，即初任官。這就明確規定了河東、潞府、邠寧、涇原、靈武、振武、鄜坊、滄德、易定、夏州、三川等道可以散試官攝州縣官。筆者認為，這種情況還應該包括河北、嶺南等地，只是其所許奏的州縣官範圍與之當有所差異。

宣宗時期的這些政策為懿宗所繼承。咸通十二年（870），中書門下奏：「其諸道奏州縣官司錄、錄事參軍、縣令，或見任公事敗闕不治，切要替換。及前任實有勞効，並見有闕員，即任各舉所知，每道奏請仍不得過兩人。其河東、潞州府、邠寧、涇原、靈武、鹽夏、振武、天德、鄜坊、滄德、易定、三川等道觀察、防禦等使，及嶺南五管，每道每年除令、錄外，許量奏簿、尉及中下州判司、縣丞共三人，偏州不在奏州縣官限。其黔中所奏州縣官及

〔註41〕《唐大詔令集》卷一三○〈平黨項德音〉，頁709～710。亦見《文苑英華》卷四三九，題作〈破黨羌德音〉，頁2219。但是《文苑英華》對於文吏描述過於簡略，在「文吏未酬勞績，宜令每道揀選公勤有勞効官吏，具名銜聞奏」該句中缺了「未酬勞績，宜令每道揀選公勤有勞効官吏」等字。

〔註42〕《唐會要》卷七九〈諸使下‧諸使雜錄下〉，頁1717～1718。這裏的「外身」疑是「白身」之誤。

大將、管內官，即任准舊例處分。」〔註43〕這裏河東等地奏官的身份似乎沒有限制，似亦應包括散試官。如此而言其則是承繼大中五年十月的情況。只是地區上有所差異，嶺南五管之地奏正的情況與河東等地一樣，不再與河北同類，而其他能夠奏正散試官攝職的地區則同於大中五年。

到了僖宗乾符（874～879）年間，中央政府又擴大了散試官攝州縣官奏正的範圍。〈乾符二年南郊赦〉云：「諸道奏官奏者，緣要缺舊人不理。從今後並須分明其不理罪愆，先加懲責。有罪空替，則是惠姦。其奏前資，及見任，多有虛豎頭銜，用錢計會。從今已後，有官更奏者，便仰兼遞告身。至進奏院，以憑點檢。如告身不到，不在奏行。其虛銜所奏，只與九品初任，仍奏狀內須是三代官諱及鄉貫、戶頭、年幾，餘各依資奏請。河北三道，不在此限。」〔註44〕「虛銜」即是指「散試官」〔註45〕。「其虛銜所奏，只與九品初任」就是說諸道散試官者皆可以攝官奏正。儘管只是九品初任。九品官包括中下州的參軍，上中下縣的主簿、尉以及下縣的丞。〔註46〕相比於大中時期的奏請，區域範圍擴大至全國諸道，但是在官員的種類上又有所縮減。另外，赦文也明確提到「諸道奏官奏者」僅需要「前資及見任」，也就是只允許奏前資官、現任官，不許散試官，這也說明宣宗、懿宗的政策在僖宗乾符二年以前有過更改、變化。

綜上所述，有唐一代中央政府對於攝職州縣官身份的規定存在著一定變化。唐代前期允許現任官差攝，同時禁止貶降官被差攝。安史之亂期間，出於戰時需要，允許諸道長官任意辟署州縣官，這為方鎮辟署前資官、白身攝職州縣創造了條件。隨著叛亂的結束，中央政府隨即禁止白身、前資攝職州縣，這是為了收回地方長官任意辟署州縣官的權力。但是這種措施並沒有得到很好的執行。在此形勢下，中央政府只好允許前資攝職州縣。自此至元和末，這一政策沒有出現變化。到了穆宗時期，唐朝中央政府對州縣攝官身份的限定政策發生了巨大的變化，它容許某一時間某一地區的散試官攝職奏正，亦即允許兩河地區的散試官攝職州縣。儘管這只是一種暫時性措施，但對於大和、大中時期中央的相關政策具有潛在的影響。文

〔註43〕《唐會要》卷七九〈諸使下・諸使雜錄下〉，頁1719～1720；《舊唐書》卷一九上〈懿宗紀〉，頁678；《冊府元龜》卷六三二〈銓選部・條制四〉，頁7575～7576。
〔註44〕《唐大詔令集》卷七二〈乾符二年正月七日南郊赦〉，頁405。
〔註45〕李錦繡：〈唐代「散試官」考〉，頁198～210。
〔註46〕《唐六典》卷三〇〈三府都護州縣官吏〉，頁745～752。

宗大和、開成時期，中央政府就規定河北、嶺南、河東、澤潞、劍南、三川、京北、京西等地可以散試官差攝州縣官。這是有別於長慶年間的長期性意義的政令。但是由於大和時期是第一次頒佈這種政令，因此之後的時間裡中央對於政令的內容難免作出調整，甚至於有大的更改。同時，王朝政令往往也會隨著新君的繼任而有所變化。武宗即位後，相關政策似亦恢復到憲宗以前，即禁止散試官、白身攝職州縣官。宣宗即位後，一反武宗之政，懿宗亦承繼之，兩朝之散試官攝職奏正許可的範圍區域接近於文宗末期的範圍。〔註47〕大中、咸通之政策到了僖宗時期，又有所擴大，即諸道散試官皆可以攝官奏正。

而這一政策在唐後期的變化，是與當時中央政府的藩鎮政策及帝王的個性特徵有一定關係的，也與這些地區同中央的關係及這些區域的富庶程度有一定的關係的。

第二節　唐代中央政府關於幕職官差攝州縣的政策及其變化

關於唐代方鎮使府幕職官攝職州縣官，一般以為是唐代後期方鎮使府的現象、特徵。但是石雲濤經過研究後指出：開元、天寶時期就出現了邊鎮幕府、節帥以幕職官攝職管內州縣官的現象。〔註48〕這是有別於以往的看法。

〔註47〕儘管如此，其在奏正州縣官的種類上尚不及之。如大中、咸通時期中央政府在嶺南地區禁止以散試官奏充上佐知州官。《唐會要》卷六九〈刺史下〉（頁1433～1434）載：大中「六年（852）五月，中書門下奏：『嶺南、桂管、容管、黔中、安南等道刺史，自今已後，伏請於每年終，薦送各官，選擇校量資序，稍議遷獎。本道或知有才能，亦許論薦。仍須量資相送，歷任分明，更不在奏散試官、充司馬、權知州事限。』敕旨依奏。」這就規定，嶺南五管不得奏散試官充司馬知州事。《唐大詔令集》卷八六〈咸通七年大赦〉（頁490）記載：「如聞邕、容、桂、廣等道管內刺史，每州皆管三縣，人戶不少，其間選用，尤要得人。訪聞本道觀察使所奏監州官，多是本土富豪，百姓、兼雜色人，例皆署為本道軍職，或作試銜，便奏司馬權知軍州事。既不諳熟文法，又皆縱恣侵欺，多取良家，以為奴婢，遂使豪酋構怨，溪洞不安。若不條流，生人轉困。其邕、容、桂、廣等道管內，自今以後，刺史須精選賢良，久歷官途，不越資序者，始許奏請。其軍職、試銜，並不在奏署限。」「試銜」指散試官也，這一政令即是說咸通年間，中央政府明令禁止邕容、桂廣等道以散試官奏充司馬權知軍州事。而開成時期是允許嶺南地區奏散試官充司馬知州事的。

〔註48〕石雲濤：《唐代幕府制度研究》，頁126～127。

筆者在翻閱大量的墓誌、傳世史料後，感到石氏的觀點有一定道理，但對這一觀點所依託的實例缺乏正確的分析，以致其結論有待商榷。

石氏列舉了顏杲卿（692～756）與崔湛（675～744）兩個例子來說明他的觀點。接下來，筆者就其所舉實例來談談自己的看法。

〈顏杲卿神道碑銘〉載：

> （河北）採訪使張守珪以清白聞，遷爲范陽郡戶曹。安祿山雅聞其名，奏爲營田判官，光祿、太常二寺丞，又請爲度支判官兼攝常山郡太守。〔註49〕

當時安祿山（703～757）是身兼幽州節度使與河北採訪使的。唐前期節度使及採訪使本身都有差攝所領轄的屬州縣官員的權力，前此已述，可參見。那麼，他到底是用幽州節度使的權力還是用河北採訪使的權力差顏杲卿攝職常山郡太守的呢？

《舊唐書·顏杲卿傳》載：

> 天寶十四載（755），攝常山太守。時安祿山爲河北、河東採訪使，常山在其部內。〔註50〕

這裏的「攝常山太守」乃是安祿山所版署的，而常山郡地處河北道，與河東道無涉，因此一句「顏杲卿攝常山太守。時安祿山爲河北、河東採訪使，常山在其部內」似暗含著這一攝職是由河北採訪使所辟署之意。再者，當時幽州節度使的領地不含常山郡。《新唐書·方鎮三》載：「開元二十年（732），幽州節度使兼領河北採訪處置使，增領衛、相、洺、貝、冀、魏、深、趙、恒、定、邢、德、博、棣、營、莫十六州及安東都護府。」〔註51〕恒州即常山郡。此即說明時恒州屬河北採訪使所領轄，非爲幽州節度使所管。益可見安祿山以河北採訪使的權力差攝顏杲卿攝職常山郡太守。

次論崔湛之事。〈崔湛墓誌銘〉載：

> 公預入幕，帝嘉乃勳，超授同州大亭府折衝、兼河北節度經略副使，賞緋魚袋，授上柱國。初，公以文儒進，後以武略用。襃功則厚，雅尚素乖，夷猶旆旌，俛偄從事。南陽公嘗欲表公爲漁陽守，懇辭

〔註49〕顏眞卿：〈攝常山郡太守衛尉卿兼御史大夫贈太子太保謚忠節京兆顏公神道碑銘〉，《全唐文》卷三四一，頁3463～3465。

〔註50〕《舊唐書》卷一八七下〈顏杲卿傳〉，頁4896。

〔註51〕《新唐書》卷六六〈方鎮三〉，頁1835。

薦舉，願守謙攝。猶是請攝常山郡司馬、恒陽軍副使。理斥候，改
轅門，……帝命即眞，加朝散大夫。〔註52〕

這裏的漁陽公指幽州節度使張守珪（？～739），〔註53〕張守珪任職幽州節度
使是在開元二十一年～二十七年（733～739）。〔註54〕因爲崔湛攝職之地亦是
常山，所以該墓誌銘所牽涉的問題同於上舉顏杲卿，都屬於採訪使行使的差
攝權，與節度使無涉。石氏所提出的觀點說這些由幕職官差攝州縣者都是節
帥署任、差攝的，節帥即節度使。但是根據筆者的研究，依據上舉這些例子
似不能得出這樣的觀點。

〈李永宣墓誌銘〉載：

（開元）貳拾玖載（741），節度使裴寬（681～755）以公達於兵謀，
奏充范陽都知兵馬使。至天寶伍載（746），節度使安公以公閒於撫
理，差攝嬀川郡太守，兼知雄武城使。……俄而，轉攝漁陽郡太守，
兼知靜塞軍使。〔註55〕

這裏的「安公」是指安祿山，從安祿山以范陽都知兵馬使李永宣（687～751）
差攝嬀川郡太守可知，幽州節帥可以幕職官差攝州縣官。筆者翻閱大量文獻
及墓誌，發現僅有此例屬於唐代前期。安祿山爲玄宗所寵信者，很有可能因
此而享有這種權力。因此筆者疑此爲特殊情況。既然如此，似不能認定唐代
前期節帥可以幕職官差攝州縣官，只能夠說唐代前期採訪使可以差幕職官攝
職州縣官。

論者以爲藩鎮差幕職官攝職州縣官是唐代後期藩鎮控制州縣的一種手
段。〔註56〕那麼，應該如何看待唐代前期採訪使可以差幕職官攝職州縣官這
種現象？

〔註52〕閻伯璵：〈大唐故中散大夫行滎陽郡長史上柱國賞魚袋清河崔府君墓誌銘並
敘〉，《全唐文補遺》第二輯，頁23～24；《唐代墓誌彙編》天寶一八○，頁1657。
〔註53〕孟憲實：〈唐代前期的使職問題〉，收入吳宗國主編：《盛唐政治制度研究》（上
海：上海辭書出版社，2003年），頁202。
〔註54〕《舊唐書》卷一○三〈張守珪傳〉，頁3194～3195。
〔註55〕不著撰人：〈唐故云麾將軍左威衛將軍兼青山州刺史上柱國隴西李公墓誌銘并
序〉，《全唐文補遺》第五輯，頁390～391。
〔註56〕王壽南：《唐代藩鎮與中央關係之研究》，頁128～133；金宗燮：〈五代時期中
央對地方的政策研究——以對州縣政策爲主〉，頁546～547；石雲濤：《唐代
幕府制度研究》，頁232、339；陳志堅：《唐代州郡制度研究》，頁41～57；
夏炎：《唐代州級行政體制研究》，頁276～282、292～304。

　　唐代前期，採訪使以幕職官差攝州縣的現象是存在的，採訪使作爲最高一級地方行政長官〔註57〕，擁有這種權力似有坐大之險。但是綜觀整個前期，類似的事例並不多，僅河北道存在爲數不多的實例，並非如後期各道紛紛派遣幕職攝州縣。再者，儘管這些攝職乃方鎮所辟署，但是攝職者卻有將此職視同朝廷所出者。〈顏杲卿神道碑銘〉載：「祿山讓公曰：『我擢汝爲太守，何負於汝，而乃反乎？』公曰：『吾代受國恩，官職皆天子所與。汝叨受恩寵，乃敢悖逆。吾寧負汝，豈負本朝乎？臊羯胡狗，何不速殺我！』」〔註58〕顏杲卿雖爲安祿山遣攝常山郡太守，卻認爲此「官職皆天子所與」。這就使得這些被差遣的州縣攝官與府主的關係不是那麼的堅固，這樣方鎮控制州縣的力度勢必減弱。

　　前期採訪使以幕職官差攝州縣的現象不多。但是隨著漁陽鼙鼓的到來，這些爲數不多的以幕職官差攝州縣的現象被大量移植於諸道，而這也是中央政令所致。前揭〈玄宗幸普安郡制〉的頒佈使得地方長官可以任意差攝州縣官，使得諸道節度、採訪使任意差幕職官攝職州縣有了合法保障。允許地方長官差幕職官攝職州縣官僅僅是戰時需要，爲了更好地應對叛亂。隨著戰亂結束，中央政府勢必收回諸道長官的許可權。廣德元年（763）二月敕：

> 諸州府及縣，今後每有闕官，宜委本州府當日牒報本道觀察、節度及租庸使使司，具闕由，附便使牒中書門下，送吏部，依闕准式處分。其所闕官，有職務稍重者，委本府長官，於見任及比司官中簡擇，權令勾當，正官到日停。不得更差前資及白身等攝。〔註59〕

這道敕旨要求諸道節度、觀察等地方長官遇有重要職務的州縣官員缺位時，只得從現任正員官或同類正員官中挑選代理者擔任是職。所謂「有職務稍重者」，當指刺史、司錄、錄事參軍及縣令。刺史的重要性自不待言。而縣令、錄事參軍地位亦重要。戴叔倫（732～789）嘗云：「天下州縣……其尤切者，縣令、錄事參軍事。」〔註60〕嚴耕望（1916～1996）也論道：「唐代尤其中葉

〔註57〕 王鳴盛撰，黃曙輝點校：《十七史商榷》（上海：上海書店出版社，2005年）卷七八〈新舊唐書十〉，頁676；池田溫：〈採訪使考〉，收入《第一屆國際唐代學術會議論文集》（臺北：學生書局，1989年），頁875～899。

〔註58〕 顏眞卿：〈攝常山郡太守衛尉卿兼御史大夫贈太子太保諡忠節京兆顏公神道碑銘〉，《全唐文》卷三四一，頁3463～3465。

〔註59〕 《唐會要》卷七五〈雜處置〉，頁1613；《冊府元龜》卷六三〇〈銓選部・條制二〉，頁7555；《全唐文》卷四八〈滿限不到任處分敕〉，頁528～529。

〔註60〕 《新唐書》卷一四三〈戴叔倫傳〉，頁4691。

以後，府州政府之司錄、錄事參軍，爲僚佐組織之核心，府州行政之關鍵。」〔註61〕在筆者看來，這一敕旨的言外之意即禁止諸道長官在這些職務重要的官員缺位時差遣幕職官攝職。不久，朝廷更禁止一切攝官釐務。廣德元年七月壬子日，詔曰：

> 刺史、縣令，自今以後改轉，刺史三年爲限，縣令四年爲限，員外
> 及攝、試官，一切不得釐務。〔註62〕

但是這種情況往往是禁而不止。所謂「諸道攝官，頻有處分，一切盡停，尚聞因循，其弊未革，即宜申明舊敕，勒停」〔註63〕，即可爲證。在詔令起到沒有任何效果的情況下，中央甚至一度允許諸道差攝幕職官攝職州縣。廣德二年六月敕：「諸州府錄事參軍及縣令，其有帶職兼官、判、試、權知、檢校等官者，自今已後，吏部不在用缺之限。」〔註64〕「帶職兼官」即是指以幕職官差攝州縣官。因爲幕職官是以所帶試官的身份權攝州縣官，故而稱「帶職兼官」。這只是一定限度內的許可。〔註65〕翌年，又有更改。永泰元年（765）正月敕：

> 諸州府縣，今後有才不稱職及犯贓私，即任本使及州府奏人請替，
> 餘並不在奏請。其所許奏人，仍須灼然公清，曾經驅使者，課効資
> 歷當者，兼具歷任申授年月，並所替官，合替事由同奏。〔註66〕

被奏請者有「曾經驅使者」，即須是「前資官」，這就嚴格限制了方鎮以幕職官差攝州縣。應該說，代宗初期，中央政府在對方鎮以幕職官差攝州縣的問題上儘管一度有承認的舉措，但總體上還是處於嚴格限制的狀態。

代宗皇帝是一位有著雄心壯志的君主，即位之初就平定安史之亂，叛亂

〔註61〕嚴耕望：〈唐代府州僚佐考〉，氏著《唐史研究叢稿》（香港：新亞研究所，1969年），頁 139；嚴耕望：〈唐代府州上佐與錄事參軍〉，氏著《嚴耕望史學論文選集》（北京：中華書局，2006 年），頁 476。

〔註62〕《冊府元龜》卷八八〈帝王部・赦宥七〉，頁 1048。亦見《唐會要》卷六九〈都督刺史已下雜錄〉，頁 1436；《唐大詔令集》卷九〈廣德元年冊尊號赦〉，頁 58；《舊唐書》卷一一〈代宗紀〉，頁 273；《冊府元龜》卷六三○〈銓選部・條制二〉，頁 7555。

〔註63〕《唐大詔令集》卷六九〈廣德二年南郊赦〉，頁 385～386；《冊府元龜》卷八八〈帝王部・赦宥七〉，頁 1050；唐代宗：〈冊尊號赦文〉，《全唐文》卷四九，頁 539～541。

〔註64〕《唐會要》卷六九〈縣令〉，頁 1441。

〔註65〕鄧小南：《宋代文官選任制度諸層面》（石家莊：河北教育出版社，1993 年），頁 9。

〔註66〕《唐會要》卷六九〈縣令〉，頁 1441。

平定後更是計劃消滅安史叛逆勢力。〔註 67〕代宗末期，亦顯露出對藩鎮的強硬態度。〔註 68〕但是其在位期間的中間時段，史籍給我們展現更多的是一位處處讓步於強藩、叛鎮的君王形象。初期、末期的這種態度，與中期的這種形象在邏輯上、情理上似乎說不通。代宗中期的讓步，或許是其在國家實力不濟下的隱忍。只有這樣理解，史籍中關於代宗在前中後期的態度、形象變化的記載才不至給人予突兀之感。在消滅安史叛逆勢力的計劃沒有成功之後，皇帝並未一味屈從河北。幽州部將朱希彩等殺節度使李懷仙並自稱留後。對此，代宗不予承認，並征討之，直至不能成功方才承認其留後地位。〔註 69〕這即是其在國家實力不濟情況下隱忍的例證。對河北是這樣，對於其他地區的藩鎮自然也是如此，甚至更為強硬。周智光叛逆，代宗即密詔郭子儀親討之。〔註 70〕正因為代宗的這種藩鎮政策，所以我們才會看到終代宗一朝，其對藩鎮以幕職差攝州縣是嚴令禁止的。朝廷的態度是一回事，在那個中央沒有絕對實力的時代，各地諸藩是不會嚴格奉行中央政令的。

　　對於大曆以至唐末中央政府對方鎮以幕職官差攝州縣的政策，筆者擬把州縣官分成三幾類分別探討：其一，刺史；其二，司錄、錄事參軍、縣令；其三，判司、縣丞、尉、簿。這種分類也是根據當時的實際情況而定，因為中央對方鎮以幕職官差攝州縣的政策也往往以此三類來定。

一、差攝州刺史

　　《舊唐書·崔寧傳》載：永泰二年（766）二月，朝廷以杜鴻漸（709～769）任山南西道·劍南東川·西川·邛南等道副元帥、劍南西川節度使，前往平定西川崔寧（723～783）叛亂。有謀士曾為其進良策，提到「旰（崔寧舊名）有方略，旰腹心攝諸州刺史者皆奏正之。」〔註 71〕劍南西川幅員遼闊，

〔註 67〕　參考拙文：〈再論安史之亂的平定與河北藩鎮的重建〉，頁 73～74。

〔註 68〕　杜希德（Denis C. Twitchett）編，中國社會科學院歷史研究所西方漢學研究課題組譯：《劍橋中國隋唐史》（北京：中國社會科學出版社，1990 年），頁 507；樊文禮：〈安史之亂以後的藩鎮形勢與唐代宗朝的藩鎮政策〉，《煙臺師範學院學報》，1995 年第 4 期，頁 40～45。

〔註 69〕　《舊唐書》卷一四三〈朱希彩傳〉，頁 3896。

〔註 70〕　《資治通鑑》卷二二三永泰元年十月甲申條，頁 7184；大曆元年春正月丁巳條，頁 7194。

〔註 71〕　《舊唐書》卷一一七〈崔寧傳〉，頁 3399；《冊府元龜》卷四五三〈將帥部·怯懦〉，頁 5374。

所轄州郡數十，而崔寧皆令腹心攝職諸州刺史，所謂「腹心」當指幕僚，因為僚佐皆為府主所辟署，府主與僚佐關係極為親近。〔註72〕

大曆三年（768）十月：「潁州刺史李岵以事忤滑亳節度使令狐彰，彰使節度判官姚奭按行潁州，因代岵領州事，且曰：『岵不受代，即殺之。』岵知之，因激怒將士，使殺奭，與奭同死者百餘人。岵走依河南節度使田神功於汴州。」〔註73〕這是節帥以節度判官強行代領、攝職刺史。

大曆十一年（776）八月：「李靈曜既為留後，益驕慢，悉以其黨為管內八州刺史、縣令，欲效河北諸鎮。」〔註74〕所謂「其黨」也是指僚佐。史書明言其此舉是為了傚仿河北三鎮，也就是說河北三鎮皆是以僚佐攝職州縣的。

上舉諸例皆是節帥強行以幕職官代領刺史，時刺史不闕。這種情況即使如相對恭順之令狐彰（？～773）〔註75〕亦不可免。因此，大曆十二年五月，時任宰相的楊綰（？～777）上奏進言：「舊制，刺史被代若別追，皆降魚書，乃得去。開元時，置諸道採訪使，得專停刺史，威柄外移，漸不可久。其刺史不稱職若贓負，本道使具條以聞，不得擅追及停，而刺史亦不得輒去州詣使所。如其故、闕，使司無署攝，聽上佐代領。」〔註76〕這一奏請是要嚴格禁止諸道長官擅停刺史職務而以幕職官差攝的情況再次發生，是為了弱化藩鎮與屬州的關係，削弱藩鎮對州郡的控制。史稱「帝善其謀」，也就是採用了他的奏請。

但是該詔敕並未得到很好的執行，以致到了德宗時期，朝廷曾多次重申這一旨意。《唐大詔令集》卷六九〈貞元元年南郊大赦天下制〉載：

〔註72〕 石雲濤：《唐代幕府制度研究》，頁378～381。

〔註73〕 《資治通鑑》卷二二四，大曆三年十月乙巳條，頁7203。

〔註74〕 《資治通鑑》卷二二五，大曆十一年八月丙寅條，頁7238。

〔註75〕 令狐彰對中央的態度，請參王壽南《唐代藩鎮與中央關係之研究》附錄一〈唐代藩鎮總表・義成〉，頁606。

〔註76〕 《新唐書》卷一四二〈楊綰傳〉，頁4665；《資治通鑑》卷二二五大曆十二年五月丁亥條，頁7245；《唐會要》卷六八〈刺史上〉，頁1424～1425；《唐會要》卷六九〈都督刺史已下雜錄〉，頁1437；《唐會要》卷七八〈諸使中・採訪處置使〉，頁1681；王應麟：《玉海》（上海：上海書店，1987年）卷八五〈器用〉，頁1569。筆者注意到楊綰在奏請中云：「如其故、闕，使司無署攝，聽上佐代領」，用的是「聽上佐代領」，這是讓上佐自覺代領，上佐的主動性更強些。但是當年朝廷針對楊綰的奏請所下的詔敕是這樣說的「刺史有故及缺，使司不得差攝，但令上佐依次知州事」，詔敕所體現的是藩鎮長官的主動性，而上佐成了被動者。

自今已後，……刺史停替，須待魚書。〔註77〕

《唐會要》載：

> 至貞元三年十月，敕：「刺史停務，則降魚書。」先是，此制自廣德
> 已後，多不施行。又節將怙權，刺史悉由其令，魚書皆廢。至是，
> 漳州刺史張遜，坐事將鞠之，有司請舉舊制也。貞元四年正月一日
> 敕文：「自今已後，刺史不得輒離本界。如是緣司使，任以文牒計會。
> 應緣州事鉅細，聽聞奏。如刺史闕，上佐當日聞奏，并牒報中書門
> 下省。」〔註78〕

僅貞元初期朝廷就接連下了三道詔書，要求刺史停務，需降魚書；刺史有闕，
上佐須及時上奏申闕。但凡種種，皆是爲了避免諸道長官隱闕不報而自行差
幕職官攝職或擅停刺史之務而令黨羽、腹心攝職。但是這一時期，朝廷對於
幕職官差攝刺史的限定政策還是出現了一定的鬆動。

元和四年（809）十二月，嶺南觀察使楊於陵（753～830）奏：

> 貞元中，觀察使李復奏：「南方事宜素異，地土之卑，上佐多是雜流，
> 大半刺史見闕。請於判官中揀擇材吏，令知州事。」臣伏見近日諸
> 道差判官監領州務，朝廷以爲非宜。臣謂：現今州縣凋殘，刺史闕
> 員，動經數歲。至於上佐，悉是貶人，若遣知州，必致撓敗。伏緣
> 李復所奏，降敕年月稍遠，懼違朝旨。伏乞天恩，許臣遵守當道所
> 奏文，量才差擇，以便荒隅。〔註79〕

楊於陵的奏辭中提到貞元三年至八年（787～792）〔註80〕嶺南觀察使李復（739
～797）奏請在該地區以判官攝職州刺史，而這一奏請也得到了恩准。而這一
敕旨似乎不具有長期效力，楊於陵上奏時就指出：「李復所奏，降敕年月稍遠，
懼違朝旨」，因此其懇請朝廷「許臣遵守當道所奏文」，批准他的建議。朝廷
也准其奏請。楊於陵還提到：「伏見近日諸道差判官監領州務，朝廷以爲非
宜」，很明顯元和時期中央政府也只允許嶺南地區如是處理，其餘諸道一概不

〔註77〕《唐大詔令集》卷六九〈貞元元年南郊大赦天下制〉，頁387；陸贄：〈冬至大
禮大赦制〉，《陸贄集》卷二，頁63；亦題〈貞元元年冬至郊祀大赦天下制〉，
載《文苑英華》卷四二五，頁2156。

〔註78〕《唐會要》卷六九〈都督刺史已下雜錄〉，頁1437；亦見《玉海》卷八五〈器
用〉，頁1569。

〔註79〕《唐會要》卷六八〈刺史上〉，頁1423。

〔註80〕李復任職嶺南觀察使的時間，可參見《舊唐書》卷一二〈德宗紀上〉，頁356；
《新唐書》卷七八〈李復傳〉，頁3533。

准，承認了嶺南地區在攝職刺史上的特殊性，這與貞元時期是一致的。

德宗皇帝即位初就有掃平河北之意，即使後來出現了奉天之亂，也並非一味姑息，而是採取比較務實的政策：對力不能制的河北藩鎮，主要實行姑息之策，同時抓住時機盡量削弱他們；對力所能制的藩鎮，採取最大限度的打擊與控制，竭力將他們置於中央的控制之下。〔註81〕到了元和時期，朝廷更是竭力使諸藩回歸中央控制。正因這種藩鎮政策，故一直禁止諸道以幕職差攝刺史。嶺南地區一直是朝廷貶官之地，令嶺南諸州以判官差攝刺史，只是出於該地區實際的情況，並不代表朝廷在禁止幕職差攝州縣問題上的退讓。

到了長慶（821～824）年間，朝廷還一度許兩河地區差遣幕職官攝職刺史。前揭穆宗〈南郊改元德音〉允許「久經假攝」者奏正，而「久經假攝」者當包括幕職官，這也就是許可幕職官攝職州縣。而穆宗〈敘用勳舊武臣德音〉沒有界定應奏聞者的身份，似亦包括幕職官。這種「德音」、「赦文」的效力僅限於當年，前已有述。

穆宗是一位被認為姑息藩鎮的君主。〔註82〕其在位之時，斷送了憲宗好不容易恢復的強權局面，河北復叛，從此河北與唐廷變成相互利用的關係。〔註83〕因此，我們就可以理解何以長慶年間起，朝廷就允許河北、河南地區以幕職差攝刺史。

朝廷對待方鎮幕職官差攝刺史的限定政策發生重大變化是在文宗時期。大和四年（830）八月御史臺奏：

> 謹按大曆十二年（777）五月一日敕：「刺史有故及缺，使司不得差攝，但令上佐依次知州事。其上佐等，多非其才，亦望委外道使臣，精加銓擇。不勝任者，具以狀聞。」昨者，宣州觀察使于敖所差周墀知池州，若據敕旨，便合奏剖。今勘其由，長史、司馬並在上都守職，有錄事參軍顧復元在任。若不重有條約，所在終難守文。伏請自今已後，刺史未至，上佐闕人，及別有勾當處，許差錄事參軍知州事。如錄事參軍又闕，則任別差判官。仍具闕人事由，分析聞

〔註81〕 劉玉峰：《唐德宗評傳》（濟南：齊魯書社，2002年），頁61～65。
〔註82〕 杜希德主編：《劍橋中國隋唐史》，頁658。
〔註83〕 森部豐〈唐沢潞昭義軍節度使考——中晚唐期における唐朝と河北藩鎮の關係をめぐって〉，野口鐵郎先生古稀記念集刊行委員會編：《中華世界の歷史的展開》（東京：汲古書院，2002年），頁97～131。

奏，并申中書門下御史臺。所冀詔旨必行，繩違有據。〔註84〕

這是有條件地允許諸道差判官攝職刺史。該詔敕顯然比貞元、元和時期的政策更爲寬鬆。到了開成時期，鬆動的幅度更進了一步。開成四年（839）七月敕：

> 諸道奏入仕人數轉多，每年吏曹注擬無闕。唯河北諸道、河東、澤潞、劍南、三川、京北、京西，管内官員數多，假攝之中，實有勞效，每年許奏三兩人，仍須是元額闕，不得替見任人。其餘並不得奏入。」〔註85〕

對於河北諸道、河東、澤潞、劍南、三川、京北、京西等道的奏請，中央並沒有進行身份上的限制，似允許這些道的幕職官攝刺史的奏正，實際上也就是同意了上列諸道幕職官攝刺史的現象，只是還有一定的人數限制。文宗在位時，深受黨爭之害；甘露之變後，更是形同幽禁。〔註86〕故而其在藩鎮政策上更多地是一種姑息政策。

中央政府隨之對判官攝職刺史放寬了更多的限制。如前揭開成五年十一月，朝廷同意嶺南節度使盧鈞奏正「廉愼有聞」的攝官。這說明武宗時期嶺南地區的政策繼續延續著貞元、元和的政策。〈會昌五年正月三日南郊赦文〉載：「近日諸道奏官，其數至廣，非惟有侵選部，實亦頗啓倖門，向後淮南、兩浙、宣、鄂、洪、潭、荊襄等道，並不得更有奏請。其三川邊鎮、河南北地遠官，無選人肯去，闕員稍多處，即任量要切奏請，仍每道一歲不得過七員。」〔註87〕這一赦文指出，會昌五年（845），中央政府在禁止南方藩鎮幕職官攝職刺史奏正的同時，擴大了北方幾個可以奏請地區的奏請人數。不過奏請地區也有所調整，缺了劍南，但是補了河南。武宗時期，朝廷儘管想要恢復強硬政策，但是畢竟中央實力在各個方面已經不復從前，縱使朝廷能夠攻下澤潞，在軍力上亦顯不足。〔註88〕因此，中央不得不允許某些藩鎮可以幕職差攝刺史。

〈大中元年正月十七日赦文〉載：

〔註84〕《唐會要》卷六八〈刺史上〉，頁1424～1425。

〔註85〕《唐會要》卷七九〈諸使下・諸使雜錄〉，頁1713；亦見《冊府元龜》卷六三一〈銓選部・條制三〉，頁7574。

〔註86〕王仲犖：《隋唐五代史》（上海：上海人民出版社，1988年），頁211。

〔註87〕唐武宗：〈會昌五年正月三日南郊赦文〉，《文苑英華》卷四二九，頁2174。

〔註88〕王國堯：〈李德裕與澤潞之役──兼論唐朝於9世紀中所處之政治困局〉，榮新江主編《唐研究》第十二卷（北京：北京大學出版社，2006年），頁520。

諸色入仕，近者轉多，內外官員，無不填塞，蓋因州府論請，多用
虛銜，軍師奏功，或未摭實。自今已後，無正官及無出身者，並不
在奏州府縣官限。縱有出身，亦須去避，稍近方得奏請。諸軍將非
有殊功者，不在奏，無州縣官限。素非吏部注擬之處，即不在此限，
仍委中書門下準此處分。〔註89〕

幕職官不屬於正員官，如此說來，這一規定即直接禁止了「素非吏部注擬之
處」即河北、嶺南兩地之外的各道長官差幕職官攝職刺史。這一政策至唐末
沒有太大的變化。僅在大中五年（851）曾一度允許靈鹽、夏州、邠寧、鄜坊
四道幕職官攝刺史者奏正。

宣宗時期實行的是姑息藩鎮的政策〔註91〕，故而仍然令幕職差攝刺史。
關於幕職差攝刺史的詔令，至此不再變化。這是意味著朝廷對於幕職差攝刺
史即已明令禁止，抑或僅以上述諸鎮差攝刺史？筆者認為，在宣宗以前，朝
廷還有一定實力可以控制一些藩鎮。大中末年，隨著各地騷亂並起，朝廷已
不再能夠控制諸藩。大中以後，不再見有朝廷允許諸藩以幕職差攝刺史的詔
敕，或說明朝廷已無力禁止諸藩以幕職差攝刺史，與其在詔令上做這些意義
不大的限制，不如將注意力轉移至那些還可以控制的職位，這也就是為什麼
到了晚唐，朝廷的詔令更多的是限制幕職差攝縣丞、主簿等官。

二、差攝令、錄

代宗初期嚴格禁止幕職官差攝令、錄的政策一直維持至元和末。長慶年
間，朝廷連續頒佈了兩道敕文、德音，允許兩河地區幕將職官差攝令錄者奏
正，而這只是一時之措。中央政府關於方鎮以幕職官差攝令、錄的限定政策
真正發生變化的時間是在大和中期。大和四年（830）五月中書門下奏：

如河北諸道滄、景、德、棣之類，經破蕩之後，及靈、夏、邠、寧、
麟（筆者按：疑作鄜）、坊等州全無俸料，有出身及正員官悉不肯去，
吏部從前多不注擬，如假攝有勞，望許於諸色人中，量事奏三數員，
其餘勒約及期限，並請依大和元年九月十九日敕處分。〔註92〕

〔註89〕唐宣宗：〈大中元年正月十七日敕文〉，《文苑英華》卷四三〇，頁2179；亦題
〈大中改元南郊敕文〉，載《全唐文》卷八二，頁855～860。
〔註91〕黃樓：《唐宣宗大中政局研究》（天津：天津古籍出版社，2012年），頁145～
170。
〔註92〕《唐會要》卷七四〈選部下・吏曹條例〉，頁1601；《冊府元龜》卷六三一〈銓

中書門下的上奏爲朝廷所批准。這就使得河北等地可以奏正令、錄等官。而到了文宗開成末年，許可的範圍又有所增加。上舉開成四年七月勅文就使得許可的範圍又增加了河東、澤潞、劍南、三川等道。到了武宗時期，則又增加了嶺南，同時缺了劍南，補了河南。這與刺史的奏攝情況是一致的。宣宗時期，範圍則又縮小了。其被許可的範圍同於刺史，僅剩河北、嶺南等「素非吏部注擬之處」。這種情況也一直延續至唐末。

三、差攝州判司、縣尉、簿、丞

　　從大曆初期至大中初期，中央對其的政策似同於令、錄的。但是這一狀況到了大中中期有所更改。前揭〈會昌五年正月三日南郊赦文〉規定三川等地僅能夠奏正刺史、令、錄等官，即不許這些地區以幕職權攝判司、縣尉、簿、丞等官。而自大中元年起，河北、嶺南又可以幕職權攝判司、縣尉、簿、丞等官。大中五年（851）十月，中書門下奏：

> 伏見諸道及州府，如縣令、錄事參軍有闕，及見任官公事闕敗，切要替換，即任各舉所知聞奏。及須蒞官曾有課績，處己必能清廉，如論薦不當，舉主先議懲殿，其判司、參軍、文學、縣尉、丞、簿等，不奏限。其河東、潞府、邠寧、涇原、靈武、振武、廊坊、滄德、易定、夏州、三川等道，或道路懸遠，或俸料單微，每年選人，多不肯受。若一例不許，則都俸不在給留別限，仍勒知後判官。不許，則都無正官。今請前件數道，除縣令、錄事參軍外，其判司、縣尉、丞、簿，每年量許奏三員，須是元額闕，不得替考深人。其闕一年吏部不注，即注且差攝，二年吏部不注，然後許奏請，仍資序不得超越。如是散試及外身，不得奏第二任官。其京百司，除職事外，不在更奏官限。〔註93〕

由「如是散試及外身，不得奏第二任官」一句，可見中央政府對河東等道奏判司等官似乎沒有身份的限制，亦即允許河東等數道可以奏正以幕職官攝職州判司、縣尉、簿、丞者。這一精神也爲懿宗所承繼。咸通十二年（871），中書門下奏：

> 其諸道奏州縣官司錄、錄事參軍、縣令，或見任公事敗闕不治，切

選部・條制三〉，頁 7568。
〔註93〕《唐會要》卷七九〈諸使下・諸使雜錄下〉，頁 1717～1718。

要替換，及前任實有勞效，並見有闕員，即任各舉所知，每道奏請
不得過兩人。其河東、潞州府、邠寧、涇原、靈武、鹽夏、振武、
天德、廊坊、滄德、易定、三川等道觀察、防禦等使，及嶺南五管，
每年除令、錄外，許量奏簿，尉及中下州判司、縣丞共三人，偏州
不在奏州縣官限。其黔中所奏州縣官及大將、管內官，即任準舊例
處分。〔註94〕

這一敕旨的規定與大中五年的類同。這一情況似僅僅維持至咸通年間，乾符年
間似已有所刪略。前文所舉〈乾符二年南郊赦〉〔註95〕明確提到「諸道奏官奏
者」僅能用「前資及見任」，也就是只允許奏前資官、現任官，禁止以其他身份
攝職。又，「虛銜」指「散試官」〔註96〕，「其虛銜所奏，只與九品初任」，即諸
道散試官攝職九品官〔註97〕者才可奏正。由諸道散試官攝職九品官者可奏正可
推幕職權攝九品官者似亦可奏正。相比於大中時期的奏請，這一赦文所允許差
攝的區域範圍有所擴大，擴大至全國諸道，但是在官員的種類上又有所縮減。

　　這裏筆者有必要解釋傳世文獻中的一些問題。在唐後期的詔敕中，一般所
看到的是朝廷允許哪些地區奏正攝職州縣者。這種奏請與允許地方差何人攝職
州縣官似乎並不一致，但這是奏正州縣攝官的前後兩個程序。因為這種「奏正」，
先由地方長官辟署某人為州縣攝官，再上奏中央以正拜之、真拜之。這一點並
沒有錯。但是中央政府在唐後期很少直接公開承認散試官攝職州縣官、幕職官
攝職州縣官的合法性，往往通過這種允許地方長官奏正某些身份的人員來間接
承認其合法性。因此，筆者將這種許奏的詔敕理解為中央政府允許散試官攝職
州縣官、幕職官攝職州縣官是沒有問題的。故在行文中，筆者有時云許可某一
地區奏正幕職權攝州縣者，有時云允許某一地區以幕職差攝州縣。

　　綜上所述，唐代中央政府對藩鎮差幕職官攝職州縣的政策存在著變化。在
唐前期，只有採訪使可以差幕職官攝職州縣官，但是數量並不多，且集中在河
北地區。隨著安史之亂的爆發，幕職官被差攝州縣的現象頻繁出現，這是中央
政府政令的結果。儘管戰後朝廷未能收回這一權力，但始終沒有公開承認方鎮
可以差幕職官攝職州縣，從戰後一直到德宗時期一直如此。直到貞元、元和時

〔註94〕《唐會要》卷七九〈諸使下·諸使雜錄下〉，頁1719～1720。

〔註95〕《唐大詔令集》卷七二〈乾符二年正月七日南郊赦〉，頁405。

〔註96〕李錦繡：〈唐代「散試官」考〉，頁198～210。

〔註97〕九品官包括中下州的參軍，上中下縣的主簿、尉及下縣的丞。參見《唐六典》
　　　　卷三〇〈三府都護州縣官吏〉，頁745～752。

期，才允許嶺南地區以幕職官攝職刺史奏正，但也僅此而已。這一期間的相關政策主要集中在以幕職官差攝刺史的問題上，或是因為刺史被方鎮以幕職官差攝的現象比較嚴重、突出，以及刺史的地位較其它州縣官來得高。

唐後期，中央政府對藩鎮差幕職官攝職州縣的政策並非一成不變，會根據不同的州縣官、州縣官地位的差異而有所變化。中央對幕職官差攝三類州縣官的政策有差異，也有共同之處。三者都是在大和年間得到中央的許可，並在文宗開成末年得到統一，三者的攝職奏正範圍同在河北諸道、河東、澤潞、劍南、三川、京北、京西等道。此後，三者在武宗、宣宗初期的變化也是一致的，均在武宗時期擴大了北方幾個可以奏請地區的奏請人數，同時將劍南與河南互換；大中初期，則將範圍縮小至河北、嶺南兩地。大中五年以後，三者則分道揚鑣，刺史、令、錄僅僅河北、嶺南可以差攝。而州判司、縣尉、簿、丞在河東、潞府、邠寧、涇原、靈武、振武、鄜坊、滄德、易定、夏州、三川及河北、嶺南地區皆可以差攝。

這一政策在唐後期的變化，取決於當時中央政府的藩鎮政策以及帝王的個性特徵，也取決於這些地區與中央的關係、富庶程度及被差攝的州縣官地位。

州縣官的選任由中央吏部負責銓選，這是自隋以來的規定。如果允許地方自行任命屬官並奏正，將會侵奪中央吏部的選任權，這是強權中央所要竭力避免的。幕職是方鎮府主的僚佐，二者是主從關係，若毫無節制地令幕職差攝州縣，將使地方蠶食中央有限權力，使地方逐漸演化成另一個「中央」，長安就將名存實亡。中國古代的權力之爭，是一場無休止的戰爭。實力強者，必然要掌控更多、更重要的權勢。這一許可幕職差攝州縣的詔令，反映的是中央與地方的互動關係。中央一直在限制方鎮對州縣行政的干預，表面上看，似乎中央很強硬。但隨著時間的推移，我們看到更多的是中央允許地方幕職差攝的範圍越來越大、人數越來越多，整個演化的過程是中央一直處於被動，處於對地方的加以限制境地，沒有強硬的底牌。這些詔令不能代表中央真正的意志，更多地是地方意志的體現而已。

第三節　唐代州縣攝官的特點

由上舉朝廷一而再、再而三地頒佈詔令禁止或部分允許攝官奏正的情況，可以想見唐代後期州縣攝官數量之多，遍及諸道。這一情況事實上從其

他記載更能直接體現出來。貞元三年（787）五月，宰相張延賞（727～787）
奏：

> 爲政之本，必先命官。舊制，官員繁而且費，州縣殘破，職此之由
> 也。臣在荊南，所管州縣闕官員者，少不下十數年，吏部未嘗補授。
> 但令一官假攝，公事亦治。以此言之，官員可減，無可疑也。請減
> 官員，收其祿俸，以資募士。〔註98〕

張延賞任荊南觀察使是在大曆十一年至十四年（776～779）。〔註99〕荊南地區
十數年未見吏部補授闕員，皆爲長官差攝。單就刺史、縣令而言，刺史一般
爲三考，縣令一般爲四考，荊南領有八州，各州所領的縣也不少，以此推算，
十數年一過，荊南一地的攝官就相當多了。

元和七年（812）十二月，魏博鎮上奏：

> 管內州縣官二百五十三員，內一百六十三員見差假攝，九十員請有
> 司注擬。〔註100〕

可知整個魏博鎮州縣攝官佔了近64%，超過了一半。

上述兩個藩鎮都屬於恭順藩鎮〔註101〕，所差攝的州縣官就已如是之多，那
麼那些跋扈、公然抗命、對抗中央的藩鎮所差攝的州縣官之數量就可想而知了。

論者曾就唐代州縣攝官的任期談及州縣攝官的特點。唐代州縣攝官存在的
時間綿延近三百年，分佈眾多，豈可僅以任期之特點一言以蔽之？茲以攝官的
任命方式、攝官奏正機會、攝官待遇、攝官身份繼續探討州縣攝官的特點。

一、州縣攝官的任命方式

唐代前期內地的州縣攝官均是以現任州縣正官差攝的，且多爲臨時闕員
所致的。到了唐代後期，隨著藩鎮勢力的強大，差攝州縣官就不僅僅是因爲
闕員所致了。藩鎮差攝州縣官，往往帶有強制性、很強任意性。茲舉數例以
說明之。

〔註98〕 《唐會要》卷六九〈州府及縣加減員〉，頁1449；《舊唐書》卷一二九〈張延
賞傳〉，頁3609。

〔註99〕 《舊唐書》卷一一〈代宗紀〉，頁309；《舊唐書》卷一二〈德宗紀上〉，頁323。

〔註100〕 《唐會要》卷七五〈選部下・雜處置〉，頁1615；《冊府元龜》卷三七四〈將
帥部・忠五〉，頁4451。

〔註101〕 兩鎮對待中央的態度，請參看王壽南《唐代藩鎮與中央關係之研究》附錄一
〈唐代藩鎮總表・荊南〉，頁754～764；〈唐代藩鎮總表・魏博〉，頁713。

〈盧侶墓誌銘〉載：

> 後拜魏州貴鄉縣令。時屬節將盜兵，干我國紀。公志懷忠讜，屢抗
> 危言。繇是忌之，且畏動眾，遂移攝莘縣令。〔註102〕

盧侶（約726～782）因為對抗跋扈的魏博節度使田悅（751～784），為其所忌
憚，因而被差攝至莘縣。莘縣比貴鄉縣距離魏博鎮治所魏州府城來得遠，這
樣就可以達到消除疑忌，使其不得「鼓動軍眾」。這是因為忌憚而被節帥差攝
的例子。

〈李良墓誌銘〉載：

> 又為節度使李希烈改署都虞侯。……居無何，屬希烈恃功虐政，將
> 肆兇威。慮公素名，終不為下。乃令攝蘄州刺史。外示寵行，實去
> 之也。〔註103〕

李希烈因為擔心不能駕馭屬下，而令有功名者遠攝外州，奪李良（737～800）
都虞侯之職，使其兼攝蘄州這一淮西最邊之地。這也是因為忌憚而被差攝的。

《太平廣記》卷一〇六〈段文昌〉載：

> 又嘗佐太尉南康王韋皋為成都館驛巡官。忽失意，皋逐之，使攝靈
> 池尉。〔註104〕

段文昌（773～835）因為劉闢所迫害而被差攝靈池縣尉。靈池縣地處益州最
遠端，遠離劍南的中心。這屬於受迫害而被差攝的例子。

《南部新書》載：

> 有進士邱絳者，嘗為田季安從事。後與同府侯臧相持爭權，季安怒，
> 斥絳攝下邑尉，使人先路穴地以待，至則排入而瘞之。其暴如此。
>
> 〔註105〕

〔註102〕戴正倫：〈唐故朝散大夫魏州貴鄉縣令盧公墓誌銘并序〉，《全唐文補遺》第四
　　　　輯，頁95～96；《唐代墓誌彙編續集》元和〇五三，頁837。
〔註103〕杜黃裳：〈唐故興元元從雲麾將軍右神威將軍知軍事兼御史中丞上柱國順政郡
　　　　王食邑三千戶實封五十戶贈夔州都督李公墓誌銘并序〉，《全唐文補遺》第三
　　　　輯，頁134～135。
〔註104〕《太平廣記》卷一三八〈段文昌〉，頁991；曾慥編纂，王汝濤等校注《類說
　　　　校注》（福州：福建人民出版社，1996年）卷八〈文昌入相錫方轉本曹〉，
　　　　頁265；亦見段成式撰，方南生點校《酉陽雜俎續集》（北京：中華書局，1981
　　　　年）卷七〈金剛經鳩異〉，頁265。
〔註105〕錢易撰，黃壽成點校：《南部新書》（北京：中華書局，2002年）卷丙，頁32；
　　　　《冊府元龜》卷四四八〈將帥部·殘酷〉，頁5315。

邱絳因爲爭權之故而爲田季安（？～812）斥攝縣尉。這是因個人好惡而被差攝。

韋乾度〈駁左散騎常侍房式諡議〉曰：

> （永貞元年，785）劉闢自攝行軍司馬、節度留後。九月初，乾度被
> 逐，攝簡州刺史，名雖守郡，其實囚之。明年四月，追迴，勒攝成
> 都縣令。〔註106〕

可見，韋乾度因與劉闢不合而被差攝外地，否則何以言「囚之」？

〈韋冰墓誌銘〉記載：

> 辭滿，換同州錄事參軍。迎風雖懼，立法稍難。會刺史薨位，新命
> 刑部侍郎徐公晦爲郡。奸徒逆設詭詞，迎路盈耳。徐公未察細之間，
> 署公假掾。凡歷多難，徐公大悟，乃牒舉公復位。〔註107〕

韋冰（774～827）因遭奸徒陷害而被不明眞相的徐晦差攝判司，故不得領錄
事參軍。這也是因迫害而攝職的。

　　上舉諸例有因府主忌憚、迫害而被差攝屬州縣官的；有因與府主不合而被
差攝屬州縣官的。忌憚、迫害、投緣都是摻雜著濃厚的個人主觀因素、情感因
素，而因之產生的行爲往往是任憑一己之喜怒，無視客觀事實的存在。這就是
筆者所說的「攝官任命方式的任意性」。這種任意性的背後體現的是一種強行的
意志。或許這些例子還不足以詮釋強制性這一特點。上舉崔寧、令狐彰、李靈
曜等人以腹心或黨羽強行代領、攝職未有闕員之刺史也是很好的例子。

　　可以說，任意性與強制性增強是攝官的特點之一。

二、攝官身份

　　唐代前期內地的州縣攝官只能以現任州縣正官差攝。安史之亂以後，
逐漸以前資官、白身攝職。元和末、長慶年間還出現了以散試官攝職。中
央政府也逐漸對於這些身份的攝職給予一定程度上的承認，首先認可前資
官，其次允許白身、散試官。攝職的身份有逐漸降低的趨勢。這是攝官的
另一特點。

〔註106〕韋乾度：〈駁左散騎常侍房式諡議〉，《文苑英華》卷八四一，頁 4447；亦可
　　　　見《唐會要》卷八〇〈諡法下〉，頁 1743～1744；《冊府元龜》卷五九六〈掌
　　　　禮部・諡法二〉，頁 7145～7146。
〔註107〕崔中規：〈唐故同州錄事參軍京兆韋府君墓誌銘并序〉，《全唐文補遺》第三輯，
　　　　頁 189。

三、攝官奏正機會

唐代前期並不存在攝官奏正的概念、制度。這是後期的制度。隨著攝官的增多，中央不得不給予一定程度上的承認、認可，而這中間存在著一定的變動，也就是被奏正者身份的調整、變動。但是總的來說攝官奏正的範圍在日益的擴大。這也是攝官的特點之一。

四、攝官待遇

唐代前期攝官的待遇如何？它究竟是領本官俸祿，還是領攝官俸祿，史無明載，就不得而知了。倒是唐代後期攝官的待遇發生過一定的變化。

開成五年（840）二月制：

> 諸道承乏，官等雖云假攝，當責課程，但霑一半料錢，不獲雜給料例。自此，手力、紙筆特委中書門下條流，貴在酌中，共爲均濟。
>
> 〔註108〕

這是說在開成五年之前，攝官僅拿正官的一半俸料，其餘如手力、紙筆等雜給不占。正因爲這種情況，武宗一即位就要求改變現狀。開成五年三月，中書門下奏：

> 準今年二月八日赦節文，應京諸司勒留官，令本處剋留手力、雜給錢與攝官者。臣等檢詳，諸道正官料俸錢絕少，雜給、手力則多。今正官勒留，亦管公事，俸入多少，事未得中。臣等商議，其料錢、雜給等錢，望每貫割留二百文與攝官。其職田、祿米全還正官。〔註109〕

這一奏請告訴我們，中央政府按照開成五年二月的旨意改革了攝官的待遇問題，將手力等雜給錢分予攝官。〔註110〕並指出改革之後，正官的料錢「絕少，雜給、手力則多。」至於少到什麼程度，該奏請並未提及。因此官員請求「其料錢、雜給等錢，望每貫割留二百文與攝官」，就是要按一定比例分配。但這一奏請似未得到很好地執行。開成五年五月，中書奏：

> 準今年二月八日赦節文，應諸色勾留官，令剋下手力、雜給等與本道州府，充攝官課料，無本司起請者。臣等詳檢，諸道官員俸料不

〔註108〕《冊府元龜》卷五〇八〈邦計部・俸祿四〉，頁6092。

〔註109〕《唐會要》卷九二〈內外官料錢下〉，頁1978；《冊府元龜》卷五〇八〈邦計部・俸祿四〉，頁6092；《全唐文》卷七六〈條流百官俸料制〉，頁798。

〔註110〕凍國棟認爲這裏的攝官乃敕攝官，似誤。見《中國俸祿制度史》第五章〈中晚唐五代時期的俸祿制度〉，頁232。

一，或正官料錢絕少，雜給、雜料過多。若準赦文，手力、紙筆並令剋，不則正官勾留，亦領公事，所請俸料不如攝官。既未得中，亦恐難守。本司既無起請，中書門下須與條流。臣等商量，應諸色勾留官，正料及手力、課雜、職課、雜給、雜料、紙筆等錢，望各委本州都計錢數，每貫剋二百文充攝官俸料。其職田、祿粟米望令全還正官，不在計入諸色錢數之限。〔註111〕

仔細對比該奏請與開成五年三月者，可發現這兩者似乎是同一奏請，只是繫月有別，一份是在五月，一份是在三月。筆者無法斷定何者爲是。或者可以說本來就是兩份，三月奏請了一次，沒有很好的執行，因此在五月又奏請了一次。這一奏請比三月的來得詳細。從這一奏請，可知三月奏請所說的正官的料錢「絕少，雜給、手力過多」少的程度即是正官「所請俸料不如攝官」。

那麼，這一奏請最終的執行情況究竟如何？根據李錦繡研究，大中四年（850）正月，正官與攝官的課料比例仍然爲 8／2。〔註112〕由此即可知，這一奏請至少到大中時期仍舊推行。

從開成五年以前領一半俸料而不領雜給，到開成五年二月領超過正官的料錢同時領有部分雜給〔註113〕、職田、祿米，再到「正料及手力、課雜、職課、雜給、雜料、紙筆等錢……每貫克二百文充攝官俸料」，而「職田、祿米全還正官」，此後則基本維持這一比例。儘管其俸料短時間內曾獲得提升，但是不足三月即降得比原先的還低。〔註114〕可見總體來看，攝官的俸祿是在降低的。

除了攝官的俸祿之外，攝官的其他待遇有沒有其他變化？

乾符二年（875）的〈南郊赦文〉載：

〔註111〕《冊府元龜》卷五〇八〈邦計部・俸祿四〉《全唐文》卷九六七〈請量留料錢奏〉（頁 10042）的記載與之同。《舊唐書》卷一八上〈武宗紀上〉（頁 585）以「所請俸料不如攝官」作「料錢少於雜給」，當以《冊府元龜》爲是。

〔註112〕李錦繡：〈唐代的勒留官〉，頁 185。

〔註113〕李錦繡認爲開成五年二月時攝官領有全部的雜給，誤。由「手力、紙筆特委中書門下條流，貴在酌中，共爲均濟」及「諸道正官，料錢絕少，雜給、手力過多」即可知。

〔註114〕劉海峰根據上舉開成五年的諸奏請指出攝官的料錢雖然規定爲正官之半，但是較正官無定準，甚至有時還會超過正官。筆者則以爲這些變化並非說明攝官料錢無定準，只能是說明當時攝官的料錢處在一個調整、變化的時期。從開成五年之前攝官一直是占正官料錢一半而不領雜給，開成五年以後則正官的料錢、雜給等與攝官的保持 8／2 的比例不變可知其大部分情況下是固定的。具見劉海峰：〈唐代俸料錢與內外官輕重的變化〉，頁 112。

> 所在州縣，除前資、寄住，實是衣冠之外，便各將攝官文牒及軍職
> 賂遺，全免科差。多是豪富之家，致苦貧下。準會昌中敕，家有進
> 士及第，方免差役，其餘只庇一身。就中江南富人多，一武官便庇
> 一戶，致使貧者轉更流亡。從今後並依百姓一例差遣，仍委方鎮各
> 下諸州，準此檢點。〔註115〕

赦文提及的「準會昌中敕，家有進士及第，方免差役，其餘只庇一身」是說其
餘的只能夠庇護一身，免除一人而已，那麼「家有進士及第，方免差役」就是
說「有進士及第」的，其家、其戶可以全免差役。那所謂的「其餘」包括哪些？
該文上句云「所在州縣，除前資、寄住，實是衣冠之外，便各將攝官文牒及軍
職賂遺，全免科差」，即是說這些以前資以外的身份攝官者買通關係使得其全家
免除了差役。按照會昌年間的敕文，這種情況是違背制度精神的。因此要求這
些以前資以外的身份攝官者的差役「依百姓一例差遣」，一般情況下百姓不能免
除差役，而這些攝官則由原來的法定免本人一人差役變成「依百姓一例差遣」，
足見其權利減弱。而這是從以前資以外的身份即攝官者的角度來看的。

　　總之，攝官的待遇在降低，這也是攝官的特點之一。

　　綜合而言，以攝官的任命方式、攝官奏正機會、攝官待遇、攝官身份來
講，州縣攝官有如下特點：攝官任命方式任意性、強制性越來越強；攝官奏
正機會越來越大；攝官身份越來越低及攝官待遇越來越差。唐代州縣攝官的
這些特點取決於中央政府對州縣攝官身份的限定政策、使府幕職官差攝州縣
官政策，雙方互為因果。

小　結

　　唐前期，中央政府對於州縣攝官身份的規定僅允許現任州縣員官攝職，
到後期才逐漸允許前資官攝職，穆宗、文宗以後更是在部分地區允許散試官
攝職，而且這種區域化在此後逐漸擴大；而對於使府僚佐的攝職，中央政府
在前期也有部分的允許，只是這種許諾的限度很小。到了後期，穆宗以前強
令禁止，穆宗以後才對於使府僚佐差攝各種州縣官漸漸放寬，而不同的官員
所能夠放寬的程度、區域都有差別，這與它們所在區域的富庶程度以及它們
各自的地位有關。中央政府在州縣攝官身份、使府僚佐攝職州縣規定上的逐

〔註115〕唐僖宗：〈南郊赦文〉，《全唐文》卷八九，頁 929；《唐大詔令集》卷七二〈乾
　　　　符二年南郊赦〉，頁 402。

漸放寬，導致了攝官任命方式的任意性、強制性越來越強；攝官奏正的機會越來越大。同時也使得攝官身份越來越低；攝官待遇越來越差。二者之間互為因果。

第五章　餘　論

　　筆者在緒論中已提及本文欲從京官兼任之地方官、帶京衛之地方官及州縣攝官等幾類地方官的設置、演變出發，探討有唐一代的中央與地方關係。探討這幾類地方官的變化是本文的一個主要內容；探討有唐一代的中央與地方關係的變化則是本文更深層次的目的。本文在探討這幾類地方官變化的問題上佔了很多篇幅，而這種變化的研究、探討更多的是在涉及中央與地方關係之範圍內進行的。

　　京官兼任之地方官指的是由京官本官兼領的地方官，即京官保留原來的身份到地方上任職，應該說仍然屬於京官系統，而其所蒞任的地方官應該屬於差遣。這種現象是一種由上至下的權力輻射，體現的是中央政府重視地方政治的意義、內涵，體現的是朝廷對於某一地區軍事、政治或經濟的重視，所發出的是一種「加強對該區域某類事務的管理」的信息；其所涵蓋的不僅僅是對官員個人的一種政治優寵，更多地是體現了中央對該區域的意圖。京官兼任之地方官現象在前期分佈較爲廣泛，覆蓋面涵蓋全國諸道；其所體現的功能也顯得極爲廣泛，軍事、經濟、政治、行政功用皆有。從而體現了中央集權之強大，顯示出中央力量的強勢。到了後期，京官兼任之地方官日漸減少，分佈區域更趨限定，功能亦趨減弱，顯示出中央勢力的衰減，中央權威的弱化，也反映出中央對地方控制力的消減及所能控制之區域的壓縮。

　　帶京衛之地方官現象的出現體現的是中央對外官的優寵，顯示出中央對某類地方官、某一區域地方官的重視。如唐前期將京衛授予李勣、張守珪、郭知運以及王志愔等人，即是因爲他們所處之地爲軍事要地，或他們任績出色。到了唐代後期，王朝進入一個藩鎮林立的時代，當時王朝內部存在著許

多跋扈的藩鎮如河朔三鎮、淄青鎮、淮西等等。同時各地也不時出現一些欲效河北自立的藩鎮如汴宋李靈曜、浙西李錡、昭義劉從諫等等。這些藩鎮都手握重兵，而中央政府在叛藩出現時只能夠採取以藩制藩的策略，自己卻沒有一支足以依靠的軍隊。倘若這些叛藩中的官員能夠歸順，開門投誠，對於中央政府而言是很有利的，可以使戰局於中央更為有利，戰爭更早結束。前揭討伐梁崇義時，時任均州刺史的陳皆就開城門為王師導率，朝廷即加授陳氏「御史中丞」〔註1〕。京銜的加授表示朝廷對這些歸順者的褒獎，同時體現了朝廷希望通過這種加授的方式勸勉其他官員保持對中央的忠誠，冀以此使臣下保持對中央政府的向心力，所謂「若不褒升，何勸來者？」〔註2〕這是時代特點和當時形勢所賦予的。可以說，到了後期，京銜的授予已經有所演化，強化為中央以此爭取地方向心力、籠絡地方之用意，其間也有提高官員待遇的實質性內容。獎勵地方吏治、授予軍事要地的官員京銜的功用仍然存在。至唐末，又衍生出臺省禮錢，即唐朝中央政府授予地方官京銜，然後設定制度收取禮錢以為中央所用。從而，原本作為一種資助、鼓勵地方的政策成了中央變相地收取地方的錢物的制度。儘管這是一種變相的賣官鬻爵，但是中央與地方政府卻樂此不疲，其故安在？蓋地方欲利用朝廷名義獲得陞遷及班序提升之利，反映了當時唐朝中央政府在社會中尚有一定的影響力、號召力，在政治以及民眾的心理上，仍期望其能夠起到消解藩鎮格局的作用。中央欲以此獲得錢財，則反映了中央財力的日益緊縮。

　　天寶六載（747）六月二十四日，御史中丞蕭諒奏：「近緣有勞人等，兼授員外官，多分判曹務，頗多煩擾。前件官伏望一切不許知事。如正員官總關，其長官簡清幹者權判，並本官到日停。」〔註3〕所謂「權判」指的就是暫時代理的意思。「攝」亦是這個意思。這段話的意思是說，如果州縣官闕員的話，本州府長官有權任用員外官暫代。這是賦予地方州府長官署任州縣攝官的權力。隋朝統一後收回了地方任命官員的權力，這一制度為唐所繼承。只是由於地方官可能會因各種事故闕位如病故等，因此就有了上引中央政府賦予地方行政長官署任州縣攝官權力的詔令。應該說這是為了使地方政府能夠

〔註1〕　崔芃：〈唐故中散大夫使持節台州諸軍事守台州刺史上柱國賜紫金魚袋潁川陳公墓誌銘并序〉，《全唐文補遺》第一輯，頁247～248；《唐代墓誌彙編》貞元一三〇，頁1932～1933。
〔註2〕　白居易：〈傅良弼可鄭州刺史制〉，《白居易集箋校》卷五一，頁2982。
〔註3〕　《唐會要》卷六七〈員外官〉，頁1395。

更好地治理地方。而這種權力的下放極為有限，只能在中央政府許可的範圍
內運作。

州縣攝官是因為現任州縣官在去職、奔喪、遇病等情況下需要有人臨時
代理而出現的，與州縣官由三省吏部注擬制度有一定互補關係。因為吏部銓
選有規定日期，而闕官隨時可能出現，中央不可能因為某一地區一有闕員就
進行官員的重新任命、選補。且當時交通、信息不如現今發達，地方官員闕
任的奏請也不可能一出現闕員，中央就馬上知曉。因此，地方上臨時的差攝、
代理必不可少。但是這種情況到了唐後期卻逐漸演變成地方長官隨意差攝州
縣官，這是安史之亂期間中央允許地方長官任意差攝州縣官之延續。儘管戰
後朝廷已經數次下令禁止地方長官任意差攝州縣官，但是詔令並未遏制這種
情況的再次發生。地方不斷地在中央許可的範圍外令使府僚佐甚至白身、散
試官攝職。中央也只得不斷根據這種回饋的信息調整攝官的政策，如調整地
方奏薦的區域、官員人數、身份。這種調整實際上是一種無奈的選擇，是中
央與地方實力弱強對比下的一種反映。

當時甚至出現了強行代領已有州縣官之職位。如前揭令狐彰使節度判官
姚奭按行潁州，雖然沒有成功。這是以節度判官強行代領州長官。這種例子
在唐後期很常見，使得中央制度被破壞。此外，還有中央任命的州縣官赴任
時發現地方已經差官員攝職州縣，致使其無法行使職權者。如元結被中央任
命為道州刺史，赴任道州時發現當時的地方長官已差他人攝職。這些都是中
央制度與現實衝突、衝撞的一種表現。地方勢力日益膨脹，中央欲維持原有
之制度並不易，中央政令三令五申並未起到多大的作用。而現實的這種變化
在職官層面上的意義在於消解中央權威，消解官員大一統的心理。因為地方
差攝的這些官員或為使府僚佐、或為白身，他們在地方長官的任命下擔任州
縣官，必然感謝所命之人。這使得這些州縣攝官與地方長官漸組成一個系統，
成為地方長官的心腹，他們必然將更多的心力盡心於給予他們新命的地方長
官，而後他們有可能由地方長官奏薦為州縣正官。這一制度不同於吏部銓選，
而他們最終能夠成為州縣正官的核心程序是地方長官的「奏薦」，中央的任命
和承認僅僅是形式上的。這就勢必削弱中央權威、集權，使得這些官員更願
意效力的對象是地方長官，而非中央政府、中央王朝。

前此所論乃是這三類地方官各自變化所體現的政治內涵。那麼，三者關
係何在？

　　京官兼任之地方官是中央重視地方政治所推行的一種舉措，應該說反映了唐前期中央政府維持集權體制的努力。而到了後期，中央對地方控制力逐漸減弱，表現在數量的日漸減少。伴隨而來的是中央另一維持集權體制措施，即帶京銜之地方官的出現。帶京銜之地方官在後期比較多，體現的是王朝盡力維持地方對中央的向心力及中央權威的努力。在後期京官兼任之地方官問題所顯示的加強中央集權的意義逐漸消減時，帶京銜之地方官則逐漸成為中央盡力維持集權體制的一個表徵。可以說，兩者在維護中央集權體制方面構成了一個互補的關係。而在州縣攝官問題上，其所反映的是地方在破壞中央集權、消解中央之權威的作用。帶京銜之地方官與州縣攝官問題所體現的是中央與地方對中央集權各自的態度。兩者似亦構成補充關係，前者欲彌補後者所產生的消極作用。如此即可見三者之關係。可以說，這三類地方官體現的是中央權威之消長、維持與破壞，而這種權威的消長、維持及破壞，正揭示出上位包含下位的中央集權體制正逐步消解。而正是這種集權體制的消解才使得這三類本身關係不大的地方官結合在一起，似亦昭示著王朝內部的諸地方官並非孤立存在。這也是本文選取這三類地方官的原因所在。

附　表

　　按：1，為節省篇幅，墓誌題名一般以「墓主姓名加墓誌」的形式表示，行狀、神道碑等同此；2，《補遺》即《全唐文補遺》，「年號加編號」出自《唐代墓誌彙編》，「續年號加編號」出自《唐代墓誌彙編續集》；3，人物生卒年從略，年份詳略各不相同，故皆以年號、帝號顯示，不再標出公元年份。

表四：唐前期京官兼任之地方官

人　物	年　份	出　身	本　官	地方官	史料出處
竇琮	武德年間		右領軍大將軍	檢校晉州總管	《舊唐書》卷六一〈竇琮傳〉；《冊府元龜》卷三八四〈將帥部・褒異十〉。
楊恭仁	武德年間		侍中	涼州總管	《舊唐書》卷一〈高祖紀〉；〈楊恭仁墓誌〉，《補遺》第一輯；續貞觀〇二一。

人物	年份	出身	本官	地方官	史料出處
楊恭仁〔註4〕	武德年間		吏部尚書兼中書令	檢校涼州諸軍事	《新唐書》卷一〈高祖紀〉；同書卷六一〈宰相表上〉；同書卷一〇〇〈楊恭仁傳〉；《資治通鑑》卷一九〇武德六年六月丁卯條。
李高遷	武德年間		左武衛大將軍	檢校西麟州刺史	《舊唐書》卷五七〈李高遷傳〉；《新唐書》卷八八〈李高遷傳〉；《冊府元龜》卷三八四〈將帥部・褒異十〉。
崔長先	武德年間		尚書比部郎中	檢校陝州總管府長史	〈崔長先墓誌〉，《補遺》第六輯；武德〇〇五。
王君廓	武德末期		左領軍大將軍	幽州都督	《舊唐書》卷六〇〈王君廓傳〉；《資治通鑑》卷一九一武德九年六月壬午條。
張士貴	貞觀六年		右屯衛大將軍	檢校桂州都督	〈張士貴墓誌〉，《補遺》第一輯
程知節	貞觀十一年		左領軍大將軍	普州刺史	《舊唐書》卷六五〈長孫無忌傳〉；〈程知節墓誌銘〉，《補遺》第二輯；續麟德〇一九。
劉蘭	貞觀十一～十七年		右衛將軍或右領軍將軍	代州都督	《舊唐書》卷三〈太宗紀下〉；《冊府元龜》卷七八〈帝王部・委任二〉。
張士貴	貞觀十五～十六年		右屯衛大將軍	檢校夏州都督	〈張士貴墓誌〉，《補遺》第一輯
宇文士及	貞觀年間		中書令	檢校涼州都督	《舊唐書》卷六三〈宇文士及傳〉
薛萬徹	貞觀年間		右武衛大將軍	代州都督	《資治通鑑》卷一九八貞觀十九年十二月辛亥條；《冊府元龜》卷九八五〈外臣部・征討四〉。

〔註4〕《新唐書》卷一〈高祖紀〉（頁16）載：「武德六年四月，吏部尚書趙恭仁兼中書令、檢校涼州諸軍事。」查諸其它文獻，並無「趙恭仁」。《新唐書》卷一〇〇〈楊恭仁傳〉（頁3927）載：「召拜吏部尚書，兼中書令，檢校涼州諸軍事。」疑「趙恭仁」乃「楊恭仁」之誤。

人 物	年 份	出 身	本 官	地方官	史料出處
吳王恪	貞觀末、永徽前期	太宗諸子	司空或司徒〔註5〕	梁州刺史	《舊唐書》卷四〈高宗紀上〉；同書卷七六〈吳王恪傳〉；《新唐書》卷八〇〈鬱林王恪傳〉。
徐王元禮	永徽四年～咸亨二年	高祖諸子	司徒	潞州刺史	《舊唐書》卷五〈高宗紀下〉；同書卷六四〈徐王元禮傳〉；《新唐書》卷七九〈徐王元禮傳〉。
荊王元景	高宗時期	高祖諸子	司徒	秦州刺史	《舊唐書》卷四〈高宗紀上〉
趙王福	高宗時期	太宗諸子	右衛大將軍	鄜州刺史	〈冊趙王福青州刺史文〉，《唐大詔令集》卷三七；《全唐文》卷一四；〈金石萃編〉卷五〇〈萬年宮碑銘碑陰題名〉。
趙王福	顯慶二～三年	太宗諸子	右衛大將軍	青州刺史	〈冊趙王福青州刺史文〉，《唐大詔令集》卷三七；《全唐文》卷一四。
薛仁貴	高宗時期		右威衛大將軍	檢校安東都護	《舊唐書》卷八三〈薛仁貴傳〉；《新唐書》卷一一一〈薛仁貴傳〉；《資治通鑑》卷二〇一總章元年十二月丁巳條；《唐會要》卷七三〈安東都護府〉；《玉海》卷一三三〈唐安東上都護府〉。
薛仁貴	永淳元～二年		右領軍衛將軍	檢校代州都督	《舊唐書》卷八三〈薛仁貴傳〉；《新唐書》卷一一一〈薛仁貴傳〉；《資治通鑑》卷二〇三永淳元年十月丙寅條。
黑齒常之	高宗時期		左領軍將軍	熊津都督府司馬	〈黑齒常之墓誌〉，《補遺》第二輯；聖曆〇二二。
李晦	乾封年間	宗室	右金吾將軍	檢校雍州長史	《舊唐書》卷六〇〈李晦傳〉

〔註5〕 兩唐書本傳記爲「司空」，〈李恪墓誌銘〉記爲「司徒」，孰是孰非，難以定論，今備記之。參見鄭炳林、張全民、穆小軍：〈唐李恪墓誌銘考釋與有關問題研究〉，《敦煌學輯刊》，2007年第3期，頁5～22。

人　物	年　份	出　身	本　官	地方官	史料出處
韋待價	儀鳳三年		右武衛將軍	檢校涼州都督	《舊唐書》卷七七〈韋待價傳〉
紀王慎	顯慶初〜三年	太宗諸子	左衛大將軍	徐州刺史	《唐大詔令集》卷三七〈冊紀王慎澤州刺史文〉;《全唐文》卷一四。
紀王慎	顯慶三年〜總章二年	太宗諸子	左衛大將軍	澤州刺史	〈冊紀王慎澤州刺史文〉、〈冊紀王慎荊州都督文〉,《唐大詔令集》卷三七;《文苑英華》卷四四四;《全唐文》卷一四。
紀王慎	顯慶五年	太宗諸子	左衛大將軍	荊州都督	〈冊紀王慎澤州刺史文〉、〈冊紀王慎荊州都督文〉,《唐大詔令集》卷三七;《文苑英華》卷四四四;〈韋府君夫人王氏墓誌〉,續永淳〇〇三。
李謹行〔註6〕	永淳元年		右衛員外大將軍兼檢校右羽林軍	檢校廓州刺史	〈李謹行墓誌〉,《補遺》第二輯;續垂拱〇〇六。
豆盧望〔註7〕	則天時期		尚書兵部	檢校同州刺史	〈豆盧望碑〉,《補遺》第七輯
姚元慶〔註8〕	則天時期		司門郎中	檢校房州刺史	〈姚元慶墓誌〉,《補遺》第七輯
龐同本〔註9〕	垂拱元年		右勳衛府右郎將兼檢校右千牛衛中郎將	檢校洺州刺史	〈龐同本墓誌〉,《補遺》第七輯
龐同本	垂拱年間		同上	檢校德州刺史	同上
臧懷亮	則天時期		左郎將	安北副都護	〈臧懷亮墓誌〉,《補遺》第五輯

〔註6〕 李謹行任職廓州不爲《唐刺史考全編》所載。
〔註7〕 豆盧望任職同州不爲《唐刺史考全編》所載。
〔註8〕 姚元慶任職房州不爲《唐刺史考全編》所載。
〔註9〕 龐同本任職德州不爲《唐刺史考全編》所載;而任職洺州,則記爲洛州,恐誤。

人物	年份	出身	本官	地方官	史料出處
魏元忠	聖曆二年		左肅政臺御史大夫	檢校洛州長史	《舊唐書》卷九二〈魏元忠傳〉；《新唐書》卷一二二〈魏元忠傳〉。
婁師德	天授初		左金吾將軍	檢校豐州都督	《舊唐書》卷九三〈婁師德傳〉
武嗣宗	則天時期	皇室貴戚	檢校左千牛將軍	蒲壽濮曹陝五州刺史	〈武嗣宗墓誌〉，《補遺》第七輯
韋嗣立	長安四年		鳳閣侍郎	檢校汴州刺史	《唐會要》卷六八〈刺史上〉；《舊唐書》卷八八〈韋嗣立傳〉；《資治通鑑》卷二〇七長安四年三月己丑條。
韋嗣立	長安四年		鳳閣侍郎	檢校魏州刺史	《資治通鑑》卷二〇七長安四年三月己丑條
韋嗣立	長安四年		成均祭酒	檢校魏州刺史	《舊唐書》卷八八〈韋嗣立傳〉；《資治通鑑》卷二〇七長安四年三月己丑條。
楊再思	長安四年		御史大夫	檢校京兆府長史	《舊唐書》卷九〇〈楊再思傳〉；《冊府元龜》卷七二〈帝王部·命相二〉；卷一七二〈帝王部·求舊二〉。
武懿宗	萬歲通天二年		右金吾衛大將軍	檢校洛州長史	〈授河內高平王重規等大將軍制〉，《文苑英華》卷四〇一；〈為河內王等論軍功表〉，《全唐文》卷二〇九；〈為河內郡王武懿宗平冀州賊契丹等露布〉，《全唐文》卷二二五；〈授武懿宗武重規左右金吾衛大將軍制〉，《全唐文》卷二四二。
武懿宗	萬歲通天二年		左金吾衛大將軍	檢校洛州長史	〈授河內高平王重規等大將軍制〉，《文苑英華》卷四〇一；〈授武懿宗武重規左右金吾衛大將軍制〉，《全唐文》卷二四二。

人　物	年　份	出　身	本　官	地方官	史料出處
武重規	萬歲通天二年～聖曆元年		司屬卿	檢校并州長史	同上
武重規	萬歲通天二年～聖曆元年		右金吾衛大將軍	檢校并州長史	同上
狄仁傑	神功元年		檢校司刑卿	幽州都督	《新唐書》卷四〈則天武后紀〉
張仁願	則天時期		肅政臺中丞	檢校幽州都督	《舊唐書》卷九三〈張仁願傳〉；《新唐書》卷一一一〈張仁願傳〉。
尹思貞	則天時期		殿中少監	檢校洺州刺史	《舊唐書》卷一二八〈尹思貞傳〉；《新唐書》卷一二八〈尹思貞傳〉。
惠文太子範	神龍元年	睿宗諸子	太府員外少卿	隴州別駕	《舊唐書》卷九五〈惠文太子範傳〉
竇懷貞	神龍二年		御史大夫	檢校雍州長史	《舊唐書》卷一八三〈竇懷貞傳〉；《冊府元龜》卷四八〇〈臺省部・姦邪二〉。
張仁願	神龍二年		左屯衛大將軍	檢校洛州長史	《舊唐書》卷九三〈張仁願傳〉；《新唐書》卷一一一〈張仁願傳〉；《資治通鑑》卷二〇八神龍二年十月己卯條。
郭元振	神龍中		左驍衛將軍	檢校安西大都護	《舊唐書》卷九七〈郭元振傳〉
李隆基	景龍二年	睿宗諸子	衛尉少卿	潞州別駕	《舊唐書》卷八〈玄宗紀上〉
李禕	景龍四年	宗室	太子僕	徐州別駕	《舊唐書》卷七六〈李禕傳〉
周仁軌	唐隆元年		光祿卿	并州長史	〈授周仁軌左羽林大將軍制〉，《文苑英華》卷四〇一；《全唐文》卷二五二。
周仁軌	唐隆元年		左羽林大將軍	并州長史	同上
裴懷古	睿宗時期		右羽林大將軍	并州長史	〈裴懷古墓誌〉，《補遺》第九輯

人物	年份	出身	本官	地方官	史料出處
解琬	景雲二年		右武衛大將軍	檢校晉州刺史	《舊唐書》卷一〇〇〈解琬傳〉
程伯獻	景雲中		右衛將軍	檢校洺州刺史	〈程伯獻墓誌〉，《補遺》第三輯；開元四八二。
孫佺	延和年間		羽林將軍	幽州都督	《舊唐書》卷一〇六〈孫佺傳〉；卷一九九下〈北狄傳〉；《新唐書》卷二一九〈北狄傳〉；《資治通鑑》卷二一〇先天元年三月丁丑條
李晉	先天中	宗室	殿中監	雍州長史	《舊唐書》卷六〇〈李晉傳〉
張暐	先天時		大理卿	雍州長史	《舊唐書》卷一〇六〈張暐傳〉
岐王範	開元二年十月	睿宗諸子	太常卿或太子少師	華州刺史或絳州刺史〔註10〕	《舊唐書》卷八〈玄宗紀上〉；〈岐王範華州刺史等制〉，《唐大詔令集》卷三五；〈授岐王範華州刺史薛王業同州刺史制〉，《全唐文》卷二一。
薛王業	開元二年十月	睿宗諸子	秘書監	同州刺史	同上
宋璟	開元二年		御史大夫	京兆尹	〈授宋璟兼京兆尹制〉，《文苑英華》卷四〇六；《顏魯公集》卷四〈宋璟神道碑銘〉。

〔註10〕《資治通鑑》卷二一一玄宗開元二年七月乙卯條（頁6701）載：「以岐王範兼絳州刺史、薛王業兼同州刺史。」又《唐大詔令集》卷三五〈岐王範華州刺史等制〉（頁151）載：「太常卿兼左衛率并州大都督岐王範、荊州大都督兼秘書監薛王業等。……範，可使持節華州諸軍事兼華州刺史，大常卿、勳、封如故；業，可使持節同州諸軍事兼同州刺史，秘書監、勳、封如故。……開元二年十月二十九日。」再者，《舊唐書》卷八〈玄宗紀上〉（頁173）載：開元二年七月，「太常卿岐王範爲華州刺史，秘書監薛王業爲同州刺史。」根據上述這些記載，似乎岐王範及薛王業的授任是同一時間的。不過《資治通鑑》將授任岐王範的官記爲「絳州刺史」，筆者頗疑絳州刺史與華州刺史兩者可能有一處是錯誤的。同時，它們所帶的京官也不一樣。姑且存疑，以就教於方家。

人　物	年　份	出　身	本　官	地方官	史料出處
申王撝	開元二年	睿宗諸子	司徒〔註11〕	幽州刺史	《舊唐書》卷八〈玄宗紀上〉；〈邠州節度使廳記〉，《全唐文》卷七六一。
邠王守禮	開元二年	宗室	司空	虢州刺史	《舊唐書》卷八〈玄宗紀上〉；〈封邠王守禮第二女華亭縣主制〉，《全唐文》卷二一。
邠王守禮	開元三年	宗室	司空	隴州刺史	〈邠王守禮等兼襄州刺史等制〉，《唐大詔令集》卷三五；《全唐文》卷二一。
邠王守禮	開元三年	宗室	司空	襄州刺史	同上
岐王範	開元三～四年	睿宗諸子	太常卿或太子少師〔註12〕	虢州刺史	《舊唐書》卷八〈玄宗紀上〉；〈岐王範太子少師等制〉，《唐大詔令集》卷三五；《全唐文》卷二五二。

〔註11〕《資治通鑑》卷二二一開元二年六月丁巳條（頁 6701）載：「以申王成義兼幽州刺史、邠王守禮兼虢州刺史」。又，《舊唐書》卷八〈玄宗紀上〉（頁 173）載：開元二年六月丁巳，「司徒、申王成義爲幽州刺史，司空、邠王守禮爲虢州刺史。」再〈封邠王守禮第二女華亭縣主制〉（《全唐文》卷二一，頁 245）載：「司空兼虢州刺史、邠王守禮第二女……可封華亭縣主。」根據這些記載來看，邠王守禮顯然是以京官司空檢校虢州刺史的。但是史籍並未言明申王是否也以京官兼任地方官。《資治通鑑》僅云申王撝「兼幽州刺史」。而高宗咸亨以後，「兼」皆指職事官相互兼任之意，而非散官低於職事官之謂。故筆者以爲其爲缺載。因爲二人皆爲玄宗兄弟，且關係頗佳，絕不可能同爲外任，待遇有如是差別。且《舊唐書・玄宗紀上》將二人外任合在一起記載似乎說明它們的情況是一致的。而這個京官很可能是「司徒」。

〔註12〕《唐大詔令集》卷三五〈岐王範太子少師等制〉（頁 152）載：「虢州刺史岐王範、秘書監兼幽州刺史（當爲「幽州刺史」之誤，前此已論，可參見）薛王業。……範，可太子太師兼虢州刺史業、可太子少保兼幽州刺史（幽州刺史）。……開元四年六月七日。」這裏沒有記錄其爲「太子太師兼虢州刺史」前任職虢州的京官，是不是就是說他沒有帶京官赴任？筆者以爲很大的可能是缺載。《舊唐書》卷八〈玄宗紀上〉（頁 175）載：開元三年四月，「岐王範兼虢州刺史、薛王業兼幽州刺史（當爲「幽州刺史」之誤）。」根據前此《唐大詔令集》的記載，薛王業應該是以秘書監兼任幽州刺史的。而〈玄宗紀上〉云岐王範爲「兼虢州刺史」。而高宗以後，「兼」皆指職事官相互兼任之意，而非散官低於職事官之謂。故筆者以爲其爲缺載。因爲二人皆爲玄宗兄弟，且關係頗佳，絕不可能同爲外任，待遇有如是差別。且前此岐王範爲華州刺史或絳州刺史時即已帶京官，此處不可能不帶。故頗疑此處有缺載。很可能是「太常卿」或「太子少師」。因爲前此的官即是帶此京官。

人 物	年 份	出 身	本 官	地方官	史料出處
薛王業	開元三～四年	睿宗諸子	秘書監	幽州刺史	〈岐王範太子少師等制〉,《唐大詔令集》卷三五;〈邠州節度使廳記〉,《全唐文》卷七六一;同書卷二五二。
薛王業	開元四年	睿宗諸子	太子少保	幽州刺史	同上。
宋慶禮	開元五年		御史中丞	檢校營州都督	《舊唐書》卷一八五下〈宋慶禮傳〉;《冊府元龜》卷六九二〈牧守部·招輯〉。
申王撝	開元五年	睿宗諸子	司徒	鄧州刺史	《舊唐書》卷八〈玄宗紀上〉
岐王範	開元五年底	睿宗諸子	太子少師	許州刺史	《舊唐書》卷八〈玄宗紀上〉;同書卷九五〈惠文太子範傳〉。
薛王業	開元五～六年	睿宗諸子	太子少保	衛州刺史	《舊唐書》卷八〈玄宗紀上〉;同書卷九五〈惠宣太子業傳〉;〈邠王守禮等兼晉州刺史制〉,《唐大詔令集》卷三五。
申王撝	開元五～六年	睿宗諸子	司徒	虢州刺史	《舊唐書》卷八〈玄宗紀上〉;〈邠王守禮等兼晉州刺史制〉,《唐大詔令集》卷三五。
岐王範	開元六年正月	睿宗諸子	太子少師	鄭州刺史	《舊唐書》卷八〈玄宗紀上〉;卷九五〈惠文太子範傳〉;〈邠王守禮等兼晉州刺史制〉,《唐大詔令集》卷三五。
邠王守禮	開元六年	宗室	司空	滑州刺史	《舊唐書》卷八六〈邠王守禮傳〉;〈邠王守禮等兼晉州刺史制〉,《唐大詔令集》卷三五;《冊府元龜》二八一〈宗室部·領鎮四〉。
邠王守禮	開元六年	宗室	司空	晉州刺史	〈邠王守禮等兼晉州刺史制〉,《唐大詔令集》卷三五。

人　物	年　份	出　身	本　官	地方官	史料出處
岐王範	開元六～八年	睿宗諸子	太子少師	岐州刺史	同上
薛王業	開元六～八年	睿宗諸子	太子少保	虢州刺史	《舊唐書》卷八〈玄宗紀上〉；同書卷九五〈惠宣太子業傳〉；〈邠王守禮等兼晉州刺史制〉，《唐大詔令集》卷三五。
申王撝	開元六～八年	睿宗諸子	司徒	絳州刺史	《舊唐書》卷八〈玄宗紀上〉；〈邠王守禮等兼晉州刺史制〉，《唐大詔令集》卷三五；〈封懷寧郡王制〉，《唐大詔令集》卷三八；《全唐文》卷二二；《冊府元龜》二八四〈宗室部・承襲三〉。
薛王業	開元八年	睿宗諸子	太子太保	虢州刺史	《舊唐書》卷八〈玄宗紀上〉；同書卷九五〈惠宣太子業傳〉。
張待問	開元九年		右威衛將軍	蔚州刺史	〈張湊墓誌〉，《補遺》第六輯
楊執一	開元中		右衛將軍	勝州都督	〈楊執一神道碑〉，《全唐文》卷二二九；〈楊執一墓誌〉，《補遺》第一輯；開元二六三。
楊執一	開元中		右衛將軍	原州都督	同上
崔隱甫	開元末年		太子賓客	河南尹	〈授崔隱甫河南尹制〉，《文苑英華》卷四〇六
崔隱甫	開元末年		刑部尚書	河南尹	《舊唐書》卷一八五下〈崔隱甫傳〉
陸象先	開元十八年		太子少保	荊州大都督房府長史	《資治通鑑》卷二一三開元十八年六月丙子條引《實錄》
王琚	開元廿二年		右庶子	嶲州刺史	《舊唐書》卷一〇六〈王琚傳〉
嗣魯王道堅	開元廿二～廿三年		國子祭酒	汴州刺史	《冊府元龜》卷一六二〈帝王部・命使二〉
宋遙	開元廿二～廿三年		禮部侍郎	魏州刺史	同上

人 物	年 份	出 身	本 官	地方官	史料出處
李永宣	開元末年		右衛率府中郎將	青山州刺史	〈李永宣墓誌〉，《補遺》第五輯；續天寶○七三。
李光弼	天寶初期		左清道率	安北都護府	《舊唐書》卷一一○〈李光弼傳〉
李永宣	天寶七載		左威衛將軍	青山州刺史	〈李永宣墓誌〉，《補遺》第五輯；續天寶○七三。
王鉷	天寶九～十一載		御史大夫	京兆尹	《舊唐書》卷一○五〈王鉷傳〉；卷九〈玄宗紀下〉；《新唐書》卷一三四〈王鉷傳〉；《冊府元龜》卷三○七〈外戚部・姦邪〉；〈王鉷墓誌〉，《文苑英華》卷九四二；《全唐文》卷四二○。
顏眞卿	天寶末		戶部侍郎	平原太守	《舊唐書》卷九〈玄宗紀下〉；《資治通鑑》卷二一七至德元載正月己巳條；〈顏眞卿墓誌〉，《全唐文》卷三九四；〈顏魯公行狀〉，《全唐文》卷五一四。

表五：唐後期京官兼任之地方官

人 物	年 份	本 官	地方官	史料出處
歐陽珪	至德年間	右驍衛將軍	上洛郡太守	〈歐陽珪神道碑〉，《全唐文》卷三四三；《顏魯公集》卷七。
席府君	乾元年間	秘書郎	攝虢州朱陽縣令	〈楊雲墓誌〉，《補遺》第六輯；續大曆○二三。
韋倫	乾元二年	衛尉卿	寧州刺史	《舊唐書》卷一三八〈韋倫傳〉
左振	上元二年	侍御史	判金州刺史	〈左黃州表〉，《全唐文》卷三八三；《次山集》卷九；《容齋四筆》卷四〈左黃州表〉。
韓洄	肅代時期	大理司直	漢中郡司馬	〈韓洄行狀〉，《文苑英華》卷九七三；《全唐文》卷五○七；《權德輿詩文集》卷二○。
不詳	肅宗時期	不詳	武州刺史	〈武州刺史謝上表〉，《文苑英華》卷五八五

人　物	年　份	本　官	地方官	史料出處
臧希晏	肅代時期	左監門衛將軍	麟州刺史	〈臧希晏神道碑〉,《全唐文》卷三六四
臧希晏	肅代時期	太僕卿	寧州刺史	同上
程昌胤	肅代時期	大理正	峽州別駕	〈程昌胤墓誌〉,《補遺》(千唐誌齋新藏專輯)
鄭密	肅代時期	大理評事	商州錄事參軍	〈鄭密墓誌〉,《全唐文》卷三九二;《毘陵集》卷一二。
張顗 〔註13〕	寶應元年	兵部郎中	懷州刺史	〈授張顗兵部郎中丘據兵部員外郎制〉,《文苑英華》卷三九〇;《全唐文》卷三六六。
李鋒	寶應元年～廣德二年	協律郎	上饒令	〈越州長史李公墓誌銘〉,《全唐文》卷五二一
張郊侯	寶應二年	太常寺丞	江陵府倉曹	〈張郊侯墓誌〉,大曆〇三四
李皋	廣德元年	秘書監	溫州別駕	〈曹成王碑〉,《全唐文》卷五六一;《韓昌黎文集校注》卷六。
鄭昈	永泰中～大曆六年	秘書少監	滁州刺史	〈鄭昈墓誌〉,《白居易集箋注》卷四二;《全唐文》卷六七九。
李鋒	代宗時期	比部官員	越州長史	〈李鋒墓誌〉,《全唐文》卷五二一
鄭洵	大曆初期	監察御史	螯屋令	〈鄭洵墓誌〉,《補遺》第七、八輯
何伯述	大曆二～六年	太子舍人	虢州閿鄉縣令	〈何伯述墓誌〉,《補遺》(千唐誌齋新藏專輯)
獨孤問俗	代宗時期	秘書監	檢校揚州都督府司馬	《嘉泰吳興志》卷一四〈郡守題名〉
馬實	大曆末期	御史中丞	莫州刺史	〈馬實墓誌〉,《文苑英華》卷九四九;《全唐文》卷五九八;《歐陽行周文集》卷四
馬旴	建中初	右衛將軍	雲州刺史	〈馬旴神道碑〉,《文苑英華》卷八九二;《全唐文》卷六二三。

〔註13〕《全唐文》卷三六六（頁 3725）作「張禹」。

人　物	年　份	本　官	地方官	史料出處
吳湊	建中初～貞元初	右衛將軍	通州刺史	《舊唐書》卷一八三〈外戚‧吳湊傳〉；《冊府元龜》卷八六二〈總錄部‧起復〉。
韋武	德宗時期	禮部員外郎	昭應縣令	《冊府元龜》卷七〇一〈令長部‧總序〉；〈韋武神道碑〉，《唐文拾遺》卷二七；〈憂恤畿內百姓並除十縣令詔〉，《陸贄集》卷四；《全唐文》卷四六三。
鄭珣瑜	德宗時期	吏部員外郎	奉先縣令	《新唐書》卷一六五〈鄭珣瑜傳〉；《冊府元龜》卷七〇一〈令長部‧總序〉；〈憂恤畿內百姓並除十縣令詔〉，《陸贄集》卷四；《全唐文》卷四六三。
王倉	德宗時期	比部員外郎	美原縣令	《冊府元龜》卷七〇一〈令長部‧總序〉；〈憂恤畿內百姓並除十縣令詔〉，《陸贄集》卷四；《全唐文》卷四六三。
張滂	貞元三～六年	倉部郎中	袁州刺史	〈張滂墓誌〉，《補遺》第一輯；貞元一〇三。
田群	長慶初期	左金吾衛將軍員外置	澶州刺史	〈田群可起復左金吾衛將軍員外置兼澶州刺史制〉，《全唐文》卷六五八；《白居易集箋校》卷五二
謝少莒	寶曆二年	左驍衛將軍同正	陵州刺史	《冊府元龜》卷八六二〈總錄部‧起復〉
敬昕	大和七～九年	吏部郎中	湖州刺史	《嘉泰吳興志》卷一四〈郡守題名〉

表六：唐後期帶京銜之府州長官

人　物	年　份	本　官	帶京銜	史料出處
李欽瑤	天寶末	郡守	御史大夫	《太平廣記》卷二二七〈李欽瑤〉
許遠	天寶十四載～至德二載	睢陽太守	侍御史	《舊唐書》卷一八七下〈許遠傳〉
薛舒	上元、乾元年間	溪州刺史	少府監兼殿中侍御史	〈薛舒神道碑〉，《文苑英華》卷九二四；《全唐文》卷三七五。

人 物	年 份	本 官	帶京銜	史料出處
李抱玉	寶應元年	澤州刺史	御史中丞	《舊唐書》卷一三二〈李抱玉傳〉
田承嗣	寶應元年～廣德元年	莫州刺史	檢校戶部尚書兼御史大夫	《舊唐書》卷一四一〈田承嗣傳〉；〈田承嗣神道碑〉，《文苑英華》卷九一五；《全唐文》卷四四四。
論惟貞	寶應、廣德年間	潁州刺史	檢校右散騎常侍兼御史大夫	〈論博言墓誌〉，《補遺》第七輯
崔瓘（灌）	寶應二年	澧州刺史	侍御史	〈授崔灌湖南觀察使制〉，《文苑英華》卷四〇八；《冊府元龜》卷六七三〈牧守部‧褒寵二〉；〈授崔瓘自澧州刺史除湖南觀察使制〉，《全唐文》卷四一三。
王翃	廣德二年	辰州刺史	秘書少監	《新唐書》卷一四三〈王翃傳〉
陽濟	廣德二年	密州刺史	攝侍御史	〈陽濟墓誌〉，《補遺》第一輯；貞元〇七〇。
敬括	廣德二年～永泰元年	同州刺史	御史中丞	〈授敬括御史大夫制〉，《文苑英華》卷三九三；《全唐文》卷四一一。
馬燧	永泰元年～大曆四年	鄭州刺史	侍御史	〈馬燧行狀〉，《文苑英華》卷九七四；《全唐文》卷五〇七；《權德輿詩文集》一九
李芃	永泰元年～大曆二年	攝池州刺史	侍御史	《舊唐書》卷一三二〈李芃傳〉
龐充	大曆元年	虢州刺史	御史中丞	《舊唐書》卷一一四〈周智光傳〉
獨孤問俗	大曆元～三年	壽州刺史	試秘書監兼侍御史	〈授獨孤問俗鄂岳等州團練使制〉，《文苑英華》卷四〇九；《全唐文》卷四一三。
高武光	大曆元～三年	晉州刺史	御史中丞	〈高武光神道碑〉，《文苑英華》卷九二三；《全唐文》卷四四四。
梁乘	大曆年間	同州刺史	吏部郎中	〈蕭君墓誌〉，《補遺》第七輯；永貞〇〇四。

人物	年份	本官	帶京銜	史料出處
孟皞	大曆初～四年	汝州刺史	御史中丞	〈授孟皞京兆尹制〉,《文苑英華》卷四〇六;《全唐文》卷四一二。
李秀璋〔註14〕	大曆中	西州刺史	御史中丞	《冊府元龜》卷一三九〈帝王部・旌表三〉;〈贈楊休明等官詔〉,《全唐文》卷五〇
田廷玠	大曆中	滄州刺史	御史中丞	《舊唐書》卷一四一〈田弘正傳〉
崔朝	大曆中	懷州刺史	試國子司業	〈相國崔群家廟碑〉,《文苑英華》卷八八一;《全唐文》卷六八二。
李承	大曆六～七年	江州刺史	檢校考功郎中	《舊唐書》卷一一五〈李承傳〉
獨孤及	大曆六～八年	舒州刺史	檢校司封郎中	《新唐書》卷一六二〈獨孤及傳〉;〈謝加司封郎中賜紫表〉,《文苑英華》卷五八八;《毘陵集》卷五;〈獨孤及碑〉,《文苑英華》卷九二四;《全唐文》卷四〇九;〈獨孤及行狀〉,《文苑英華》卷九七二;《全唐文》卷五二二。
徐向	大曆七年	宋州刺史	侍御史	〈有唐宋州官吏八關齋會報德記〉,《全唐文》卷三三八;〈宋州官吏八關齋會報德記〉,《顏魯公集》卷一四;《金石萃編》卷九八。
穆寧	大曆七～十一年	和州刺史	檢校秘書少監	《舊唐書》卷一五五〈穆寧傳〉;《新唐書》卷一六三〈穆寧傳〉;〈穆氏四子講藝記〉,《全唐文》卷四〇九;〈穆寧玄堂志〉,《全唐文》卷七八四;《文苑英華》卷九四三。
馬燧	大曆十年	商州刺史	御史中丞	《舊唐書》卷一三四〈馬燧傳〉;《文苑英華》卷九七四;《冊府元龜》卷一四八〈帝王部・知臣〉;〈馬燧行狀〉,《全唐文》卷五〇七;《權德輿詩文集》卷一九。

〔註14〕《全唐文》卷五〇（頁555）作「李琇璋」。

人　物	年　份	本　官	帶京銜	史料出處
張昌〔註15〕	大曆年間	都督	御史	〈庾賁德政碑〉，《全唐文》卷四三七
吳子晃	大曆以後	相州刺史	御史大夫	《封氏聞見記》卷一〇〈修復〉
李洧	建中二～三年	徐州刺史	御史大夫	《舊唐書》卷一二四〈李洧傳〉；《新唐書》卷一四八〈李洧傳〉；《冊府元龜》卷一六五〈帝王部・招懷三〉。
陳皆	建中年間	均州刺史	御史中丞	〈陳皆墓誌〉，《補遺》第一輯；貞元一三〇。
裴札〔註16〕	建中～興元初	韶州刺史	檢校金部郎中	〈裴札墓誌〉，《補遺》（千唐誌齋新藏專輯）
馬萬通	建中二年	密州刺史	御史中丞	《冊府元龜》卷一六五〈帝王部・招懷三〉
李再春	建中三年	博州刺史	檢校右常侍	同上
王士眞	建中三年	德州刺史	御史中丞	同上
李長卿	建中三年	潁州刺史	檢校秘書監	同上
任履虛	建中三年	衛州刺史	御史中丞	同上
田昂	建中三年	洺州刺史	檢校右散騎常侍兼御史中丞	同上
李惠登	建中四年～貞元二十年	隋州刺史	御史中丞	《舊唐書》卷一八五下〈李惠登傳〉；《太平御覽》卷二五八〈職官部五六・良刺史下〉。
竇覦	興元元年	坊州刺史	御史中丞	《舊唐書》卷一八三〈竇覦傳〉；《冊府元龜》卷三〇二〈外戚部・立功〉。
伊愼	興元元年～貞元十二年	安州刺史	御史大夫	《舊唐書》卷一五一〈伊愼傳〉；《文苑英華》卷九〇一；《冊府元龜》卷三五九〈將帥部・立功一二〉；同書卷三八五〈將帥部・褒異一一〉；〈伊公神道碑〉，《全唐文》卷四九七；《權德輿詩文集》卷一七。

〔註15〕《唐刺史考全編》記爲日昌，當誤「張公曰昌」爲「張公日昌」。
〔註16〕裴札任職韶州刺史不爲《唐刺史考全編》所載。

人 物	年 份	本 官	帶京銜	史料出處
孫液	貞元元年	鄭州刺史	御史中丞	《冊府元龜》卷一六五〈帝王部・招懷第三〉
陳皆	貞元中	敘州刺史	右庶子	〈陳皆墓誌〉，《補遺》第一輯；貞元一三○。
李如暹	貞元中	延州刺史	散騎常侍兼工部尚書	〈李良僅墓誌〉，《補遺》第五輯
鄧泳〔註17〕	貞元年間	易州刺史	御史大夫	《太平御覽》卷二二六〈職官部二四・御史中丞下〉；《冊府元龜》卷五一六〈憲官部・振舉〉；《全唐文》卷五三一〈議朝參官班序奏〉。
李佐	貞元二年	商州刺史	御史中丞	《文苑英華》卷九四四〈李佐墓誌〉；《全唐文》卷七八四。
路應	貞元三～四年	虔州刺史	檢校尚書屯田郎中	《新唐書》卷一三八〈路應傳〉；〈路公神道碑銘〉，《全唐文》卷五六二；《韓昌黎文集校注》卷六。
陸長源	貞元五～十二年	汝州刺史	御史中丞	〈上宰相書〉，《全唐文》卷五一○；〈嵩山會善寺戒壇記〉，《金石萃編》卷一○三。
王遘	貞元九年以前	楚州刺史	御史中丞	〈王師正墓誌〉，《補遺》第一輯；〈王譚墓誌〉，《補遺》第四輯。
韋甫〔註18〕	貞元八～十二年	權知普州刺史	殿中侍御史內供奉	〈韋甫墓誌〉，《補遺》第九輯
張伾	貞元八～廿一年	泗州刺史	檢校右散騎常侍兼御史大夫	〈泗州大水記〉，《文苑英華》卷八三三；《全唐文》卷四八一。
李復	貞元九～十年	華州刺史	檢校戶部尚書兼御史大夫	《舊唐書》卷一一二〈李復傳〉
盧徵	貞元十～十六年	華州刺史	御史大夫	〈祭故盧華州文〉，《文苑英華》卷九八三；《全唐文》卷五○九；《權德輿詩文集》卷四八；〈崔夫人李氏墓誌〉，貞元○六二。

〔註17〕《太平御覽》卷二二六（第 1073 頁）作「鄧求」。
〔註18〕韋甫任職普州之事未見《唐刺史考全編》記載。

人　物	年　份	本　官	帶京銜	史料出處
伊慎	貞元十二～十五年	安州刺史	御史大夫兼散騎常侍	《太平廣記》卷二八〇〈麻安石〉；〈伊慎神道碑〉，《全唐文》卷四九七；《權德輿詩文集》卷一七；《文苑英華》卷九〇一。
裴肅	貞元十二～十四年	常州刺史	御史中丞	《舊唐書》卷一七七〈裴休傳〉；《會稽志》卷二〈州刺史〉；《會稽掇英總集》卷一八〈唐太守題名記〉。
李位	貞元十二年	房州刺史	簡校兵部郎中	《冊府元龜》卷六七三〈牧守部・褒寵二〉
鄭賈	貞元十二年	金州刺史	簡校司勳郎中	同上
許孝常	貞元十二年	亳州刺史	御史大夫	〈平李迺詔〉，《唐大詔令集》卷一二四；〈誅李迺詔〉，《全唐文》卷五二。
許孝常	貞元十二年	亳州刺史	檢校右散騎常侍兼御史大夫	同上
高彦昭〔註19〕	貞元十二年～元和中	潁州刺史	御史大夫	同上
高彦昭	貞元十二年～元和中	潁州刺史	檢校右散騎常侍兼御史大夫	同上
李佰威	貞元十三年	□州刺史	御史中丞	〈李佰威等長清靈岩寺題名〉，《補遺》第七輯
魏懿文	貞元十三年	邵州刺史	檢校司門郎中	《冊府元龜》卷六七三〈牧守部・褒寵第二〉；〈崔夫人魏氏墓誌〉，《補遺》（千唐誌齋新藏專輯）。
任要	貞元十四年	兗州刺史	檢校尚書駕部郎中兼侍御史	《金石萃編》卷五三〈任要等祭嶽記並詩〉
袁滋	貞元十六～廿一年	華州刺史	御史中丞	《舊唐書》卷一八五下〈袁滋傳〉

〔註19〕〈誅李迺詔〉（《全唐文》卷五二，頁570～571）記爲「高五立」；〈平李迺詔〉（《唐大詔令集》卷一二四，頁664～665）記爲「高立昭」。郁賢皓考證爲「高彦昭」，今從之。見《唐刺史考全編》卷六二〈河南道・潁州〉，頁893～894。

人物	年份	本官	帶京銜	史料出處
羅珦	貞元十八年	壽州刺史	御史中丞	〈羅珦德政碑〉,《全唐文》卷四七八;〈羅珦墓誌〉,《全唐文》卷五〇六;《權德輿詩文集》卷二三
姓氏闕〔註20〕	貞元廿一年	濠州刺史	侍御史	〈盧公墓誌〉,續貞元〇八一
李惠登	貞元廿年	隨州刺史	御史大夫	《舊唐書》卷一八五下〈李惠登傳〉;《新唐書》卷一九七〈李惠登傳〉;《唐會要》卷六八〈刺史上〉;《冊府元龜》卷六七三〈牧守部·褒寵二〉;卷六七七〈牧守部·能政〉;卷六八四〈牧守部·課最〉。
李惠登	貞元廿年	隨州刺史	御史大夫兼檢校國子祭酒	《舊唐書》卷一八五下〈李惠登傳〉;《新唐書》卷一九七〈李惠登傳〉;《冊府元龜》卷六七三〈牧守部·褒寵二〉。
劉逸準	貞元年間	宋州刺史	御史大夫	〈平李洒詔〉,《唐大詔令集》卷一二四;〈誅李洒詔〉,《全唐文》卷五二。
劉逸準	貞元年間	宋州刺史	檢校右散騎常侍兼御史大夫	〈平李洒詔〉,《唐大詔令集》卷一二四;《太平廣記》卷二八〇〈麻安石〉;〈誅李洒詔〉,《全唐文》卷五二。
田季和〔註21〕	德宗時期	澶州刺史	御史中丞	〈田緒神道碑〉,《文苑英華》卷八九一;《全唐文》卷六一五。
論傪	元和元年	寧州刺史	檢校國子祭酒兼御史中丞	〈論博言墓誌〉,《補遺》第七輯
顏防	元和初年	同州刺史	御史中丞	〈為同州顏中丞謝上表〉,《文苑英華》卷五八六;《全唐文》卷七二一。

〔註20〕其任職濠州（墓誌原文爲「豪州」）爲《唐刺史考全編》所不載。

〔註21〕〈常山郡王田緒神道碑〉（《全唐文》卷六一五,頁6215～6217）記爲「田孝和」。根據郁賢皓考證,似爲「田季和」,今從之。具見《唐刺史考全編》附編〈河北道·澶州〉,頁3439。

人物	年份	本官	帶京銜	史料出處
薛平	元和初	汝州刺史	御史中丞	《舊唐書》卷一二四〈薛平傳〉;《冊府元龜》卷三二四〈宰輔部‧薦賢〉。
劉文翼	元和二～四年	瀘州刺史	御史	〈彈奏劍南東川節度使狀〉,《文苑英華》卷六四九;《全唐文》卷六五一;《元稹集》卷三七。
楊寧	元和六～七年	鄭州刺史	御史中丞	〈楊寧墓誌〉,《補遺》第一輯;元和一〇五。
李良僅〔註22〕	元和六～元和末	延州刺史	御史中丞	〈李良僅墓誌〉,《補遺》第五輯
孟常謙	元和六～七年	安州刺史	侍御史	〈孟常謙墓誌〉,《全唐文》卷五八九;《柳宗元集》卷一〇
趙昌	元和六～九年	華州刺史	檢校兵部尚書	《舊唐書》卷一四〈憲宗紀上〉
許孟容	元和七～八年	河南尹	散騎常侍	〈除許孟容河南尹兼常侍制〉,《文苑英華》卷四〇六;《全唐文》卷六六〇;《白居易集箋校》卷五四;《寶刻叢編》卷一〇引《集古目錄》。
盧頊	元和七～八年	澤州刺史	御史中丞	〈劉太眞神道碑〉,《全唐文》卷五三八
吳卓〔註23〕	元和八年前	雲州刺史	侍御史	〈吳卓墓誌〉,《補遺》第二輯;續元和〇五五。
令狐通	元和九年	壽州刺史	檢校御史中丞	《舊唐書》卷一二四〈令狐通傳〉;〈令狐梅墓誌〉,《補遺》第六輯。

〔註22〕在李良僅任職延州的時間問題上,《唐刺史考全編》卷一〇〈關內道‧延州〉（頁251）僅記載爲「元和二年」,〈與李良僅詔〉（《白居易集箋校》卷五七,頁3321～3332）則箋解爲二年～六年。朱金城的箋解乃是據白居易任職翰林制誥的時間得出這一結論的。但是〈李良僅墓誌〉（收入《補遺》第五輯,頁36～37）載:元和「六年,特拜公延州刺史。其領軍開府一切如故。……十一年,績效顯白,帝用多之,加御史中丞。長慶初,又拜御史大夫。……敬宗聞其善,詔加散騎常侍。皇帝嗣位,改號大和。以公政美綏戎,才推制敵,詔遷工部尚書焉。公之理延安也,十八年矣。……不幸遘疾,以大和二年閏三月廿五日薨。」元和六年至大和二年剛好十八年,可見自元和六年起李良僅一直任職延州。

〔註23〕吳卓任職雲州刺史不爲《唐刺史考全編》所載。

人物	年份	本官	帶京銜	史料出處
張遵	元和十二年	邢州刺史	御史中丞	〈張遵墓誌〉,《補遺》第四輯;續大和○三二。
令狐楚	元和十三年	華州刺史	御史中丞	〈唐故相國贈司空令狐公集序〉,《劉禹錫集箋證》卷一九;《全唐文》卷六○五;〈送周先生住山記〉,《全唐文》卷五四三。
馬總	元和十三～十四年	華州刺史	禮部尚書兼御史大夫	〈馬公家廟碑〉,《文苑英華》卷八八一;《全唐文》卷七一四;〈鄆州溪堂詩序〉,《韓昌黎文集校注》卷二;《全唐文》卷五五六。
契苾漪	元和中	勝州刺史	侍御史	〈契苾漪墓誌〉,《補遺》第一輯
衛中行	元和十四～十五年	華州刺史	御史中丞	〈授衛中行陝州觀察使制〉,《文苑英華》卷四○八;《全唐文》卷六四八;《元稹集外集》卷五。
崔弘禮	元和十四年～十五年	相州刺史	御史中丞	〈崔弘禮鄭州刺史〉,《全唐文》卷六四九;《元稹集》卷四八;〈崔弘禮墓誌〉,《補遺》第一輯;大和○三九。
李昌元	元和末期	儀州刺史	御史中丞	〈李昌元可兼御史大夫〉,《全唐文》卷六五八;《白居易集箋校》卷五三。
李昌元	元和末期	儀州刺史	御史大夫	同上
王元輔	元和十五年	海州刺史	御史中丞	〈海州刺史王元輔加中丞〉,《全唐文》卷六六二;《白居易集箋校》卷四八。
田穎	元和末期	洺州刺史	檢校右散騎常侍兼御史大夫	〈田穎可亳州刺史制〉,《全唐文》卷六五八;《白居易集箋校》卷五三。
樂璘	元和末～長慶中	朔州刺史	御史中丞	〈權知朔州刺史樂璘正授兼御史中丞〉,《全唐文》卷六五九;《白居易集箋校》卷五三。
田穎	元和十五年～長慶二年	亳州刺史	檢校右散騎常侍兼御史大夫	〈田穎可亳州刺史制〉,《全唐文》卷六五八;《白居易集箋校》卷五三。

人 物	年 份	本 官	帶京銜	史料出處
崔弘禮	元和十五年～長慶元年	鄭州刺史	御史中丞	〈崔弘禮鄭州刺史〉,《全唐文》卷六四九;《元稹集》卷四八。
王進岌	元和十五年～長慶元年	冀州刺史	御史大夫	〈王進岌冀州刺史〉,《全唐文》卷六四九;《元稹集》卷四八。
王智興	元和十五年～長慶元年	沂州刺史	御史大夫	〈王智興可檢校右散騎常侍兼御史大夫充武寧軍節度副使領本道兵馬赴行營制〉,《文苑英華》卷四一二;《全唐文》卷六五八;《白居易集箋校》卷五二。
劉約	元和年間	齊州刺史	御史中丞	〈劉約授棣州刺史制〉,《全唐文》卷六六三;《白居易集箋校》卷五〇。
傅良弼	元和、長慶之間	沂州刺史	御史中丞	〈傅良弼可鄭州刺史制〉,《全唐文》卷六六一;《白居易集箋校》卷五一。
劉約	長慶元年	棣州刺史	御史中丞	同上
張屺	長慶元年	廬州刺史	御史中丞	〈張屺授廬州刺史兼御史中丞制〉,《全唐文》卷六五七;《白居易集箋校》卷五一。
袁幹	長慶元年	封州刺史	侍御史	〈授袁幹可封州刺史兼侍御史〉,《全唐文》卷六五七;《白居易集箋校》卷五一。
李良僅	長慶年間	延州刺史	御史大夫	〈李良僅墓誌〉,《補遺》第五輯
殷文穆或殷彪	長慶初年	金州刺史	侍御史	〈揚子留後殷彪授金州刺史兼侍御史制〉,《全唐文》卷六六一;《白居易集箋校》卷四八;〈殷文穆墓誌〉,《補遺》第七輯。
牛元翼	長慶初期	權知深州事	某官兼御史中丞	〈授牛元翼可檢校左散騎常侍深州刺史御史大夫制〉,《全唐文》卷六五九;《白居易集箋校》卷五三。
牛元翼	長慶初期	深州刺史	檢校右散騎常侍兼御史大夫	同上

人物	年份	本官	帶京銜	史料出處
邵同	長慶初期	衛州刺史	御史中丞	〈邵同貶連州刺史制〉,《全唐文》卷六五八;《白居易集箋校》卷五二。
王沛	長慶元～三年	陳州刺史	御史中丞	《冊府元龜》卷一二〇〈帝王部·選將第二〉
崔倰〔註24〕	長慶二年	河南尹	檢校禮部尚書	〈崔陵可河南尹制勅〉,《全唐文》卷六五七;《文苑英華》卷四〇六;《白居易集箋注》卷五一;〈崔倰墓誌銘〉,《元稹集》卷五四;《全唐文》卷六五四。
柏元封〔註25〕	長慶中	陳州刺史	檢校職方郎中兼御史中丞	〈柏元封墓誌〉,《全唐文補編》卷六七;《補遺》第四輯;續大和〇三八。
傅良弼	長慶二～三年	鄭州刺史	御史中丞	〈傅良弼可鄭州刺史制〉,《全唐文》卷六六一;《白居易集箋校》卷五一。
崔群	長慶二～三年	華州刺史	御史大夫	《舊唐書》卷一五九〈崔群傳〉
劉溫〔註26〕	長慶三年	合州刺史	御史中丞	〈□溫造合州像記〉,《補遺》第七輯
令狐楚	長慶四年	河南尹	御史大夫	《舊唐書》卷一七二〈令狐楚傳〉;《冊府元龜》卷一七二〈帝王部·求舊二〉。
趙榮國	寶曆元年	宥州刺史	簡校右散騎常侍	《冊府元龜》卷六七三〈牧守部·褒寵二〉
李良僅	寶曆年間	延州刺史	御史大夫兼散騎常侍	〈李良僅墓誌〉,《補遺》第五輯
高霞寓	寶曆、大和年間	檀州刺史	□□□御史	〈高霞寓玄堂銘〉,《補遺》第六輯

〔註24〕《白居易集箋注》卷五一（頁2984）、《全唐文》卷六五七（頁6683）作「崔陵」。
〔註25〕柏元封任職陳州刺史爲《唐刺史考全編》不錄,並已爲潘明福匡補,見氏撰《唐刺史考全編》補遺〉,《文獻》,2005年第2期,頁154～155。
〔註26〕此據《唐刺史考全編》補,具見該書卷二一八〈山南西道·合州〉,頁2903。

人　物	年　份	本　官	帶京銜	史料出處
王翼	寶曆、大和年間	權知唐州刺史	檢校大理少卿兼侍御史	〈王翼墓誌〉,《補遺》第一輯;大和〇六五。
張遵	寶曆二年～大和元年	亳州刺史	御史大夫	〈張遵墓誌〉,《補遺》第四輯;續大和〇三二。
徐晦	寶曆二年～大和四年	同州刺史	御史中丞	《舊唐書》卷一六五〈徐晦傳〉
柏元封	大和元年	蔡州刺史	右庶子	〈柏元封墓誌〉,《全唐文補編》卷六七;《補遺》第四輯;續大和〇三八。
崔弘禮	大和元年	華州刺史	檢校戶部尚書兼御史大夫	《舊唐書》卷一六三〈崔弘禮傳〉;〈崔弘禮墓誌〉,《補遺》第一輯;大和〇三九。
李良僅	大和元～二年	延州刺史	檢校工部尚書	〈李良僅墓誌〉,《補遺》第五輯
李虞仲	大和四～七年	華州刺史	御史大夫	《舊唐書》卷一六三〈李虞仲傳〉;《金石萃編》卷八〇〈華嶽題名〉。
裴潾	大和四～五年	汝州刺史	御史中丞	《舊唐書》卷一七一〈裴潾傳〉
郭行餘	大和五年	汝州刺史	御史中丞	《舊唐書》卷一六九〈郭行餘傳〉
王質	大和五～七年	虢州刺史	御史中丞	〈王公神道碑〉,《全唐文》卷六〇九;《劉禹錫集箋證》卷三。
奚敬則	大和七年	濮州刺史	御史中丞	〈奚公神道碑〉,《全唐文》卷六〇九;《劉禹錫集箋證》卷二。
崔玄亮	大和七年	虢州刺史	檢校左散騎常侍	《舊唐書》卷一六五〈崔玄亮傳〉
高鈇	大和七～八年	同州刺史	御史中丞	《舊唐書》卷一六八〈高鈇傳〉;〈高瀚墓誌〉,《補遺》第四輯;大中一〇五。
劉源	大和七年～開成元年	銀州刺史	簡校國子祭酒	《冊府元龜》卷六七三〈牧守部·褒寵二〉

人　物	年　份	本　官	帶京銜	史料出處
鄭澣	大和八年～開成元年	河南尹	御史大夫	〈姚存古墓誌〉，續大和○五三
劉禹錫	大和八～九年	汝州刺史	御史中丞	〈汝州刺史謝上表〉，《文苑英華》卷五八六；《全唐文》卷六○一；〈汝州上後謝宰相狀〉，《劉禹錫集箋證》卷一六；《全唐文》卷六○三；〈汝州舉裴大夫自代狀〉，《劉禹錫集箋證》卷一七；〈子劉子自傳〉，《劉禹錫外集箋證》卷九；《全唐文》卷六一○。
劉禹錫	大和八～九年	同州刺史	御史中丞	〈同州刺史謝上表〉，《文苑英華》卷五八六；《全唐文》卷六○一；〈同州舉蕭諫議自代狀〉，《劉禹錫集箋證》卷一六。
張仲芳	大和九年～開成元年	華州刺史	御史大夫	〈張仲芳墓誌〉，《文苑英華》卷九四五；《全唐文》卷六七九；《白居易集箋注》卷七○。
安靖	大和中	潘州刺史	檢校祕書監兼監察御史	〈安玄朗墓誌〉，《補遺》第七輯
劉軻	開成二～四年	洺州刺史	檢校尚書屯田郎中兼侍御史	〈大唐三藏大遍覺法師塔銘并序〉，開成○二六
孫簡	開成三年	同州刺史	御史中丞	〈孫簡墓誌〉，《補遺》第四輯；續寶曆○一○。
李景讓	開成三～四年	華州刺史	御史中丞或御史大夫〔註27〕	《舊唐書》卷一七下〈文宗紀下〉；《金石萃編》卷八○〈李景讓題名〉；〈李景讓等華嶽廟題名〉，《補遺》第七輯。

〔註27〕《金石萃編》（收入《隋唐五代石刻文獻全編》第三冊）卷八○〈李景讓題名〉（頁367）記爲「□□□史兼御史中丞李景讓，開成四年六月」。據《唐刺史考全編》的考證，這是華州刺史之闕名。而《石刻史料新編》第二輯一四冊《關中金石記》卷四〈御史大夫李景讓題名〉（頁10681）記爲「開成四年六月刻」。《關中金石記》認爲其任御史大夫是在大中時期，此御史大夫當屬於所領節度使所兼的攝官。筆者認爲此時李景讓爲華州刺史，時華州已非節度矣，御史大夫亦當爲其所兼之官，但是不知御史大夫與御史中丞何者爲是。今兼記之。

人 物	年 份	本 官	帶京銜	史料出處
陳夷行	開成四～五年	華州刺史	檢校禮部尚書	《舊唐書》卷一八上〈武宗紀上〉
馬紓	開成年間	蔚州刺史	御史中丞	〈馬紓墓誌〉,《全唐文》卷七二九
王玄質〔註28〕	開成五年	亳州刺史	御史中丞	〈崔敬本墓誌〉,《補遺》(千唐誌齋新藏專輯)
李弘慶	文宗時期	金州刺史	檢校左庶子兼御史中丞	〈大慈恩寺大法師基公塔銘〉,開成○二七
史憲忠	開成五年～會昌三年	隴州刺史	檢校左散騎常侍〔註29〕	《新唐書》卷一四八〈史憲忠傳〉;〈授史憲忠涇原節度使制〉,《文苑英華》卷四五五;《全唐文》卷七二八。
李璟	會昌三年	懷州刺史	御史中丞	〈爲懷州李中丞謝上表〉,《文苑英華》卷五八七;《樊南文集》卷一。
韓國昌	會昌中	攝貝州刺史	御史中丞	《舊唐書》卷一八一〈韓國昌傳〉;〈韓國昌神道碑〉,《全唐文》卷八○五。
李偲	會昌中	隴州刺史	御史大夫	〈授李偲隴州刺史兼防禦使制〉,《文苑英華》卷四○九;《全唐文》卷七二六。
仇亢宗	會昌中	曹州刺史	檢校散騎常侍兼御史中丞	〈仇士良神道碑〉,《文苑英華》卷九三二
令狐梅	會昌六年	濮州刺史	侍御史	〈令狐梅墓誌〉,《補遺》第六輯
李丕	會昌年間	忻州刺史	御史中丞	〈授李丕汾州刺史制〉,《全唐文》卷六九八;《李德裕文集校箋》卷四。
裴識	會昌六年～大中二年	壽州刺史	檢校右散騎常侍	《舊唐書》卷一七○〈裴識傳〉;〈裴識墓誌〉,《隋唐五代墓誌彙編》河南卷。

〔註28〕 王玄質任職亳州不爲《唐刺史考全編》所載。
〔註29〕 《新唐書》卷一四八〈史憲忠傳〉(頁4791)記爲「檢校右散騎常侍」。《全唐文》卷七二八〈授予史憲忠涇原節度使制〉(頁7500～7501)則記爲「檢校左散騎常侍」。今從《全唐文》。

人 物	年 份	本 官	帶京銜	史料出處
張仲至	大中二年	涿州刺史	檢校工部尚書	〈張公神道碑〉,《全唐文》卷七八八
薛逵	大中初期	隴州刺史	檢校右散騎常侍兼御史大夫	〈薛逵除秦州刺史制〉,《全唐文》卷七四九;《樊川文集》卷一八。
孫瑴	大中二～三年	河南尹	御史大夫	丁居晦〈重修承旨學士壁記〉
韋正貫	大中二～三年	同州刺史	左散騎常侍兼御史大夫	〈韋公神道碑〉,《文苑英華》卷九一五;《全唐文》卷七六四。
李知讓	大中四～五年	邠州刺史	御史中丞	〈李知讓加御史中丞依前邠州刺史韋瓊加侍御史充振武軍掌書記等制〉,《全唐文》卷七四九;《樊川文集》卷一九。
李訥	大中六年	華州刺史	御史中丞	〈李訥除浙東觀察使兼御史大夫制〉,《全唐文》卷七四八;《樊川文集》卷一八。
李誠元	大中初期	勝州刺史	檢校國子祭酒兼御史中丞	〈李誠元除朔州刺史制〉,《全唐文》卷七四九;《樊川文集》卷一八。
李誠元	大中五年	朔州刺史	檢校國子祭酒兼御史中丞	同上
寶弘餘	大中五年	台州刺史	檢校太子右庶子	〈授寶弘餘加官依前台州刺史蘇莊除鄧州刺史等制〉,《文苑英華》卷四一一;《全唐文》卷七四八;《樊川文集》卷一八。
郭瓊	大中五年	文州刺史	侍御史	〈郭瓊除渠州郭宗元除興州等刺史王康除建陵臺令等制〉《全唐文》卷七四九;《樊川文集》卷一八。
支竦〔註30〕	大中五年	邢州刺史	侍御史	〈支某除鄆王傅盧賓除融州刺史趙全素除福陵令等制〉,《全唐文》卷七四九;《樊川文集》卷一八。

〔註30〕此之人名乃按《唐刺史考全編》補。茲見《唐刺史考全編》卷一〇三〈河北道·邢州〉,頁1446。

人　物	年　份	本　官	帶京銜	史料出處
令狐梅	大中七年	棣州刺史	侍御史	〈令狐梅墓誌〉，《補遺》第六輯
田章	大中八年	渠州刺史	福王傅	〈田章墓誌〉，《補遺》第三輯
高少逸	大中十～十一年	華州刺史	檢校禮部尚書	《舊唐書》卷一八下〈宣宗紀下〉
王景胤	大中十一年	深州刺史	檢校太子賓客兼監察御史或殿中侍御史〔註31〕	《舊唐書》卷一八下〈宣宗紀下〉；同書卷一四二〈王景胤傳〉。
裴夷直	大中十一年	華州刺史	御史中丞	〈裴夷直墓銘〉，《補遺》（千唐誌齋新藏專輯）
柳憙	大中十一年	河南尹	檢校禮部尚書	《舊唐書》卷一八下〈宣宗紀下〉
鄭顥	大中十三年	河南尹	檢校禮部尚書	《舊唐書》卷一五九〈鄭顥傳〉；《新唐書》卷一六五〈鄭顥傳〉。
李荀	大中十四年	楚州刺史	御史中丞	〈楚州修城南門記〉，《文苑英華》卷八一二；《全唐文》卷七六三。
蕭俶	大中時	華州刺史	檢校刑部尚書	《舊唐書》卷一八下〈宣宗紀〉
王縱	大中末～咸通初	鹽州刺史	檢校散騎常侍	〈故鹽州防禦使王縱追述碑〉，《全唐文》卷八一○；《司空表聖文集》卷六。
閻某	大中、咸通年間	瓜州刺史	檢校國子祭酒兼御史中丞	敦煌 P4660〈閻公貌眞贊〉
崔鏘〔註32〕	咸通三年前	宋州刺史	御史中丞	〈崔鏘墓誌〉，《補遺》（千唐誌齋新藏專輯）

〔註31〕《舊唐書》卷一八下〈宣宗紀下〉（頁637）記爲「檢校太子賓客兼監察御史」；《舊唐書》卷一四二〈王廷湊附景胤傳〉（頁3889）則記爲「殿中侍御史」。不知何者爲是，今兼記之。

〔註32〕崔鏘任職宋州刺史不爲《唐刺史考全編》所錄。

人 物	年 份	本 官	帶京銜	史料出處
李守宏〔註33〕	咸通三年	趙州刺史	御史大夫	〈李夫人王氏墓誌〉,《補遺》第七輯
王凝	咸通五～七年	同州刺史	御史中丞	〈唐故宣州觀察使檢校禮部王公行狀〉,《司空表聖文集》卷七;《全唐文》卷八一〇。
康某	咸通十年以前	瓜州刺史	檢校太子賓客兼左威衛將軍	敦煌 P4660〈康使君貌眞贊〉
王龜	咸通十三年	同州刺史	檢校右散騎常侍	《舊唐書》卷一六四〈王龜傳〉
論鍔連〔註34〕	咸通年間	宥州刺史	御史中丞	〈論博言墓誌〉,《補遺》第七輯
辛晦	咸通中	壽州刺史	御史中丞	〈崔紹墓誌〉,《補遺》第一輯;乾符〇一九。
楊知退	乾符三年	亳州刺史	御史中丞	〈盧氏墓誌〉,《補遺》第一輯;乾符〇一〇、〇一一。
王景儒	乾符中	冀州刺史	檢校工部尙書	《唐闕史》卷下〈盧相國指揮鎭州事〉
師弘禮	乾符三～四年	資州刺史	殿中侍御史	〈師弘禮墓誌〉,《補遺》第一輯;廣明〇〇一
李綎	廣明二年	易州刺史	檢校國子祭酒兼御史中丞	《金石續編》卷一二〈開元寺隴西公經幢贊〉
高仁厚	中和二～四年	眉州刺史	檢校尙書左僕射	《新唐書》卷一八九〈高仁厚傳〉
趙犨	中和三年	陳州刺史	檢校兵部尙書	《舊五代史》卷一四〈趙犨傳〉;《冊府元龜》卷三六〇〈將帥部·立功一三〉;卷三八六〈將帥部·褒異一二〉;卷六九六〈牧守部·修武備〉。

〔註33〕墓誌主人的丈夫姓名據《唐刺史考全編》所補,見該書卷一〇五〈河北道·趙州〉,頁 1474。該墓誌銘(收入《補遺》第七輯,頁 146～147)說到:「授深州防禦使。三年,遷趙州防禦使,奏加御史大夫。」按刺史例兼當州防禦使,因此筆者以爲趙州防禦使亦爲趙州刺史所兼任。

〔註34〕論氏任職宥州刺史爲《唐刺史考全編》所不載。

人　物	年　份	本　官	帶京銜	史料出處
趙犨	中和三年	陳州刺史	右僕射	《舊五代史》卷一四〈趙犨傳〉；《冊府元龜》卷三六〇〈將帥部・立功一三〉；卷三八六〈將帥部・襃異一二〉。
趙犨	中和三年	陳州刺史	司空	《新唐書》卷一八九〈趙犨傳〉；《舊五代史》卷一四〈趙犨傳〉；《冊府元龜》卷三六〇〈將帥部・立功一三〉；卷三八六〈將帥部・襃異一二〉。
蔣瓌	中和四年～景福元年	婺州刺史	檢校僕射	〈授尙汝貞涪州刺史朱塘恩州刺史婺州刺史蔣瓌檢校僕射等制〉，《文苑英華》卷四一一；《全唐文》卷八〇三。
王敬蕘	中和四年～乾寧四年	潁州刺史	檢校太子太保	〈授潁州刺史充本州防禦使王敬蕘加檢校太子太保制〉，《文苑英華》卷四〇九；《全唐文》卷八三二。
謝瞳〔註35〕	光啓年間	陵州刺史	御史中丞〔註36〕	〈授陵州謝瞳兼御史中丞前舒州司馬倪徽端州刺史制〉，《文苑英華》卷四一一；《全唐文》卷八一二。
薛志勤	大順二年	雲州刺史	檢校司空	《舊五代史》卷五五〈薛志勤傳〉；《冊府元龜》卷三四七〈將帥部・佐命八〉。
陳某	大順三年	漳州刺史	檢校工部尙書兼御史大夫	〈陳岩墓誌〉，《唐文拾遺》卷三三
危全諷	大順年間	撫州刺史	檢校工部尙書兼御史大夫	《金石萃編》卷一一七〈撫州寶應寺鐘款〉
盧允奇	景福二年	景州刺史	檢校工部尙書兼御史大夫	〈劉氏墓誌〉，《補遺》第七輯；景福〇〇二。
趙昶	昭宗時期	陳州刺史	檢校右僕射	《新唐書》卷一八九〈趙昶傳〉；《舊五代史》卷一四〈趙昶傳〉。

〔註35〕《舊五代史》卷二〇〈謝瞳傳〉（頁270）作「謝瞳」。
〔註36〕同上書作「檢校右散騎常侍」。

人 物	年 份	本 官	帶京銜	史料出處
馮行襲	乾寧初	金州刺史	檢校太子少保	〈授金州刺史馮行襲檢校太子少保仍封長樂縣開國子加食邑制〉,《文苑英華》卷四一六;《全唐文》卷八三三。
李弘定	乾寧元年	瓜州刺史	御史大夫兼檢校右散騎常侍	〈沙州千佛洞唐李氏再修功德碑〉,《全唐文》卷九九○;《敦煌莫高窟供養人題記》第九窟。
李弘諫	乾寧元年	甘州刺史	御史中丞	同上
王重師	乾寧中	潁州刺史	檢校司空	《舊五代史》卷一九〈王重師傳〉
朱玭	乾寧中	齊州刺史	檢校司空	〈授齊州刺史充武肅軍防禦使朱玭加檢校司空制〉,《文苑英華》卷四○九;《全唐文》卷八三二。
朱友恭	乾寧中～光化初	汝州刺史	檢校司空	《新唐書》卷二二三下〈朱友恭傳〉;《舊五代史》卷一九〈朱友恭傳〉;《冊府元龜》卷三六○〈將帥部・立功一三〉;卷三八六〈將帥部・褒異一二〉。
高彥	乾寧三年	費州刺史	檢校司空	《吳越備史》卷一〈武肅王〉
沈夏	乾寧三年	夷州刺史	檢校司空	同上
王審邽	乾寧四年	泉州刺史	工部尚書	《十國春秋》卷九四〈閩五〉
高爽	光化初	寧州刺史	檢校司徒	〈授寧州刺史高爽檢校司徒仍封渤海縣男加食邑制〉,《文苑英華》卷四一六;《全唐文》卷八三三。
王審邽	光化元年	泉州刺史	檢校戶部尚書	《十國春秋》卷九四〈閩五〉
王審邽	光化二年	泉州刺史	檢校兵部尚書	同上
莫休符	光化二年	融州刺史	檢校左散騎常侍兼御史大夫	〈桂林風土記序〉,《全唐文》卷八一八
王審邽	光化三年	泉州刺史	檢校尚書左僕射	《十國春秋》卷九四〈閩五〉

人物	年份	本官	帶京銜	史料出處
朱友恭	光化三年～天復三年	潁州刺史	檢校司徒	《舊唐書》卷二〇上〈昭宗紀〉;《新唐書》卷二二三下〈朱友恭傳〉;《舊五代史》卷一九〈朱友恭傳〉;《冊府元龜》卷三六〇〈將帥部・立功一三〉;卷三八六〈將帥部・褒異一二〉。
鄭良士	天復以前	恩州刺史	御史中丞	《十國春秋》卷九五〈閩六〉
高季興	天復三年	宋州刺史	檢校大司空	《舊五代史》卷一三三〈高季興傳〉
楊師厚	天復中	權知曹州刺史	檢校左僕射	〈故山陽縣君鞏氏夫人墓誌〉,續天祐〇〇一
楊師厚	天復中	曹州刺史	司空	同上
劉捍	天復三年	登州刺史	檢校司空	《舊五代史》卷二〇〈劉捍傳〉;《冊府元龜》卷三八六〈將帥部・褒異一二〉。
潘稠	昭宗時期	亳州刺史	檢校工部尚書	〈請移真源縣就太清宮奏〉,《全唐文》卷八〇六
徐懷玉	天復四年	齊州刺史	檢校司空	《舊五代史》卷二一〈徐懷玉傳〉
袁象先	天祐三年	陳州刺史	檢校司空	《舊五代史》卷五九〈袁象先傳〉
張崇	天祐三年	守常州刺史	檢校司徒	〈後唐張崇修廬州外羅城記〉,《全唐文》卷八六八
顧德升	天祐三年	房州刺史	檢校司徒	〈顧德升墓誌〉,《隋唐五代墓誌彙編》洛陽卷
劉捍	天祐三～四年	宋州刺史	檢校司徒	《舊五代史》卷二〇〈劉捍傳〉

表七：唐後期帶京銜之府少尹

人物	年份	本官	帶京銜	史料出處
嚴武	乾元年間	京兆少尹	御史中丞	《舊唐書》卷一一七〈嚴武傳〉
王履直	大曆三年	河中少尹	殿中監兼御史中丞	〈唐贈秘書少監王孝廉墓誌銘并序〉,《補遺》（千唐誌齋新藏專輯）。

人　物	年　份	本　官	帶京銜	史料出處
張增	代宗時期	鳳翔少尹	侍御史	〈授張增鳳翔少尹制〉，《文苑英華》卷四〇六；《全唐文》卷四一二。
張增	大曆十四年	鳳翔少尹	檢校尚書刑部員外郎兼侍御史	〈段行琛神道碑〉，《全唐文》卷四四五

表八：唐後期帶京銜之府州別駕

人　物	年　份	本　官	帶京銜	史料出處
李元平	建中四年	汝州別駕	檢校吏部郎中	《舊唐書》卷一三〇〈李元平傳〉；《冊府元龜》卷六九八〈牧守部・懦劣〉。
孫杲	貞元年間	吉州別駕	檢校太府少卿	〈孫杲墓誌〉，《補遺》第四輯；元和〇二九。
白季庚	德宗時期	衢州別駕	檢校大理少卿	〈襄州別駕府君事狀〉，《文苑英華》卷九七六；《全唐文》卷六八〇；《白居易集箋校》卷四六。
白季庚	德宗時期	襄州別駕	檢校大理少卿	同上
何溢	文宗時期	蔡州別駕	太子左諭德	〈何溢墓誌〉，《補遺》第一輯；大中〇四七。
韓昶	武宗、宣宗時期	襄陽別駕	檢校禮部郎中	〈韓昶墓誌〉，《全唐文》卷七四一；大中一〇二。
韓昶	武宗、宣宗時期	襄陽別駕	檢校戶部郎中	同上
孫公	咸通年間	彭州別駕	檢校國子祭酒兼御史大夫	〈大唐故梁夫人墓誌銘〉，續咸通〇六四

表九：唐後期帶京銜之府州司馬

人　物	年　份	本　官	帶京銜	史料出處
趙益	大曆時	洪州司馬	贊善大夫	〈趙益墓誌〉，《補遺》第一輯；大曆〇八一。
李永	代宗時期	揚州大都督府司馬	檢校秘書少監	〈授李永秘書少監制〉，《文苑英華》卷三九九；《全唐文》卷四一二。
郭湜	代宗末、德宗前期	同州司馬	檢校戶部員外郎	〈郭湜墓誌〉，《補遺》（千唐誌齋新藏專輯）

人 物	年 份	本 官	帶京銜	史料出處
李昆	穆宗時期	權知滑州司馬	監察御史	〈李昆可權知滑州司馬兼監察御史〉，《全唐文》卷六四七；《元稹集》卷四九。
張景球	昭宗時期	虢州司馬	御史中丞	〈授吳敬存左監門衛將軍張景球虢州司馬兼中丞等制〉，《文苑英華》卷四〇二；《全唐文》卷八〇三。

表十：唐後期帶京銜之府州長史

人 物	年 份	本 官	帶京銜	史料出處
李皋	廣德元年	溫州長史	少府監	《舊唐書》卷一三一〈李皋傳〉；〈曹成王碑〉，《全唐文》卷五六一；《韓昌黎文集校注》卷六。
孫昊	代宗時期	北庭大都護府長史	試將作監	〈孫昊墓誌〉，《補遺》第四輯；元和〇二九。
趙益	大曆時	洪州長史	太子家令	〈趙益墓誌〉，《補遺》第一輯；大曆〇八一。
孫昊	代宗時期	北庭大都護府長史	試太子詹事	〈孫昊墓誌〉，《補遺》第四輯；元和〇二九。
郭湜	代宗末、德宗前期	同州長史	駕部郎中	〈郭湜墓誌〉，《補遺》（千唐誌齋新藏專輯）
董昌齡	元和時期	權知泗州長史	殿中侍御史	〈董昌齡可許州長史制〉，《全唐文》卷六五七；《白居易集箋校》卷五一。
董昌齡	元和時期	許州長史	侍御史	同上
王翼	寶曆、大和年間	鄧州長史	監察御史	〈王翼墓誌〉，《補遺》第一輯；大和〇六五。
康從固	大中年間	濮州長史	檢校國子祭酒兼殿中侍御史	〈康從固除翼王府司馬制〉，《全唐文》卷七四九；《樊川文集》卷一九。

表十一：唐後期帶京銜之府州錄事參軍、判司

人 物	年 份	本 官	帶京銜	史料出處
盧岊	大曆年間	河中府倉曹參軍	太子司議郎	〈盧岊墓誌〉、〈盧岊、夫人崔氏合祔墓誌〉，《補遺》第八輯
劉常	建中年間	易州錄事參軍	試大理評事	〈王士林墓誌〉，《補遺》第四輯

表十二：唐後期帶京銜之縣令

人 物	年 份	本 官	帶京銜	史料出處
鄭密	肅代時期	商州洛南令	壽王府戶曹參軍	〈鄭密墓誌〉，《全唐文》卷三九二；《毘陵集》卷一二。
李倏	代宗初期	宣城令	大理司直	〈李倏墓誌〉，《文苑英華》卷九四二；《全唐文》卷五〇二；《權德輿詩文集》卷二五。
柳均	大曆九年	曹州考成縣令	試大理司直	〈柳均靈表〉，《補遺》第一輯；貞元一一六。
張滂	大曆年間	京兆高陵縣令	侍御史	〈張滂墓誌〉，《補遺》第一輯；貞元一〇三。
朱巨川	大曆時期	鍾離縣令	大理評事	〈朱巨川神道碑〉，《文苑英華》卷八九四；《全唐文》卷三九五。
姓氏闕	大曆年間	縣令	大（後闕五字）	〈文宣王廟新門記〉，《全唐文》卷四五八
王昕	大曆十二年	縣令	大理司直	〈絳岩湖記〉，《全唐文》卷四四五
裴适	大曆末年	河南府告成縣令	試大理正	〈裴适墓誌〉，《補遺》第六輯；大曆〇七八。
裴札	代宗時期	解縣令	太子司議郎	〈裴札墓誌〉，《補遺》（千唐誌齋新藏專輯）
薛玨	代宗時期	渭南令〔註37〕	試太子中允	《舊唐書》卷一八五下〈薛玨傳〉；《冊府元龜》卷七〇二〈令長部·遺愛〉。
姚侑	建中、貞元前期	潞州銅鞮縣令	試詹事府司直	〈姚侑墓誌〉，《補遺》（千唐誌齋新藏專輯）
韋滌	貞元二年	涇陽令	檢校工部員外郎	《冊府元龜》卷七〇一〈令長部·褒異〉；〈褒涇陽令韋滌〉，《全唐文》卷五一；〈憂恤畿內百姓並除十縣令詔〉，《陸贄集》卷四；《全唐文》卷四六三。
賈全	貞元二年	咸陽縣令	監察御史	《冊府元龜》卷七〇一〈令長部·選任〉；〈憂恤畿內百姓並除十縣令詔〉，《全唐文》卷四六三；《陸贄集》卷四。

〔註37〕《舊唐書》卷一八五下〈薛玨傳〉（頁4827）作「渭南尉」。

人　物	年　份	本　官	帶京銜	史料出處
李曾	貞元二年	鰲屋縣令	監察御史	同上
荀曾	貞元二年	三原縣令	侍御史	同上
李緄	貞元二年	富平縣令	殿中侍御史	同上
霍琮	貞元二年	華原縣令	監察御史或侍御史〔註38〕	《冊府元龜》卷七○一〈令長部・選任〉；〈憂恤畿內百姓並除十縣令詔〉，《全唐文》卷四六三；《陸贄集》卷四；〈故博陵崔公行狀〉，《呂衡州文集》卷五。
董昌齡	元和時期	鄳城令	監察御史	《舊唐書》卷一九三〈董昌齡母楊氏傳〉
韋弘	元和八年	偃師縣令	殿中侍御史	〈唐故河南府偃師縣主簿韋府君墓銘并序〉，《補遺》第八輯
李方乂	元和九年前	河中府寶鼎縣令	秘書郎	〈李方乂墓誌〉，《補遺》第六輯；元和○七九。
王慥	僖宗	萬年令	御史中丞	《錄異記》卷三
王洮	光啟二年前	耀州富平縣令	監察御史	〈王公墓誌〉，《補遺》第三輯；續景福○○一。
李令	唐昭宗前	縣令	大理評事	《太平廣記》卷二七八〈江南李令〉

表十三：唐後期帶京銜之縣尉

人　物	年　份	本　官	帶京銜	史料出處
宋塤	長慶年間	嵐州靜樂縣尉	太常寺奉禮郎	題闕，續長慶○一二

〔註38〕〈憂恤畿內百姓並除十縣令詔〉（《陸贄集》卷四，頁110～115；《全唐文》卷四六三，頁4726～4727）記爲「監察御史」；《冊府元龜》卷七○一〈令長部・選任〉（頁8359）則記爲「侍御史」。未知孰是，且備記之。

下　編

關於唐代澤潞鎮的幾個問題

緒　論

　　藩鎮問題是唐代中後期政治史上的重要問題，素為學者所重視。因此相關的研究成果相當豐富，尤其表現在藩鎮問題的概論性研究成果方面〔註1〕；相比而言，藩鎮的個案研究就略顯薄弱。進行藩鎮的個案研究是很有必要的，這是一項基礎性的研究工作，可以完善藩鎮問題的概論性研究成果。我們說藩鎮個案研究薄弱只是相對而言的。具體來講，有些藩鎮的個案研究成果較多，比如河朔型藩鎮的個案研究；而其它類型的藩鎮個案研究就相對少一些，比如非割據型藩鎮。因此，筆者嘗試以非割據型藩鎮的個案作為研究對象。

　　筆者在閱讀原典的過程中發現非割據型藩鎮——澤潞鎮〔註2〕是個重要的方鎮。澤潞鎮地處河朔近鄰，又是京、洛的屏障之地，戰略地位相當重要。正是由於它的重要性（關於澤潞鎮的重要性，諸家理解均不一致，上述所談僅為拙見而已），因此涉及澤潞鎮的研究成果的數量不少。茲略述相關的論著，並作簡要的分析、評價：

　　王壽南《唐代藩鎮與中央關係之研究》一書重點剖析了唐代藩鎮對中央的態度，該書統計了自唐睿宗景雲二年（711）至唐亡（907），每一時間、每

〔註1〕　相關研究成果可參閱胡戟等主編，《二十世紀唐研究》（北京：中國社會科學出版社，2002年）「政治卷」第一章《政治事件與政治集團政治人物‧九‧藩鎮問題》，頁50～58。

〔註2〕　張國剛指出中原防遏型藩鎮屬於非割據型藩鎮，而昭義又是中原防遏型的藩鎮，據此可知昭義屬於非割據型藩鎮。參閱張國剛：《唐代藩鎮研究》（長沙：湖南教育出版社，1987年），頁88。

一地區的藩鎮對中央採取何種態度，並從藩鎮武力、中央經濟實力、中央政府的策略措施等方面深入探討了產生該種態度的原因。只是王氏之書所討論的僅是就一般情況而言。該書附錄一〈唐代藩鎮總表〉之〈昭義〉表對歷任昭義節度的任職情況進行了頗爲詳細的考述，惜表中仍存在不少錯誤。〔註3〕堀敏一〈藩鎮親衛軍的權力結構〉分析了藩鎮兵力之核心部分——親衛軍，該文涉及到了澤潞親衛軍的權力結構，指出澤潞親衛軍是在一般牙軍之外由中軍、親事軍、使宅兵（後院兵）等組成的。〔註4〕伍伯常〈唐德宗的建藩政策——論中唐以來制御藩鎮戰略格局的形成〉著重分析了唐德宗建藩政策的具體表現，探討了中唐以來制御藩鎮戰略格局的形成；而該文提出的擴建昭義軍屬於德宗在河北推行的建藩政策的觀點，則有待商榷。〔註5〕黃清連〈杜牧論藩鎮與軍事〉分析了藩鎮的形勢；論述了會昌（841～846）年間討伐澤潞之叛；詳細介紹了澤潞的地理形勢及討伐劉稹的進攻路線。〔註6〕

戴偉華的《唐方鎮文職僚佐考》考述了歷任昭義節度文職僚佐的姓名、任職時間。〔註7〕吳廷燮《唐方鎮年表》臚列了歷任昭義節度使的姓名及任免年月。〔註8〕郁賢皓《唐刺史考全編》對唐代歷任潞州刺史的姓名、任免年月進行了頗爲詳細的考證，因爲昭義節度使大多兼任潞州刺史，故筆者以爲此書與吳氏之書的價值頗相似。〔註9〕上述戴氏、吳氏、郁氏三位學者的論著所

〔註3〕王壽南：《唐代藩鎮與中央關係之研究》，臺北：大化書局，1978年。

〔註4〕堀敏一：〈藩鎮親衛軍的權力結構〉，索介然譯，收入劉俊文主編《日本學者研究中國史論著選譯》第四卷《六朝隋唐》（北京：中華書局，1992年），頁585～648。

〔註5〕伍伯常指出：擴建昭義軍是奉天亂后德宗在河北推行的建藩政策的具體表現，而昭義全統澤潞邢洺磁五州就發生在奉天亂後。筆者認爲，這種見解值得商榷。確切地說，昭義全統上述五州，是在德宗建中三年（782）。而邢、磁二州則早在代宗大曆晚期就爲澤潞所領，洺州則是在建中三年增領的。至於奉天之亂的爆發，是建中四年的事。因此，將擴建昭義軍納入奉天亂后德宗的建藩政策，這樣提法不妥當。應當說，澤潞的擴建很大程度上源於代宗時期的政策。參見伍伯常：〈唐德宗的建藩政策——論中唐以來制御藩鎮戰略格局的形成〉，《東吳歷史學報》，第6期，2000年3月，頁1～33。

〔註6〕黃清連：〈杜牧論藩鎮與軍事〉，黃清連主編《結網編》（臺北：東大圖書公司，1998年），頁351～405。

〔註7〕戴偉華：《唐方鎮文職僚佐考》（修訂本，桂林：廣西師範大學出版社，2007年），頁162～171。

〔註8〕吳廷燮：《唐方鎮年表》（北京：中華書局，1980年）卷四〈昭義〉，頁471～498。

〔註9〕郁賢皓：《唐刺史考全編》（合肥：安徽大學出版社，2000年）卷八六〈潞州〉，

引資料非常豐富，方便了本文資料的查找。

　　成一農〈唐代地緣政治結構〉涉及澤潞屬州的變化，並粗略分析了變化的原因；然成文涉及澤潞屬州的變化處多有不當。〔註 10〕孫繼民〈唐大中四年申岸撰墓誌文考釋〉通過對申岸所撰墓誌的研究證實了澤潞鎮駐防制度的特點，即洺州駐軍以潞州官健爲主要構成的事實，以及會昌平定澤潞叛亂後，李德裕（787～850）確實曾對澤潞的統兵體制進行過改革，即將昭義節度使對駐防諸州鎮軍隊的直接統轄權下放給諸州刺史。〔註 11〕

　　森部豐的兩篇論文〈藩鎮昭義軍の成立過程について〉與〈唐沢潞昭義軍節度使：中晚唐期における唐朝と河北藩鎮の関係をめぐって〉均以唐廷與河朔的關係爲視角探討昭義的情況。前文重點分析了河北三州的地理形勢、經濟因素在澤潞與河北三州的合併過程中所起的作用：他指出因爲河北三州在地理位置上的重要性以及擁有的良好經濟條件，所以自代宗朝起唐廷與河朔均有佔據此地的意圖，而澤潞與河北三州合爲一鎮正是魏博與唐廷相互激烈攻防的結果。該文對於認識、理解澤潞將管轄區域擴建至河北的原因很有啓發意義。誠然如此，但綜觀全文，森部氏回答得更多的是朝廷爭奪河北三州的初衷。後一篇則研究了擔任澤潞昭義節度使人選的特點、昭義動亂的類型、朝廷官員對昭義認識的變化。該文指出在穆宗朝承認河朔半獨立化前，昭義節帥多選自昭義軍內部，他們都必須具備熟悉昭義軍內情以及擅長軍事行動等條件、能力才能擔任昭義的節帥；這一時期昭義的叛亂大多數是同河朔聯合行動的，至於穆宗以後昭義的叛亂，河朔並未參加，反倒是加入了平叛的行列；隨著穆宗朝默認河朔半獨立化，朝廷官員在昭義作爲抵禦河朔的最前線基地的認識上也顯現出了後退的跡象。該文附〈歷代昭義軍節度使一覽〉表。〔註 12〕

　　王韻的碩士論文《論唐、五代的昭義鎮》從昭義鎮所處的地理位置、所

　　頁 1230～1252。

〔註10〕成一農：〈唐代地緣政治結構〉，李孝聰主編《唐代地域結構與運作空間》（上海：上海辭書出版社，2003 年），頁 8～59。

〔註11〕孫繼民：〈唐大中四年申岸撰墓誌文考釋〉，杜文玉主編《唐史論叢》第八輯（西安：三秦出版社，2006 年），頁 168～179。

〔註12〕森部豐：〈藩鎮昭義軍の成立過程について〉，野口鐵郎編《中國史における教と國家》（東京：雄山閣，1994 年），頁 207～229；森部豐：〈唐沢潞昭義軍節度使考：中晚唐期における唐朝と河北藩鎮の関係をめぐって〉，野口鐵郎先生古稀記念集刊行委員會編《中華世界の歷史的展開》（東京：汲古書院，2002 年），頁 97～131。

具備的軍事實力以及昭義鎮內種族文化因素的變化等方面探討該鎮在朝廷與
河北的關係之間以及汴晉爭霸中居重要地位的原因；同時還以昭義鎮所具備
的軍事實力以及種族文化因素的變化分析了昭義鎮與唐廷關係的變化原因。
王文不足之處在於：其一，該文對已有的研究成果重視不夠，尤其是海外學
者的研究成果；其二，關於澤潞的沿革問題，文章只是簡單地羅列了《新唐
書‧方鎮表》上的說法，並未作分析、考證，而《新唐書》的記載本身就不
是很完善，因此王氏所述亦不可避免地存在諸多不足；其三，王文所提出的
「昭義鎮在唐中後期對河朔三鎮的叛亂、維護唐中央政權起了重要作用」的
觀點，有誇大昭義鎮的作用之嫌。〔註13〕

張正田由碩士論文修訂而成的《唐代昭義軍研究》一書，洋洋灑灑二十
餘萬言，為我們展現了一幅昭義鎮由澤潞與河北三州的整合走向分裂的生動
畫面。該文重點剖析了昭義鎮兩區（即澤潞區與邢洺區）在自然環境、人文
風習、軍隊結構上的差異性，昭義鎮節帥為消弭兩區差異性所採取的融和手
段，以及昭義鎮與中央關係變化的原因。張文對於昭義鎮與中央關係變化的
原因、昭義鎮的戰鬥力表現的分析多有與史實不符之處。所附〈唐代澤潞、
昭義軍節度使年表〉實承繼王壽南的意見，其間不當處也就不可避免。〔註14〕

上面簡單回顧、分析了關於澤潞鎮的研究成果。應當說，已有的研究從
各個方面探討了昭義鎮的情況，在澤潞鎮的研究上已經達到了一個相當的高
度。儘管如此，要在澤潞鎮的研究上取得新的突破還是可能的。因為學者們
研究、涉及澤潞鎮的目的、角度均不同，而且有些問題雖已涉及但有待於進
一步的探討。所以儘管前人所述已多，但是筆者仍不揣淺陋，以求在此問題
上有所進展，更深入、更全面地認識澤潞鎮。本文擬從澤潞鎮建置、屬郡的
沿革、澤潞鎮的地位及其變化、節度使的任職情況、澤潞鎮與中央的關係、
澤潞鎮的作用等前人已有所涉及的問題進行進一步的研究。

一、澤潞鎮的建置、沿革、擴建及地位

唐代宗廣德元年（763），唐王朝平定了長達八年之久的安史之亂。但此後
安史餘孽幾長期割據於河朔一帶。他們「雖奉事朝廷而不用其法令，官爵、甲

〔註13〕王韻：《論唐、五代的昭義鎮》，成都：四川師範大學碩士論文，2003年。
〔註14〕張正田：《「中原」邊緣：唐代昭義軍研究》，嘉義：中正大學碩士論文，2002
年；臺北：稻鄉出版社，2007年。

兵、租賦、刑殺皆自專之」〔註15〕，「意在以土地傳付子孫」〔註16〕。因此，唐廷與河北的關係時常出現緊張局面，而一旦出現，朝廷就派遣其他方鎮征討河北。澤潞鎮雖與河北藩鎮隔著太行山脈，但是可由貫通潞州至磁州的壺關道通往河北地區〔註17〕，因此該地區就成了朝廷防禦、進攻河北的前沿基地。

那麼，澤潞鎮究竟是怎樣一個地區呢？

（一）澤潞鎮的建置

天寶十四載（755）十一月，身兼平盧、范陽、河東三鎮節度使的安祿山在幽州起兵，安史之亂爆發。叛軍隨即兵分兩路：一路進攻太原；另一路則由安祿山親自統率，一路南下。面對這種劇變，朝廷立刻派人往河南、河東募兵，時任金吾將軍的程千里（？～757）被任為潞州都督府長史往河東簡募兵馬以拒賊眾。〔註18〕隨著軍事形勢的發展變化，朝廷就在這些地區設置藩鎮，所謂「分命節帥以扼險要」〔註19〕，使之握有財政權、軍權、民政權，以更好地抵禦安史叛眾。〔註20〕澤潞鎮就是在這種形勢下設置的，其始置的時間為至德元載（756）。〔註21〕

澤潞鎮始置的時候管轄潞、澤、沁三州，史書對此有明確的記載。〔註22〕儘管如此，尚有學者對此視而不見，認為：「由於澤潞的重要交通地位，在至德元載設置澤潞節度時僅轄澤、潞二州。上元二年（761）增領沁州。」

〔註15〕司馬光：《資治通鑑》（北京：中華書局，1956 年）卷二二五大曆十二年十二月庚子條，頁 7250。

〔註16〕劉昫等：《舊唐書》（北京：中華書局，1975 年）卷一四二〈李寶臣傳〉，頁 3866。

〔註17〕嚴耕望：《唐代交通圖考》（上海：上海古籍出版社，2007 年）第五卷〈河東河北區〉，頁 1421。

〔註18〕《資治通鑑》卷二一七天寶十四載十一月條，頁 6934～6935。

〔註19〕《資治通鑑》卷二二〇乾元元年九月庚午條胡注，頁 7060。

〔註20〕程千里就任澤潞節帥之前任潞州都督府長史，而唐代都督府的權力很小。其首長都督的地位僅為地方行政官員，級別同於地方上的刺史，手中無兵權，已然是文職官員。《通典》所載的其「掌所管都督諸州城隍兵馬甲仗糧食鎮戍等」當是沿前朝職掌，並非事實。參閱周振鶴：《中國地方行政制度史》（上海：上海人民出版社，2005 年）第十二章〈軍管型的特殊地方行政制度〉，頁 348～349。長史既是都督府中實際掌事的，其地位當與都督無異。

〔註21〕歐陽修、宋祁：《新唐書》（北京：中華書局，1975 年）卷六六〈方鎮年表三〉，頁 1838。

〔註22〕詳見《新唐書》卷六六〈方鎮年表三〉，頁 1838；《資治通鑑》卷二一九至德元載條，頁 7010～7011。

〔註 23〕他們爲何對這些記載視而不見呢？很可能是因爲未曾認識到朝廷初置澤潞鎮時使其領此三州的原因，以及未能全面、深刻理解當時的軍事形勢。

安祿山自天寶十四載歲末起兵，一路而下靈昌、陳留、洛陽；封常清（？～756）所率之眾不堪一擊，潼關失守；至此，安史叛眾南下之兵鋒達到極盛。畢德森（Charles Peterson）指出：「755 年 12 月至 756 年 6 月，叛軍最初的勝利階段，它以叛軍在潼關的進攻受阻和勤王軍在叛軍後方河北的起事告終；756 年 7 月至 757 年 11 月，叛軍佔優勢及其軍事力量和地域控制處於鼎盛的階段。」〔註 24〕不過對唐政府而言，當時的形勢可謂岌岌可危。政府於此考慮得最多的是如何才能更爲有效地抵禦安史叛眾。一個辦法就是在要衝之地設置方鎮，澤潞初創之時選擇以此三州爲屬地，就是因爲它們具有重要的戰略地位。

就潞州而言，這裏有可以溝通河北的要道——壺關道〔註 25〕，控制此道即可防禦叛軍進擾河東，避免其西向取烏嶺道進取長安〔註 26〕，或南下澤州進取洛陽。清人顧祖禹（1631～1692）曾謂：澤州「據太行之雄固，實東洛之藩垣」〔註 27〕，這裏乃是京、洛的屏障，所謂「高平形勝，太行重阻，地逼王畿」〔註 28〕。至於沁州的地理形勢也不容忽視，其「北接太原，南走澤、潞，居心膂之地，當四達之衝，山川環抱，形要之地也」〔註 29〕。故而朝廷選擇在此設置藩鎮。那麼，爲什麼唐中央政府要以此三州作爲初置之澤潞鎮的管轄區域呢？要回答這一問題，需涉及澤潞地區以往的行政區劃。

武德二年（619），朝廷在潞州設置總管府，管轄潞、澤、沁、韓、蓋五州。潞州總管府在前朝並無設置的先例。在北周、隋朝之時，潞州是歸併州總管府所管。〔註 30〕唐朝初建，潞州則歸屬絳州總管府。《舊唐書‧地理二》

〔註 23〕成一農：〈唐代地緣政治結構〉，頁 38。

〔註 24〕杜希德主編：《劍橋中國隋唐史》（北京：中國社會科學出版社，1990 年）第八章〈中唐和晚唐的宮廷和地方〉（畢德森執筆），頁 472。

〔註 25〕嚴耕望：《唐代交通圖考》，頁 1421～1440。

〔註 26〕嚴耕望：《唐代交通圖考》，頁 1411～1415。

〔註 27〕顧祖禹：《讀史方輿紀要》（北京：中華書局，2005 年）卷四三〈山西五‧澤州〉，頁 1972。

〔註 28〕宋敏求編：《唐大詔令集》（北京：中華書局，2008 年）卷三七〈冊紀王愼澤州刺史文〉，頁 162。

〔註 29〕顧祖禹：《讀史方輿紀要》卷四三〈山西五‧沁州〉，頁 1981。

〔註 30〕王仲犖：《北周地理志》（北京：中華書局，1980 年），頁 857；嚴耕望：《中

載：「武德元年，置絳州總管府，管絳、潞、蓋、建、澤、沁、韓、晉、呂、
澮、泰、蒲、虞、芮、邵十五州。……三年，廢總管府。」〔註31〕絳州總管
府所轄之州郡，皆處河東道之中南部。絳州爲這十四州所圍繞，居處這些州
郡的中央，以此爲總管府治所，易於管轄這些州郡。然時屬戰亂，絳州總管
府的建置亦僅爲權宜之計，故絳州總管府所統轄的州郡有十五州之多。翌年，
即分割出很多州郡歸屬其他新置總管府。如蒲州總管府，管蒲、虞、泰、絳、
邵、澮六州；潞州總管府，管潞、澤、沁、韓、蓋五州。〔註32〕爲什麼先朝
不設潞州總管府，而唐代方置？因爲武德二年（620），竇建德攻陷相州，〔註
33〕而相州附近的磁州有可溝通河東地區的壺關道，當時朝廷大概是爲了防止
竇氏勢力進入河東，故有此措置。

　　朝廷爲何將潞州總管府的管轄區域限定在潞、澤、沁、韓、蓋這五州？〔註
34〕這大概與這五州屬同一自然區域有關，因爲諸州之間並無山川阻隔，而古
代行政區劃的劃定通常又以山川形便爲依據。〔註35〕再者，當時晉、呂等州
爲劉武周（？～622）勢力所據〔註36〕，晉、沁間又有霍山（或稱太嶽山脈）
爲隔，這裏的山峰多在五千尺至八千尺〔註37〕，將沁州劃歸潞州總管府頗可

國地方行政制度史・魏晉南北朝地方行政制度》（上海：上海古籍出版社，2007
年），頁463；嚴耕望：〈隋代總管府考〉，氏著《嚴耕望史學論文集》（上海：
上海古籍出版社，2009年），頁241～242。

〔註31〕《舊唐書》卷三九〈地理二〉，頁1471。

〔註32〕《舊唐書》卷三九〈地理二〉，頁1469、1476。

〔註33〕《舊唐書》卷五四〈竇建德傳〉，頁2239。

〔註34〕《舊唐書》卷三九〈地理二〉（頁1478）載：武德二年，「於古高都城置晉城
縣，屬建州。六年，廢建州，縣屬蓋州。」當時澤州轄濩澤、沁水、端氏三
縣；蓋州領高平、丹川、陵川、蓋城四縣。建州則夾於兩州之中建置。筆者
認爲，依這種地理形勢，頗疑當時潞州總管府亦轄有建州。因後來建州廢後，
所轄縣即屬於蓋州，而史家撰寫時或漏書建州。

〔註35〕周振鶴：《中國地方行政制度史》，頁230～235。

〔註36〕《舊唐書》卷五五〈劉武周傳〉（頁2254）載：「武周遂據太原，遣金剛進
攻晉州，六日城陷，右驍衛大將軍劉弘基沒於賊，進取澮州，屬縣悉下。」
《舊唐書》卷五七〈裴寂傳〉（頁2287）載：「武德二年，劉武周將黃子英、
宋金剛頻寇太原，行軍總管姜寶誼、李仲文相次陷沒。高祖患之，寂自請行，
因爲晉州道行軍總管，得以便宜從事。師次介休，而金剛據城以抗寂。寂保
於度索原，營中乏水，賊斷其澗路，由是危迫。欲移營就水，賊因犯之，師
遂大潰，死散略盡，寂一日一夜馳至晉州，晉州以東城鎮俱沒，金剛進逼絳
州。」

〔註37〕嚴耕望：《唐代交通圖考》第五卷〈河東河北區〉，頁1413。

防禦劉氏勢力的侵擾。沁州當時不得歸屬并州，則是因爲并、汾等州亦爲劉氏所據〔註38〕，儘管其亦「北依太原」。

武德三年（620），劉武周勢力平定後，唐朝即在晉州設置總管府，管轄晉、絳、沁、呂四州。〔註39〕晉州與沁州間有霍山，成爲天然屏障，以沁州歸屬晉州，有使晉州總管府無險可據之意，畢竟此地原爲劉氏勢力所據，而中央政府在隋末地方勢力原有地盤上設置總管府，有控壓地方勢力的目的，〔註40〕所以朝廷在建置晉州總管府時，將沁州劃歸晉州管轄，意在使晉州總管府與潞州總管府可以相互制衡。〔註41〕畢竟當時王朝初建，尙未結束戰時狀態。而澤州與晉、絳之間，因爲有烏嶺山脈爲隔，這裏的山峰在三千至五千之間，〔註42〕交通不便。因此，澤州雖與晉、絳相連，但不歸晉州所管。亦因上述諸天然屏障，絳、晉、呂三州自北朝以來一直屬於同一區域。北朝時期所建的總管府、都督府皆以此三州爲一統轄範圍，而潞州等地則自屬另一區域。〔註43〕

武德七年（624），總管府改爲都督府。這不僅僅是名稱的變化，也是職權性質的變化。總管府中，總管與刺史分置，總管掌軍事，刺史掌行政，各有僚佐，互不干預。都督府中，都督與刺史都是「堪養百姓」〔註44〕之官，職掌雖皆與百姓有關，但是一武一文，分工完全不同。這是結束戰時體制的體現。〔註45〕儘管二者職權性質不同，但它們所統轄的區域卻是一致的，即使後來廢後重置的潞州都督府亦是如此。

貞觀元年（627），潞州都督府廢，直至八年方才重置，領潞、澤、韓三州。因爲蓋州在貞觀元年廢入澤州〔註46〕，故貞觀八年重置之潞州都督府領

〔註38〕《舊唐書》卷五五〈劉武周傳〉，頁 2253～2254。

〔註39〕《舊唐書》卷三九〈地理二〉，頁 1472。

〔註40〕許多地方原爲隋末地方勢力所盤踞，待征討並收歸唐中央所有後，朝廷即在此地設置總管府。如豫州總管府、汴州總管府的設置即是如此。參閱《舊唐書》卷三八〈地理一〉，頁 1432～1434。晉州總管府的設置與之相同。

〔註41〕澤州與絳州亦有烏嶺山脈阻隔，而不將其納入晉州總管府，蓋澤、潞本屬南北方向線上的相連州郡，故而將之歸屬潞州總管府。同時，若將澤州歸屬晉州總管府，則易形成晉州包圍潞州之勢，則不易成就相互制衡之勢。

〔註42〕嚴耕望：《唐代交通圖考》第五卷〈河東河北區〉，頁 1413。

〔註43〕嚴耕望：《中國地方行政制度史‧魏晉南北朝地方行政制度》，頁 462～463。

〔註44〕吳兢：《貞觀政要》（上海：上海古籍出版社，1978 年）卷三〈擇官〉，頁 89。

〔註45〕陳仲安、王素：《漢唐職官制度研究》（北京：中華書局，1993 年），頁 218～219。

〔註46〕貞觀元年，朝廷將舊蓋州的屬縣改隸澤州管轄。《舊唐書》卷三九〈地理二〉

有潞、澤、韓三州。艾沖認爲當時潞州都督府應該管轄潞、澤、韓、沁四州，謂貞觀六年晉州都督廢後，沁州必屬潞州都督。〔註47〕其說雖無直接證據，亦大抵可從。晉州都督府在貞觀六年廢棄，其所領州郡歸屬，史書未言。〈冊潞州都督韓王元嘉文〉載：貞觀十二年，潞州都督府的轄郡包括沁州。〔註48〕這是關於沁州屬於潞州都督府的最早記載。貞觀八年重置的都督府轄境，與武德、貞觀元年的潞州總管府、都督府相同。這是因爲這幾個州郡如韓、澤、潞等州本屬於同一自然區域，而朝廷因欲控制晉州，故將沁州由潞州總管府轉隸晉州。隨著戰事的結束，王朝也要回歸正常的行政秩序，晉州都督府廢置後，沁州復屬潞州都督府。因爲沁州隸屬潞州都督府多因自然地理因素所致，即以山川形便爲行政劃分依據，正是平時行政管理的要求。此後，貞觀十七年（643），韓州州廢，潞州都督府所管轄的州郡僅剩潞、澤、沁三州。韓州廢入潞州〔註49〕，故當時潞州都督府所轄的地理範圍亦無變化。此後，直至景雲年間，潞州都督府的轄郡多無變更，其地理範圍亦維持不變。

景雲二年（711），天下分置二十四都督府。原潞州都督府所領的潞、澤、沁三州各有所屬。并州大都督府管澤、潞、汾、儀、嵐、忻、代、朔、蔚等

（頁1478）載：「澤州上，隋長平郡。武德元年，改爲蓋州，領高平、丹川、陵川，又置蓋城四縣。……九年，省丹川、蓋城。貞觀元年，廢蓋州。」又，「晉城，漢高都縣，隋改爲丹川。武德元年，移丹川於源澤水北，屬蓋州。二年，於古高都城置晉城縣，屬建州。六年，廢建州，縣屬蓋州。九年，省丹川縣。貞觀元年，廢蓋州，縣屬澤州。」而武德九年所省之丹川、蓋城兩縣是在同年併入晉城縣的，見《新唐書》卷三九〈地理三〉，頁1008。如此而言，丹川、蓋城先併入晉城，再隨晉城隸屬澤州。《舊唐書》卷三九〈地理二〉（頁1478～1479）又載：「陵川，漢泫氏縣，隋改陵川。武德初，屬蓋州。貞觀元年，隸澤州。」「高平，漢泫氏縣地。武德元年，於縣置蓋州，領高平、丹川、陵川、蓋城四縣。貞觀元年，廢蓋州，來屬（澤州）。」據此可知，高平、陵川、晉城（含丹川、蓋城）在貞觀元年蓋州廢州之際轉隸澤州。

〔註47〕艾沖：《唐代都督府研究——兼論總管府‧都督府‧節度司之關係》（西安：西安地圖出版社，2005年），頁331。

〔註48〕《唐大詔令集》卷三四〈冊潞州都督韓王元嘉文〉，頁141。

〔註49〕貞觀十七年，舊韓州的領縣改隸潞州。《舊唐書》卷三九〈地理二〉（頁1476～1477）載：「貞觀十七年，廢韓州，以所管襄垣等五縣屬潞州。」又，「襄垣，隋縣。武德元年，於縣置韓州，領襄垣、黎城、涉、銅鞮、武鄉五縣。……六年，割沁州之銅鞮來屬。……貞觀十七年，廢韓州，以襄垣等五縣隸潞州。」「銅鞮，漢縣。隋屬韓州。武德元年，屬沁州。……六年，移於今所，屬韓州。」依此而言，武德元年以襄垣、黎城、涉、武鄉四縣置韓州。六年，韓州增銅鞮。貞觀十七年，韓州廢，其屬縣皆轉隸潞州。

九州；蒲州中都督府管晉、絳、慈、隰、沁等五州。〔註50〕澤、潞二州分屬
并州都督府管轄；沁州則歸蒲州都督府統領，晉、絳二州亦屬之。這樣的分
置大概也有歷史淵源，潞州等在北朝時就與并州等同屬并州總管府，晉絳等
州則另屬。〔註51〕而澤、潞、沁不屬一區，大概是該時期都督府許可權過大，
故以沁州歸屬蒲州，蓋有以并州都督府與蒲州都督府相互制衡之意。

開元十七年（729），潞州大都督府又重置，其領郡變更爲潞、慈、儀、
石、沁五州。《舊唐書・地理二》載：「開元十七年，以玄宗歷職此州，置大
都督府，管慈、儀、石、沁四州。」〔註52〕這與先前潞州總管府、都督府的
領郡頗爲不同。而舊史的這一記載，並不是說當時潞州都督府不領潞州，這
可能是舊史記載的習慣。如武德二年黎州總管府的轄郡，即稱：「黎州總管府，
管殷、衛、洹、澶四州。」〔註53〕不能因此就認爲黎州總管並不領黎州。〈李
密墓誌銘〉這樣記載時任黎州總管的李勣：李密「故吏、上柱國、使持節黎
州總管、殷・衛・澶四州諸軍事、黎州刺史、曹國公徐世勣。」〔註54〕再者，
慈、石二州不與潞州接壤，潞州都督府領之，或是潞府遙領所致。根據後文
可知，唐後期，澤潞節度使就曾遙領潞州陳、潁二州。

安史之亂爆發後，朝廷即在貞觀時期潞州都督府的基礎上建置澤潞節度
使，所領轄的州郡即爲澤、潞、沁三州。〔註55〕可以說，澤潞節度使初創之
時的轄區、地域範圍與貞觀時期的潞州都督府所轄大體一致。毛漢光曾據他
對於魏博鎮的研究指出：「就北中國而言，貞觀時的都督府與一百二十年後安
史亂後的藩鎮地理區分，頗有部分相似之處。」〔註56〕這是很有眼光的。

自貞觀中迄至景雲年間，潞、澤、沁三州作爲一個整體屬於一個軍區的
管轄範圍，有近百年歷史。政府對於將此三州作爲一個整體進行軍事統治，
已積纍不少經驗。那麼，在國家面對強大叛亂勢力的危急形勢下，很可能出

〔註50〕王溥：《唐會要》（上海：上海古籍出版社，2006 年）卷六八〈都督府〉，頁
　　　1412。
〔註51〕嚴耕望：《中國地方行政制度史・魏晉南北朝地方行政制度》，頁 462～463。
〔註52〕《舊唐書》卷三九〈地理二〉，頁 1476。
〔註53〕《舊唐書》卷三九〈地理二〉，頁 1491。
〔註54〕不著撰人：〈唐上柱國邢國公李君之墓銘〉，吳鋼主編《全唐文補遺》第八輯
　　　（西安：三秦出版社，2005 年），頁 253～254。
〔註55〕《新唐書》卷六六〈方鎮年表三〉，頁 1838。
〔註56〕毛漢光：〈魏博二百年史論〉，氏著《中國中古政治史論》（上海：上海書店出
　　　版社，2002 年），頁 353。

於歷史慣性，再次以此三州爲一個整體組成同樣是出於軍事目的而創建的澤潞節鎮的屬地。如此，節帥統治該區域時就會有更多的直接經驗以茲憑藉，也就能更好地維持地方的穩定，從而較好地完成朝廷賦予的抵禦安史叛眾南下的任務。而朝廷選擇以貞觀年間潞州都督府的建置而非開元時期，是因爲開元、天寶之潞州都督府的建置恐不利於抵禦叛軍，因爲慈、石二州相距潞州太遠，故而因襲貞觀制度。主要也在於澤、潞、沁三州本係相連之州郡，諸州間無山川阻隔，易於管轄、控制。

（二）澤潞鎮的沿革

澤潞鎮始置於至德元載（756），在此後的 150 年間，轄區多所變更。《新唐書·方鎮三》對此有比較全面的記載，但是仍存在一定缺憾，比如漏記某些州的隸屬、某些州郡轉隸其他方鎮的時間未見記載等等。賴青壽曾對唐後期諸方鎮的沿革進行了研究，其中探討了澤潞鎮轄區的變化，但仍有待提高。〔註 57〕成一農、王韻也對澤潞鎮的轄區變化進行過探討，亦不盡完善。〔註 58〕鑒於此，有必要對該鎮屬郡的變更進行梳理。筆者擬以《新唐書·方鎮表》爲主，輔以《舊唐書》、《新唐書》、《資治通鑑》中的史實，列表如下：

表十四：澤潞鎮沿革表

時　間	沿　革
至德元載（756）	置澤潞沁節度使，治潞州，轄澤、潞、沁三州。
上元二年（761）	沁州隸河中節度；是年，復以沁州隸澤潞節度。
寶應元年（762）	澤潞節度增領鄭、陳、邢、洺、趙、儀州；是年，以趙州隸成德節度；沁州轉隸他鎮。
廣德元年（763）	增領懷州、衛州、河陽三城；邢、洺二州轉隸相衛節度；不久，衛州亦復隸相衛節度。
大曆四年（769）	陳州隸滑亳節度；澤潞節度增領潁州。
大曆五年（770）	鄭、潁二州遙隸涇原節度。
大曆十二年（777）	舊鎮相衛節度之邢、磁二州併入澤潞節度。

〔註57〕賴青壽：《唐後期方鎮建置沿革研究》（上海：復旦大學歷史地理研究中心博士論文，1999 年），頁 68～69、99～102、107～108。

〔註58〕成一農：〈唐代地緣政治結構〉，頁 37～41；王韻：《論唐、五代的昭義鎮》第一章〈昭義鎮的建置和地理環境〉，頁 5～11。

時　間	沿　革
建中元年（780）	澤潞與邢磁兩區合稱昭義，治潞州。
建中二年（781）	澤潞節度罷領懷州、河陽三城。
建中三年（782）	澤潞節度增領洺州；趙州隸深趙節度。
貞元三年（787）	陳州隸陳許節度。
會昌四年（844）	澤州隸河陽節度。
中和二年（882）	邢、洺、磁三州脫離潞州節度。〔註59〕
光化三年（900）	潞州節度復領邢、洺、磁三州。
天復元年（901）	潞州節度復領澤州。

　　關於上表，有下列幾點需要作出解釋：

　　其一，沁州隸澤潞的時間。據《新唐書·方鎮年表三》：沁州在澤潞初創時歸其管轄；上元二年（761），朝廷增設河中節度時，曾將沁州置於河中節度的管轄範圍內，當年即復隸澤潞。〔註60〕這個記載會給人這樣的感覺：上元後，沁州一直隸屬澤潞。然而事實並非如此，沁州隸屬澤潞的時間很有限。據《新唐書·肅宗紀》：寶應元年（762）建卯月（二月）庚午，「郭子儀知朔方、河中、北庭、潞儀澤沁節度行營，興平、定國軍兵馬副元帥。」〔註61〕又據《資治通鑑》：寶應元年「秋，七月，壬辰，以郭子儀都知朔方、河東、北庭、潞·儀·沁·澤·陳·鄭等節度行營，及興平等軍副元帥。」此條胡三省注：「時以潞、儀、澤、沁、陳、鄭為一鎮，以李抱玉為節度使。」〔註62〕可知寶應時，澤潞仍管轄沁州。但不久，澤潞似乎就不管轄沁州了。〔註63〕據《資治通鑑》，寶應元年十一月丁丑：「鄴郡節度使薛嵩以相、衛、洺、邢四州降於陳鄭、澤潞節度使李抱玉。」〔註64〕

〔註59〕成一農指出：「建中二年後，儘管澤、潞、邢、洺、磁五州中的局部地區可能脫離過昭義的控制，但是大體上這種跨山而治的局面直到唐末都沒有改變。」（成一農：〈唐代地緣政治結構〉，頁39）對此，筆者不敢苟同。因為地處太行山東麓的邢、洺、磁三州曾脫離昭義的管轄近二十年。

〔註60〕《新唐書》卷六六〈方鎮年表三〉，頁1838～1839。

〔註61〕《新唐書》卷六〈肅宗紀〉，頁165。

〔註62〕《資治通鑑》卷二二二寶應元年七月條，頁7129。

〔註63〕賴青壽認為，貞元十年（794）沁州才自澤潞節度轉隸於河東節度，但賴氏對此所提出的論據似乎無法佐證他的觀點。見賴青壽：《唐後期方鎮建置沿革研究》，頁100～101。

〔註64〕《資治通鑑》卷二二二廣德元年閏正月條，頁7141。

其二，儀州的隸屬問題。根據前引資料可知，寶應時澤潞還管轄儀州，至於何時增領就不得而知了。《新唐書・方鎮年表三》對此未見記載，可補其不足。

其三，廣德元年（763）懷州、河陽三城的隸屬問題。關於廣德元年懷州、河陽三城的隸屬問題，史書上的記載是有分歧的。據《新唐書・方鎮年表三》「澤潞沁」欄：廣德元年，「置相衛節度使，治相州。……是年，增領河陽三城。澤潞節度增領懷、衛二州，尋以衛州還相衛節度。」〔註65〕《新唐書・方鎮年表一》「東畿」欄則稱：廣德元年，「懷州隸昭義。」〔註66〕又據《資治通鑑》：廣德元年夏五月「丁卯，制分河北諸州：……相、貝、邢、洺爲相州管；……懷、衛、河陽爲澤潞管。」〔註67〕那麼，廣德元年河陽究竟是屬相衛還是隸屬澤潞呢？《新唐書・方鎮年表一》「東畿」欄所載的昭義是指澤潞還是相衛？換句話說，廣德年間懷州是屬相衛還是澤潞呢？筆者認爲，兩個問題是有一定聯繫的。解決了第二個問題，才能解決第一個問題。因此可先著力解決第二個問題。仔細對照《新唐書・方鎮年表三》「澤潞沁」欄與《新唐書・方鎮年表一》「東畿」欄的記載，可提出如下的假設：如果《新唐書・方鎮年表一》「東畿」欄所載的昭義指的是相衛節度的話，爲什麼在《新唐書・方鎮年表三》「澤潞沁」欄記載廣德元年衛州改隸相衛之時，不同時記下懷州也改隸相衛呢？在這樣的假設下，《新唐書》的記載就令人費解。因此，筆者認爲，《新唐書・方鎮年表一》「東畿」欄的昭義當指澤潞，而只有這樣解釋才能使之與《新唐書・方鎮年表三》「澤潞沁」欄的「澤潞節度增領懷（州）」相一致。如上所述，廣德年間懷州當隸屬澤潞。既然廣德元年懷州隸屬澤潞，河陽三城隸於相衛的可能性就幾乎不存在。〔註68〕因爲相衛節度地處懷州東

〔註65〕《新唐書》卷六六〈方鎮年表三〉，頁1840～1841。

〔註66〕《新唐書》卷六四〈方鎮年表一〉，頁1768。

〔註67〕《資治通鑑》卷二二二廣德元年五月丁卯條，頁7143。

〔註68〕關於廣德元年河陽三城的隸屬問題，成一農是這樣說的：「《資治通鑑》卷二二二『廣德元年』，『丁卯，制，……懷、衛、河陽爲澤潞管。』（頁7143）根據《新唐書・方鎮三》記載，當時是由相衛節度使增領河陽三城。似乎二者存在矛盾。筆者認爲，相衛節度使是當年所置，澤潞節度使的邢、洺、衛等州歸其領轄，河陽三城也應該是和以上等州從澤潞節度使轉歸相衛的。」（成一農：《唐代地緣政治結構》，頁59之第176條注釋）按照成氏的意見，似乎是廣德元年河陽三城先由澤潞節度使管轄，該年又轉歸相衛。筆者認爲此說不當。另外，賴青壽依據「東畿」欄所記載的廣德元年「懷州隸昭義」、「澤潞沁」欄記載的建中二年（781）「昭義軍節度罷領懷衛二州、河陽三城」、「澤潞沁」欄所載的廣德元年相衛節度增領河陽三城，以及河陽在懷州西南，推

北方，而河陽則在懷州西南角，因此相衛節度絕不可能繞過懷州，統領河陽。
〔註69〕更何況，河陽地處洛陽近郊，地理位置相當重要，而相衛節度乃安史
降將，朝廷豈有將此地授予他們的道理呢？

其四，澤潞的整合問題。《新唐書・方鎮年表三》記載：建中元年（780），
「昭義軍節度兼領澤、潞二州，徙治潞州。」〔註70〕筆者認爲，澤潞與邢磁兩
區的合併早在大曆晚期就開始了。大曆十一年（776）十二月，昭義節度李承昭
表稱疾篤，唐廷遂以澤潞行軍司馬李抱真（733～794）兼知邢、磁兵馬留後。
大曆十二年三月，澤潞節度李抱玉（704～777）卒，李抱真乃領澤潞留後。〔註
71〕至此，李抱真實領澤潞與邢磁兩個鎮留後。似可說明大曆十二年，澤潞已開
始將領轄範圍擴展至太行山東麓。〔註72〕只是當時的整合才剛剛起步，二者還
未以統一的名號出現。而由於整合才剛剛開始，因此當時這一區域存在兩個治
所。〔註73〕關於這一點，我們從大曆晚期李抱真擔任的是澤潞與邢磁這兩個最
終實現制度整合的節鎮的留後可以約略窺視出一點跡象。直至建中元年，澤潞
與邢磁完成制度上的整合時〔註74〕，才將治所合二爲一，固定在潞州。〔註75〕

其五，衛州的隸屬問題。《新唐書・方鎮年表三》「澤潞沁」欄載：寶應
元年（762），「澤潞節度增領鄭州，又增領陳、邢、洺、趙四州」；廣德元年
（763），「置相衛節度使，治相州。是年，增領貝、邢、洺，號洺相節度；衛

斷出廣德元年相衛節度領有懷州，方可湊成所謂相衛六州節度的六州之數。
但他忽視了永泰元年（765）薛嵩曾於相衛節度境內增設磁州的事實。而這正
是大曆元年（766）相衛節度使稱爲相衛六州節度的緣故。至於廣德元年所記
載的相衛六州節度，實是《新唐書》之誤，清人錢大昕《廿二史考異》（方詩
銘、周殿傑點校，上海：上海古籍出版社，2004 年）卷四八〈唐書八〉（頁
724）已有考證。因此，筆者認爲，賴氏所論有誤。賴氏所論見氏著《唐後期
方鎮建置沿革研究》，頁 68～69、99～100。

〔註69〕關於河陽、懷州的地理位置，可參閱譚其驤主編：《中國歷史地圖集》（北京：
中國地圖出版社，1982 年）第五冊《隋唐五代十國》，頁 61～62。
〔註70〕《新唐書》卷六六〈方鎮年表三〉，頁 1840～1841。
〔註71〕《資治通鑑》卷二二五大曆十一年十二月條至大曆十二年三月條，頁 7241。
〔註72〕森部豐、成一農均持此說，參閱前引森部豐：〈藩鎮昭義軍の成立過程につい
て〉；成一農：〈唐代地緣政治結構〉。
〔註73〕關於澤潞整合之初存在兩個治所，筆者只是持一種懷疑態度，並沒有確鑿證據。
〔註74〕成一農：〈唐代地緣政治結構〉，頁 37。
〔註75〕前揭成一農之文（頁38～39）指出：「據《新唐書・方鎮三》記載，建中元年，
原太行山東的相衛六州節度使（昭義節度使）兼領澤潞二州，治所由相州徙
至潞州。」筆者認爲此說不妥。

州復隸澤潞，未幾，復領，號相衛六州節度使。」〔註76〕據此，衛州似曾先隸屬於澤潞，否則「復」字殊難解釋。寶應元年，澤潞鎮能增領邢、洺二州，是因爲史朝義的僞鄴郡節度（該節度轄有相、衛、邢、洺四州）薛嵩降於當時擔任澤潞節帥的李抱玉，朝廷隨即令李抱玉增領此二州。筆者認爲，衛州若曾先隸澤潞，當在此時。雖然衛州和澤潞鎮的澤州相連，但是中間隔著太行山脈，其間並無可以來往於二州的通道。且當時懷州尙未爲澤潞所管轄。因此，筆者認爲，澤潞鎮當時不可能轄有與該鎮無任何通道可聯繫的衛州。那麼「衛州復隸澤潞」之「復」字或衍字也。另外，據《新唐書·方鎭年表三》「澤潞沁」欄：建中二年（781），「昭義軍節度罷領懷、衛二州、河陽三城。」〔註77〕筆者懷疑這條記載有誤。因爲大曆十一年（776）魏博節度增領衛州之後，衛州似再未脫離魏博的管轄。依此來看，大曆十一年至建中二年期間，昭義節度似未嘗再領衛州。

其六，邢洺磁三州復隸的時間。《新唐書·方鎭年表三》「澤潞沁」欄載：天復元年（901），「二昭義軍節度合爲一。」〔註78〕《舊唐書·昭宗紀》載：光化三年（900）七月「庚戌，制昭義節度留後、光祿大夫、檢校司空、上柱國孟遷爲檢校司徒，兼潞州大都督府長史，充昭義節度副大使、知節度事、潞磁邢洺等州觀察處置使。」〔註79〕又天復元年閏六月，朱溫（852～912）「請於昭義節度轄階內落下邢、洺、磁三州。」〔註80〕依此而言，大概是光化年間，潞州節度復領邢、洺、磁三州，天復元年，朝廷方才於昭義節度轄內落下邢、洺、磁三州。

其七，涇原節度土地貧瘠，其節帥曾因此得以遙領富庶之地鄭、潁二州。鄭、潁二州亦曾歸屬澤潞鎮管轄，當時澤潞還未跨領河北，亦屬貧瘠之地。〔註81〕因此，筆者認爲，朝廷以此二州作爲澤潞的支郡，蓋爲了解決本區的糧草供應問題。

其八，從上表可以看出：以建中二年及三年爲界，此前的澤潞鎮常以河陽、懷州作爲巡屬，領轄時間達18年之久；此後的澤潞鎮則在大部分時間內領有河北邢、洺、磁三州。澤潞是國家控制的區域。建中以前，澤潞的支郡

〔註76〕　《新唐書》卷六六〈方鎭年表三〉，頁1840～1841。
〔註77〕　《新唐書》卷六六〈方鎭年表三〉，頁1844。
〔註78〕　《新唐書》卷六六〈方鎭年表三〉，頁1859。
〔註79〕　《舊唐書》卷二〇上〈昭宗紀〉，頁767。
〔註80〕　《舊唐書》卷二〇上〈昭宗紀〉，頁773。
〔註81〕　《新唐書》卷六六〈方鎭年表三〉，頁1842。

以河東、河南爲主，似乎說明了國家所能控制的區域僅止於太行山西麓；建中以後，澤潞的支郡則以河北、河東爲主，則暗示了國家所能控制的區域已越過太行山，深入河朔地區。兩相比較，可以看出儘管唐代宗、唐德宗時期是國家對藩鎮控制力較弱的時期，但是很明顯國家對藩鎮的控制力已出現了逐步回升的跡象。不論這種增強的程度是多麼的有限。

（三）澤潞鎮的擴建

澤潞鎮始置之時，轄澤、潞、沁三州。隨著唐朝中央與地方政治關係的不斷變化，澤潞的屬郡多有變更。澤潞屬郡的變化多與其基於防禦、進攻河北前線基地的地位相關。例如，沁州原屬澤潞，在上元二年（761）轉歸屬河中節度使，同年復歸澤潞節度使，翌年則歸屬河東節度使。沁州歸屬的這種變化，體現了當時初置的藩鎮轄區尚未固定。先屬澤潞，是爲了沿襲舊有的行政區劃，以更好地抗擊、防禦安史叛軍；又歸屬河東，是因爲澤潞的建置原本出於控壓河北，而沁州並不在抗擊河北的戰略前線。〔註 82〕同時，這樣劃分有使河東與澤潞相互制衡之意，因爲沁州歸屬河東節度使，潞州節度在西北即無險可據。

澤潞鎮屬郡最重要的變化當屬大曆十二年（777）澤潞再度跨越太行山脈，兼領河北州郡即邢、磁二州及建中三年（782）增領洺州。澤潞鎮將地盤擴至太行山東麓是澤潞鎮史上的一件大事。因爲無論從戰略地位來看，還是就經濟資源而言，邢洺磁三州歸屬澤潞，對國家而言都很有裨益。就戰略地位而言，河北三州如同一把利刃插入河朔的心臟；〔註 83〕從經濟資源來看，富庶的河北三州成了澤潞的糧食供應地，〔註 84〕無疑將減少澤潞在糧草方面的憂慮。

邢、磁兩州本屬相衛節度使薛嵩的領地，薛嵩死後，魏博節度使田承嗣趁機攻佔相衛。朝廷出兵討伐田承嗣，奪取邢、磁兩州。最初，朝廷在與魏博爭奪相衛，奪得邢、磁兩州之時，並未立即將其納入澤潞的管轄區域。朝廷在大曆十一年（776）二月平定進攻相衛的魏博叛軍後，仍以邢、磁爲一鎮，以「昭義」爲該地區的軍號，以李承昭爲節度使。同年年底，朝廷才趁李承昭乞疾之

〔註82〕 張正田：〈「中原」邊緣：唐代昭義軍研究〉，頁 54。
〔註83〕 張正田：〈「中原」邊緣：唐代昭義軍研究〉，頁 2。
〔註84〕 森部豐：〈藩鎮昭義軍の成立過程について〉，頁 217；張正田：〈「中原」邊緣：唐代昭義軍研究〉，頁 35～36。

機，讓李抱眞以澤潞行軍司馬身份權知邢磁留後。〔註85〕也就是說，朝廷一開始並沒有擴建澤潞，讓澤潞兼領邢磁等州的想法，而是在仔細斟酌了一段時間後，才決定擴建澤潞的。這是出於什麼原因？澤潞區與邢磁區隔有太行山脈，使兩區在自然環境、人文風習、軍隊結構上是存在很大差異。〔註86〕對此，朝廷應該很熟悉。既然如此，爲何還要合併這兩大區域呢？再者，爲什麼選擇在這個時候由李抱眞兼領昭義留後？李抱眞僅僅是澤潞行軍司馬，李承昭才是昭義軍節度使，爲何朝廷不選擇李承昭兼領澤潞？縱使李承昭果有疾，朝廷亦可再任新帥，然後以之兼領澤潞。此外，朝廷何以不立即由李抱眞兼領，而要先以李承昭爲昭義軍節度使，然後再選擇這個時間令李抱眞兼領昭義留後？這些問題，都需要從朝廷與魏博甚至河北諸鎮、澤潞李抱眞、昭義李承昭的關係及李抱眞個人才能等方面進行考慮，才能得到很好的解釋。

　　代宗初期，朝廷曾有意限制、消滅魏博鎮。〔註87〕但是後來隨著魏博力量的逐漸強大，朝廷亦無可奈何，只得以高位待之。甚至可以說，唐代宗對魏博鎮在某種程度上是百般籠絡，希冀其效命中央。〔註88〕但這僅僅是表面現象，是皇帝在國家實力不濟下的隱忍。筆者曾指出，代宗本是一位有著雄心壯志的君主，即位之初就平定安史之亂，叛亂平定後更計劃消滅安史叛逆勢力。〔註89〕代宗末期，皇帝亦顯露出對藩鎮的強硬態度。〔註90〕但在其統治中期，史籍給我們展現更多的是一位處處讓步於強藩、叛鎮的君王形象。這或許是在國家實力不濟下的隱忍。只有這樣理解，才不至給人予突兀感。在消滅安史叛逆勢力的計劃沒有成功之後，皇帝也並未一味屈從河北。幽州部將朱希彩等殺節度使李懷仙並自稱留後。對此，代宗不予承認，並征討之，

〔註85〕《舊唐書》卷一一〈代宗本紀〉，頁307～310。

〔註86〕張正田：《「中原」邊緣：唐代昭義軍研究》，頁19～26、75～86、139～152。

〔註87〕拙文：〈再論安史之亂的平定與河北藩鎮的重建〉，《江漢論壇》，2010年第1期，頁73；亦收入本書。

〔註88〕《新唐書》卷二一〇〈田承嗣傳〉（頁5924）載：「代宗以寇亂甫平，多所含宥，因就加同中書門下平章事，封雁門郡王，寵其軍曰天雄，以魏州爲大都督府，即授長史，詔子華尚永樂公主，冀結其心。」《資治通鑑》卷二二四大曆八年十月條（頁7222）載：「魏博節度使田承嗣爲安、史父子立祠堂，謂之四聖，且求爲相；上令內侍孫知古因奉使諷令毀之。冬十月甲辰，加承嗣同平章事以褒之。」

〔註89〕拙文：〈再論安史之亂的平定與河北藩鎮的重建〉，頁73～74。

〔註90〕《劍橋中國隋唐史》，頁507；樊文禮：〈安史之亂以後的藩鎮形勢與唐代宗朝的藩鎮政策〉，《煙臺師範學院學報》，1995年第4期，頁40～45。

直至不能成功方才承認其留後地位。〔註91〕這即是隱忍的例證之一。對幽州是這樣，對魏博亦是如此。

　　大曆八年（773），相衛節度使薛嵩卒，朝廷任命其弟薛崿為昭義留後。大曆十年（775），昭義軍兵馬使裴志清被魏博節度使田承嗣利誘，率兵驅逐薛崿，田承嗣則以救援為名攻佔相、衛領地。朝廷這時任命薛嵩族人為相、衛、洺三州刺史，這三州皆與魏州接壤，意在使他們能夠很好地防禦田承嗣的侵擾。同時，朝廷下令田承嗣嚴守封疆，並派使者曉諭之。而田承嗣本非救援，故不退兵，反而增兵攻打相衛的屬郡。在這種情況下，朝廷就下令魏博附近的藩鎮進討之。應該說，朝廷對魏博肆意擴大地盤是不能容忍的。朝廷對魏博儘管有前此所說的種種忍讓，但這種忍讓也有其底線。因此，筆者認為，安史亂後，朝廷對魏博的百般忍讓，並不代表朝廷的藩鎮政策就是軟弱的，也不意味朝廷對於魏博的任何行動不加限制。

　　就在薛崿被逐的第二個月，朝廷即任命華州刺史李承昭為昭義節度留後。有關李承昭的史料極少，因此很難知曉朝廷何以命之為昭義節帥，僅能從其它史料推斷。〈于志寧碑銘〉載：于志寧（588～665）「除華州□□，□□為政，頻涖近畿，忠信既孚，鉤距勿用。」〔註92〕這說明，任職近畿之長官當為忠信之輩。于志寧如此，李承昭亦庶幾。澤潞發生戰亂，又地近跋扈之河北，以李承昭任職昭義，極為合適。由此可知，代宗無意令河北世襲化，這即可表明朝廷對河北的態度。隨後朝廷趁李承昭乞疾之機，才使李抱真兼領昭義留後。在攻伐魏博之際，朝廷完全可以直接讓李抱真兼領昭義留後，卻要先以李承昭為昭義軍節度使，然後再選擇這個時間令李抱真兼領昭義留後，這是什麼緣故？這或許說明朝廷本非一開始就有擴建澤潞之想法。

　　田承嗣不奉詔退兵之時，朝廷即命諸軍進討，但是諸軍尤其河北諸鎮取得一定勝利之後，卻多有玩寇之心，希求賞賜。《新唐書·田承嗣傳》載：田承嗣「數有功，頗顧賞。天子使中人多出御服、良馬、黃白金萬計勞賚，使人供帳高會。」〔註93〕河北諸鎮在戰爭中更是相互交結〔註94〕，指望他們討伐叛藩

〔註91〕《舊唐書》卷一四三〈朱希彩傳〉，頁3896。
〔註92〕令狐德棻：〈大唐故柱國燕國公于君碑銘並序〉，董誥等編：《全唐文》（北京：中華書局，1983年）卷一三七，頁1391。
〔註93〕《新唐書》卷一二〇〈藩鎮魏博〉，頁5925。
〔註94〕《舊唐書》卷一四二〈李寶臣傳〉，第3867頁記載：「初，正己將發兵，使人至魏，承嗣因之。及是，乃厚禮遣歸，發使與俱，具列境內戶口、兵糧之數，

並不明智。而昭義鎮、澤潞鎮地處征伐河北的前線，河北一有戰事，這裏將首當其衝，〔註95〕成爲朝廷抗衡河北的基地，若不加強其實力，無法有效地抗衡河北。再者，當時的昭義鎮與澤潞鎮皆有缺陷，以之征討似有不利。澤潞鎮土地貧瘠，糧草供應極爲貧乏。昭義鎮則易生動亂。河北地區自古以來就有尚俠之俗。所謂俠，就是意氣用事，任心快意，性起處每逾繩檢，不避禮法，因而往往成爲動亂之源。〔註96〕邢、洺、磁三州即屬於河北。如果這個區域發生動亂，只會對國家造成不利，讓附近的河朔三鎮有機可乘。朝廷當然不希望作爲地接河朔、具有重要戰略地位的邢、洺、磁三州出現不利於中央的局面。朝廷挑選昭義節帥的愼重，〔註97〕以及昭義一出現諸如盧從史的跋扈、驕橫，朝廷即命人征討，似可說明朝廷不希望這裏出現異常狀況。

地鄰河朔三鎮的澤潞本多忠義節帥。澤潞區原歸國家管轄，自程千里以來該區的節帥皆是恭順之輩，大曆時期的李抱玉、李抱眞兄弟更是忠誠無比。且該區民風純樸，在中晚唐藩鎮相互鬥爭中較易忠於朝廷。〔註98〕只是這裏土地貧瘠，糧食自給頗成問題。而河北三州則擁有優厚的經濟條件，不足在於該區尚俠易亂。如果兩區合併、整合，恰好可以一區域的優勢彌補另一區域的缺陷。那麼，爲了避免河北地區出現不利於中央政府的局面，很難想像朝廷不會有這種想法：以毗鄰河北三州，且忠誠於中央的澤潞區控制尚俠易亂的邢洺區。〔註99〕

悉以奉正己，且告曰：『承嗣老矣，今年八十有六，形體支離，無日月焉。己子不令，悅亦屠弱，不足保其後業。今之所有，爲公守耳，曷足辱公師旅焉！』立使者於廷，南向，拜而授書；又圖正己形，焚香，事之如神，謂人曰：『眞聖人也！』正己聞之，且得其歡，乃止，諸軍莫敢進者。承嗣止正己，無南軍之虞。又知范陽寶臣故里，生長其間，心常欲得之，乃勒石爲識，密瘞寶臣境內，使望氣者云：『此中有王氣。』寶臣掘地得之，有文曰：『二帝同功勢萬全，將田作伴入幽燕。』二帝指寶臣、正己也。承嗣又使客諷之曰：『公與朱滔共擧取吾滄州，設得之，當歸國，非公所有，誠能捨承嗣之罪，請以滄州奉獻，可不勞師而致，願取范陽以自効。公將騎爲前驅，承嗣率步卒從，此萬全之勢。』寶臣喜，以爲事合符命，遂與承嗣通謀，割州與之。寶臣乃密圖范陽，承嗣亦陳兵境上。」

〔註95〕《舊唐書》卷一三二〈李抱眞傳〉（頁3647）載：「抱玉卒，抱眞仍領留後，抱眞密揣山東當有變，上黨且當兵衝。」

〔註96〕顧乃武：《唐代河朔三鎮的社會文化研究》（廈門：廈門大學歷史系博士論文，2008年），頁36～38。

〔註97〕森部豐：〈唐沢潞昭義軍節度使考：中晚唐期における唐朝と河北藩鎮の関係をめぐって〉，頁97～131。

〔註98〕張正田：《「中原」邊緣：唐代昭義軍研究》，頁242。

〔註99〕學界亦有論及澤潞擴建之事者。如森部豐以唐廷與河朔的關係爲視角，分析

正是基於朝廷對以河北諸鎮討伐強藩方式所存在弊端的憂慮，顧及河北可能再有戰事，〔註100〕為了加強中原防遏型藩鎮如澤潞的實力，朝廷選擇擴建澤潞領地。那麼，為什麼選擇由李抱真兼領昭義留後？李抱真僅僅是澤潞行軍司馬，李承昭才是昭義軍節度使。

李抱真曾力勸唐代宗重新啓用郭子儀，使得僕固懷恩叛亂頓時消解。〈李抱真墓誌銘〉就記載：

> 上方以懷恩爲憂，不啻於祿山、思明之難，遣公進討。公曰：「郭子儀領朔方之眾，人多思之。懷恩因人之心以邀其勢，紿其眾曰：『子儀爲魚朝恩所戮。』劫而用之。今若復子儀之位，可不戰而克。」上嘉而納之。其後懷恩父子皆敗，朔方有眾，洎西北兩蕃，望子儀而頓伏，皆如公策。〔註101〕

之後，又勸阻皇帝遷都，所言破中時勢，因此代宗對他很器重。當時，代宗就想授任他爲澤潞節度留後。〔註102〕此舉頗能反映代宗對他的信任，澤潞畢

了河北三州的地理形勢、經濟因素在澤潞與河北三州合併過程中所起的作用。他指出，因爲河北三州在地理位置上的重要性以及擁有良好經濟條件，所以自代宗朝起，唐廷與河朔均有佔據此地的意圖，而澤潞與河北三州最終合爲一鎮正是魏博與唐廷相互激烈攻防的結果。可參閱森部豐：〈藩鎮昭義軍の成立過程について〉，頁207～229。該文對於理解澤潞將管轄區域擴建至河北的原因很有啓發意義。但綜觀全文，森部氏更多地是在討論朝廷爭奪河北三州的初衷，而非澤潞將管轄區域延伸至河北的原因。因爲爭奪河北三州後存在兩種處理方法：第一，單獨設鎮；第二，將河北三州併入他鎮。如此而言，朝廷爭奪河北三州的原因與澤潞將管轄區域延伸至河北的緣由並非等式。成一農在研究澤潞沿革時也論及澤潞擴建這一大事。他指出：「五州的整合對於澤潞地區具有重要的意義。除了前述戰略交通方面外，山東三州還是澤潞地區重要的糧餉供應地。……山東三州和澤潞的整合，是比較方便軍事指揮的，而且可以起到遏制河北強藩、屏蔽東都的作用。」（成一農：〈唐代的地緣政治結構〉，頁39）顯然，成氏所論的是澤潞整合的意義、作用，即澤潞整合的結果。但是，整合的意義、作用畢竟不等同於整合的原因。兩人都談及河北三州的地理形勢、經濟因素在澤潞與河北三州合併過程中所起的重要作用。他們均從整合對於澤潞區與朝廷有利的角度探討澤潞的擴建問題，未及整合對解決河北三州自身存在問題的考慮。

〔註100〕《舊唐書》卷一三二〈李抱真傳〉（頁3647）記載：「抱玉卒，抱真仍領留後，抱真密揣山東當有變，上黨且當兵衝。」

〔註101〕穆員：〈相國義陽郡王李公墓誌銘〉，《文苑英華》（北京：中華書局，1966年）卷九三七，頁4926。

〔註102〕穆員：〈相國義陽郡王李公墓誌銘〉（頁4926）載：「大駕幸陝，欲遷都洛陽。公入陳婁敬、子房之說，且曰：『臣見犬戎今已遁去。』翌日，長安告至，如

竟是防禦河北的前線基地，非忠信之士不得居。李抱眞任職澤潞節度僚佐的時間相當長，近十年之久〔註103〕，必定更爲熟悉澤潞的情況。因此，與李承昭或其他可能的人選相比，李抱眞的優勢顯而易見。故朝廷選擇他擔任澤潞擴建後的首任節度使。

地盤的擴大、軍糧的充裕均可增強藩鎮的實力，兵力的加強亦有此種功效。澤潞擴建之前，爲了抗衡河北，李抱眞曾以團點的方式創建了澤潞步兵，使其軍隊雄視天下。《舊唐書・李抱眞傳》記載：

> 抱玉卒，抱眞仍領留後。抱眞密揣山東當有變，上黨且當兵沖。是時乘戰餘之地，土瘠賦重，人益困，無以養軍士。籍戶丁男，三選其一，有材力者免其租徭，給弓矢，令之曰：「農之隙，則分曹角射，歲終，吾當會試。」及期，按簿而徵之，都試以示賞罰，復命之如初。比三年，則皆善射，抱眞曰：「軍可用矣。」於是舉部内鄉兵，得成卒二萬，前既不廩費，府庫益實，乃繕甲兵，爲戰具，遂雄視山東。是時，天下稱昭義軍步兵冠諸軍。〔註104〕

另外，深知澤潞與邢磁兩區差異及邢磁區易亂的李抱眞，在澤潞擴建後，即以任命腹心僚佐鎮守邢磁區的方式控制邢磁區。如以盧玄卿爲昭義節度副使兼磁州刺史，以元誼爲昭義行軍司馬、攝洺州刺史。〔註105〕正是基於此種建構，澤潞鎮才能在中晚唐史上發揮出重要作用，在德宗年間征討河北的戰爭中立下赫赫功勳。〔註106〕

（四）澤潞鎮的地位及其變化

安史之亂爆發，由於澤潞地區擁有重要的戰略地位，所謂「澤潞肘京洛而履河津，倚太原而跨河朔」〔註107〕，爲了防禦安史叛軍的南下，朝廷遂於該地區設置節度使。〔註108〕因此，論及它的地位，就須涉及本區域的戰略形

公之言。代宗器公之才，將試其用，詔兼御史中丞、充陳鄭澤潞節度留後。」
〔註103〕《舊唐書》卷一三二〈李抱眞傳〉（頁3647）載：「李抱眞，抱玉從父弟也，抱玉爲澤潞節度使，甚器抱眞，任以軍事。……改授澤州刺史，兼爲澤潞節度副使。居二年，轉懷州刺史，復爲懷澤潞觀察使留後，凡八年。」
〔註104〕《舊唐書》卷一三二〈李抱眞傳〉，頁3647。
〔註105〕張正田：《「中原」邊緣：唐代昭義軍研究》，頁220～224。
〔註106〕張正田：《「中原」邊緣：唐代昭義軍研究》，頁231～234。
〔註107〕顧祖禹：《讀史方輿紀要》卷四二〈山西四・潞安府〉，頁1957。
〔註108〕森部豐：〈藩鎮昭義軍の成立過程について〉。

勢。關於本區域的戰略形勢，張正田、王韻均有涉及。張正田指出：「昭義邢洺區戰略形勢相當重要，邢、洺二州正居魏博之相、衛二州與成德之趙、鎮二州間，其中鎮州向爲成德節度使治所。故昭義可上下控制兩強藩。」其中「邢洺區對河朔諸鎮之威脅性，使魏博鎮帥亦不得不歡：『邢、磁如兩眼，在吾腹中，不可不取。』足見本區戰略地位之重要。」〔註109〕同樣，澤潞區「爲洛陽兩河之屏障，晉豫間的交通孔道，南北向出太行可制洛陽、三河一帶，往東越太行山可連結山東邢洺區制衡河北，地位非常重要。」〔註110〕張氏的話語間透露：昭義兩區的戰略形勢在攻守上各有偏重，邢洺區似乎偏重於制衡河北，而澤潞區則更偏重於遮罩東都。應當說，張氏所說是有道理的，但只是就一般意義上昭義鎮的戰略地位而言的。如果從歷史的角度來看，澤潞鎮的戰略形勢是有變化的，而且這種變化並不小。〔註111〕我們可以從澤潞鎮轄區的變更來尋找該鎮戰略形勢變化的跡象。

澤潞鎮史上轄區的變化重要的有五次：第一次，寶應元年（762），澤潞節度增領邢、洺、趙州等河北州郡幾一年；第二次，廣德元年（763），澤潞節度罷領邢、洺等州，增領懷州與河陽三城；第三次，大曆十二年（777），澤潞節度增領邢、磁二州，及建中三年（782）增領洺州，至此，邢、磁、洺三州全歸澤潞管轄；第四次，建中二年（781），澤潞節度罷領懷州與河陽三城；第五次，會昌四年（844），澤州轉隸河陽節度。澤潞鎮的轄區在此期間發生了由河東、河北爲主向由河東、河南爲主的轉變，然後又由此轉向以河東道、河北道爲主。轄區的變化必然帶動整個澤潞鎮戰略形勢的變化。有關整個澤潞鎮戰略形勢的變化，可先從各區的戰略形勢入手進行探討。

爲了方便討論，筆者命名澤潞鎮所轄河東地區州郡爲澤潞區（含澤、潞、沁三州），都畿地區州郡爲河陽區（含懷州、河陽三城），河北數州即爲邢洺

〔註109〕張正田：《「中原」邊緣：唐代昭義軍研究》，頁49。

〔註110〕張正田：《「中原」邊緣：唐代昭義軍研究》，頁54。

〔註111〕事實上，森部豐〈唐沢潞昭義軍節度使考：中晚唐期における唐朝と河北藩鎮の關係をめぐって〉一文曾通過元和至會昌年間朝廷官吏對昭義地位認識的變化來探討昭義地位的變化。他指出：元和年間昭義是牽制河北的最前線基地，同時還承擔著教化河北的任務。隨著穆宗以來朝廷默許河朔半獨立化，昭義的地位發生了變化。昭義節帥出現世襲的情況時，宰相大體上是贊同的，表明了昭義作爲牽制河北最前線基地的地位下降。儘管武宗朝君相執意征討劉稹（？～844）叛亂，並且最終平亂成功。但是昭義的地位確實下降了，它僅僅是抑制河北的要地而已。

區（含邢、磁、洺三州）。同時，依《中國歷史地圖集》以及張正田「昭義節度使相鄰各藩鎮位置概圖（憲宗元和時代）」﹝註112﹞繪成「元和年間澤潞鎮戰略形勢概圖」，以期對澤潞所轄各州、各轄區的戰略形勢以及整個澤潞鎮的戰略形勢變化有一大致的認識。

圖一：元和年間澤潞鎮戰略形勢概圖

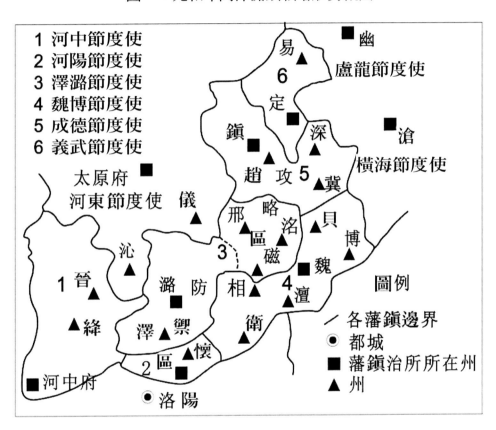

通過此圖，筆者略述邢洺區、澤潞區、河陽區的戰略形勢如下：

邢洺區的戰略形勢。整個邢洺區處於太行山東麓的大官道之上﹝註113﹞，邢、磁、洺三州可以藉此道上下溝通河北藩鎮諸州，唐中央政府亦惟藉此以遏制河北藩鎮。是故顧祖禹曰：「唐以昭義一鎮控御河北，而邢州尤為山東要地，雖強梗如鎮、魏，猶終始羈縻者，以邢州介其間，西面兵力足以展施

﹝註112﹞張正田：《「中原」邊緣：唐代昭義軍研究》，頁299。
﹝註113﹞嚴耕望：《唐代交通圖考》第五卷〈河東河北區〉，頁1513～1550。嚴氏指出：惟洺州位置稍稍偏東，不在此通道之上。

也。……從邢州而西南，路出邯鄲可以席卷相、衛；若道慶源（即趙州）而取深、冀，越清河而馳德、棣，如振裘者之挈其領也。」〔註114〕足見「昭義可上下控制兩強藩」〔註115〕。依此，可以引申爲澤潞鎮的邢洺區在戰略上具有攻略河北意義。

澤潞區的戰略形勢。天寶（742～756）末，清河客李萼曾往平原郡勸說顏眞卿，曰：「今聞朝廷使程千里統眾十萬自太行東下，將出崞口，爲賊所扼，兵不得前。今若先伐魏郡，斬袁知泰，太守司馬垂使爲西南主；分兵開崞口之路，出千里之兵使討鄴、幽陵；平原、清河合同志十萬之眾徇洛陽，分兵而制其衝。計王師亦不下十萬，公當堅壁，無與挑戰，不數十日，賊必潰而相圖矣。」〔註116〕建中（780～783）年間，魏博田悅叛，當時身爲貝州刺史的邢曹俊就勸說田悅曰：「兵法：十倍則攻。尚書以逆犯順，勢且不侔。宜於崞口置兵萬人以遏西師，則河北二十四州悉爲尚書有矣。」〔註117〕觀此可見，河北一有事，澤潞鎮兵馬欲自壺關崞口道東出者，往往會受到河北叛藩在此通道上的阻攔；雖自潞州東下壺關可抵相衛，但是邢洺區若未完全爲朝廷所控制，設若有敵置於壺關崞口道東出之崞口，澤潞鎮兵馬似難以出崞口。從舊史上未見程千里所統十萬之眾出現於河北平原的記載，且田悅不從邢曹俊之言最終敗績的史實來看，澤潞區的潞州在戰略上似乎重於防守。此外，澤州亦屬防禦性質，顧祖禹就說：「州據太行之雄固，實東洛之藩垣」〔註118〕。因此，筆者認爲，澤潞區在戰略上相對於邢洺區更偏重於防禦，且重在防禦河北。

河陽區的戰略形勢。懷州、河陽三城，自古以來就是東都的捍蔽之地，凡攻取洛陽者，無不以此爲必經之地。根據顧祖禹的整理可知：興寧二年（364），前燕慕容恪（321～367）圖取洛陽時，即遣大將悅希軍於孟津，孟津乃河陽三城的古名；北魏太和十七年（493），孝文帝（467～499）遷都洛陽，曾命人在大河之北築北中城即河陽城以守洛陽；武泰（528）初，爾朱榮（493～530）自晉陽南下，胡太后（？～528）即命將守北中城以拒之；天寶（742～756）末，安祿山反，朝廷即命封常清往洛陽，斷河陽橋爲守禦之備；

〔註114〕顧祖禹：《讀史方輿紀要》卷一五〈直隸六・順德府〉，頁658。
〔註115〕張正田：《「中原」邊緣：唐代昭義軍研究》，頁41。
〔註116〕《舊唐書》卷一二八〈顏眞卿傳〉，頁3591。
〔註117〕《舊唐書》卷一四一〈田悅傳〉，頁3842。
〔註118〕《讀史方輿紀要》卷四三〈山西五・澤州〉，第296頁。

乾元（758～760）時，九節度之師潰敗相州，郭子儀即以朔方軍斷河陽橋力保東都；而史思明據洛陽之時，李光弼則憑藉河陽之勢，使史思明懼而不敢西向。〔註119〕可見，河陽對於洛陽的防守相當重要。難怪李德裕說：河陽「扞蔽東都」〔註120〕。鑒於此，河陽區對於洛陽來講，亦屬於防守區域。畢竟這裏乃東都近畿，進攻性的戰場是不會設置於此的。

天寶末，安祿山起兵幽州，爲了抵禦叛軍南下，朝廷置澤潞沁節度。由壺關崿口道東之崿口可西進潞州，朝廷在此設置方鎮似有防止叛軍由此道西進的用意，因此當時澤潞鎮所體現的即防禦職能。寶應元年，澤潞節度增領邢、洺、趙州等河北州郡。因當時僞鄴郡節度使薛嵩投降澤潞節度使李抱玉，以及李寶臣降於朝廷，所以澤潞節度才得以跨越太行山脈，增領邢、洺、趙諸州。當時已是安史之亂末期，史朝義幾乎窮途末路之際，故增領邢、洺、趙等具有攻略河北地區性質的州郡〔註121〕，似乎暗含代宗朝廷有收復河北的打算。怎奈僕固懷恩私心作祟，遂使中央之計劃流產。〔註122〕不久，邢、洺、趙諸州復隸屬於薛嵩、李寶臣。緊接著，廣德元年澤潞節度又增領懷州、河陽三城，該鎮的戰略形勢隨即又趨於防禦。大曆十二年，澤潞節度再次越過太行山脈領轄河北邢、磁等州，此時該鎮可謂攻守兼備。建中二年，澤潞節度罷領懷州與河陽三城後，澤潞鎮的戰守形勢則傾向於攻略。

綜合上引澤潞區、邢洺區及河陽區的戰略形勢，至德元載（756）迄大曆十二年（777），澤潞鎮的戰守形勢偏重於防守，但僅僅是「偏重」而已，畢竟由潞州「出壺關後，往東南可制橫相州，乃至整個邢洺區」〔註123〕；大曆十二年至建中二年（781），該鎮的戰略形勢可謂是攻守兼備；建中二年後，澤潞鎮的戰守形勢則傾向於進攻。由此來看，該鎮的戰守形勢的變化是：重防守→攻守均重→偏重進攻。從這一戰守形勢的變化似可窺探出該鎮戰略地位的變化：澤潞鎮正逐漸地由朝廷防禦河北的要地演變成制衡河北的一枚重要的棋子。

〔註119〕參見顧祖禹：《讀史方輿紀要》卷四六〈河南一‧河陽三城〉，頁2127～2132。

〔註120〕《資治通鑑》卷二四七會昌三年八月庚辰條，頁7990。

〔註121〕顧祖禹曾如此描述趙州的戰略地位：「控據太行，襟帶橫漳，南出則道邢、洺而收相、魏，東指則包深、冀而問幽、滄。」由此，可見趙州在戰略上亦具進攻性質。見《讀史方輿紀要》卷一四〈直隸五‧趙州〉，頁640。

〔註122〕關於安史餘孽在叛亂結束後仍佔據河北一帶，詳見拙文〈再論安史之亂的平定與河北藩鎮的重建〉。

〔註123〕張正田：《「中原」邊緣：唐代昭義軍研究》，頁53。

而這一變化似乎亦可說明朝廷對待藩鎮的政策正在起變化。增領懷州、河陽三城，是在代宗廣德年間枚平安史叛亂之初；增領邢、磁二州，則是在大曆晚期，乃代宗末年，說明了代宗時期對待河北藩鎮的政策愈來愈趨向強硬了。〔註124〕觀大曆年間魏博攻打相衛時，朝廷奮力抵抗即可知。建中年間澤潞治所合而爲一，實現制度層面上澤潞的整合〔註125〕，說明了朝廷欲以強硬手腕制衡藩鎮的決心。亦可從德宗繼位後決意削藩的姿態可略知一二。至於建中年間朝廷單獨以河陽作爲節鎮，使澤潞不再管轄河陽區，筆者認爲，這一方面固然是出於分權的考慮〔註126〕，另一方面可能是出於財力、軍力與兩京安全考慮的。因爲由一位節度使統轄如此大的地盤，計財力、軍力顯然不夠，同時該鎮又要兼顧攻守，難免不會有所疏漏，畢竟這裏乃京、洛屏障之地，對此朝廷不會不愼重考慮的。

代宗末年、德宗時期在對待河北藩鎮的政策上出現的這些變化，與國家對藩鎮控制力的回升有一定關係。儘管奉天亂後，德宗朝對待河北的政策有所變化，但是其仍不失時機地盡量削弱他們〔註127〕，因而其地位基本上是沒有變化的。元和時期中央致力於「恢復對搞自治的藩鎮的控制」〔註128〕，因此該鎮的地位亦屬進攻性質。隨著穆宗以來朝廷默許河朔半獨立化，澤潞鎮偏重進攻的地位也在悄然起著變化。穆宗以來，河朔的叛亂已很少見。相反，河北與朝廷倒形成了相互利用的關係。〔註129〕至此，澤潞鎮已不再承擔進攻河北的任務。會昌年間平定劉稹叛亂之後，朝廷爲了避

〔註124〕關於代宗對待河北藩鎮的政策，多數學者認爲是姑息政策。而筆者認爲，代宗朝對待河北藩鎮的政策是有變化的，到了晚期，其政策愈趨於強硬。亦可參見《劍橋中國隋唐史》，頁485～496；樊文禮：〈安史之亂以後的藩鎮形勢與唐代宗朝的藩鎮政策〉，頁40～45。

〔註125〕成一農：〈唐代地緣政治結構〉，頁39。

〔註126〕成一農：〈唐代地緣政治結構〉，頁40。

〔註127〕德宗朝對待藩鎮的政策是有變化的。奉天之亂以前，乃是較爲強硬的政策；奉天亂後，德宗的政策已不再那麼強硬了，德宗對藩鎮採取了一條從實際出發，量力而行，能制則制，不能制則暫且姑息，彼此相安無事的政策。具體而言，對力不能制的河朔藩鎮主要實行姑息之策，同時抓住時機盡量削弱他們；對力所能制的其他藩鎮，採取最大限度的打擊與控制，竭力將他們置於至於中央操控之下。參見劉玉峰：《唐德宗評傳》（濟南：齊魯書社，2002年）第一章〈唐德宗朝的中央與藩鎮〉，頁61。

〔註128〕《劍橋中國隋唐史》，頁522。

〔註129〕森部豐〈唐沢潞昭義軍節度使考：中晚唐期における唐朝と河北藩鎮の關係をめぐって〉。

免澤潞再次出現不利於中央的事態，最終將澤州劃歸河陽管轄。澤潞鎮反倒成了朝廷防禦的對象了。平定劉稹叛亂之前，李德裕曾上奏：「俟昭義平日，仍割澤州隸河陽節度。則太行之險不在昭義，而河陽遂為重鎮，東都無復憂矣！」〔註130〕

二、澤潞鎮與唐中央政府的關係

關於澤潞鎮與唐中央政府的關係，前揭王韻以昭義鎮所具備的軍事實力以及種族文化因素的變化分析了昭義鎮與唐廷關係的變化原因，不無道理。〔註131〕張正田則結合〈唐代澤潞、昭義軍節度使年表〉，探討唐中央政府對昭義鎮的控制方式及某一時期中央採取該種控制方式的原因。此外，張氏還涉及昭義對中央的態度及產生此種態度的原因等問題。〔註132〕惜張氏之文多不完善之處。因此，本章擬重新就唐中央政府對澤潞鎮的控制，以及澤潞鎮對待唐中央政府的態度，這兩問題進行審視。因為探討上述問題很大程度上需涉及澤潞節度的任職情況，因此有必要先對唐代澤潞史上的四十多位節度使的任職情況進行考證。

（一）澤潞節度使考

關於澤潞節度的任職情況，前輩學者多有涉及。王壽南《唐代藩鎮與中央關係之研究》的附錄〈唐代藩鎮總表〉中設有「昭義」表〔註133〕，考證昭義節度的任職情況；森部豐則撰有專文探討，並附表〔註134〕；張正田《唐代昭義軍研究》設有專章探討澤潞節度的任職情況，也附表〔註135〕。不過，森部氏與張氏的相關研究，未涉及中和迄唐末的澤潞節度的任職情況。且三人的研究仍存在不少值得商榷之處。因此，筆者擬重新對澤潞節度的任職情況進行考證。考證的結果請見下表，並附相關具體考證列於後。

〔註130〕《資治通鑑》卷二四七會昌三年九月丙午條，頁7991。
〔註131〕王韻：《論唐、五代的昭義鎮》，頁51～60。
〔註132〕張正田：《「中原」邊緣：唐代昭義軍研究》，頁191～252。
〔註133〕王壽南：《唐代藩鎮與中央關係之研究》，頁684～692。
〔註134〕森部豐〈唐沢潞昭義軍節度使考：中晚唐期における唐朝と河北藩鎮の関係をめぐって〉。
〔註135〕張正田：《「中原」邊緣：唐代昭義軍研究》，頁193～197。

表十五：澤潞鎮歷任節度表

姓名	受鎮年月	去鎮年月	在鎮時間	任前官	任後官	受鎮原因	去鎮原因	對中央的態度	文武
程千里	至德元載	至德二載九月	2年	上黨郡長史	卒	朝命	爲賊將蔡希德所擒	恭順	武
王思禮	乾元元年八月至九月間	乾元二年七月至上元元年閏四月間	1～2年	兵部尙書	河東節度副大使	朝命	朝命	恭順	武
李抱玉	寶應元年	大曆十二年三月	16年	澤州刺史	卒	朝命	卒	恭順	武
李抱眞	大曆十二年三月	貞元十年六月	17年	澤潞行軍司馬	卒	朝命	卒	恭順	武
王虔休（廷貴）	貞元十年七月	貞元十五年三月	5年	昭義步軍都虞候	卒	朝命	卒	恭順	武
李元淳（長榮）	貞元十五年三月	貞元二十年七月	6年	河陽節度	卒	朝命	卒	恭順	武
盧從史	貞元二十年八月	元和五年四月	6年	昭義兵馬使	驩州司馬	朝命	朝貶	跋扈	武
孟元陽	元和五年四月	元和六年	1年	河陽節度	右羽林統軍	朝命	朝命	恭順	武
郗士美	元和六年三月	元和十二年八月	7年	河南尹	工部尙書	朝命	朝命	恭順	文
辛祕	元和十二年八月	元和十五年冬	4年	河南尹	卒	朝命	卒	恭順	文
李愬	元和十五年九月	元和十五年十月	2月	武寧節度	魏博節度	朝命	朝命	恭順	武

姓名	受鎮年月	去鎮年月	在鎮時間	任前官	任後官	受鎮原因	去鎮原因	對中央的態度	文武
劉悟	元和十五年十月	寶曆元年八月（一作九月）	5年	義成節度	卒	朝命	卒	先恭順後跋扈〔註136〕	武
劉從諫	寶曆元年十二月	會昌三年四月	18年	將作監主簿	卒	襲父悟位	卒	先恭順後跋扈〔註137〕	武
盧鈞	會昌四年九月	會昌六年	3年	山南東道節度	戶部侍郎作吏部尙書）	朝命	朝命	恭順	文
李執方	大中元年	大中二年	2年			朝命	朝命	恭順	文
薛元賞	大中三年	大中六年	4年	袁王傅	卒	朝命	卒	恭順	文
鄭涓	大中六年	大中九年九月	4年	武寧節度	河東節度	朝命	朝命	恭順	文
韋博	大中九年	大中十年十月	1年	淄青節度	卒	朝命	卒	恭順	文
畢諴	大中十年十月	大中十一年十二月	2年	邠寧節度	河東節度	朝命	朝命	恭順	文
裴休	大中十一年十二月	大中十三年十月	2年	太子少保分司	河東節度	朝命	朝命	恭順	文
唐持	咸通元年	咸通二年	2年	朔方節度	卒	朝命	卒	恭順	文
劉潼	咸通三年	咸通四年正月	1年	左散騎常侍	河東節度	朝命	朝命	恭順	文
沈詢	咸通四年	咸通四年十二月	數月	戶部侍郎	卒	朝命	兵亂被殺	恭順	文

〔註136〕長慶二年以前恭順；長慶二年以後（含二年）跋扈。
〔註137〕太和七年以前恭順；太和七年以後（含七年）跋扈。

姓名	受鎮年月	去鎮年月	在鎮時間	任前官	任後官	受鎮原因	去鎮原因	對中央的態度	文武
李蠙	咸通五年正月	咸通七年	3年	京兆尹		朝命		恭順	文
盧匡	咸通九年	咸通十一年	3年			朝命		恭順	文
高湜	咸通十三年	咸通十四年	2年	兵部侍郎		朝命	朝命	恭順	文
張彥遠	咸通十四年	乾符元年	2年		大理卿	朝命	朝命	恭順	文
高湜	乾符元年	乾符二年十月	2年		□崖郡司馬	朝命	兵亂被逐	恭順	文
曹翔	乾符二年十月	乾符五年六月（一作正月）	3年	左金吾大將軍	河東節度	朝命	朝命	恭順	武
李鈞	乾符五年	乾符五年十二月	數月	汝州防禦使	卒	朝命	爲李克用敗死	恭順	文
高潯	乾符六年二月	中和元年八月	3年	陝虢觀察使	卒	朝命	爲部將所殺	恭順	文
孟方立	中和元年八月	中和三年十月	3年	天井關戍將	邢洺節度	擁兵據位	遷鎮邢州	跋扈	武
鄭昌圖	中和二年	中和二年	數月	兵部侍郎		朝命	不自安	恭順	文
李克修	中和三年十月	大順元年三月	7年	左營軍使	卒	強藩所命	卒	跋扈	武
李克恭	大順元年三月	大順元年五月	3月	河東決勝軍使	卒	強藩所命	軍亂被殺	跋扈	武
朱崇節	大順元年五月	大順元年九月	5月	河陽留後	河陽節度	強藩所命	棄城	跋扈	武
康君立	大順元年九月	乾寧元年九月	4年	汾州刺史	卒	強藩所命	爲李克用所殺	跋扈	武
薛志勤	乾寧元年九月	光化元年十二月	5年	雲州刺史	卒	強藩所命	卒	跋扈	武

姓名	受鎮年月	去鎮年月	在鎮時間	任前官	任後官	受鎮原因	去鎮原因	對中央的態度	文武
李罕之	光化元年十二月（一作二年元月）	光化二年六月	數月	澤州刺史	河陽節度	強藩所命	強藩所命	跋扈	武
丁會	光化二年六月			河陽節度	河陽節度	強藩所命	強藩所命	跋扈	武
孟遷	光化二年九月	天復元年五月	2年	汾州刺史	降於朱全忠	強藩所命	降於朱全忠	跋扈	武
丁會	天復元年閏六月	天祐三年閏十二月(一作十二月)	6年	河陽節度	降於李克用	強藩所命	降於李克用	跋扈	武
李嗣昭	天祐三年閏十二月（一作十二月）	天祐四年	數月	河東將	唐亡	強藩所命	唐亡	跋扈	武

【說明】：

其一，筆者是以擔任節度留後的時間作爲此任節度的受鎮年月的。因爲凡一節度死後，朝廷必以朝官或軍府中的某一府僚任節度留後，權知府中之事，亦即代行節度府的事務。到了形勢穩定，朝廷再補其爲正式的節度使。節度留後所行使的是節度之權。那麼，李抱眞大約是在 766 年前後〔註138〕擔任澤潞觀察使留後，爲何不以此作爲受鎮年月？因爲當時抱玉才是眞正的澤潞節度；抱玉尚在，只是兼領其他節鎮，駐於他鎮之治所而已，抱眞只不過是在抱玉外鎮之時代行其職罷了。

其二，因爲劉稹擔任昭義節度使時並沒有得到唐廷任何方式上的首肯，他並非眞正意義上的澤潞節度使，因此未將其列入表中。

〔註138〕《舊唐書》卷一二三〈李抱眞傳〉（頁3647）：「其後懷恩子瑒爲其所下所殺，懷恩奔遁，多如抱眞策，因是遷殿中少監。居頃之，……改授澤州刺史，兼爲澤潞節度副使。居二年，轉懷州刺史，復爲懷澤潞觀察使留後，凡八年。」僕固瑒被殺是在 763 年，由此可推抱眞任澤州刺史大約在是 764 年前後；依此類推，其任懷州刺史可能在 766 年。那麼，其任留後的時間可能在 766 年前後。

【考述】：

程千里：《舊唐書·程千里傳》載：「祿山之亂，詔（金吾將軍程）千里於河東召募，充河東節度副使、雲中太守。十五載正月，遷上黨郡長史、特進，攝御史中丞，以兵守上黨。」〔註139〕天寶十五載（756）之後程千里一直任職於潞州，直到至德元載（756）置澤潞節度時當上首任節度。因此可以肯定其任節度之前充任的是上黨郡長史。王壽南、張正田皆以「河東節度副使」爲其任前官職，恐誤。

王思禮：《舊唐書·肅宗紀》載：乾元元年（758）八月甲辰，「朔方節度使郭子儀、河東節度使李光弼、關內節度使王思禮來朝」，可知時王思禮未曾爲澤潞節度；乾元元年九月「庚寅，大舉討安慶緒於相州。命朔方節度郭子儀、河東節度李光弼、關內潞州節度使王思禮……等九節度之師」云云〔註140〕，可見乾元元年九月，王思禮已爲澤潞節度。因此，筆者認爲其任澤潞節度在乾元元年八月至九月之間。而王壽南、張正田的說法則認爲是至德二載，誤。此外，他們所說的王思禮之去鎮年月也不甚恰當。《舊唐書·肅宗紀》載：乾元二年七月「丁亥，以兵部尚書、潞州大都督府長史、潞沁節度、霍國公王思禮兼太原尹，充北京留守，河東節度副大使。」〔註141〕可知乾元二年七月其仍爲澤潞節度；同卷亦說：上元元年（760）閏四月「丁卯，太原尹王思禮進位司空。」〔註142〕可見上元時其已不任澤潞節度使，故卸任時間大約在乾元二年七月至上元元年閏四月之間。

李抱眞：王壽南、張正田二人皆以「大曆十一年十二月」作爲李抱眞的受鎮年月。從王壽南所列的表格來看，他所研究的昭義包括分立期之澤潞、相衛及整合期之昭義。〔註143〕從邏輯上來看，王氏以李抱眞任節度的時間爲大曆十一年十二月是有說服力的。因爲大曆十一年（776）十二月，李抱眞以澤潞行軍司馬的身份代李承昭權兼邢、磁兵馬留後，實則爲昭義節度留後。而據張氏之表，其所論列的昭義似僅含分立期之澤潞及整合期之昭義。因此

〔註139〕《舊唐書》卷一八七下〈程千里傳〉，頁4903～4904。
〔註140〕《舊唐書》卷一〇〈肅宗紀〉，頁253。
〔註141〕《舊唐書》卷一〇〈肅宗紀〉，頁256。
〔註142〕《舊唐書》卷一〇〈肅宗紀〉，頁258。
〔註143〕分立期指的是僅據太行山西麓的澤潞或僅據太行山東麓的相衛舊鎮。整合期指的是地處太行山西麓的澤潞鎮與佔據太行山東麓的相衛舊鎮的邢洺磁三州合併之時。

張氏以大曆十一年十二月作爲抱眞任節度的時間似欠妥當。因爲大曆十二年三月李抱玉卒後，李抱眞才繼任爲澤潞節度留後。筆者所討論的昭義也是包括分立期之澤潞及整合期之昭義，因此其受鎭年月當爲大曆十二年三月。以此推測，李抱眞的在鎭時間應爲 17 年，而非 18 年。

　　辛祕：〈昭義軍節度使辛公神道碑〉載：元和十五年（820）冬，辛祕（757～821）「行於洛」〔註144〕。這裏所說的是辛氏從澤潞節度任上卸任往洛陽的時間。按照《舊唐書》、《資治通鑑》的說法，冬季指的是十、十一、十二月，並無定指十二月。而王氏、張氏二人卻認定辛祕去鎭時間是在元和十五年十二月，顯然不符合事實。再根據李愬（773～821）於元和十五年九月授任昭義節度〔註145〕，因此我們可以判定辛氏的離任不應遲至十二月。此外，二人關於辛祕的任期亦不見得準確。兩《唐書》的本傳均記爲 4 年；〈昭義軍節度使辛公神道碑〉亦如是說。如若以數字計算，也當爲 4 年。王氏、森部氏、張氏皆以辛祕的任期爲 2 年，恐誤。

　　李愬：《舊唐書·李愬傳》認爲其任昭義的時間爲元和十五年九月〔註146〕。按照《舊唐書·穆宗紀》的說法，其任職時間僅爲兩月，〈穆宗紀〉對其任職、離職的經過記載頗詳〔註147〕，當可信，故從之。

　　劉悟：關於劉悟（？～825）去鎭年月有兩種記載：一是寶曆元年（825）八月，見李絳〈論劉從諫求爲留後疏〉與司馬光《資治通鑑》〔註148〕；二是寶應元年九月，見《舊唐書·敬宗紀》與《舊唐書·劉悟傳》〔註149〕。有關劉悟對待中央的態度，史書的記載也有不同。有持跋扈說的，也有主張恭順的。近人如王壽南則認爲劉悟對待中央的態度是有變化的，其在憲宗朝是恭順的，而在穆、敬二朝則是跋扈的。他的學生張正田秉承此說。筆者不同意王、張二人的觀點。憲宗是在元和十五年（806）初駕崩的，而劉悟被任命爲昭義節度是在同年的十月，此時穆宗已即位，因此劉悟被任命爲昭義節度當屬穆宗之意〔註150〕，因而王、張二人所說的憲宗朝昭義節度劉悟對待中央的

〔註144〕牛僧孺：〈昭義軍節度使辛公神道碑〉，《全唐文》卷六八二，頁 6978～6979。
〔註145〕《舊唐書》卷一六〈穆宗紀〉，頁 481。
〔註146〕《舊唐書》卷一三三〈李愬傳〉，頁 3681。
〔註147〕《舊唐書》卷一六〈穆宗紀〉，頁 481～482。
〔註148〕李絳：〈論劉從諫求爲留後疏〉，《全唐文》卷六四五，頁 6533；《資治通鑑》卷二四三寶曆元年八月條，頁 7844。
〔註149〕《舊唐書》卷一七上〈敬宗紀〉，頁 517；《舊唐書》卷一六一〈劉悟傳〉，頁 4231。
〔註150〕《舊唐書》卷一六〈穆宗紀〉，頁 482。

態度極恭順的說法不合事實。儘管如此，筆者也認爲昭義節度劉悟對中央的態度確如王、張二人所說的存在一定變化。而劉悟態度變化的轉捩點當是在長慶二年（822）劉承偕事件〔註151〕。當時朝廷所下的許多制敕及李德裕所上的疏表中均言劉悟虧臣節，而劉悟死時還上表求其子襲位，此舉乃欲效河朔之事。澤潞本屬國家內地，非比河朔，而悟欲開先例，這是無視朝綱之舉，並非恭順行爲。至於兩《唐書》賈直言（？～835）本傳所說的劉悟因用直言之言而「終身不虧臣節」〔註152〕，恐不可靠，或爲私美賈直言之舉。

劉從諫：王氏、張氏皆以其任節度前的官職爲節度留後，恐誤，此可參閱前文關於留後的「說明」。他們所說的劉從諫任前官職有誤，順帶地也將其受鎮年月搞錯了。再者，二人對其在鎮時間的看法也有問題，經筆者計算，其任職時間僅爲 18 年。森部豐亦認爲 20 年，誤。至於劉從諫對待中央的態度問題，王、張二人皆持「跋扈」之說。筆者認爲，劉從諫在大和七年（833）以前聽命於中央，之後才變得跋扈。關於劉從諫態度的變化可據下述三則史料：《新唐書・劉從諫傳》：「（劉）悟苛擾，從諫寬厚，故下益附。方年壯，思立功。六年，請入朝，文宗待遇加等。明年，還藩，進同中書門下平章事。公卿多託以私，又見事柄不一，遂心輕朝廷，有驕色。」〔註153〕《資治通鑑》：大和七年「正月甲午，加昭義節度劉從諫同平章事，遣歸鎮。初，從諫以忠義自任，入朝，欲請他鎮；既至，見朝廷事柄不一，又士大夫多請託，心輕朝廷，故歸而益驕。」〔註154〕此外，李德裕〈論昭義三軍請劉積勾當軍務狀〉載：「從諫因父歿，自總兵權。屬寶曆中，政務因循，事歸苟且，與其符節，以紊國章。然猶恭守詔條，諮諏善道，亦修觀禮，一至闕庭。驟陟臺階，實非公議。爰自近歲，頗聚甲兵。招致亡命之徒，遂成逋逃之藪，怵於邪說，自謂雄豪。及寢疾彌留，罔思臣節。」〔註155〕李德裕極痛恨劉從諫，也主張討伐澤潞，因此其所撰之狀稱劉從諫的恭順朝廷應是可信。〔註156〕

〔註151〕此事見《資治通鑑》卷二四二長慶二年二月丁亥條，頁 7811～7814；《舊唐書》卷一六一〈劉悟傳〉，頁 4231；《新唐書》卷二一四〈劉悟傳〉，頁 6013～6014。

〔註152〕此句《舊唐書》卷一八七下〈賈直言傳〉，頁 4913；亦參見《新唐書》卷一九三〈賈直言傳〉，頁 5559。

〔註153〕《新唐書》卷二一四〈劉從諫傳〉，頁 6014～6015。

〔註154〕《資治通鑑》卷二四四大和七年正月甲午條，頁 7882～7883。

〔註155〕李德裕：〈論昭義三軍請劉積勾當軍務狀〉，《全唐文》卷七〇一，頁 7199。

〔註156〕關於劉悟、劉從諫父子對待中央的態度存在這種變化的看法，森部豐〈唐沢

　　盧鈞：《舊唐書・武宗紀》載：會昌四年（844）九月，「以前山南東道節度使盧鈞檢校尙書左僕射、潞州大都督府長史，充昭義軍節度使、澤潞邢洺觀察等使。」〔註 157〕因此其受鎮年月當爲會昌四年九月；而王氏、張氏皆稱「會昌四年八月」，不知何據？且二人關於盧鈞的去鎮年月的提法亦恐有誤，他們認爲是「會昌五年」，筆者據《新唐書・盧鈞傳》所載「宣宗即位，改吏部尙書」〔註 158〕，認爲其去鎮時間當爲會昌六年。此外，二人皆以「戶部尙書」爲其任後官職，亦不知何據？按《舊唐書・盧鈞傳》載：「詔鈞入朝，拜戶部侍郎、判度支，遷戶部尙書。」〔註 159〕其任後官或可能爲戶部侍郎，或可能爲吏部尙書。森部豐即持戶部侍郎之說。

　　鄭涓：《舊唐書・宣宗紀》載：大中九年（855）「九月，昭義節度使、檢校禮部尙書，兼潞州大都督府長史、御史大夫、上柱國、賜紫金魚袋鄭涓檢校刑部尙書、太原尹、北都留守、御史大夫、充河東節度、管內觀察處置等使。」〔註 160〕故筆者以大中九年九月爲其去鎮年月。王氏、張氏、森部氏三人僅言「大中九年」。

　　韋博：鄭涓在大中九年九月卸任，則韋博當在九月以後上任。而韋博又於大中十年卒於任所，因此其在鎮時間當僅爲一年。王氏、張氏、森部氏三人皆言其在鎮時間爲 2 年，恐誤。

　　劉潼：《舊唐書・懿宗紀》曰：咸通四年（863）春正月，「以昭義節度使、檢校禮部尙書、上柱國、賜紫金魚袋劉潼爲太原尹、北都留守、御史大夫，充河東節度觀察處置等使。」〔註 161〕可見劉潼的卸任時間爲咸通四年正月；而他是於咸通三年上任，故而其在鎮時間爲一年。王、張二氏認爲其在鎮時間爲二年，誤。森部豐認爲劉潼的上任時間爲咸通二年，不知何據？

　　沈詢：《新唐書・沈詢傳》載：沈詢（？～863）「累遷中書舍人，出爲浙東觀察使，除戶部侍郎，判度支。咸通四年，爲昭義節度使。」〔註 162〕可見

潞昭義軍節度使考：中晚唐期における唐朝と河北藩鎮の關係をめぐって〉似也持此說，只是未曾詳細闡述。疑在此之前已有前輩學者對此進行詳細闡述矣，惜未能見到。

〔註 157〕《舊唐書》卷一八上〈武宗紀〉，頁 601。
〔註 158〕《新唐書》卷一八二〈盧鈞傳〉，頁 5368。
〔註 159〕《舊唐書》卷一七七〈盧鈞傳〉，頁 4592。
〔註 160〕《舊唐書》卷一八下〈宣宗紀〉，頁 634。
〔註 161〕《舊唐書》卷一九上〈懿宗紀〉，頁 654。
〔註 162〕《新唐書》卷一三二〈沈詢傳〉，頁 4541。

詢之任前官爲戶部侍郎。王、張二氏僅稱其任前官爲朝官，未具詳之。而森部豐則記爲「禮部侍郎」，疑誤。

李蠙：代沈詢爲昭義節度者，到底是劉潼還是李蠙，史書對此記載互異。《舊唐書・懿宗紀》：咸通四年正月，以昭義節度劉潼爲河東節度；三月，「以戶部侍郎李蠙檢校禮部尙書、潞州大都督府長史，充昭義節度、觀察處置等使。」〔註163〕《新唐書・沈詢傳》：咸通四年，昭義節度使沈詢被害，「劉潼代爲節度」〔註164〕。《新唐書・懿宗紀》：咸通四年「十二月乙酉，昭義軍亂，殺其節度使沈詢。」〔註165〕《資治通鑑》：咸通五年正月，「以京兆尹李蠙爲昭義節度，取歸秦心肝以祭沈詢。」〔註166〕根據吳廷燮、郁賢皓的考證，《舊唐書》所說的咸通四年三月以李蠙爲昭義節度的記載是錯誤的。〔註167〕筆者亦認爲《新唐書・沈詢傳》所記的有誤，因此當是李蠙代替沈詢任昭義節度。

高湜：〈高彬墓誌銘〉載：高彬（842～877）「父湜，自昭義節度使兼潞州大都督府長史、檢校禮部尙書，謫宦□崖郡司馬。……咸通十五年（874）春，尙書公出鎮潞州。」〔註168〕據此，筆者以「□崖郡司馬」作爲其任後官，而三人皆言「連州司馬」，蓋從《新唐書・高湜傳》之說，疑誤。因爲「□崖郡」或即「珠崖郡」，在今海南省境內；而連州在隋朝時稱熙平郡，天寶元年（742）改稱連山郡〔註169〕，在今廣東省境內。

曹翔：關於曹翔的去鎮年月，有兩種記載：一種是乾符五年（878）正月〔註170〕；另一種是乾符五年六月〔註171〕。

李鈞：《舊唐書・僖宗紀》：乾符四年（877）六月，「以汝州防禦使李鈞檢校尙書右僕射、潞州大都督府長史，充昭義軍節度、潞邢洺磁觀察等使。」

〔註163〕《舊唐書》卷一九上〈懿宗紀〉，頁654。

〔註164〕《新唐書》卷一三二〈沈詢傳〉，頁4541。

〔註165〕《新唐書》卷九〈懿宗紀〉，頁258。

〔註166〕《資治通鑑》卷二五〇咸通五年正月條，頁8107。

〔註167〕吳廷燮：《唐方鎮年表》卷四〈昭義〉，頁490；郁賢皓：《唐刺史考全編》卷八六〈潞州〉，頁1245。

〔註168〕鄭遜：〈唐故前江南西道都團練副使朝議郎檢校尙書禮部郎中兼侍御史□□□緋魚袋高府君墓誌銘并序〉，吳鋼主編《全唐文補遺》第六輯（西安：三秦出版社，1999年），頁196～197。

〔註169〕《舊唐書》卷四〇〈地理三〉，頁1619。

〔註170〕《舊唐書》卷一九下〈僖宗紀〉，頁701。

〔註171〕《資治通鑑》卷二五三乾符五年六月條，頁8208。

〔註172〕〈僖宗紀〉關於李鈞任職昭義節度的時間記載，可能有誤。當時曹翔尚在任，疑時間誤繫，當改爲乾符五年。此外，其任前官爲汝州防禦使，王氏、張氏皆不言其任前官。

高潯：王氏、張氏皆稱高潯任職昭義的年月爲乾符六年（879）正月，不知何據？據《資治通鑑》載：乾符六年二月「辛巳，以陝虢觀察使高潯爲昭義節度使。」〔註173〕今從之。

孟方立：唐末皇權危弱，在這種形勢下，誰擁有更強的武力，誰就更有發言權。因此，筆者以孟方立（？～889）擁兵據潞州的時間作爲其受鎮年月，儘管他自稱留後的時間要稍遲一些。至於他何時據潞州，多數史料云中和元年（881）八月，僅《舊唐書・僖宗紀》稱中和元年九月〔註174〕。僅此一例，孤證難立。今從「中和元年八月」之說。而王氏、張氏皆主「九月」，恐誤。此外，孟方立的任前官，多數史料稱「天井關戍將」〔註175〕，唯《新唐書・孟方立傳》言：「始爲澤州天井戍將，稍遷游奕使。」〔註176〕今從「戍將」之說。王氏、森部氏從《新唐書》本傳，疑誤。

鄭昌圖：《舊唐書・王徽傳》：「光啓中，潞州軍亂，殺其帥成麟，以兵部侍郎鄭昌圖（？～887）權知昭義軍事。時孟方立割據山東三州，別爲一鎮。上黨支郡唯澤州耳，而軍中之人多附方立，昌圖不能制。」〔註177〕「昌圖不能制」很可能是鄭氏去鎮的最大原因，即無法控制昭義的局面。《資治通鑑》司馬光〈考異〉曰：「昌圖在潞終不自安，故以軍府授方立而去。」〔註178〕此乃司馬溫公通過對史料的分析得出昌圖去鎮的原因，與《舊唐書・王徽傳》的說法大致相同，今從之。王壽南認爲其「去鎮原因」爲「爲孟方立所逐」，不知何據？

〔註172〕《舊唐書》卷一九下〈僖宗紀〉，頁700。

〔註173〕《資治通鑑》卷二五三乾符六年二月條，頁8212。

〔註174〕《舊唐書》卷一九下〈僖宗紀〉，頁711。【編者按：陳博士此處考證或誤，《舊唐書》外，《新唐書》、《資治通鑑》亦載中和元年九月，見《新唐書》卷九〈僖宗紀〉，頁272；《資治通鑑》卷二五四中和元年九月條，頁8258。故王氏、張氏當不誤。】

〔註175〕《舊唐書》卷一九下〈僖宗紀〉（頁711）載：「天井關戍將孟方立」；《新唐書》卷九〈僖宗紀〉（頁272）載：「昭義軍戍將孟方立」；《資治通鑑》卷二五四中和元年九月條（頁8258）載：「天井關戍將孟方立」。

〔註176〕《新唐書》卷一八七〈孟方立傳〉，頁5448。

〔註177〕《舊唐書》卷一七八〈王徽傳〉，頁4641。

〔註178〕《資治通鑑》卷二五五中和二年十二月條〈考異〉，頁8286。

　　朱崇節：朱崇節是朱溫派遣到潞州權知兵馬留後以待孫揆（？～890）赴任的。但是昭義節度孫揆卻於途中爲晉軍所執。筆者認爲，孫揆被抓後，當時正在潞州守城的朱崇節繼續擔任留後一職，甚至最後升任昭義節度使。〈授朱崇節河陽節度使判〉就記載朱崇節爲「前昭義軍節度使、潞磁邢洺等州觀察處置等使」〔註179〕。朱崇節卸任節度一職，蓋在大順元年（890）九月，時潞州爲晉所攻，朱崇節等棄城歸汴州。〔註180〕因此，筆者以大順元年九月爲其去鎮年月，王氏以大順元年六月爲去鎮年月，似誤。至於他的任前官，當爲河陽留後，河陽節度使之說實誤。〔註181〕此外，筆者還以爲其去鎮的原因乃棄城，而非強藩所命。

　　康君立：多數史料皆稱康君立（847～894）爲昭義節度使之前爲汾州刺史〔註182〕，故筆者認爲其任前官爲汾州刺史；王氏記其任前官爲「河東將」，不知何據？

　　李罕之：晚唐勢力最強者乃李克用（856～908）與朱溫（852～912）兩大集團，其他勢力較弱者唯有附於此兩個強藩才能保證自己存活下去。李罕之（842～899）雖然擁有一定的武力，但他只有依附於強藩，才能保證其勢力的穩固。因此，筆者主張以朱溫表奏李罕之爲節度使的時間作爲其受鎮年月，而不以其自稱留後的時間作爲其受鎮年月。但是史書關於朱溫表奏的時間，有兩種記載，《舊唐書·昭宗紀》在光化元年（898）十二月〔註183〕，而《資治通鑑》繫於光化二年正月〔註184〕。至於李罕之的任前官，《舊唐書·昭宗紀》記爲「澤州刺史」〔註185〕，今從之。而王氏記爲「河東將」，不知何據？

　　孟遷：王壽南記孟遷（？～902）受鎮年月爲「光化三年九月」，但按照《舊五代史·武皇紀下》、《舊唐書·昭宗紀》與《資治通鑑》的說法，孟遷於光化二年（899）九月先爲昭義留後，光化三年七月爲昭義節度。〔註186〕

〔註179〕陸宸：〈授朱崇節河陽節度使判〉，《文苑英華》卷四五七，頁2323。
〔註180〕《資治通鑑》卷二五八大順元年九月條，頁8403。
〔註181〕《資治通鑑》卷二五八大順元年七月條〈考異〉，頁8401。
〔註182〕參見《舊五代史》卷五五〈康君立傳〉，頁738；《冊府元龜》卷三四七〈將帥部·佐命八〉，頁4107；同書卷三八七〈將帥部·褒異一三〉，頁4593。
〔註183〕《舊唐書》卷二〇上〈昭宗紀〉，頁764。
〔註184〕《資治通鑑》卷二六一光化二年正月條，頁8522。
〔註185〕《舊唐書》卷二〇上〈昭宗紀〉，頁764。
〔註186〕薛居正：《舊五代史》（北京：中華書局，1976年）卷二六〈武皇紀下〉，頁

如此而言，其受鎮年月當爲光化二年九月。再者，王氏記其去鎮年月爲「天復元年三月」，亦誤。據《資治通鑑》，孟遷開門迎降氏叔琮（？～904）的時間大約在天復元年（901）三月或四月；但是歸降後，孟遷繼續留於府內，直至同年五月隨氏叔琮歸汴才離開潞州。〔註187〕筆者認爲，因氏叔琮攻下潞州後繼續進攻太原，故孟遷從歸降至歸汴這段時間內，仍主軍府事。因此，孟氏去鎮年月當爲天復元年五月。此外，王壽南認爲其任後官爲「河陽節度」，筆者認爲值得商榷。《舊唐書·昭宗紀》：天復元年閏六月「以遷檢校司徒，爲河陽節度。全忠奏也。」《資治通鑑》亦同。〔註188〕但《新五代史·孟方立傳》曰：「天復元年，梁遣氏叔琮攻晉，出天井關，遷開門降，爲梁兵鄉道以攻太原，不克。叔琮軍還過潞，以遷歸於梁，梁太祖惡其反覆，殺之。」〔註189〕另據《冊府元龜》：孟知祥（874～934）「伯父方立終於邢洺節度使，從父遷位至澤潞節度使。」〔註190〕似孟遷未嘗任職河陽節度。或可這樣解釋：朱溫先奏其爲河陽節度，後惡之，使人殺之，而孟遷終未嘗任職河陽節度。史書記載並不明確，因此筆者以「降於朱全忠」作爲其任後情形。

丁會：關於丁會（？～910）的去鎮年月，有兩種記載，一爲天祐三年閏十二月〔註191〕，一爲天祐三年十二月〔註192〕，今併載之。

李嗣昭：李嗣昭在鎮時間，王壽南記爲二年，當取虛數，今取其實數。

（二）唐中央政府對澤潞鎮的控制

仔細觀察前表，便能注意到會昌伐叛以前，澤潞節度使的任期大多比較長，都在四年以上，且多出身武職。此外，這些任期爲四年以上者，又多卒於任內。筆者懷疑，如果這些節度使不卒於任內的話，其任職時間可能會更長。那麼，

356：《舊唐書》卷二〇上〈昭宗紀〉，頁 767；《資治通鑑》卷二六一光化二年九月條，頁 8527；同卷光化三年七月條，頁 8532。

〔註187〕《資治通鑑》卷二六二天復元年三月至五月條，頁 8551～8553。

〔註188〕《舊唐書》卷二〇上〈昭宗紀〉，頁 773；《資治通鑑》卷二六二天復元年閏六月條，頁 8555。

〔註189〕歐陽修：《新五代史》（北京：中華書局，1974 年）卷四二〈孟方立傳〉，頁 457。

〔註190〕《冊府元龜》卷二一九〈僭僞部·姓系〉，頁 2629。

〔註191〕《舊五代史》卷二〈梁太祖紀二〉，頁 40；《舊唐書》卷二〇下〈哀帝紀〉，頁 809；《新唐書》卷一〇〈哀帝紀〉，頁 305；《資治通鑑》卷二六五天祐三年閏十二月條，頁 8664。

〔註192〕《舊五代史》卷二六〈武皇紀下〉，頁 360；《舊五代史》卷五九〈丁會傳〉，頁 790。

為什麼這一時期澤潞節度使的任期大多比較長且又多出身武職？筆者認為，不能一概而論，需要先根據澤潞的地位將此一時期分為兩個時段來討論。

元和時期以前（含元和年間），澤潞節度使的任職情況大抵如上所述，這與澤潞的地位、澤潞節度使的個人素質有密切關係。元和時期以前，澤潞鎮乃是唐廷牽制、進攻河北的一枚重要棋子。如果節度使能長時間地任職於此地，就會比較熟悉、瞭解當地各方面的情況；他們出身行伍，也能較快地適應軍旅生活以及易於指揮軍事行動；再加上當時的澤潞節帥多由澤潞內部提升，更易瞭解組織內部的情況，維繫其穩定性，激發其上進心。〔註193〕這些因素無疑會對節度使指揮軍隊征討河北叛藩起重要作用。而李抱玉任期如此之長，也與代宗朝對待藩鎮實行姑息政策有關。同時，此一時段的節度使又多軍事能力出眾者。

李抱玉在安史之亂期間力保澤州不失立下了不小的功勞；李抱真在建中年間率領澤潞軍隊在征伐河北叛藩的戰爭中起到了相當重要乃至關鍵性的作用〔註194〕；王虔休隨李抱真征伐河北叛藩，所立功勳亦不少。〔註195〕而且，這些節帥對王室都很忠心。《舊唐書‧李抱玉傳》載：李抱玉「沉毅有謀，小心忠謹」，代宗時上言：「臣貫屬涼州，本姓安氏，以祿山構禍，恥與同姓，去至德二年（757）五月，蒙恩賜姓李氏」〔註196〕；《舊唐書‧李抱真傳》曰：「當是時，僕固懷恩反於汾州，抱真陷焉，乃脫身歸京師。」〔註197〕《舊唐書‧王虔休傳》曰：「洎抱真卒，裨將元仲經等議立抱真子緘，軍中擾亂，虔休正色言於眾曰：『軍州是天子軍州，將帥闕，合待朝命，何乃云云，妄生異意！』軍中服從其言，由是竟免潰亂。」〔註198〕在這樣一個肩負著進攻河北的藩鎮擔任節帥，具備這些條件是很重要的，也就不難理解為什麼朝廷會讓他們長期坐鎮澤潞這塊牽制河北的要地了。

至於盧從史（？～810）能擔任澤潞節帥並任職達6年，乃是因其「姦獪得士心，又善附迎中人」。元和年間，盧從史能在朝廷的反對聲中起復，再領澤潞，完全是由於其「獻計誅王承宗，陰向帝旨」所致。但是，盧從史終因

〔註193〕張正田：《「中原」邊緣：唐代昭義軍研究》，頁198。
〔註194〕有關李氏兄弟的功績，可參閱本文第三部分。
〔註195〕《舊唐書》卷一三二〈王虔休傳〉，頁3651。
〔註196〕《舊唐書》卷一三二〈李抱玉傳〉，頁3646。
〔註197〕《舊唐書》卷一三二〈李抱真傳〉，頁3647。
〔註198〕《舊唐書》卷一三二〈王虔休傳〉，頁3651。

跋扈、驕橫而被貶爲驪州司馬。〔註199〕

之後，可能是爲了避免再次出現類似盧從史的事件，朝廷遂以文官擔任澤潞節度使，但任期仍很長。他們任期頗長，與前述澤潞鎮的地位有關，亦因其政績出色。《新唐書·郗士美傳》載：

> 昭義自李抱眞以來皆武臣，私廚月費米六千石，羊千首，酒數十斛，潞人困甚。士美至，悉去之，出稟錢市物自給。又，盧從史時，日費三百人膳以餉牙兵，士美曰：「卒衛於牙，固職也，安得廣費爲私恩？」亦罷之。〔註200〕

筆者認爲，昭義膳費之奢侈的情況，朝廷上是知道的；元和十一年（816），郗士美（756～819）大敗成德於柏鄉，憲宗一句「吾故知士美之能辦吾事」〔註201〕，顯示出了憲宗對士美的信任程度。綜合上述所言，可知朝廷任命郗士美擔任昭義節度使，即要改變這種膳費奢靡的狀況。郗士美確實辦到了。以其政績之出色，加之皇帝如此信任，能任職七年也就不足爲奇了。

辛祕也是如此。《舊唐書·辛祕傳》稱：「是時，以再討王承宗，澤潞壓境，凋費尤甚。朝議以兵革之後，思能完復者，遂以命祕。凡四歲，府庫積錢七十萬貫，餱糧器械稱是。」〔註202〕

而元和以後至於會昌伐叛以前，澤潞的兩任府主任期也相當長，儘管他們跋扈、抗拒朝命，脫離中央控制達十餘年。爲什麼在本屬內地的澤潞會發生這種情況呢？筆者認爲有深刻歷史原因。劉悟雖然驕橫無禮，但終能善終於澤潞節度使任上，乃是適逢朝廷對待藩鎮實行姑息政策〔註203〕。劉從諫的情況類似其父，因爲：

其一，劉從諫擔任澤潞節帥的時候，朝廷已默許了河北三鎮的半獨立化。此後，河北的叛亂已很少發生。因此，肩負著牽制河北重任的澤潞鎮地位已然發生變化，不再承擔抵禦河北叛亂的任務。澤潞鎮在唐廷與河朔勢力關係間的重要性也隨之下降。因此國家對澤潞鎮的情況也不再像過去那般重視了。一個表現便是劉氏家族承繼澤潞鎮節帥時，朝廷官員大多對此表示贊同。

其二，劉從諫與當時中央權宦的關係使得中央政府對其採取姑息措施。

〔註199〕《新唐書》卷一四一〈盧從史傳〉，頁 4660～4661。
〔註200〕《新唐書》卷一四三〈郗士美傳〉，頁 4696。
〔註201〕《冊府元龜》卷一四八〈帝王部·知臣〉，頁 1797。
〔註202〕《舊唐書》卷一五七〈辛祕傳〉，頁 4151。
〔註203〕《劍橋中國隋唐史》，頁 643～644。

寶曆元年（825），劉從諫能順利地世襲父職成為澤潞節度使，王守澄（？～
835）等人的奏請起到了關鍵性的作用。據《冊府元龜》：

> 李逢吉為右僕射門下侍郎平章事時，澤潞節度使劉悟卒，遺表請以
> 其子從諫繼續戎事。敬宗下大臣議，僕射李絳以澤潞內地，與三鎮
> 事理不同，不可許。逢吉與中尉王守澄受其賂，曲為奏請。從諫自
> 將作監主簿起復雲麾將軍、守金吾衛大將軍同正、簡較左散騎常侍
> 兼御史大夫，充昭義節度副大使觀察等留後。〔註204〕

王守澄時任神策中尉，權勢頗大，任職至大和九年（835）。正是透過這層關
係，當劉氏不聽命於朝廷之時，即使朝中有人欲對其採取處置辦法，唐廷亦
不予理睬。大和七年七月，「宣武節度使楊元卿（764～833）有疾，朝廷議除
代，李德裕請徙劉從諫於宣武，因拔出上黨，不使與山東連結，上以為未可。」
〔註205〕大和九年，鄭注（？～835）、李訓（？～835）謀害王守澄後，二人相
繼弄權，他們亦同從諫有往來。〔註206〕由此，即可想見朝廷會對跋扈的劉氏
採取何種策略了。

甘露事發，李訓、鄭注等人被殺，仇士良（781～843）集團掌控朝政，他
們並非劉從諫親昵的對象，但仍未對其採取實質性的處理措施，最多「倡言從
諫志窺伺」〔註207〕朝廷而已。這主要是因為仇士良集團懼怕劉從諫的勢力。《舊
唐書・劉從諫傳》記載：大和九年，「李訓事敗，宰相王涯等四人被禍。時涯兼
掌邦計，雖不與李訓同謀，然不自異於其間，既死非其罪，從諫素德涯之私恩，
心頗不平，四上章請涯等罪名，仇士良輩深憚之。是時中官頗橫，天子不能制，
朝臣日憂陷族，賴從諫論列而鄭覃、李石方能粗秉朝政。」〔註208〕

其三，軍事形勢使然。劉從諫任職澤潞的最後幾年，即開成五年（840）
至會昌三年（843），回鶻部落南侵。朝廷此時的注意力在於抵禦回鶻的侵擾，
實無暇顧及澤潞的情況。

在經歷了會昌伐叛之後，澤潞節度使任期明顯縮短了，而且都是出身文
職者。筆者認為，這與澤潞地位的變化有一定關係。澤潞鎮在會昌伐叛之後
已變成了朝廷防禦的對象。將節帥的任期縮短，頻繁調動，可以避免節帥與

〔註204〕《冊府元龜》卷三三八〈宰輔部・貪黷〉，頁3998。
〔註205〕《資治通鑑》卷二四四大和七年七月條，頁7885。
〔註206〕《唐大詔令集》卷一二七〈誅張谷等告示中外敕〉，頁685。
〔註207〕《新唐書》卷二一四〈劉從諫傳〉，頁6015。
〔註208〕《舊唐書》卷一六一〈劉從諫傳〉，頁4232。

地方勢力相勾結，而且所任命的節度使又都是出身文職者，更減少一層跋扈叛亂的可能性。根據王壽南總計：跋扈與叛逆之藩鎮的節度使共 422 位，而武職者達 375 任，占全部跋扈叛逆藩鎮的 88.9%。〔註 209〕可見武人任職藩鎮，對中央的威脅實較文人爲大。朝廷這麼做可能也是爲了避免澤潞鎮再次發生不利於中央的情況。這是會昌伐叛以後至於中和年間的情況。

中和年間至唐亡，我們看到的則是另一種情況：擔任澤潞節帥者，或擁兵奪位，或爲強藩所命。在唐末，國家控制力相當的薄弱，誰擁有武力，誰就能控制政治，此時的唐廷已經沒有控制澤潞鎮的實力了。

（三）澤潞鎮對待唐中央政府的態度

元和以前，澤潞鎮節度使大多能聽命於唐中央政府。應當說，當時國家對該鎮的控制相當成功。這與澤潞鎮節度使的個人素質、國家控制力強大有一定關係。關於李抱玉、李抱眞、王虔休的個人素質前文已有涉及。他們大多是忠誠之輩，也就較容易聽命於中央。郗士美、辛祕乃文職出身，亦較易于忠誠朝廷。此外，當時國家對藩鎮的控制力較強，代宗晚期國家對藩鎮的控制力就有一定的回升、增強，元和年間國家的力量更是達到了中興的地步。基於此，也就不難理解當時澤潞鎮節度使大多能聽命於唐中央政府。

有關這些節帥能聽命於朝廷的原因，張正田早有論述，他指出：從至德至貞元年間，

> 只要節度使不公然反對唐中央之統治權，朝廷多願意以類似終身職之方式，由內部提升以籠絡各任節度使，藩帥也因之對中央的態度頗爲恭順。故杜黃裳在憲宗朝時亦曾與皇帝言及：「德宗自經憂患，務爲姑息，不生除節帥；有物故者，先遣中央察軍情所與則授之。」概多是由於此。〔註 210〕

張氏所論涉及肅、代、德三朝的數任節度，實含二李在內。然有商榷的必要。

首先，杜黃裳（738～808）所提僅爲德宗朝之事，未嘗言及肅、代二朝的政策，而張氏卻將肅、代、德三朝數任節度使任職長的原因皆歸於姑息政策所致，這顯然不合邏輯。其次，代、德二朝並非全然對藩鎮推行姑息政策。代宗晚期的藩鎮政策愈趨於強硬，而德宗在奉天之亂以前對藩鎮推行強硬政策，奉天亂後對藩鎮實行較務實的政策。復次，張氏認爲此時期澤潞的恭順

〔註 209〕王壽南：《唐代藩鎮與中央關係之研究》，頁 150。
〔註 210〕張正田：《「中原」邊緣：唐代昭義軍研究》，頁 208。

乃是朝廷的政策所致，這無異於抹殺這些節度使優秀的個人品質，實際上已將他們歸類為貪圖職權之流，這是不合事實的。如《舊唐書・李抱玉傳》就記載，時任山南西道、鳳翔、澤潞三道節度的李抱玉「以任位崇重，抗疏懇讓司空及山南西道節度、判梁州事，乞退授兵部尚書。」〔註211〕《舊唐書・李抱真傳》亦載，代宗時朝廷欲以李抱真為陳鄭、澤潞節度留後，抱真以「臣雖無可取，當今百姓勞逸，繫在牧守，願得一郡以自試」〔註212〕為辭謝絕而改任澤州刺史。依此來看，二人豈是貪圖權位之徒？

元和以後至於會昌伐叛以前，澤潞鎮上的兩任節度使對中央政府極為無禮。這首先是因為他們擁有重兵。杜牧（803～852）就說「上黨足馬足甲，馬極良，甲極精」〔註213〕。杜氏說的是劉悟任職澤潞的年代。而劉從諫手中不僅握有強大的兵力，還佔有充足的糧草。《新唐書・劉從諫傳》曰：劉從諫「善貿易之算。徙長子道入潞，歲榷馬徵商人，又熬鹽，貨銅鐵，收縑十萬。」〔註214〕又，當李德裕始議用兵澤潞時，中外交章固爭，皆曰：「悟功高，不可以絕其嗣。又從諫畜兵十萬，粟支十年，未可以破也。」〔註215〕正是憑藉這些資本，劉悟父子才敢於跋扈不仁。此外，當時中央政治勢力勾心鬥角，以致於劉從諫對中央政府的態度發生了轉變。《新唐書・劉從諫傳》載：「悟苛擾，從諫寬厚，故下益附。方年壯，思立功。六年，請入朝，文宗待遇加等。明年，還藩，進同中書門下平章事。公卿多託以私，又見事柄不一，遂心輕朝廷，有驕色。」〔註216〕

事實上，劉悟父子並非一開始就跋扈，他們起先都忠誠於中央政府。那麼，為何他們會改變對待中央政府的態度呢？劉悟是因為長慶二年（822）劉承偕事件才導致對唐廷採取無禮態度，而劉從諫則是因為見朝廷「事柄不一」，才會對中央政府不敬。那麼，又為何一發生這些事情他們就改變態度呢？這是因為原本他們歸順國家並非出於忠誠與本心。元和年間，劉悟初歸國家，乃是形勢所逼。《舊唐書・劉悟傳》載：

〔註211〕《舊唐書》卷一三二〈李抱玉傳〉，頁3646。
〔註212〕《舊唐書》卷一三二〈李抱真傳〉，頁3647。
〔註213〕杜牧：〈上昭義劉司徒書〉，《樊川文集》（陳允吉點校，上海：上海古籍出版社，1978年）卷一一，頁173。
〔註214〕《新唐書》卷二一四〈劉從諫傳〉，頁6015。
〔註215〕《新唐書》卷一八〇〈李德裕傳〉，頁5338。
〔註216〕《新唐書》卷二一四〈劉從諫傳〉，頁6014～6015。

元和末，憲宗既平淮西，下詔誅師道，師道遣悟將兵拒魏博軍，而
數促悟戰。悟未及進，馳使召之。悟度使未必殺己，乃僞疾不出，
令都虞候往迎之。使者亦果以誠告其人云：「奉命殺悟以代悟。」都
虞候即時先還，悟劫之得其實，乃詔諸將與謀曰：「魏博田弘正兵強，
出戰必敗，不出則死。今天子所誅者，司空一人而已，悟與公等皆
爲所驅迫，使就其死。何如殺其來使，整戈以取鄆，立大功，轉危
亡爲富貴耶！」眾咸曰：「善，唯都將所命！」悟於是立斬其使，以
兵取鄆，圍其內城，兼以火攻其門。不數刻，擒師道并男二人，並
斬其首以獻。〔註217〕

劉悟一受監軍淩辱，遂起驕心。王夫之（1619～1692）在論及劉悟殺淄青節
度使李師道（？～819）歸降朝廷時就指出：「是憲宗之世，河北（王氏所論
之河北包括河朔三鎮及淄青鎮）之漸向於平者，皆其帥之私心違眾，以逃內
叛外孤之害，而非其偏裨士卒之所願欲，則暫見爲定，而實則陞滔天之水以
數尺之堤耳。」〔註218〕

劉從諫在任職之初恭順於中央，也是權宜之計，並非本心。當初忠心國
家純粹是出於安撫、收買人心的策略以及受到妻子裴氏（？～844）的影響。
劉從諫世襲劉悟之位時，昭義軍內有很多反對意見，而這些反對者都爲忠義
之士〔註219〕。鑒於此，劉從諫在上任之初，爲穩固局勢遂行收買人心之策。
〔註220〕劉從諫對中央採取恭順的態度，很可能是其收買人心的一個策略。

另外，劉從諫之妻裴氏在軍府中有較大影響力。《舊唐書・劉從諫傳》載：
「從諫妻裴氏。初，（劉）稹（？～844）拒命，裴氏召集大將妻同宴，以酒
爲壽，泣下不能已。諸婦請命，裴曰：『新婦各與汝夫文字，勿忘先相公之拔
擢，莫效李丕背恩，走投國家。子母爲託，故悲不能已也。』諸婦亦泣下，
故潞將叛志益堅。」〔註221〕又，《新唐書・劉從諫傳》：「從諫有妾章，願封夫
人，許之，詔至，裴怒，毀詔不與。從諫它日會裴黨，復出詔，裴抵去，曰：

〔註217〕《舊唐書》卷一六一〈劉悟傳〉，頁 4230。
〔註218〕王夫之：《讀通鑑論》（北京：中華書局，1975 年）卷二六〈穆宗一〉，頁 902
　　　　～903。
〔註219〕杜牧：〈上李司徒相公論用兵書〉，《樊川文集》卷一一，頁 165。
〔註220〕森部豐〈唐沢潞昭義軍節度使考：中晚唐期における唐朝と河北藩鎮の關係
　　　　をめぐって〉。
〔註221〕《舊唐書》卷一六一〈劉從諫傳〉，頁 4233。

『淄青李師古四世阻命，不聞側室封者。君承朝廷姑息，宜自黜削，求洗濯，顧以婢為夫人，族不日滅耳！』從諫報然止。」〔註222〕由此二則材料，足見裴氏在府中的地位。在一些重大軍政的處理上，從諫還曾與之商議。《資治通鑑》載：「從諫疾病，謂妻裴氏曰：『吾以忠直事朝廷，而朝廷不明我志，諸道皆不我與。我死，他人主此軍，則吾家無炊火矣！』」〔註223〕史書這樣記載劉從諫的妻子裴氏：「寬厚有謀，每勸從諫入朝為子孫計。」〔註224〕所謂「勸從諫入朝」，當亦包含忠誠於朝廷的含義。綜合上引史料可見，當裴氏勸其入朝時，從諫採納這種意見的可能性是相當大的。

會昌伐叛以後至於中和時期，澤潞鎮府主都聽命於中央政府。筆者認為，主要有如下原因：

第一，唐廷平定澤潞後誅殺郭誼（？～844）等人所造成的影響。節度使府的幕僚往往在節帥對抗中央上起著慫恿、勸誘、推波助瀾的作用。因此懲殺這些助紂為虐者很有必要，同時，這樣做還可對節度使府的幕僚起警戒作用。會昌四年（844）秋，平定澤潞之叛指日可待，郭誼等人就謀害劉稹以降。澤潞平，李德裕上言：「稹豎子，安知反？職誼為之。今（邢、洺、磁）三州降，而稹窮蹙。又販其族以邀富貴，不誅，後無以懲惡。」〔註225〕以此為由請求誅殺郭誼，武宗批准了。劉稹叛，郭誼等人起了慫恿、勸誘的作用。當朝廷下詔以李德裕所說的理由誅殺郭誼等人時，各節度使府的幕僚應當都能瞭解到朝廷誅殺郭誼的原因，因為詔敕中寫著誅殺他們的理由〔註226〕，而這種意義的誅殺對於幕僚們來說是無疑會起警戒作用。王夫之就說：「故二賊（即郭誼等人）伏誅，而後武、宣之世，藩鎮無叛者。既有以大服其心，而裨將幕僚，知無他日幸免僥功之轉計，則意亦戢，而不敢導其主以狂猲。」〔註227〕這種誅殺確實起到了警戒效果。從諫之後的歷任昭義節度的幕僚中鮮見有劣跡者，或許可以為證吧！

第二，朝廷對澤潞鎮統兵體制進行改革的結果。武宗平定劉稹叛亂後，曾對澤潞鎮的統兵體制進行過改革即將節度使對駐防諸州鎮縣軍隊的直接統轄權下放給諸州刺史。〔註228〕而這一改革實行的結果，是藩鎮的軍事結構之

〔註222〕《新唐書》卷二一四〈劉從諫傳〉，頁6019。
〔註223〕《資治通鑑》卷二四七會昌三年四月條，頁7975。
〔註224〕《新唐書》卷二一四〈劉從諫傳〉，頁6019。
〔註225〕《新唐書》卷一八〇〈李德裕傳〉，頁5339。
〔註226〕李德裕：〈誅郭誼等敕〉，《全唐文》卷六九九，頁7180。
〔註227〕王夫之：《讀通鑑論》卷二六〈武宗五〉，頁935。
〔註228〕孫繼民：〈唐大中四年申岸撰墓誌文考釋〉。畢德森指出：平定澤潞叛亂後，昭

變動使地方軍事威脅的可能性大大地減少了。藩鎮沒有了足夠武力的支持，藩鎮跋扈叛逆的可能性也就相對地減少了。〔註229〕

第三，節帥都是文職出身者，而文職出身者較易于忠誠國家。

至於中和迄至唐末，朝廷已無控制力，擔任澤潞藩帥者都爲強藩所命，因此他們都不恭順也就不難理解了。

三、澤潞鎮在中晚唐史上的作用

澤潞是爲了抵禦安史叛軍南下而設置的藩鎮。安史亂後，該鎮更是承擔了防禦、乃至進攻河北的任務。因而論及澤潞在歷史上的作用，就必須涉及它所參與的討伐安史叛亂、河北叛亂的戰爭。

王韻通過對澤潞鎮所參與的六次討伐河朔之叛的戰爭考察後，指出：「昭義鎮在唐中後期對河朔三鎮的叛亂，維護唐中央政權起了重要作用。從唐代宗至文宗時的八次唐中央對河朔三鎮的戰爭中，傾向於唐中央政權，成爲唐中央政權對付河朔三鎮的重要依靠力量。」〔註230〕張正田也曾涉及澤潞軍的戰鬥力，即澤潞鎮所參與的歷次戰爭，並間接觸及澤潞在歷史上的作用問題。〔註231〕兩人所論有不盡完善之處。王氏似有誇大昭義軍作用之嫌，而張氏所論似有多處與史實不符。在筆者看來，澤潞鎮雖肩負著防禦、進攻河北的作用，但這種作用的發揮很有限。筆者試圖通過澤潞鎮所參與的歷次討伐安史、河北叛亂的戰爭來探討此問題。

從建鎮伊始，澤潞鎮就承擔抵禦、討伐安史叛軍的任務。至德（756～758）時，安史叛軍屢攻上黨，節度使程千里善戰，屢敗之。及至至德二載九月，由於程千里的恃勇輕敵〔註232〕，結果爲安史賊將蔡希德（？～758）所擒。節帥雖被擒，但賊眾終未能攻克上黨，保住了這個可以溝通河北的重鎮〔註233〕。

義部隊的指揮權按照 819 年改革定下的方式被精心地下放到各州。(《劍橋中國隋唐史》，頁 551) 筆者認爲，元和十四年（819）的軍事改革（改革的重要規定：它取消了節度使在治州以外的一切兵權；其部隊分由各州刺史統領。）似僅推行於江淮。據李德裕〈奏磁邢州諸鎮縣兵馬狀〉(《全唐文》卷七〇二，頁 7208) 所載「右件州縣兵馬，並準江淮諸道例，割屬本州收管」可知。

〔註229〕王壽南：《唐代藩鎮與中央關係之研究》，頁 141。
〔註230〕王韻：《論唐、五代的昭義鎮》，頁 16～20。
〔註231〕張正田：《「中原」邊緣：唐代昭義軍研究》，頁 227～241。
〔註232〕《資治通鑑》卷二二〇至德二載九月丁丑條，頁 7032。
〔註233〕嚴耕望：《唐代交通圖考》，頁 1421～1440。

接替程千里者，乃時任兵部尚書的王思禮。思禮一上任即與朔方節度郭子儀、河東節度李光弼等八節度，領步騎二十萬〔註234〕討伐安慶緒於相州。官軍與叛軍初次交鋒即告捷：乾元元年（758）十月，王思禮破賊二萬於相州。〔註235〕此一勝仗大漲官軍士氣，遂一鼓作氣奪取衛、魏二州，將安慶緒團團圍住於相州。安慶緒食盡，只得向史思明求援。史思明立刻發兵范陽，奪魏州，稱燕王。稱王後，史思明觀望不進。時李光弼主張直取魏州，與史思明作曠日持久戰，以防中史思明奸計。〔註236〕但魚朝恩不聽。史思明果出兵至相州，兩軍於滏水交戰，官軍損失慘重，諸節帥多潰歸本鎮，僅王思禮、李光弼完軍歸鎮。王思禮完軍歸鎮潞州，便得以於同年四月（即乾元二年四月）打退來犯的史思明部將所領萬餘兵馬。滏水之戰發生於乾元二年三月，王思禮能立刻於四月一戰而擊退賊眾，其在滏水之戰中的完軍歸鎮起了至關重要的作用，因為王思禮能完軍歸鎮，使之在休整軍隊上不必耗費多少時間。觀叛軍軍隊已至潞城〔註237〕，足見叛眾氣焰之囂張。潞城是上黨通往河北的必經之路，史思明派兵來此，筆者認為，史思明可能有攻佔上黨或切斷上黨交通河北路線的意圖。而王思禮擊退了叛軍，即是粉碎了他們的企圖。至此，澤潞的節度及軍將們守住了上黨這塊軍事要地。

同時，身為澤州刺史的李抱玉則力保澤州不失，使朝廷軍隊在反攻安史叛軍中取得了先機。上元二年（761）二月，李光弼等於邙山敗於史思明，河陽、懷州陷於叛軍之手。史朝義乘勝寇申、光等十三州。〔註238〕至是，叛軍已據有河南、河北廣大地區。緊接著，在寶應元年（762）建辰月與建巳月，史朝義更是兩次圍攻澤州。〔註239〕筆者認為，史朝義是想佔領澤州以避免受朝廷軍隊的夾擊。澤州據太行、天井之險，如果朝廷佔據此地，就容易與西面軍隊一起對叛軍形成夾擊之勢；而如果叛軍據有澤州，其只需派遣軍隊佔據澤州之重要關隘，即可阻止太原、上黨的官軍南下，以避免受到朝廷的夾擊。澤州擁有如此重要的戰略地位，因此官軍與叛軍對澤州非常激烈，史朝

〔註234〕《資治通鑑》卷二二一乾元二年三月壬申條（頁7069）作「六十萬」。
〔註235〕《舊唐書》卷一〇〈肅宗紀〉，頁253。
〔註236〕《資治通鑑》卷二二一乾元二年正月己巳條，頁7067。
〔註237〕《資治通鑑》卷二二一乾元二年四月庚子條，頁7073。
〔註238〕《舊唐書》卷一一〇〈李光弼傳〉，頁3310。
〔註239〕《資治通鑑》卷二二二寶應元年建辰月條至建巳月條，頁7121～7122。史朝義兩次寇澤州：一次因郭子儀來援而退，一次因李抱玉之出戰而敗退。

義更是兩次圍攻澤州，但是沒有得逞。正是因為李抱玉保住了澤州，朝廷才得以夾擊叛軍並促其北逃。澤潞鎮在安史叛亂期間保住了澤、潞兩州，保住了京、洛屏障之地，對於朝廷軍隊反攻安史叛軍起了不可低估的作用。

廣德年間，安史之亂結束，叛軍降將控制著河北的廣大地區，對朝廷極不恭順。澤潞地處河朔邊鄰，自然肩負著制衡、抵禦河北的重任。朝廷每每征討河北，都不乏澤潞軍將的身影。

大曆八年（773），相衛六州節度使薛嵩卒，朝廷以其弟崿知留後事。大曆十年，相衛兵馬使裴志清逐薛崿，並率眾叛歸魏博田承嗣。田承嗣乘機盜取相、衛所管四州。同年四月，朝廷詔澤潞、河東、河陽、鎮冀、幽州、淮西、滑亳、汴宋諸道出師進討田承嗣。〔註240〕綜觀整場戰事，澤潞軍所發揮的作用似不大。史書上僅有一次關於澤潞軍在此次征討河北的戰役中的作戰記錄，即大曆十年五月丁未：「李忠臣統永平、河陽、懷、澤步騎四萬攻衛州。……兩軍（成德軍與平盧軍）各饗士卒，成德賞厚，平盧賞薄。……李忠臣聞之，釋衛州，南渡河。」〔註241〕僅有的參戰記錄即因李忠臣擔心的功高賞薄而沒有下文。據此，筆者推測，澤潞在此次討伐田承嗣的戰役實未起任何作用。

前文已述魏博於大曆年間吞併了相衛的部分州縣。建中二年（781），趁著朝廷不同意成德李惟岳、淄青李正己世襲節度使之際，魏博乃聯合他們同謀造反，圍攻邢州、臨洺，準備併吞之。朝廷遂下詔澤潞李抱真、河東馬燧（726～795）、神策軍李晟（727～793）出兵討伐魏博田悅。經過諸節度的通力合作，官軍終於解除了邢州、臨洺之圍，取得了洹水大捷，甚至幾乎蕩平了魏博鎮。〔註242〕此次征討河北叛亂能取得如此大的勝利，是諸將齊心協力的結果。而諸將討叛能齊心協力，李抱真起了相當大的作用。本來，諸將能

〔註240〕《舊唐書》卷一一〈代宗紀〉，頁 307。此次出征，澤潞兵馬由諸道節度統領，時任節度使的李抱真並未親自掛帥。〈貶田承嗣永州刺史詔〉（《全唐文》卷四七，頁 522）：「淮西節度使、檢校右僕射忠臣，永平軍節度使、兼御史大夫李勉，汴宋節度留後、兼御史大夫中丞田神玉，並河陽、澤潞等道兵馬，共六萬五千人，直據淇園，皆擐甲整戈，犄角相應。」詔敕中提及各道節帥之名，未嘗提及澤潞節帥李抱真之名，僅言澤潞兵馬，筆者認為，澤潞兵馬可能為諸道所統領。據此，筆者認為，張正田所持之「澤潞鎮帥李抱真在戰事中立功頗多」的觀點，似欠穩妥。

〔註241〕《資治通鑑》卷二二四大曆十年五月至九月條，頁 7231～7232。

〔註242〕《舊唐書》卷一四一〈田悅傳〉（頁 3843）載：洹水之戰後，田悅「觀城內兵仗罄乏，士眾衰減，甚為惶駭。……向使燧等乘勝長驅，襲其未備，則魏城屠之久矣。」可見洹水戰後，魏博軍之慘狀。

否齊心協力，關鍵就在於李抱眞與馬燧，因爲二人之間原本有怨隙。〔註243〕
儘管如此，在討伐叛亂之時，李抱眞始終能以朝廷爲念，不記前嫌。攻討田
悅之時，馬燧多出良策，李抱眞終能積極配合。〔註244〕即使「解邢州圍，所
獲軍糧，燧全有之，而後給抱眞」，及「燧將悅城，假攻具於抱眞，又請雜兩
軍之伍，冀分其功」〔註245〕，李抱眞也多能以公家爲念。〔註246〕反觀馬燧，
從其佔有於邢州所獲軍糧，以及雜兩軍之伍的目的是「冀分其功」來看，馬
燧絲毫無公家之念。難怪舊史家論及李抱眞、燧等未能乘洹水大捷徹底平定
魏博時指出：「燧若乘田悅洹水之敗，併力攻之，時城中敗卒無三二千人，皆
夷傷未起，日夕俟降；燧與抱眞不和，遷延於擊賊，乃致三盜連結，至今爲
梗，職燧之由。」〔註247〕

繼魏博叛亂之後，兩河發生了「四王二帝」事件。隨著政治形勢的繼續
發展，在幽州稱王的朱滔（744～785）欲聯合迴紇鐵騎準備南下援助已於長
安稱帝的朱泚（742～784）。〔註248〕澤潞準備阻止這次連衡叛亂。李抱眞先
遣賈林離間與朱滔素有姻親的王武俊（735～801），使之傾心於朝廷，聯合
抵抗叛軍。〔註249〕魏博兵變後，再說田緒歸心中央，以徹底孤立朱滔的勢

〔註243〕《新唐書》卷一五五〈馬燧傳〉，頁4887～4888。
〔註244〕《舊唐書》卷一三四〈馬燧傳〉，頁3695～3696。
〔註245〕《冊府元龜》卷四五六〈將帥部・不和〉，頁5406。
〔註246〕《舊唐書》卷一三三〈李晟傳〉（頁3662）：「滔與武俊應之，遂以兵圍康日知
於趙州。李抱眞分兵二千人守邢州，馬燧大怒，欲班師。晟謂燧曰：『初奉詔
進討，三帥齊進。李尚書以邢州與趙州接壤，分兵守之，誠未爲害，其精卒銳
將皆在於此。今公遽自引去，奈王事何？』燧釋然謝晟，燧乃自造抱眞壘，與
之交歡如初。」由《新唐書・馬燧傳》可知，此事發生於取邢州所獲軍糧，假
攻具及雜兩軍以平分其功之後。再由李晟之言，可見李抱眞之以公家爲念。
〔註247〕《舊唐書》卷一三四〈馬燧傳〉，頁3695。
〔註248〕《舊唐書》卷一三二〈李抱眞傳〉，頁3648。
〔註249〕李抱眞遣賈林說動王武俊使之歸順朝廷的過程，可參閱《舊唐書》卷一四二
〈王武俊傳〉，頁3874～3875。至於《舊唐書・李抱眞傳》所載成德與澤潞
兩軍相疑之時，李抱眞冒險徑入成德軍營，以傾心結交王氏，使之齊心協力
同抗叛軍之事，殊不可信。按《新唐書》卷二一一〈王武俊傳〉（頁5954）：
「武俊潛會抱眞於軍，陳說忼慨，抱眞亦傾意結納，約爲兄弟。」此中並無
李抱眞造訪成德軍營之記載，反倒是王武俊先詣澤潞軍營。又據穆員〈相國
義陽郡王李公墓誌銘〉（《文苑英華》卷九三七，頁4927）：李抱眞「以奇謀
正義間說成德。成德與滔契重婚姻，事同艱阻，與公交鋒對壘，積爲敵讎，
乃爲國爲公，忿滔如向，將欲自竭先誠於公。投我以可疑，報之以必信。公
與王公之相見也。王公旌旆車騎，互如長雲，晦日蔽天，風驅而至。公以數

力。〔註250〕如此，澤潞、成德兵馬以及魏博軍隊聯合，打退了南下應援的朱滔大軍。〔註251〕以上面所述之事實來看，澤潞節帥在此次聯合討叛中的作用是明顯的。而這一次討叛的成功，粉碎了朱滔企圖南下援助朱泚的陰謀，使本已無所作爲的朱泚更爲孤立。〔註252〕應當說，在這兩次討伐河朔叛亂的戰爭中，澤潞鎮起了相當重要乃至關鍵性的作用。

元和年間，河北地區又爆發了兩次叛亂，且都是成德節度王承宗（？～820）引起的。一次發生於元和四年（809），另一次發生於元和十一年（816）。這兩次，朝廷均令澤潞參與討伐，但均未發揮多大作用。第一次討叛中，澤潞軍由節帥盧從史親自掛帥，儘管澤潞軍曾於「柏鄉縣南破賊眾約三萬人，並擒斬首級，收穫器械及馬等」〔註253〕，但由於盧從史陰結王承宗，澤潞軍在此次戰役中所發揮的作用極爲有限。第二次討叛，澤潞節帥再度帶兵出征。在戰爭初期，澤潞軍之功與諸軍並無多大差異〔註254〕，僅僅是其先取得頭功〔註255〕，起了鼓舞士氣的作用。接著，澤潞於諸軍逗撓不前之時，在柏鄉斬降成德軍各千餘人。〔註256〕但柏鄉一戰終未能促使整場戰爭朝著全面勝利的形勢發展。緊接著，元和十一年底至翌年年初，義武軍、澤潞軍、橫海軍先後不敵王承宗。〔註257〕朝廷最後只得罷兵。應當說，在第二次討伐叛軍中，澤潞軍只起了鼓舞士氣以及震懾敵人〔註258〕的作用，並未起實質性的作用。

　　　騎徑造其前，王公叱去左右，躍鞍而下，交臂號譚，聲聞昊天，即日，兩軍
　　　億萬之師，悉如兄弟。」墓誌銘本多溢美之辭。該銘亦不見李抱眞詣成德軍
　　　營之事，僅有二人驅馳相見之記載。故而筆者認爲，《舊唐書·李抱眞傳》所
　　　記之成德與澤潞兩軍相疑之時，李抱眞冒險徑入成德軍營，以傾心結交王氏，
　　　使之齊心協力同抗叛軍之事，殊不可信。

〔註250〕《新唐書》卷二一○〈田緒傳〉，頁 5932～5933。
〔註251〕《舊唐書》卷一四一〈田緒傳〉，頁 3845～3846。
〔註252〕根據《舊唐書·朱泚傳》記載，朱泚據京師之後，與官軍的戰鬥鮮有勝績，
　　　可知其無所爲也。按，朱滔在興元元年（784）敗後，朱泚亦於同年六月敗，
　　　據此推測，朱滔之敗對朱泚來說，恐非好事。
〔註253〕白居易：〈與從史詔〉，《白居易集》（北京：中華書局，1979 年）卷五六，頁
　　　1177～1178。
〔註254〕關於諸軍在戰爭初期斬獲叛軍的情況，見《資治通鑑》卷二三九元和十一年
　　　二月乙卯條至八月己未條，頁 7721～7724。
〔註255〕《新唐書》卷一四三〈郁士美傳〉，頁 4696。
〔註256〕《資治通鑑》卷二三九元和十一年八月己未條，頁 7724。
〔註257〕《資治通鑑》卷二三九元和十一年十二月條，頁 7727；卷二四○元和十二年
　　　二月條，頁 7732。
〔註258〕《舊唐書》卷一四二〈王承宗傳〉（頁 3881）：「時方淮西用兵，國用虛竭，

　　成德軍雖未被朝廷平定，但終因懼怕而歸順朝廷。不久，幽州亦歸心。加上此前已歸順之魏博。元和末年，河北三鎮全部歸順中央。但是，時隔不久，由於長慶君臣的處置失策，河朔復叛，朝廷即下令澤潞等道出兵征討。澤潞兵馬乃由當時的節度使劉悟統率，該軍曾於臨城縣殺敵五千餘人，「所殺皆樓下步射搏天飛者，賊之精勇無不殲焉」，致使「賊中大震」〔註259〕。應當說，臨城一戰對敵軍起到了震懾作用。澤潞軍在此次討叛中的作用亦僅此而已，並未對戰爭的進展起到實質性作用。

　　劉從諫在任職澤潞節帥前期，對待朝廷極恭順，故而得被朝廷徵調去討伐藩鎮叛亂。大和年間，成德王廷湊（？～834）欲阻止朝廷討伐橫海李同捷（？～829），並且以兵馬糧食支持李同捷叛亂。在這種情況下，劉從諫受命與他鎮聯合攻討成德。《新唐書·王廷湊》載：「易定柳公濟戰新樂，斬首三千級。昭義劉從諫戰臨城，敗之，引漳注深、冀。……公濟再戰行唐，皆克，焚柵十五。」〔註260〕從這一記載來看，此次攻討成德，進展極為順利。而官軍的節節勝利，使得王廷湊不得不向幽州求救。此次討叛勝利，昭義劉從諫起了不小作用。儘管記載昭義作戰的直接史料非常少，筆者仍可據一些間接史料來推測其在此次討叛中的作用。《舊唐書·文宗上》載：「王廷湊出兵侵鄰藩，欲撓王師以援李同捷，昭義劉從諫請出軍討之。」〔註261〕又據《新唐書·劉從諫傳》：劉從諫「方年壯，思立功。」〔註262〕據此二則材料，劉從諫很想在討成德軍中有所作為。雖只是他的想法，也有實力做到這一點，因為「上黨足馬足甲」〔註263〕，再結合上述《新唐書·王廷湊傳》的記載，筆者認為，劉從諫在此次討叛中當會全力以赴，所起作用亦當不小。此次討叛支持了朝廷討伐橫海之叛，有利於橫海之叛的迅速平定。

　　綜合上述幾次戰爭，澤潞鎮在平定安史叛亂、德宗朝征討田悅、朱滔及大和年間討伐王廷湊的戰爭中發揮了重要的乃至關鍵性的作用，佔其所參與的歷次征討河北叛亂的戰爭次數的一半。而在餘下的戰爭中，澤潞鎮或未起

　　　河北諸軍多觀望不進。獨昭義節度使郁士美率精兵壓城壘，欲乘釁而取之，
　　　軍威甚盛，承宗懼，不敢犯。」
〔註259〕杜牧：〈上李司徒相公論用兵書〉，《樊川文集》卷一一，頁166。
〔註260〕《新唐書》卷二一一〈王廷湊傳〉，頁5961。
〔註261〕《舊唐書》卷一七上〈文宗紀上〉，頁529。
〔註262〕《新唐書》卷二一四〈劉從諫傳〉，頁6014。
〔註263〕杜牧：〈上昭義劉司徒書〉，《樊川文集》卷一一，頁173。

任何作用，如討伐魏博田承嗣；或所起作用與諸軍無異，如元和末征討成德；甚或阻撓官軍征伐叛軍，如元和初征伐成德。澤潞鎮擁有令魏博強藩都慨歎的戰略地位〔註264〕，但是它作用的發揮卻無法同其所擁有的戰略地位相匹配。綜而言之，它的作用發揮得很有限，其原因在於：

第一，澤潞鎮的一些節帥跋扈、不聽命於朝廷。元和初，諸軍討伐王承宗，澤潞鎮節帥盧從史卻逗留不前，還陰與王承宗通謀。同時反誣諸軍與賊相通，甚至高價販賣糧粟與諸軍。盧從史的行為必然影響軍心以致諸軍不能通力合作，致使討叛行動難以順利進行。

第二，討叛諸軍各懷私心，作戰不齊心協力。元和末，諸軍共討成德，時他軍都觀望不進，獨郗士美軍容甚威。三鎮兵力本來就很強大，且相互勾結。討伐軍隊未能齊心協力，如何能討叛成功。建中年間，征討魏博田悅時，就因李抱眞與馬燧的嫌隙，以致最終不能致魏博於死地。

結　語

安史之亂爆發，由於澤潞地區具有屏障京、洛的重要戰略地位，朝廷遂在此設置節鎮以抵禦叛軍的南下。迫於嚴峻的現實，在歷史慣性的作用下，該鎮設置之初，以澤潞沁三州作為一個整體歸澤潞管轄，借鑑過去潞州都督府以此三州作為一個整體進行軍事統治的經驗，以求更好地完成朝廷賦予該鎮抵禦安史叛眾的任務。隨著形勢的發展變化，澤潞鎮的屬郡多有變更。最重要的變化是大曆年間太行山東麓的邢洺區與太行山西麓的澤潞區的合併。澤潞鎮的整合是朝廷鑑於當時河朔勢力強大、國家力量相對薄弱的形勢，為彌補太行山東西兩區的各自缺陷，以期更好地牽制河北叛藩而作出的決定。澤潞鎮的整合昭示出代宗晚期、德宗前期朝廷對待藩鎮的政策趨於強硬，國家對待河朔藩鎮的策略由防禦慢慢轉變為進攻。澤潞鎮正逐漸由朝廷防禦河北的要地演變成制衡河北的一枚重要棋子。自此訖於元和時期，澤潞鎮的地位基本不變。穆宗以來，隨著朝廷默許河朔三鎮的半獨立化，澤潞鎮的地位也在悄然起著變化，已漸漸不再承擔進攻河北的任務。會昌年間平定劉稹叛亂之後，朝廷為了避免澤潞再次出現不利於中央的事態，最終將澤州劃歸河

〔註264〕《資治通鑑》卷二二六建中二年五月丙寅條（頁7299～7300）載：田悅「欲阻山為境，曰『邢、磁如兩眼，在吾腹中，不得不取。』」

陽管轄。澤潞鎮反倒成了朝廷防禦的對象。

　　澤潞鎮地位的變化似乎也影響著該鎮與唐中央政府的關係。在澤潞鎮作為國家牽制河北的重要棋子時，即元和以前，該鎮節度使的任期大多比較長，且多數是出身武職。這可以使節度使比較熟悉當地情況，勝任軍事活動，以期更好地完成牽制河北的任務。至於他們大多能忠誠於朝廷，乃是由優秀的個人品質所決定的，也同當時國家的控制力強大有關。隨著穆宗以來朝廷默許河朔半獨立化，澤潞鎮的地位也在悄然起變化。這種地位上的變化，使朝廷對這個有河朔化傾向的藩鎮已不再像過去那般重視。加上澤潞兵精糧足、節帥與當時的中央上層關係極微妙，及迴紇的進犯，原屬內地的澤潞鎮竟脫離唐中央控制達十餘年之久。會昌伐叛後，澤潞鎮成了國家防禦的對象。會昌伐叛後至中和年間，該鎮的府主都出身文職，而且任職時間短。這可能是朝廷為了避免澤潞鎮再次出現不利於中央的局面而作出的決定。此一時期，節度使都能忠誠於王室，乃是朝廷誅殺郭誼等人的影響，及澤潞鎮實行統兵體制改革的結果。

　　澤潞鎮作為朝廷制衡河北的一枚重要棋子，時間很短暫。在這期間，澤潞鎮多次受命討伐河北叛藩。但是由於澤潞鎮有些節帥跋扈、不聽命於朝廷以及討叛諸軍各懷私心、作戰不齊心協力，以致於澤潞鎮雖具重要的戰略地位，但牽制、進攻河北的作用終未能充分展現。

再論安史之亂的平定與河北藩鎮重建

引　言

安史之亂是唐朝歷史的分界線，其對於中國歷史的影響是極爲深遠的，因此有關這段歷史的討論一直沒有停止過，尤其是關於安史之亂是怎樣結束的或者說唐朝政府是依靠什麼力量、方式平定這場叛亂的問題。因爲理解這一問題對於認識代宗對待安史叛將的政策、代宗朝政治以及河北藩鎮割據的原因有著不可低估的價值與意義，是故古今中外學者對此做了很多的探索。呂思勉（1884～1957）、岑仲勉（1885～1961）、王仲犖（1913～1986）等學者研究指出叛亂的平定是朝廷藉迴紇之力所爲；〔註1〕王壽南則以爲叛軍的內訌對於戰爭局勢的轉變具有決定性的意義，是叛軍的內訌最終導致安史叛亂的結束；〔註2〕黃永年(1925～2007)、林冠群、張國剛、畢德森(C. A. Peterson)、劉希爲、吳宗國等人則認爲叛亂因朝廷與叛將的妥協而結束，或因朝廷對舊將採取全面寬大的政策，亦即援引舊例授予安史降將節度使之職所致。〔註3〕

〔註 1〕 呂思勉：《隋唐五代史》（上海：上海古籍出版社，2005 年），頁 215；岑仲勉：《隋唐史》（北京：中華書局，1980 年），頁 273；王仲犖：《隋唐五代史》（上海：上海人民出版社，1988 年），頁 167。

〔註 2〕 王壽南：〈論僕固懷恩之叛〉，收入黃約瑟、劉健明主編：《隋唐史論集》（香港：香港大學亞洲研究中心，1993 年），頁 72。

〔註 3〕 黃永年：〈論安史之亂的平定和河北藩鎮的重建〉，《中國古代史論叢》第一輯（福州：福建人民出版社，1981 年），頁 107～108；林冠群：〈僕固懷恩〉，《中國邊政》，第 78 卷，1982 年，頁 43；張國剛：《唐代藩鎮研究》（長沙：湖南教育出版社，1987 年），頁 52；杜希德（Denis C. Twitchett）主編：《劍橋中國隋唐史》（北京：中國社會科學出版社，1990 年），頁 493～494（這一部分由

另有不少學者認為叛亂的結束是多種因素造成的，如韓國磐（1920～2003）、毛漢光先生就認為叛亂的平定是朝廷藉迴紇之力並因朝廷接受賊降將之條件所致。〔註4〕而在王夫之（1619～1692）、袁英光（1925～1997）、石雲濤等人看來，叛亂的平定是因朝廷在叛軍自相殘殺的情況下，乘其敝，並藉迴紇之力所致。〔註5〕只不過他們所說的多種因素無外乎呂思勉、王壽南、黃永年等人各自的論點。總而言之，在諸多學者看來，安史叛亂的結束並非因朝廷軍隊本身之強大實力所致。前輩今賢對此所做的這些研究令筆者受益匪淺，也使筆者對此問題產生了濃厚興趣。因此，筆者重新翻閱了史籍，對該問題產生了一些新的看法，並且對代宗對待安史叛將的政策、代宗朝政治甚至河北藩鎮重建初期的政治狀態也有了一些新的認識。下文中，筆者先對朝廷征討史朝義（？～763）的戰役進行分析，然後就安史之亂是怎樣結束的問題提出自己的一些新體會。不當之處，尚祈方家學者指正。

一、唐朝軍隊在安史叛亂平定中的作用

寶應元年（762），代宗嗣位，隨後任命中使及僕固懷恩（？～765）往迴紇處求取援兵。迴紇可汗出動了四千兵馬，與前幾次出兵的數量約略相等。〔註6〕之後，代宗任命僕固懷恩為天下兵馬副元帥，統領諸軍行營出征。唐朝軍隊分道進逼洛陽：僕固懷恩與迴紇左殺為先鋒，魚朝恩（722～770）等為後殿，自澠池入；李抱玉（704～777）自河陽入；李光弼（708～764）則自陳

畢德森執筆）；劉希為：《唐代宗》（長春：吉林文史出版社，1995年），頁55～56；吳宗國：《隋唐五代簡史》（福州：福建人民出版社，1998年），頁241。

〔註4〕韓國磐：〈唐末五代的藩鎮割據〉，氏著《隋唐五代史論集》（北京：三聯書店，1979年），頁314；毛漢光：〈魏博二百年史論〉，氏著《中國中古政治史論》（上海：上海書店出版社，2002年），頁357。

〔註5〕王夫之：《讀通鑑論》（北京：中華書局，1975年）卷二三〈肅宗一○〉，頁689；袁英光：〈試論唐代藩鎮割據的幾個問題〉，中國唐史研究會編《唐史研究會論文集》（西安：陝西人民出版社，1983年），頁270～271；杜希德：《劍橋中國隋唐史》，頁484、492、493～494（這一部分由畢德森執筆）；石雲濤：《安史之亂——大唐盛衰記（公元755～763年）》（北京：中華書局，2007年），頁191～219。

〔註6〕第一次出兵助國討逆：劉昫等《舊唐書》（北京：中華書局，1975年）卷一九五〈迴紇傳〉（頁5198）記載：「至德元載七月，肅宗於靈武即位。……迴紇遣其太子葉護領其將帝德等，兵馬四千餘眾，助國討逆，肅宗宴賜甚厚。」第二次：《舊唐書》卷一九五〈迴紇傳〉（頁5201）記載：乾元元年「八月，迴紇使王子骨啜特勤及宰相帝德等驍將三千人助國討逆。」

留入。〔註7〕官軍到洛陽北郊時，就分兵攻取懷州。〔註8〕史書記載，史朝義軍隊見到官軍之整，都露出了懼色。〔註9〕叛軍先以數萬兵戰敗。史朝義繼以十萬鐵騎來救，陣於昭覺寺。其時，「賊皆殊死決戰」，兩軍「短兵既接，相殺甚眾。」此似見當時叛軍氣勢尚旺。這時，「官軍驟擊之，賊陣而不動。」其後，「魚朝恩令射生五百人下馬，弓弩亂發，多中賊而死，陣亦如初。」就在這危急關頭，鎮西節度使馬璘（721～777）臨危不懼，挺身而出。但聞其一聲疾呼：「事急矣！」遂見其挺身「援旗而進，單騎奔擊，奪賊兩牌，突入萬眾之中，左右披靡」，唐朝大軍隨即乘之而入，「朝義大敗，斬首一萬六千級，生擒四千六百人，降者三萬二千人。」〔註10〕

在兩軍交戰處於膠著狀態之時，正是馬璘的果斷和膽識，使戰役的勝利天平完全傾向了官軍。昭覺寺一戰極大地鼓舞了官軍的士氣，也重創了叛軍的囂張氣焰，以致在隨後的石榴園、老君廟戰役，叛軍屢屢喪敗。〔註11〕在這一關鍵戰役中，未見迴紇軍隊有何特殊貢獻。〔註12〕或許，通過這次戰役，官軍認識到了迴紇軍隊的參戰並非不可或缺。這也可能是其後僕固懷恩留迴紇可汗守河陽的原因之一。

史朝義兵敗洛陽後往東逃跑，僕固懷恩留迴紇可汗守河陽的同時，命其子僕固瑒領兵繼續追擊史朝義。為什麼僕固懷恩要留迴紇可汗守河陽？黃永年指出，因為迴紇在中原的燒掠已讓中原百姓受不了，河北的百姓並不見得那麼好欺負。如果讓迴紇也往河北，河北軍民一起殊死抵抗，事情就糟了。九節度兵敗相州之時，迴紇三千騎之損失就是先例。〔註13〕對此，筆者無法贊成。按照黃氏論斷，是朝廷無意讓迴紇軍隊往河北作戰。然而，代宗派遣藥子昂說迴紇出兵時，子昂曾經提出了三種援助方案，第一種是自土門略邢、洺、衛、懷而

〔註7〕 《舊唐書》卷二○○〈史朝義傳〉，頁5382。

〔註8〕 司馬光：《資治通鑑》（北京：中華書局，1956年）卷二二二，頁7134。

〔註9〕 歐陽修、宋祁：《新唐書》（北京：中華書局，1975年）卷二二五上〈逆臣上〉，頁6433。

〔註10〕 《舊唐書》卷一二一〈僕固懷恩傳〉，頁3480。

〔註11〕 《舊唐書》卷一二一〈僕固懷恩傳〉，頁3480。

〔註12〕 黃永年指出迴紇在第三次派兵助唐朝平定安史叛亂中並未有特殊的貢獻，不過其只是討論官軍在河北追逐史朝義的戰役，並未提及此次收復洛陽的戰役中迴紇的行動。參見黃永年：〈論安史之亂的平定和河北藩鎮的重建〉，頁106～107。

〔註13〕 黃永年：〈論安史之亂的平定和河北藩鎮的重建〉，頁107。

南。〔註14〕子昂出使迴紇乃朝廷所命，若無朝廷首肯，其斷然不會向迴紇述此想法。觀子昂所提的第一種方案，就是讓迴紇直搗河北，依此可以說戰前朝廷本是有意讓迴紇追逐河北的。迴紇最後同意的是藥子昂提出的第三種方案，即「自陝州大陽津渡河，食太原倉粟，與諸道俱進。」胡注：「史言迴紇所利在中國財寶，而不敢輕與賊遇。」〔註15〕由此可見，迴紇不大願意與叛軍正面交鋒，因爲他們害怕再有損失。此前的相州之戰就白白損失了三千兵馬。〔註16〕此次又是前往河北作戰，很難保證不會再有損失。持「所利在中國財寶，而不敢輕與賊遇」的心態，再加上前車之鑒，筆者認爲當是迴紇不肯去河北。既然迴紇留守於河陽，便無兵馬參與河北戰役了。〔註17〕

　　史朝義東逃後，僕固瑒乘勝追擊，不給頑寇以任何喘息的機會。僕固瑒是以大勝之軍乘勝追擊的，其勢正盛。史朝義雖屢結兵馬出戰，然終無勝績。在其同田承嗣（705～779）聯合抵抗官軍敗於魏州後，「賊徒震駭」〔註18〕。「於是鄴郡節度使薛嵩（？～773）以相、衛、洺、邢四州降於陳鄭、澤潞節度使李抱玉，恒陽節度使張忠志（即李寶臣，718～781）以趙、恒、深、定、易五州降於河東節度使辛雲京（714～768）。嵩，楚玉之子也。抱玉等已進軍入其營，按其部伍，嵩等皆受代。」〔註19〕可見，魏州之敗對於叛軍的打擊是巨大的，幾乎使其完全喪失戰鬥力。在這種情況下，相、恒等才被迫投降、受代。若唐朝軍隊的實力不如叛軍強大，叛軍豈肯投降、受代呢？《舊唐書·王武俊傳》就記載：「寶應元年，王師入井陘，將平河朔，武俊（735～801）謂寶臣曰：『以寡敵眾，以曲遇直，戰則離，守則潰，銳師遠鬥，庸可禦乎？』寶臣遂徹警備，以恒、定、深、趙、易五州歸國，與王師協力，東襲遺寇。」〔註20〕魏州一戰後，史朝義又屢次聯合田承嗣拒戰，亦不免數敗。最後田承嗣勸史朝義往幽州援請救兵。田承嗣在史朝義走後就領兵投降了。此前李懷

〔註14〕　《舊唐書》卷一九五〈迴紇傳〉，頁5203。
〔註15〕　《資治通鑑》卷二二二寶應元年九月條，頁7131～7132。
〔註16〕　《舊唐書》卷一九五〈迴紇傳〉（頁5201）載：乾元元年「八月，迴紇使王子骨啜特勤及宰相帝德等驍將三千人助國討逆。……乾元二年，迴紇骨啜特勤等率眾從郭子儀與九節度於相州城下戰，不利。三月壬子，迴紇王子骨啜特勤及宰相帝德等十五人自相州奔於西京。」
〔註17〕　黃永年：〈論安史之亂的平定和河北藩鎮的重建〉，頁107。
〔註18〕　《舊唐書》卷一二一〈僕固懷恩傳〉，頁3481。
〔註19〕　《資治通鑑》卷二二二寶應元年十一月條，頁7135～7136。
〔註20〕　《舊唐書》卷一四二〈王武俊傳〉，頁3871～3872。

仙（？～768）也已經投降了。史朝義不久即死於幽州境內，河北悉平，安史之亂結束。

關於田承嗣的投降，《新唐書·田承嗣傳》有這樣一段記載：「僕固瑒追北，承嗣急，乃詐朝義使自求救幽州。承嗣守莫，因執賊妻息降於瑒，厚以金帛反間瑒將士。瑒慮下生變，即約降。承嗣詐疾不出，瑒欲馳入取之，承嗣列千刀爲備，瑒不得志，承嗣重賂之以免。乃與張忠志、李懷仙、薛嵩皆詣僕固懷恩謝，願備行間。」〔註21〕有學者據此認爲，當時唐朝政府即欲便宜更易安史叛將，也頗爲不易。因爲在其看來，迴紇兵力參戰的僅數千而已，而朝廷非藉之不能討，就說明唐朝軍隊本身不行。〔註22〕或據此認爲，田承嗣擁有兵力，僕固瑒對之無可奈何，其它降將亦復如此。〔註23〕筆者認爲，此舉只能說明田承嗣陰險、狡詐而已，並不能說明其實力強大。觀僕固瑒逐北之時，田承嗣急急勸史朝義往北求救於李懷仙，足見唐朝軍隊實力之強；而田承嗣實力弱，不然其何以急急勸史朝義求救於李懷仙？〔註24〕觀其「詐疾不出」似見其在實力不濟時善耍小陰謀。大曆十年（773），田承嗣爲唐朝軍隊討伐而幾乎潰敗之際，就是耍此類小陰謀才使李正己（733～781）、李寶臣釋之的。胡注曰：「史言田承嗣兇狡過於諸帥。」〔註25〕亦可從田承嗣等人「迎僕固懷恩，拜於馬首，乞行間自效」〔註26〕尋得證據。乞乃哀求之意，其若有抵抗之實力何致於此？一個「乞」字足以道盡當時雙方實力的差距！

在交戰之初，唐朝軍隊的數量確實與安史叛軍有一定差距。筆者認爲，軍隊征戰能否取勝，兵力多寡固然重要，但恐非決定性因素。軍隊戰鬥力等因素應當更爲重要。昭覺寺一戰前，雙方的氣勢不相上下。但是，昭覺寺一戰改變了兩軍的士氣。昭覺寺一戰極大地鼓舞了官軍的士氣，也重創了叛軍的囂張氣焰。士氣的變化對於軍隊戰鬥力的影響是無形而巨大的。隨著戰爭形勢的進一步發展，唐朝軍隊與安史叛軍在兵力數量、戰鬥力方面發生了急劇變化。唐軍愈戰愈勇，士氣陡升；叛軍屢戰屢敗，士氣、信心、戰鬥力急劇下降，以致有舉數州之地投降唐軍之事。

〔註21〕《新唐書》卷二一〇〈田承嗣傳〉，頁5924。
〔註22〕呂思勉：《隋唐五代史》，頁215。
〔註23〕王壽南：〈論僕固懷恩之叛〉，頁72。
〔註24〕《新唐書》卷二二五上〈史思明傳〉，頁6433。
〔註25〕《資治通鑑》卷二二五大曆十年十月條，頁7235。
〔註26〕《資治通鑑》卷二二二廣德元年閏正月條，頁7141。

　　戰爭尾聲階段，唐朝軍隊與安史叛軍間的實力差距極爲明顯，唐朝軍隊無論在兵力數量上還是在戰鬥力上皆遠勝安史叛軍。事實上，可以對雙方的兵力數量作一比較。唐朝軍隊出征時兵力達十餘萬〔註 27〕，經過平亂，當有一定的損失，但是恐怕不會太多，姑不計其損失。李寶臣的恒州軍原有三萬兵馬〔註 28〕，因李寶臣業已投降、受代，恒州兵馬當由河東節度使辛雲京所統領。相衛的兵馬按《薛嵩神道碑》的記載也有三萬〔註 29〕，但是恐有誇大之嫌。因爲安史之亂平定後薛嵩訓練所得的兵才三萬，故薛嵩投降時兵力當不足三萬，大約在二萬左右。而相衛的兵馬亦屬唐軍所領，因爲薛嵩也已投降、受代。這樣估算起來，唐朝軍隊的數量當在 15 萬左右。而安史叛軍的實力呢？僕固瑒是以萬餘兵追逐史朝義的，田承嗣勸史朝義往北求救於李懷仙的五萬兵，而田承嗣的兵力亦當少於一萬，因其認爲僕固瑒強於己。〔註 30〕依此來看，唐朝軍隊的兵力是安史叛軍的近乎三倍之多，且戰鬥力遠勝之，以此之師，何得不能剗除河北餘黨？〔註 31〕

　　又，通常認爲唐朝僅倚任朔方軍平定叛亂，因此才會有朝廷實力不足以平定叛亂之說。事實上，此次參與討伐叛亂的軍隊不止朔方軍，還包括河東軍、澤潞軍、李光弼的軍隊及神策軍等等。《舊唐書‧代宗紀》載：寶應元年（762）「冬十月辛酉，詔天下兵馬元帥雍王（即唐德宗）統河東、朔方及諸道行營、迴紇等兵十餘萬討史朝義。」〔註 32〕此次征討又汲取了九節度兵敗

〔註 27〕《舊唐書》卷一一〈代宗紀〉，頁 270。
〔註 28〕《舊唐書》卷一四二〈李寶臣傳〉，頁 3865。
〔註 29〕程浩：〈唐故開府儀同三司檢校尚書右僕射兼御史大夫相州刺史昭義節度使平陽郡王贈太保薛公神道碑銘并序〉，陳尚君輯校《全唐文補編》（北京：中華書局，2005 年）卷五一，頁 612。
〔註 30〕《新唐書》卷二二五上〈史思明傳〉，頁 6433。
〔註 31〕王夫之、袁英光、王壽南、畢德森、石雲濤指出，叛軍的內訌對於戰爭局勢的轉變具有決定性的意義，最終導致安史叛亂的結束。筆者認爲，內訌固然使叛軍內部出現了裂痕，所謂史朝義「諸節度使皆祿山舊將，與思明等夷，朝義徵召不至。」但是當朝廷軍隊反攻時，再怎麼不和諧的軍隊在遇見同一敵人時，必定會捐棄前嫌。觀田承嗣、李寶臣等安祿山舊將準備抵禦官軍，以及其與朝義聯合抵抗朝廷軍隊可略知一二。同時，還可從叛軍初與官軍交戰之時的氣勢尚旺，看出內訌對安史叛軍的影響實不大。至於僕固懷恩〈陳情書〉所說的河北新附節度使皆握強兵，很可能是僕固懷恩的託辭，並非實情，自辯之辭本不可輕信。〈陳情書〉見《全唐文》（北京：中華書局，1983 年）卷四三二，頁 4395。
〔註 32〕《舊唐書》卷一一〈代宗紀〉，頁 270。

相州的教訓。當時，朝廷為了壓制朔方軍功，命九節度直取相州；命河東的李光弼等一同由洛陽進兵直取相州，而不命其由井陘直搗河北，以成夾擊之勢，遂致相州之敗。〔註33〕此次征討則採取夾擊之策略。代宗在大戰史朝義軍隊之前曾向諸將詢問了征討史朝義的策略。當時長孫全緒認為：「我若休士張勢以綴賊，使光弼取陳留，抱玉擣河北，先斷其手足，然後縱間賊中，彼脅從者相疑，則滅可待。」〔註34〕大軍的行軍路線與之略似，足以證明確曾實行了這一戰略。唐朝軍隊能平定叛亂，也與實行正確的軍事作戰策略有關。

二、僕固懷恩與河北藩鎮的重建

　　唐廷有實力平定安史之亂、有能力徹底剷除河北之安史餘黨。既然如此，何以還要將河北之地拱手授予安史叛將鎮守，卒養成後來的藩鎮割據之患呢？這一問題即代宗對待叛將的政策問題，對於這一問題的解釋關乎對代宗朝政治的理解。近代史家多將河北之地拱手授予安史叛將鎮守的責任完全推諉於朝廷而否認僕固懷恩樹黨自固。在他們看來，所謂僕固懷恩樹黨自固的記載係朝廷誣詞，將河北之地授予安史叛將鎮守完全是朝廷的旨意。〔註35〕他們否認僕固懷恩樹黨自固的一個重要前提條件，即「叛亂的結束並非因朝廷實力強大所致」。此外，他們還舉了很多例證以支持他們的說法：其一，朝廷在平定安史之亂前所下詔敕稱，但取史朝義，其餘一概不問，並加超賞，有封賞、安撫降將的意思。此前能元皓、張獻誠（？～767）等投降時，朝廷皆授予節度使之職，因此朝廷援引舊例以薛嵩等為節度使；其二，史書記載，朝廷上下均言其冤，僅辛雲京、李抱玉、駱奉先、魚朝恩言其反；其三，僕固懷恩叛變後，並沒有求援於河北，而河北也未曾援助他。這些證據相當有力，而持僕固懷恩樹黨自固說者，僅僅只是轉述舊史記載，對上引證據並未作出任何回應；且亦主張叛亂的結束並非因朝廷實力強大所致，與否認僕固懷恩樹黨自固論者所據之前提相一致，以致否認僕固懷恩樹黨自固之論在學界一直佔有主導地位。〔註36〕持

〔註33〕 林偉洲：〈河南道軍事權力的爭奪──安史動亂期間（755～762）的一個區域研究〉，《研究與動態》，第 12 期，2005 年 6 月，頁 121。

〔註34〕 《新唐書》卷二二五上〈逆臣上〉，頁 6433。

〔註35〕 呂思勉：《隋唐五代史》，頁 209～212、222；黃永年：〈論安史之亂的平定和河北藩鎮的重建〉，頁 107～111；林冠群：〈僕固懷恩〉，頁 40～45；張國剛：《唐代藩鎮研究》，頁 46～52；王壽南：《論僕固懷恩之叛》，頁 66～74。

〔註36〕 朝廷有實力平定安史叛亂，即是代表僕固懷恩有實力平定安史之亂。僕固懷

否認僕固懷恩樹黨自固論者的理論前提，前此已反駁，茲不贅言。〔註37〕接下

恩有實力平定安史叛亂才會有樹黨自固的資本、條件。僕固懷恩若無樹黨自固的資本、條件，何談樹黨自固呢？而持僕固懷恩樹黨自固論者卻又主張叛亂的結束並非因朝廷實力強大所致。既然如此，如何相信僕固懷恩樹黨自固？這樣勢必影響持僕固懷恩樹黨自固論在學界的影響力。

〔註37〕 張國剛雖也否認僕固懷恩樹黨自固，但是其所據之前提略有不同。他指出：安史之亂平定前後，唐王朝面臨的政治矛盾焦點和軍事鬥爭重心已轉移至新起軍閥與宦官勢力之矛盾以及唐朝與吐蕃勢力的武裝抗爭上。爲此，唐廷迫切要求早日結束安史叛亂，以至不得不援往日安置安史降將如能元皓、令狐彰之例，授予田承嗣等降將以節度使之職。見氏著：《唐代藩鎮研究》，頁52。對此，筆者不敢苟同。所謂新起軍閥與宦官勢力之矛盾，是指僕固懷恩與唐朝中央政府的矛盾。張氏認爲，正當僕固懷恩血戰疆場時，朝廷已「密爲之備」，在打他的主意了；僕固懷恩事件是長期以來領兵將帥受到唐朝中央政府以及宦官勢力的猜忌、排斥、打擊而發生激烈矛盾衝突的必然結果。筆者認爲，是僕固懷恩先有貳心，朝廷才密爲之備的。《資治通鑑》卷二二二寶應元年（762）十一月條（頁7135～7136）載：「於是鄴郡節度使薛嵩以相、衛、洺、邢四州降於陳鄭、澤潞節度使李抱玉，恒陽節度使張忠志以趙、恒、深、定、易五州降於河東節度使辛雲京。……抱玉等已進軍入其營，按其部伍，嵩等皆受代；居無何，僕固懷恩皆令復位。由是抱玉、雲京疑懷恩有貳心，各表言之，朝廷密爲之備；懷恩亦上疏自理，上慰勉之。」而這種防備僅僅限於心理層面，未曾過多地涉及軍事層面，不然何以後來僕固懷恩叛亂時，代宗要急急地向李抱眞詢問對策呢？穆員〈相國義陽郡王李公墓誌銘〉（《全唐文》卷七八四，頁8193）載：「代宗之初，僕固懷恩怙兵犯順。……上方以懷恩爲憂，不啻於祿山、思明之難，遣公（李抱眞）進討。公曰：『郭子儀領朔方之眾，人多思之。懷恩因人之心，以邀其勢，紿其眾曰：子儀爲魚朝恩所戮，劫而用之。今若復子儀之位，可不戰而克。』上嘉而納之。其後，懷恩父子皆敗。」李鴻賓：《唐朝朔方軍──兼論唐廷與西北諸族的關係及其演變》（長春：吉林人民出版社，2000年，頁172）指出：在僕固懷恩出征攻伐史朝義前後，朔方軍的勢力以及僕固懷恩的職位也較以前有所提升。寶應元年和廣德二年（764），朔方節度使重新領轄鎮北、單于大都護府，原河中節度使和振武節度使之下的七個州亦隸屬朔方節度使，這些情況都是發生在僕固懷恩就任朔方行營節度使以後的事情；寶應元年十一月，僕固懷恩又擔任朔方節度使及天下兵馬副元帥。李鴻賓據此說：「在這種優渥善待之下，再言僕固懷恩受忌而反叛，與情理與實際恐怕就不大相符了。」而唐蕃關係的惡化也未曾干擾平叛戰爭的進行。安史之亂後期，吐蕃的威脅確實很大。但是朝廷並不以此爲意。《資治通鑑》卷二二二廣德元年五月條（頁7143）記載：郭子儀數上言：「吐蕃、党項不可忽，宜早爲之備。」但是這種建議並沒有受到重視。《資治通鑑》卷二二三廣德元年十月條（頁7150）記載：「吐蕃之初入寇也，邊將告急，程元振皆不以聞。冬，十月，吐蕃寇涇州，刺史高暉以城降之，遂爲之鄉導，引吐蕃深入；過邠州，上始聞之。辛未，寇奉天、武功，京師震駭。」吐蕃入寇，邊將數告急，而程元振都不上奏，似見代宗並不知曉吐蕃入寇。既然朝廷不在意、不清楚吐蕃的入寇，那麼吐蕃入寇的情

來，筆者將在辯駁前輩今賢所提出的上述論據的基礎上，對這一問題提出個人的幾點新認識。

朝廷在平定安史之亂前所下詔敕稱，但取史朝義其餘一概不問，並加超賞，有封賞、安撫降將的意思。此前，能元皓、張獻誠等投降時，朝廷皆授予節度使之職，因此朝廷援引舊例以薛嵩等爲節度使。這似乎說明以薛嵩等爲節度使是朝廷的意思。對此，筆者不能首肯。先以李忠臣、薛嵩受代之事爲例。李忠臣、薛嵩之受代，是李抱玉、辛雲京之令。李抱玉、辛雲京令薛嵩、李忠臣受代，很可能是奉朝廷的旨意。二人皆忠心不貳之人，〔註38〕恐不會擅作主張令薛嵩等受代。由此似見，朝廷原無意以安史叛將爲節度使。再比較一下薛嵩與李寶臣被授予節度使之職的時間。兩人幾乎是同時歸降朝廷的，但是在李寶臣官復原職的翌年，薛嵩才被任命爲相衛節度使。〔註39〕薛嵩在投降後，李抱玉令其受代，不久僕固懷恩即令復位。隨後，李抱玉等上書言僕固懷恩有貳心，僕固懷恩則上書自辯。代宗當即加以慰勉。但是，這種慰勉並未使薛嵩立即官復其職，此舉似可說明朝廷本無意以安史叛將爲節度使。

顏眞卿（708～784）曾對代宗說：「且明懷恩反者，獨辛雲京、李抱玉、駱奉先、魚朝恩四人耳，自外朝臣，咸言其枉。」〔註40〕事實上，言其反者還有馬燧（726～795）。馬燧曾對李抱玉說道：「屬者與迴紇言，燧得其情。今僕固懷恩恃功樹黨，李懷仙、張忠志、薛嵩、田承嗣分授疆土，皆出於懷恩，其子瑒佻勇不義。以燧度之，將必窺太原西山以爲亂，公宜深備之。」〔註41〕有學者以「燧度之」之語認爲馬燧猜測僕固懷恩樹黨自固純屬臆測。〔註42〕筆者認爲，馬燧的話是有根據的，並非臆測。迴紇與僕固懷恩的關係本不一般，

況實無法影響朝廷平定安史叛亂的計劃。
〔註38〕《舊唐書》卷一三二〈李抱玉傳〉（頁 3645～3646）載：「李抱玉，武德功臣安興貴之裔。……沉毅有謀，小心忠謹。……抱玉上言：『臣貫屬涼州，本姓安氏，以祿山構禍，恥與同姓。』……時吐蕃每歲犯境，上以岐陽，國之西門，寄在抱玉，恩寵無比。……又兼山南西道節度使、河西‧隴右‧山南西道副元帥、判梁州事，連統三道節制，兼領鳳翔、潞、梁三大府，秩處三公。抱玉以任位崇重，抗疏懇讓司空及山南西道節度、判梁州事，乞退授兵部尚書。上嘉其謙讓，許之。」《舊唐書》卷一一〇〈辛雲京傳〉（頁 3314）載：「大曆三年八月庚午薨。……諡曰忠獻。」
〔註39〕《資治通鑑》卷二二二寶應元年條，頁 7136、7141。
〔註40〕《舊唐書》卷一二一〈僕固懷恩傳〉，頁 3488。
〔註41〕《舊唐書》卷一三四〈馬燧傳〉，頁 3690。
〔註42〕呂思勉：《隋唐五代史》，頁 210。

而且二者又嘗交通，故而「得其情」者必得窺知僕固懷恩一舉一動。那麼何以見得迴紇與僕固懷恩交通？據《舊唐書·僕固懷恩傳》載：「御史大夫王翊自迴紇使還，懷恩與可汗往來，恐洩其事，乃止之。」〔註43〕觀僕固懷恩叛變後，曾令薛嵩饋糧，〔註44〕并「分使河朔，連扇群帥，邀我（田承嗣）同惡，示以師期」〔註45〕，足以證明懷恩確有樹黨自固。

如此看來，僕固懷恩確有樹黨自固，朝廷實無意令安史叛將分帥河北。那麼，朝廷因何要同意僕固懷恩的奏請？《資治通鑑》載：「時河北諸州皆已降，嵩等迎僕固懷恩，拜於馬首，乞行間自效；懷恩亦恐賊平寵衰，故奏留嵩等及李寶臣分帥河北，自為黨援。朝廷亦厭苦兵革，苟冀無事，因而授之。」〔註46〕筆者認為，所謂「朝廷亦厭苦兵革，苟冀無事，因而授之」，是指代宗皇帝擔心若不同意當時手握重兵的僕固懷恩的請求，後者就會勾結河北諸藩叛變，這樣就不免再滋生戰事，因而才不得不批准懷恩的奏請，令安史叛將分帥河北。通常的看法是指如果朝廷不答應叛將分帥河北的要求，叛軍將會堅持抵抗到底，而忽略了朝廷擔心僕固懷恩與安史叛將聯合這層因素。

三、戰後唐朝中央政府與河北的關係

儘管代宗同意安史叛將分帥河北，但是他對於僕固懷恩與安史叛將聯合的可能性一直憂心忡忡。為了阻止這種可能性的發生，戰後，代宗採取了相應的措施。一方面，他極力優待僕固懷恩。〔註47〕怎奈僕固懷恩越走越遠，直至叛變，以致代宗發出了「懷恩父子負朕實深」〔註48〕的感慨！另一方面，則盡可能地、最大限度地削弱、限制河北的實力，以期消滅於無形之中。根據筆者查閱史籍，發現廣德元年（763），河北四大藩鎮的屬地一直處於變化之中。是年五月，幽州節度的冀州以及魏博的滄州、瀛州轉隸淄青，〔註49〕

〔註43〕《舊唐書》卷一二一〈僕固懷恩傳〉，頁3487。

〔註44〕《舊唐書》卷一三四〈馬燧傳〉（頁3690）載：「是時，懷恩遣薛嵩自相、衛餽糧以絕河津。抱玉令燧詣薛嵩說之，嵩乃絕懷恩從順。」

〔註45〕裴抗：〈魏博節度使田公神道碑〉，《全唐文》卷四四四，頁2006。

〔註46〕《資治通鑑》卷二二二廣德元年閏正月條，頁7141。

〔註47〕詳見李鴻賓：《唐朝朔方軍——兼論唐廷與西北諸族的關係及其演變》，頁172。

〔註48〕《資治通鑑》卷二二三廣德二年正月條，頁7161。

〔註49〕冀州、瀛州在廣德元年曾轉屬於多個藩鎮，諸書的相關記載頗為紛亂，亦有錯誤之處，茲詳辯之。《資治通鑑》卷二二二廣德元年五月條（頁7143）載：「滄、棣、冀、瀛為青淄管。」《新唐書》卷六六〈方鎮三〉（頁1840）載：

魏博的貝州轉隸洺相，〔註50〕相衛的衛州隸屬澤潞。〔註51〕魏博、相衛分別割出滄、瀛、貝、衛四州的同時，也分別得到了德、貝二州。〔註52〕朝廷雖讓出了德州，卻得到了「皆盡形勝戰略之地」的滄、瀛、冀、衛四州。〔註53〕

廣德元年，冀州由幽州轉屬成德。眾所周知，冀州原爲幽州所管，廣德元年後，則一直由成德管轄。據此，冀州當是在廣德元年五月先由幽州轉屬淄青，再於該年末由淄青轉屬成德。《資治通鑑》卷二二二廣德元年閏正月癸亥條（頁7141）載：以「田承嗣爲魏、博、德、滄、瀛五州都防禦使。」賴青壽《唐後期方鎮建置沿革研究》（上海：復旦大學歷史地理研究中心博士論文，1999年，頁106）指出：《資治通鑑》所記載的魏博等州防禦使領有魏、博、滄、德、瀛五州乃是該年最後定制之說。但是他卻推出始置魏博等州防禦使時，顯然並不領有瀛州。在賴氏看來，廣德元年，瀛州先是由幽州轉屬淄青，再由淄青轉隸魏博。筆者認爲，賴氏所說有誤。裴抗：〈魏博節度使田公神道碑〉（《全唐文》卷四四四，頁4532）載：「特遷瀛州刺史，貝、博、滄、瀛等州防禦使。」《舊唐書·田承嗣傳》、《新唐書·方鎮三》皆如是記載。《新唐書》卷六五〈方鎮二〉（頁1805）載：廣德元年，「淄青平盧節度增領瀛州；未幾，瀛州復隸魏博節度。」由「復」字可知，瀛州原隸魏博。據此，筆者認爲，始置魏博等州防禦使是領有瀛州的。因此，瀛州先於廣德元年初由幽州析出置魏博，然後於該年五月轉隸淄青，再於該年末復歸魏博。關於冀州、瀛州在廣德元年末歸屬成德及魏博的分析，詳見後文。

〔註50〕《新唐書》卷六六〈方鎮三〉，頁1840～1841。
〔註51〕《新唐書》卷六六〈方鎮三〉，頁1840～1841。其文指出：廣德元年，衛州復隸澤潞。筆者認爲，此「復」乃衍字。詳見拙稿：〈唐代後期澤潞鎮軍事地位的變化〉，《中國歷史地理論叢》，2008年第3期，頁88～89。
〔註52〕《新唐書》卷六六〈方鎮三〉，頁1840。
〔註53〕陳寅恪、樊文禮、王賽時等學者指出，淄青一鎮自李正己襲奪淄青軍府之位後，遂與河朔同風，成爲唐代中央政府之鉅患。此處，則見廣德時淄青仍聽命於中央政府，因爲李正己襲奪淄青軍府之位是在永泰元年。因此，筆者認爲，滄、瀛、冀三州轉隸淄青，即是表明當時朝廷控制此三州。需要澄清的是，並不意味著當時中央已經不能控制河北，當時的河北已經割據。在筆者看來，朝廷之所以欲最大限度地削弱、限制河北的實力，是出於河北與僕固懷恩的特殊關係所致的，是爲了阻止河北與僕固懷恩勾結的可能性。朝廷只能採取這種方法，因爲當時中央已沒有平叛剛結束時的絕對實力，而河北也並非一點實力也沒有。因爲叛將剛分帥河北之時，他們的實力幾乎沒有受到任何的削弱。只要看看他們僅僅用了幾年時間就將實力恢復到足以對抗中央的程度就可以知道。陳先生等人的說法詳見：陳寅恪：《唐代政治史述論稿》（北京：三聯書店，2001年）上篇〈統治階級之氏族及其升降〉，頁222；樊文禮：〈唐代平盧淄清節度使略論〉，《煙臺師範學院學報》，1993年第2期，頁28；王賽時：〈唐代淄青鎮〉，《東嶽論叢》，1994年第2期，頁104。當然，他們的說法亦不完全正確。《舊唐書》卷一五五〈穆寧傳〉（頁4114）載：「大曆四年，起授監察御史，領轉運留後事於淄青。」大曆四年（769），中央仍能在淄青設置轉運使，說明遲至大曆四年，淄青仍上繳賦稅給朝廷。也就是

滄州乃水陸輻輳之地，顧祖禹（1631～1692）謂此地：「燕得之勢足以弱齊，齊得之勢足以威燕動趙矣。」〔註54〕當時朝廷已據有青、冀二州，就可充分發揮滄州「連青、濟之甲，走深、冀之道，河北諸州，皆將奔命焉」〔註55〕的戰略功能，此足見朝廷得滄、冀兩地對於河北威脅之所在。魏博雖得德州，其亦是形勝之地，「州控三齊之肩背，爲河朔之咽喉」〔註56〕。但是，朝廷獲得有「南不得河間，幽、平之患未深」〔註57〕美譽之瀛州，亦足以鉗制有平原郡之別稱的德州。滄、瀛、冀三州皆具有攻略意義，朝廷得此三州，即是在河北腹心安置了一把利刃。而衛州「南濱大河，西控上黨」〔註58〕，亦屬要衝之地。控制了衛州實際上就控制了黃河渡口，使河北無法輕易南下的同時，也使朝廷掌握了隨時攻略河北主動權。這種軍事戰略格局的初步形成，體現出了一位皇帝所應有的魄力和謀略，即欲消滅河北實力於無形之中！同時，再聯繫大曆晚期，澤潞取得具有攻略意義的邢、洺、磁三州，表明代宗晚期的藩鎮政策正趨於強硬，〔註59〕似可見代宗嗣位之初中央強硬的藩鎮政策。

雖然河北藩鎮對於中央政府削減自己的屬地無可奈何，但是他們也沒有放棄任何恢復實力的機會，一直在等待時機。前文提及僕固懷恩叛變後，曾令薛嵩餽糧，並派人往河朔，煽動河北諸藩起兵。〔註60〕但是他們沒有回應。

<hr />

說那時淄青仍聽命於中央政府。

〔註54〕 顧祖禹：《讀史方輿紀要》（北京：中華書局，2005 年）卷一三〈北直四·滄州〉，第 576 頁。

〔註55〕 《讀史方輿紀要》卷一三〈北直四·景州〉，頁 569。景州在唐時曾經置觀州，貞觀時州廢併入滄州。

〔註56〕 《讀史方輿紀要》卷三一〈山東二·德州〉，頁 1492。

〔註57〕 《讀史方輿紀要》卷一三〈北直四·河間府〉，頁 550。

〔註58〕 《讀史方輿紀要》卷四九〈河南四·衛輝府〉，頁 2303。

〔註59〕 詳見拙稿：〈唐代後期澤潞鎮軍事地位的變化〉，頁 87～91。

〔註60〕 裴抗：〈魏博節度使田公神道碑〉（《全唐文》卷四四四，頁 4532）記載：「初，懷恩之討朝義也，深結歸義之帥，陰有將叛之心。及恃功不虔，造節方兆，虎據汾晉，寇於太原，乃分使河朔，連扇群帥，邀我同惡，示以師期。」《舊唐書》卷一三四〈馬燧傳〉（頁 3690）載：「無何，懷恩果與太原都將李竭誠通謀，將取太原，其帥辛雲京覺之，斬竭誠，固城自守，懷恩遣其子瑒率兵圍之。……是時，懷恩遺薛嵩自相、衛餽糧以絕河津。抱玉令燧詣薛嵩說之，嵩乃絕懷恩從順。」二書皆認爲懷恩謀求河北回應的時間，是在攻打太原前後。但是有關懷恩攻打太原的時間，諸書記載頗異。根據呂思勉的研究，其攻打太原的時間是在廣德元年十二月，即以《舊唐書·代宗紀》爲是。參閱氏著：《隋唐五代史》，頁 211。

筆者認為，河北諸藩沒有聽從僕固懷恩的回應，除了自身實力尚不足以抗衡中央外，可能還在於中央政府滿足了河北諸藩的要求。土地本是河北所覬覦的。廣德元年（763），朝廷意欲削弱河北藩鎮的實力，強制削減了他們的轄區，並欲消滅其實力於無形之中，這當然是河北諸藩所不願意看到的。在僕固懷恩遣使煽動河北諸藩起兵之際，河北諸藩極有可能趁機向朝廷提出要脅，要求返歸他們的土地。而在面臨著西北吐蕃的步步進逼的同時，為阻止河北諸藩回應僕固懷恩的叛變，以免兩面受敵，朝廷極有可能作出讓步，歸還原先所割出的河北諸藩的土地，甚至適度地擴大其地盤。因此才會看到，在魏博的滄州、瀛州與幽州的冀州轉隸淄青，以及相衛的衛州隸屬澤潞後的當年年底，滄、瀛兩州復歸魏博，冀州也為成德所據，衛州則復隸相衛。〔註61〕精心策劃的軍事戰略格局亦隨之解體。而這些當是中央與河北諸藩交易的結果。

安史之亂的平定是唐朝軍隊強大軍事實力作用下的結果，這就決定了戰後雙方的實力對比是唐強河北弱。因此，河北藩鎮對於中央政府削減自己的屬地頗感無奈，這也反映了廣德元年河北藩鎮仍聽命於唐中央政府。僕固懷恩〈陳情書〉所說的河北「賦稅以時」〔註62〕，也說明該年河北是上繳賦稅給唐朝政府的。儘管廣德元年年底，河北藩鎮索回了原有的土地，但是此時的他們仍沒有足夠實力與中央對抗。廣德二年（764）五月，郭子儀（697～781）上書說到，昔因安、史佔據洛陽，所以才在諸道設置節度使，「以制其要衝」；如今叛寇已亡，「而所在聚兵，耗蠹百姓」，請求罷去諸鎮節度使。〔註63〕在郭子儀看來，過去諸道置軍是為了制約叛軍，而如今安、史已經亡去，似沒有必要再聚兵，言語之間並未視河北為特殊分子。永泰元年（765）三月，獨孤及（725～777）亦上書請求罷兵：「今天下惟朔方、隴西有吐蕃、僕固之虞，邠涇、鳳翔等兵足當之矣。自此而往，東洎海，南至番禺，西盡巴、蜀，萬里無鼠竊之盜，已積歲矣，而兵不為之解。傾天下之貨，竭天下之穀，以給不用之軍，而為無端之費，臣不知其故。假令居安思危，用備不虞，自可於扼要之地，少置屯御，餘悉休之。以其糧儲屝屨之資，充疲人貢賦，歲可減國賦之半。陛下豈遲疑於改作，逡巡於舊貫，使大議有所壅，而率土之患

〔註61〕《新唐書》卷六六〈方鎮三〉，頁1840～1841。

〔註62〕僕固懷恩：〈陳情書〉，《全唐文》卷四三二，頁4395。

〔註63〕《資治通鑑》卷二二三廣德二年六月條，頁7165。

日甚一日。是益其弊而厚其疾也，臣竊惑焉。」〔註64〕依獨孤及的上疏來看，似乎當時的河北是安寧的。同時，獨孤及也未將河北視爲潛在的威脅。兩位大臣的奏疏皆未將河北視爲特殊分子，似暗示當時的河北確實尚未割據。

《太平廣記》中收有一則出自《甘澤謠》的故事：「是時至德之後，兩河未寧，以滏陽爲鎮，命（薛）嵩固守，控壓山東。殺傷之餘，軍府草創。朝廷命嵩遣女嫁魏博節度使田承嗣男，又遣嵩男娶滑亳節度使令狐彰（？～773）女。三鎮交爲姻婭，使使日浹往來。而田承嗣常患肺氣，遇熱增劇，每曰：『我若移鎮山東，納其涼氣，可以延數年之命。』乃募軍中武勇十倍者，得三千人，號『外宅男』，而厚其卹養。常令三百人夜直州宅，卜選良日，將併潞州。」〔註65〕按照《舊唐書・地理二》的記載：「永泰元年六月，昭義節度使薛嵩，請於滏陽復置磁州。」〔註66〕筆者認爲，所謂的「命嵩固守，控壓山東」當在永泰元年六月前後。《甘澤謠》的記載顯示出永泰元年，河北藩鎮已經顯露出侵吞鄰境的野心，而朝廷也將其視爲心患，因此才有「命嵩固守，控壓山東」的舉措。即「永泰之後，河朔、隴西，淪於寇盜。」〔註67〕所以，筆者認爲河北藩鎮是在永泰之後走上割據之路的。

餘　論

唐代宗在戰後伊始就謀劃了一強有力的軍事策略，欲消滅河北勢力於無形之中，這無疑體現了其削藩的決心，以及其嗣位之初強硬的藩鎮政策。這也使得對於代宗末期愈發強硬的藩鎮政策〔註68〕有了一個更爲通貫的認識。本來，代宗在初期是準備消滅河北勢力的，但由於隨後出現的內憂外患，使其沒有精力處理。而大曆晚期朝廷在與魏博爭奪相衛之際，佔領了邢、磁、洺等具有攻略河北意義的州郡，〔註69〕似說明當時的朝廷已有意攻略河北。通貫而言，解決河北問題一直是代宗的計劃。而這一政策也爲他的兒子德宗

〔註64〕 獨孤及：〈直諫表〉，《全唐文》卷三八四，頁 3910。
〔註65〕 李昉：《太平廣記》（北京：中華書局，1961 年）卷一九五〈紅線〉，頁 1460。
〔註66〕 《舊唐書》卷四〇〈地理二〉，頁 1499。
〔註67〕 《舊唐書》卷三九〈地理一〉，頁 1393。
〔註68〕 《劍橋中國隋唐史》，頁 507～508；樊文禮：〈安史之亂以後的藩鎮形勢與唐代宗朝的藩鎮政策〉，《煙臺師範學院學報》（哲學社會科學版），1995 年第 4 期，頁 40～45。
〔註69〕 詳見拙稿：〈唐代後期澤潞鎮軍事地位的變化〉，頁 86～91。

所繼承。德宗即位初就有掃平河北之意，即使後來出現了奉天之亂，德宗朝對待河北的政策有所變化，但是其仍不失時機地盡量削弱他們。〔註 70〕元和時期，中央更致力於「恢復對搞自治的藩鎮的控制」〔註 71〕。可以說，代宗、德宗、憲宗三代對待河北的政策是一脈相承的。〔註 72〕

　　附記：本文的撰寫在資料上得到林冠群教授、顧乃武博士的襄助，在此謹表謝忱！

〔註 70〕劉玉峰：《唐德宗評傳》（濟南：齊魯書社，2002 年），頁 61。
〔註 71〕《劍橋中國隋唐史》，頁 534。
〔註 72〕由於順宗在位時間太短，故本文不予討論。

玄武門事變新論

玄武門事變乃初唐政治史上的一件大事，對唐朝政局的影響至深且巨，故歷來史家多所關注，研究成果亦多。〔註1〕筆者新近重讀舊史，偶感前人研究雖多，但其間仍有些許所究之不近事理或尚未措意之處，故今不憚淺陋提出來，以就教於方家。

武德二年（619）劉文靜（568～619）被殺這一重要事件，因爲劉文靜、李世民（599～649）密切之關係〔註2〕而一直被學界定性爲唐高祖李淵（566～635）削弱秦王府勢力的行爲。但筆者不同意這種看法。因爲若果眞如學者們所說，何以此後高祖還要給秦王那麼大的權力，「加號天策上將」，使之「位在王公上」？〔註3〕又怎麼會在武德五年（622）十月令秦王世民領左、右十二衛大將軍？〔註4〕《資治通鑑》載：「初置十二軍，分關內諸府以隸焉，皆取天星爲名，以車騎府統之。每軍將、副各一人，取威名素重者爲之，督以耕戰之務。由是士馬精強，所向無敵。」〔註5〕雖然十二衛並不就是十二軍，但十二軍中包括萬年道、長安道等，可知當時京城兵力相當可觀，十二衛大將軍並非虛名。

〔註1〕 胡戟等主編：《二十世紀唐研究》（北京：中國社會科學出版社，2002年）第一章〈政治事件與政治集團政治人物・玄武門之變〉，頁29～31。

〔註2〕 劉昫：《舊唐書》（北京：中華書局，1975年）卷五七〈劉文靜傳〉，頁2289～2293。

〔註3〕 《舊唐書》卷一〈高祖紀〉，頁12。

〔註4〕 司馬光：《資治通鑑》（北京：中華書局，1956年）卷一九〇武德五年十月甲子條，頁5956。

〔註5〕 《資治通鑑》卷一八七武德二年秋七月條，頁5858～5859。

　　同樣被定性為高祖打擊、削弱秦王府勢力行為的還有武德五年底高祖派遣皇太子建成（589～626）征討劉黑闥（？～623）之事。當劉黑闥再反時，高祖先命齊王元吉（603～626）出征討伐，高祖這樣做可能是為了培養李元吉獨當一面的軍事能力。在此前的數次征戰中，李元吉都跟隨李世民出征，這是高祖的有意安排，讓他學習戰事。〔註6〕而這次更是讓其獨自領軍出征。奈何李元吉並不爭氣，高祖只能在李建成的奏請下命其出征。是先有太子的奏請，方才有高祖任命太子征討劉黑闥之事。對此舊史有著詳細的記載，當劉黑闥再反時，太子東宮僚佐王珪（571～639）、魏徵（580～643）謂皇太子建成曰：「殿下但以地居嫡長，爰踐元良，功績既無可稱，仁聲又未遐布。而秦王勳業克隆，威震四海，人心所向，殿下何以自安？今黑闥率破亡之餘，眾不盈萬，加以糧運阻絕，瘡痍未瘳，若大軍一臨，可不戰而擒也。願請討之，且以立功，深自封植，因結山東英俊。」李建成遵從其計，於是請討劉黑闥。〔註7〕史稱「上許之」〔註8〕。由此可以很清晰地看到，李建成奏請征討劉黑闥的經過。有了這一先後順序，就不能簡單地據太子此次請求出征有爭奪功勳之意而高祖同意其奏請，就認為高祖這樣做就是為了抑制秦王之權勢。筆者查找諸史料，未見有何條史料提到高祖知曉太子此次出征的用意。不能因為高祖深謀遠慮就認為他應該什麼都知道，更不能以籠統的陳說來代替有關具體事實的論證。根據整個事件的經過，對於高祖同意太子出征之原因，或可理解為前此秦王、齊王皆未徹底平定劉黑闥，故而此番劉黑闥重反之時，高祖則想讓太子嘗試平叛，其本意只是出於平叛本身。也就是說，武德五年底高祖派遣太子征討劉黑闥並無特別用意。

　　武德年間的國史、實錄曾經房玄齡（579～648）、許敬宗（592～672）等篡改，後世史家對此多有考辯，諸多真相也漸顯，但仍有一些存在篡改嫌疑而前人幾無措意的記載。

　　其一，《舊唐書‧隱太子建成傳》載：

　　　　初平洛陽，高祖遣貴妃等馳往東都選閱宮人及府庫珍物，因私有求
　　　　索，兼為親族請官。太宗以財簿先已封奏，官爵皆酬有功，並不允

〔註6〕 趙克堯、許道勳：《唐太宗傳》（北京：人民出版社，1984年），頁68。

〔註7〕 王欽若：《冊府元龜》（北京：中華書局，1960年）卷七一五〈宮臣部‧忠於所事〉，頁8504。

〔註8〕 《資治通鑑》卷一九〇武德五年十一月庚辰條，頁5960。

許，因此銜恨彌切。時太宗爲陝東道行臺，詔於管内得專處分。淮安王神通有功，太宗乃給田數十頃。後婕妤張氏之父令婕妤私奏以乞其地，高祖手詔賜焉。神通以教給在前，遂不肯與。婕妤矯奏曰：「敕賜妾父地，秦王奪之以與神通。」高祖大怒，攘袂責太宗曰：「我詔敕不行，爾之教命州縣即受。」他日，高祖呼太宗小名謂裴寂等：「此兒典兵既久，在外專制，爲讀書漢所教，非復我昔日子也。」

〔註9〕

此段文字大意即講，平洛陽後，李世民不分田地予張婕妤之父而受高祖責備。筆者認爲，如果平洛陽後李世民果眞有不分田地給張婕妤之父而受高祖責備之事，爲什麼此後不久高祖還要別置天策上將以寵之呢？高祖因此事怒責李世民：「我詔敕不行，爾之教命州縣即受。」這分明是在暗示高祖對李世民日益增長的權勢的不滿。高祖還因此事對時爲尚書左僕射的裴寂（573～632）說：「此兒典兵既久，在外專制，爲讀書漢所教，非復我昔日子也。」高祖所說的「讀書漢」當指房玄齡、杜如晦（585～630）二人。〔註10〕這句話意在說明高祖對房玄齡、杜如晦的不滿。《舊唐書・房玄齡傳》載：「玄齡在秦府十餘年，常典管記，每軍書表奏，駐馬立成，文約理贍，初無稿草。高祖嘗謂侍臣曰：『此人深識機宜，足堪委任。每爲我兒陳事，必會人心，千里之外，猶對面語耳。』」〔註11〕依此可以看出高祖對房玄齡的評價是相當高的。高祖時期之國史、實錄乃房玄齡等修撰的，作爲一位一生侍奉太宗皇帝，兢兢業業、不敢有絲毫牴觸的大臣，他是不會、也不敢趁修史之機妄添譽美之辭於己身的。由此可見，高祖對裴寂曾說「此兒典兵既久，在外專制，爲讀書漢所教，非復我昔日子也」之事亦不可信。綜而言之，關於平洛陽後，李世民不分田地給張婕妤之父而受高祖責備，以致高祖說出「此兒久典兵在外，爲讀書漢所教，非復昔日子也」的記載當不可信。

其二，《舊唐書・隱太子建成傳》載：

又德妃之父尹阿鼠所爲橫恣，秦王府屬杜如晦行經其門，阿鼠家僮數人牽如晦墜馬毆擊之，罵云：「汝是何人，敢經我門而不下馬！」

〔註 9〕《舊唐書》卷六四〈隱太子建成傳〉，頁 2415。

〔註10〕李英祥、尹春明：〈唐玄武門之變眞相初探〉，《河北師範大學學報》（社會科學版），1999 年第 1 期，頁 65。

〔註11〕《舊唐書》卷六六〈房玄齡傳〉，頁 2460。

阿鼠或慮上聞，乃令德妃奏言：「秦王左右兇暴，凌轢妾父。」高祖
又怒謂太宗曰：「爾之左右欺我妃嬪之家，一至於此，況凡人百姓
乎！」太宗深自辯明，卒不被納。〔註12〕

此段文字大意云，尹德妃向高祖誣告秦王左右陵暴其家，李世民深自辯明，
而高祖始終不信李世民之所辯。這則史料是要說明高祖對秦王的不信任。但
是，一個深自辯析而不為皇帝信任的人，怎麼會授任統領士馬精強的左、右
十二衛的職務呢？一個深自辯析而不為皇帝信任的人又如何能讓皇帝親自迎
勞呢？在李世民幾次征戰回朝時，高祖都親自迎接。一次是在武德五年四月
欲征伐徐圓朗時，「秦王世民自河北引兵將擊圓朗，會上召之，使馳傳入朝，
乃以兵屬齊王元吉。庚申，世民至長安，上迎之於長樂。」〔註13〕另一次發
生在武德六年（623）十一月，防備突厥回朝後，高祖「迎勞秦王世民于忠武
頓」〔註14〕。高祖還因世民有克定天下之功，特降殊禮，於武德五年七月建
弘義宮以居之。〔註15〕因此，筆者認為，關於尹德妃誣告秦王左右陵暴其家，
但世民深自辯析而上終不信的記載，亦恐為史臣所編造。

上舉兩例記載很可能是太宗令史臣篡改所致。那麼，史臣們為什麼要這
樣描寫？古往今來的昏君大多有聽信後宮嬪妃的行為，史臣們這樣篡改的用
意在於把高祖描寫成一個昏君，而這樣的篡改在邏輯上似可與篡改後的國史
中所記的太原起兵全由太宗之謀達到相通。

通觀上述劉文靜被殺，高祖許太子征討劉黑闥，以及高祖嬪妃誣讒秦王
而致弱化父子關係的不實記載，我們可以發現這些事情或記載無一不涉及高
祖與秦王的關係。高祖與秦王的關係一直是玄武門事變研究中的一個爭議話
題。對這四件事情的重新定位，或有助於理解高祖與秦王的關係。通過對於
上述事件、記載的分析及時間定位，筆者認為，自太原起兵（617）至楊文幹
（？～624）事變（624），高祖與秦王一直保持著良好的關係。筆者對於這一
良好關係實質內容的理解是：這一期間，秦王屢立功勳，高祖則給予其巨大
的權力、地位以示獎勵、慰勞。而高祖給予他這麼大的權力、地位，且親自
迎接他，這並非如一些學者所論，乃是出於偏愛的緣故，而主要是因為他的

〔註12〕《舊唐書》卷六四〈隱太子建成傳〉，頁2416。
〔註13〕《資治通鑑》卷一九〇武德五年四月己未條，頁5950。
〔註14〕《資治通鑑》卷一九〇武德六年十一月己丑條，頁5974。
〔註15〕王溥：《唐會要》（上海：上海古籍出版社，2006年）卷三〇〈弘義宮〉，頁639。

功勞所致，是國家統一戰爭的順利進展一直以來都依賴秦王所致。秦王地位固然再高，也沒有高過太子之位，仍然只能位居太子之下。其功勳再大，高祖也沒有要讓秦王取而代之的意願。〔註16〕高祖給予他這麼大的權力、地位，完全只是秉公而爲。

只是高祖與秦王的這種良好關係並沒有一直延續下去，此後受到太子與秦王關係的影響而發生了巨大的變化。這裏就有必要提及太子與秦王的關係及其變化。學界一直認爲太子與秦王的矛盾始於平定洛陽前後。在筆者看來，太子建成是到了劉黑闥再反之際才意識到秦王的威脅。前此所提及的魏徵等東宮僚佐勸李建成討伐劉黑闥以自固的言辭即可爲證。在秦王建立削平王世充、竇建德的勳業之際，身爲皇太子的李建成未見有不安之情緒，不然魏徵等何以有「殿下何以自安」的反問？太子亦爲有謀之士，他若感覺到秦王之威脅時，他應當不會不知道採取某種辦法以求自固、自安。〔註17〕當然秦王對其有所威脅，太子採取自固之法並不意味著二者馬上就有直接的交鋒。

此外，我們還有一個更有力的證據，說明在劉黑闥再反前，皇太子與秦王的關係是很好的。《冊府元龜》載：「蘭謀仕隋，大業末，以鷹揚將軍留守臨汾。義旗建，率所部來降。從高祖平京城，授左光祿大夫，爲太子左衛率。又從太宗破宋金剛及王世充、竇建德、劉黑闥、徐圓朗等，皆有戰勳，數蒙賞賜。」〔註18〕太子左衛率是太子東宮的僚佐，其與右衛率共「掌東宮兵仗羽衛之政令，以總諸曹之事，凡親、勳、翊府及廣濟等五府屬焉；副率爲之貳。」〔註19〕蘭謀能以太子左衛率的身份從秦王東征西戰，這甚至包括討伐劉黑闥，足見在劉黑闥再反前，皇太子與秦王的關係仍然是很好的。

據此，我們認爲，直到劉黑闥再反，在東宮僚佐的提醒下，皇太子才意識到秦王的威脅。二人的矛盾當起於此時。秦王勢力日益壯大，而皇太子卻

〔註16〕胡戟、胡樂：〈試析玄武門事變的背景內幕〉，收入《唐史學會論文集》（西安：陝西人民出版社，1986年），頁102。

〔註17〕歐陽修、宋祁：《新唐書》（北京：中華書局，1975年，頁3541）卷七九〈隱太子建成傳〉載：「帝晚多內寵，張婕妤、尹德妃最幸，親戚分事宮府。建成與元吉通謀，內結妃御以自固。」這是征討劉黑闥後，皇太子意識到秦王的威脅，從而謀求自固的另一舉措。

〔註18〕《冊府元龜》卷三五七〈將帥部・立功一○〉，頁4233～4234。

〔註19〕李林甫撰、陳仲夫點校：《唐六典》（北京：中華書局，1992年）卷二八〈太子左右率及諸率府〉，頁716。

一直沒有意識到來自秦王的威脅，應當與其「性仁厚」有關。自太原起兵至劉黑闥再反前夕，太子與秦王兄弟二人的關係還相當友好，秦王的奪嫡活動極隱蔽而太子沒有任何覺察，因此當時宮廷之中顯得極為平靜。

太子與秦王關係的變化也影響了高祖與秦王的關係，使之與先前的良好關係有所不同，只不過二者的變化並不同步。太子與秦王的矛盾起於劉黑闥重反之時，但是高祖並沒有在同一時間覺察到太子與秦王關係的變化。很可能是因為太子與秦王的矛盾還未公開化，故而高祖並未覺察到太子與秦王關係的變化。直至高祖意識到楊文幹造反辭連太子之事乃為秦王及其府僚誣告〔註20〕後，才覺察太子與秦王之間存在矛盾，且已經到了不可調和的地步。〔註21〕

楊文幹事件（該事發生在武德七年六月壬辰）之後，高祖隨即開始了逐步削弱秦王權勢的行動。《資治通鑑》載：武德七年（624）七月甲午，「上校獵城南，太子、秦、齊王皆從，上命三子馳射角勝。建成有胡馬，肥壯而喜蹶，以授世民曰：『此馬甚駿，能超數丈澗。弟善騎，試乘之。』」世民乘以逐鹿，馬蹶，世民躍立於數步之外，馬起，復乘之，如是者三，顧謂宇文士及曰：『彼欲以此見殺，死生有命，庸何傷乎！』建成聞之，因令妃嬪譖之於上曰：『秦王自言，我有天命，方為天下主，豈有浪死！』上大怒，先召建成、元吉，然後召世民入，責之曰：『天子自有天命，非智力可求，汝求之一何急

〔註20〕 李樹桐：〈唐楊文幹反辭連太子建成案考略〉，收入氏著《唐史考辨》（臺北：中華書局，1965 年），頁 99～117。

〔註21〕 《新唐書》卷七九〈隱太子建成傳〉（頁 3542）載：李建成「令左虞候率可達志募幽州突厥兵三百內宮中，將攻西宮。或告於帝，帝召建成責謂，乃流志巂州。」就在此處記載之前，《資治通鑑》卷一九一武德七年六月壬戌條（頁5985）載：「初，齊王元吉勸太子建成除秦王世民，曰：『當為兄手刃之！』世民從上幸元吉第，元吉伏護軍宇文寶於寢內，欲刺世民；建成性頗仁厚，遽止之。元吉慍曰：『為兄計耳，於我何有！』」當時建成尚不敢在元吉的宅第裏暗殺秦王，其又怎敢明目張膽地狂攻秦王府第呢？在平定山東後，皇太子的功績「比起太宗平王世充，實建德所得的領土，有過之無不及」（見李樹桐〈唐楊文幹反辭連太子建成案考略〉，頁 112）的情況下，太子沒有理由要這麼做。因此我們以為「攻西宮」之事或為貞觀史臣所編造，或為當時人所誣告。「或告於帝」就是暗指此事可能是時人所誣告。若以誣告而言，則高祖當已意識到二人有矛盾。但是我們也難以斷言此事究竟是後人的捏造還是時人的誣告，所以就把高祖意識到二人有矛盾的時間推遲至楊文幹造反辭連太子事發之時（李元吉勸李建成刺殺李世民及欲攻西宮的記載皆在楊文幹事變之前）。

邪！』」〔註22〕這是高祖壓制秦王野心的開始。儘管高祖已經採取措施削弱秦王權勢，高祖始終沒有殺害秦王之意，其與太子並未完全站在一起，否則，以一天子欲誅之，何其易哉！〔註23〕

《資治通鑑》武德九年（626）六月條載：

> 己未，太白復經天。傅奕密奏：「太白見秦分，秦王當有天下。」上以其狀授世民。於是世民密奏建成、元吉淫亂後宮，且曰：「臣於兄弟無絲毫負，今欲殺臣，似為世充、建德報讎。臣今枉死，永違君親，魂歸地下，實恥見諸賊！」上省之，愕然，報曰：「明當鞫問，汝宜早參。」〔註24〕

由此亦可見楊文幹事件後，高祖對秦王勢力的限制；且玄武門事變前夕，世民的處境是相當危險的。而他卒能靈機一動，實因誣告其兄淫亂後宮且欲殺己，為自己爭取到一線生機。他採取這種策略的原因，乃是他知道高祖不願效隋文帝自誅其子的。

那麼，他又是如何知道高祖的想法的呢？上舉高祖與太子、秦、齊王校獵城南之時，建成令妃嬪譖之於上曰：「秦王自言，我有天命，方為天下主，豈有浪死！」高祖怒責曰：「天子自有天命，非智力可求，汝求之一何急邪！」觀世民有此語時，高祖僅責怪之耳，說明即使世民有為天子意，高祖終無殺害之意。同時，秦王也很可能由這件事情知曉其父終無殺己之意。而高祖這一心思的透露恰恰在危機之中解救了秦王。當時在情急之中秦王就以建成與元吉欲殺之的奏辭轉移了高祖的視線、注意力，而正因為此才使得秦王有機可乘，否則他是絕無時間在玄武門布兵的。

綜上所述，自太原起兵至楊文幹事變期間，高祖與秦王一直保持著良好的關係，高祖一直給予屢立功勳的秦王巨大的權力、地位以示獎勵、慰勞，此舉並非出於偏愛世民之，完全是秉公而為。但是雙方的這一良好關係隨著太子與秦王關係的變化而改變。只不過這種變化的發生並非同步。太子與秦王的矛盾起於劉黑闥再反之時，而高祖與秦王關係的變化卻發生在楊文幹事件之後。而在高祖採取逐步削弱秦王權勢的行動後，秦王逐漸陷於被動之時，僅僅利用高祖無殺己之心爭取了時間，預先伏兵玄武門，才取了得奪嫡的最

〔註22〕《資治通鑑》卷一九一武德七年七月甲午條，頁5990。
〔註23〕趙克堯、許道勳：《唐太宗傳》，頁75。
〔註24〕《資治通鑑》卷一九一武德九年六月己未條，頁6009～6010。

後勝利。此見秦王奪嫡功成存在著極大的偶然性。因爲太子等正欲採取坑殺秦王等的行動。〔註 25〕如果不是秦王先採取行動，其奪嫡失敗的可能性是相當大的。

〔註 25〕 此事《資治通鑑》就有記載：「會突厥郁射設將數萬騎屯河南，入塞，圍烏城，建成薦元吉代世民督諸軍北征：上從之，命元吉督右武衛大將軍李藝、天紀將軍張瑾等救烏城。元吉請尉遲敬德、程知節、段志玄及秦府右三統軍秦叔寶等與之偕行，簡閱秦王帳下精銳之士以益元吉軍。率更丞王晊密告世民曰：『太子語齊王：今汝得秦王驍將精兵，擁數萬之眾，吾與秦王餞汝於昆明池，使壯士拉殺之於幕下，奏云暴卒，主上宜無不信。吾當使人進說，令授吾國事。敬德等既入汝手，宜悉坑之，孰敢不服！』」見《資治通鑑》卷一九一武德九年六月丁巳條，頁 6007〜6008。關於太子是否有殺害秦王的意圖，學者存在兩種不同看法。筆者傾向於太子有殺害秦王的意圖。

唐代「踏歌」習俗

　　踏歌是中國古代的一種藝術形式。作爲一種古老的藝術，踏歌的產生時間相當早。從考古發現來看，早在新石器時代的馬家窯文化，踏歌就已出現。1973 年秋，青海省大通縣上孫家寨一座馬家窯類型墓葬中，出土了一件內壁繪有「舞蹈」花紋的彩陶盆。這件彩陶盆，「主題紋飾舞蹈紋，五人一組，手拉手，面向一致，頭側各有一斜道，似爲髮辮，擺向劃一，每組外側兩人的一臂畫爲兩道，似反映空著的兩臂舞蹈動作較大而頻繁之意。人下體三道，接地面的兩豎道，爲兩腿無疑，而下腹體側的一道，似爲飾物。」〔註1〕舞蹈盆整個畫面給人的印象是：先民們勞動之暇，在大樹下、小湖邊或草地上，歡樂地手拉手，一起跳舞和唱歌。實際上，原始先人所表演的這種歌舞，就是後人命名的「踏歌」。這是目前所見到的關於踏歌的最早實物形象。

　　那麼，踏歌又是在什麼情況下產生的？從目前的研究看，踏歌應起源於人類的生產勞動。古代人們在勞動之餘，大家聚集在一起邊歌邊舞，以調整疲勞的身心，從此踏歌就流傳於世，相關記載亦不絕於書。

　　「踏歌」的得名並風行於世是從唐代起始的，當時朝廷對踏歌很感興趣，有時還在上元等節日舉行盛大規模的踏歌活動。如先天二年（713）正月十五、十六日夜，唐睿宗精選了長安、萬年少女婦人千餘人，於燈輪下踏歌三日夜。〔註2〕在《全唐詩》中，還收錄有唐玄宗命張說（667～730）所撰兩首〈十五

〔註 1〕　青海省文物管理處考古隊：〈青海大通縣上孫家寨出土的舞蹈紋彩陶盆〉，《文物》，1978 年第 3 期，頁 48～49。
〔註 2〕　張鷟：《朝野僉載》（趙守儼點校，北京：中華書局，2005 年）卷三，頁 69。

日夜御前口號踏歌詞〉。〔註3〕晚唐張祜的〈正月十五夜燈〉也寫道：「千門開鎖萬燈明，正月中旬動帝京。三百內人連袖舞，一時天上著詞聲。」〔註4〕

唐代的普通民眾更是表現出對踏歌的喜愛之情，中唐顧況在〈聽山鷓鴣〉裏描述的「夜宿桃花村，踏歌接天曉」〔註5〕，反映的就是鄉野村民徹夜踏歌的歡快情景。而當時在南方就有中秋夜婦人相持踏歌的習俗。在北方踏歌更是無處不在，如唐憲宗元和（806～820）初年，有一士人醉醒，見古屏上婦人等悉於牀前踏歌，歌曰：「長安女兒踏春陽，無處春陽不斷腸。」〔註6〕描寫的就是長安婦女在春天從事踏歌活動的場景。在唐穆宗長慶（821～824）年間，還有人於河中舜城北鸛鵲樓下見二鬼踏歌。〔註7〕這雖然是一則鬼神故事，但可以反映出當時踏歌普遍流行的情況。

在唐代，踏歌亦盛行於其他族群，劉禹錫（772～842）就曾描寫過朗州的踏歌風情。所謂「日落風生廟門外，幾人連躍竹歌還」〔註8〕。此外他在夔州寫的〈躍（踏）歌詞四首〉〔註9〕，也描寫了當地的這種風情。唐代的朗、夔二州所在的今湖南、四川兩省境內聚集著多種族群。

可見，有唐一代踏歌風靡於不同的地區，不同的族群，不同的階層。那麼，踏歌究竟有什麼魅力，能讓這麼多人趨之若鶩？這與踏歌的特點及社會功能有著密切關係。

從踏歌的特點來看，它不同於宮廷舞蹈：

第一，參與踏歌的人數可以是上千人、上百人，也可以是一至兩人，形式比較自由。而表演宮廷舞蹈的人數是有限制的，不同舞蹈的表演人數均固定不變，如唐朝規定「破陣舞」（亦名「七德舞」）、「慶善舞」（亦名「九功舞」）、「上元舞」的表演人數分別為 120、64、180 人。〔註10〕

〔註3〕 張說：〈十五日夜御前口號踏歌詞〉，傅璇琮主編：《全唐詩：增訂本》（北京：中華書局，1999 年）卷八九，頁 977。
〔註4〕 張祜：〈正月十五夜燈〉，《全唐詩：增訂本》卷五一一，頁 5876。
〔註5〕 顧況：〈聽山鷓鴣〉，《全唐詩：增訂本》卷二六七，頁 2951。
〔註6〕 段成式：《西陽雜俎》（方南生點校，北京：中華書局，1981 年）卷一四，頁 136。
〔註7〕 李昉等：《太平廣記》（北京：中華書局，1961 年）卷三四六〈踏歌鬼〉，頁 2739。
〔註8〕 劉禹錫：〈陽山廟觀賽神〉，《劉禹錫集》（卞孝萱校訂，北京：中華書局，1990 年）卷二四，頁 301。
〔註9〕 劉禹錫：〈躍歌詞四首〉，《劉禹錫集》卷二六，頁 344～345。
〔註10〕《舊唐書》卷二九〈音樂二〉，頁 1059～1060。

　　第二，踏歌的參與對象不限，有「三百內人連袖舞」〔註11〕的內人（即進入宜春院的長安教坊歌舞伎），也有「新詞宛轉遞相傳，振袖傾鬟風露前」〔註12〕的民間女子。宮廷舞蹈的表演者則一般爲樂工，如貞觀七年（633），呂才（？～665）依圖教樂工演習「七德舞」。〔註13〕而民間則沒有任何限制。

　　第三，踏歌沒有明確而具體的佇列、陣法規定，宮廷舞蹈則對此有嚴格的要求。比如「聖壽樂」，「高宗武后所作也。舞者百四十人，金銅冠，五色畫衣。舞之行列必成字，十六變而畢。有『聖超千古，道泰百王，皇帝萬年，寶祚彌昌』字。」〔註14〕

　　第四，踏歌所需的服飾並不統一，可以同連臂踏歌的二鬼一樣穿青白衫，也可如踏歌的藍採和那樣穿破藍衫，還可像「鴛鴦裁錦袖，翡翠貼花黃」〔註15〕這樣的正式打扮。宮廷舞蹈就不一樣，它所要求的器服比較講究，甚至不同的宮廷舞蹈有不同的器服要求。例如表演「破陣舞」者一般是身披銀甲，手持大戟，而演「慶善舞」的通常是「紫大袖裙襦、漆髻皮履」的打扮，表演「大定舞」的則往往是手握長槊，身被五彩文甲。〔註16〕

　　第五，踏歌的歌詞是即興填寫的，正所謂「踏曲興無窮，調同詞不同」〔註17〕。而宮廷舞蹈相配的歌詞則事先由文人學士潤飾。如貞觀年間，在表演「七德舞」之前，太宗就令李百藥（565～648）、虞世南（558～638）、褚亮（555～647）、魏徵（580～643）等人製歌詞。〔註18〕

　　第六，踏歌的動作很隨意、很自由。劉禹錫在〈竹枝詞九首〉之序講到「里中兒聯歌〈竹枝〉」時，稱「歌者揚袂睢舞」〔註19〕。所謂睢舞，乃縱情無拘束地舞蹈之意。據此，筆者認爲，唐代對踏歌並沒有統一、明確、具體的動作規定。至於宮廷舞蹈，則必須按事先編成的舞蹈動作表演，不能隨意改變，宮廷舞蹈在諸多方面都有嚴格規定。

　　總而言之，踏歌的形式是相對自由的娛樂性舞蹈，而宮廷舞蹈則是比較嚴

〔註11〕張祜：〈正月十五夜燈〉，《全唐詩：增訂本》卷五一一，頁5876。
〔註12〕劉禹錫：〈踏歌詞四首〉其三，《劉禹錫集》卷二六，頁345。
〔註13〕《舊唐書》卷二八〈音樂一〉，頁1046。
〔註14〕《舊唐書》卷二九〈音樂二〉，頁1060。
〔註15〕崔液：〈踏歌詞二首〉其一，《全唐詩：增訂本》卷八九〇，頁10122。
〔註16〕《舊唐書》卷二九〈音樂二〉，頁1060。
〔註17〕劉禹錫：〈紇那曲詞二首〉其二，《劉禹錫集》卷二七，頁364。
〔註18〕《舊唐書》卷二八〈音樂一〉，頁1045。
〔註19〕劉禹錫：〈竹枝詞九首〉，《劉禹錫集》卷二七，頁359。

格的表演性藝術。正因踏歌具有很強的娛樂性，才吸引了如此多的人積極參與。

就踏歌的社會功能而言，它適用於社會生活的諸多方面。在歡慶節日之際，普通民眾往往以踏歌助興。劉禹錫的〈陽山廟觀賽神〉給我們留下了一幅朗州祭祀梁松神之際踏歌的畫面：「荊巫脉脉傳神語，野老婆婆啓醉顏。日落風生廟門外，幾人連蹋竹歌還。」〔註20〕當好友分別之際，也有人用踏歌送行，以表達朋友之間的深情厚誼，家喻戶曉的李白（701～762）〈贈汪倫〉一詩可以爲證。〔註21〕多情的青年男女則更爲大膽，他們以踏歌示愛，「春江月出大隄平，隄上女郎連袂行。唱盡新詞歡不見，紅霞映樹鷓鴣鳴。」〔註22〕反映的就是年輕女郎連袂踏歌，唱盡新詞，卻未喚來自己心愛的人。此外，還有人爲了求得錢財不惜使其美妻表演〈踏謠娘〉〔註23〕。踏歌藝術具有如此之多的功能，對人們產生強烈的吸引力自然是不難理解的。

踏歌雖然風行於唐代，但在後世並未絕跡。周密（1232～1298）的《武林舊事》卷二就有宋末李彭老的詩句「人影漸稀花露冷，踏歌聲度曉雲邊」〔註24〕的詩句。南宋馬遠的〈踏歌圖〉也描繪了一幅在秀峰和綠樹圍繞的山灣裏，在幽靜美麗的山道上，幾個農夫頗帶醉意地踏歌而行的圖畫。〔註25〕至元明清時期，踏歌仍然有所流傳，不過更多的是在少數族群聚居地區流行。元代，五溪蠻「遇父母死，行鼓踏歌，飲宴一月」〔註26〕。明代，瑤人「蹋歌而偶奔者，入崑崗，插柳闢人」〔註27〕。清人曹樹翹寫道：「按，滇黔夷歌，俱以一人捧蘆笙吹於前，而男婦拍手頓足，倚笙而和之，蓋古聯袂踏歌之遺也。」〔註28〕但是在漢人聚居地區踏歌已經比較稀見了，這與唐代普遍流行的情況形成了鮮明的對照。

〔註20〕劉禹錫：〈陽山廟觀賽神〉，《劉禹錫集》卷二四，頁301。

〔註21〕李白：〈贈汪倫〉，《李太白全集》（王琦注，北京：中華書局，1977年）卷一二，頁645。

〔註22〕劉禹錫：〈蹋歌詞四首〉其一，《劉禹錫集》卷二六，頁344。

〔註23〕《舊唐書》卷二九〈音樂二〉，頁1074。

〔註24〕周密著，錢之江校注：《武林舊事》（杭州：浙江古籍出版社，2011年）卷二，頁39。

〔註25〕馬遠：〈踏歌圖〉，北京故宮博物院藏。

〔註26〕周致中：《異域志》（陸峻嶺校注，北京：中華書局，1981年）卷下〈五溪蠻〉，頁59。

〔註27〕田汝成：《炎徼紀聞》（上海：商務印書館，1936年）卷四，頁61。

〔註28〕曹樹翹：《滇南雜誌》（影印嘉慶十五年刊本，臺北：華文書局，1968～1969年）卷十三〈蘆笙〉，頁461。

《唐刺史考全編》拾遺、訂正

　　郁賢皓積數十年之功著成《唐刺史考全編》〔註1〕（以下簡稱《全編》）
一書，爲從事唐代文史研究的學者提供了極大的幫助。一部如此浩瀚之書成
於一人之手，其間必會有所疏漏。郁氏及其他學者亦據新出土之墓誌、石刻
有所補益。〔註2〕筆者近年在研究唐代地方制度時涉及刺史問題，期間亦據新
近出版的《全唐文補遺》及《千唐誌齋新藏專輯》與《全編》進行比照，發
現仍有不少《全編》未曾收錄的刺史資料或收錄中有所缺憾者。今謹依《全
編》凡例與編次，將整理好的資料排列如下，以期對從事唐代文史研究的學
者有所助益。不當之處，祈請方家指正。

　　1、京畿道　卷四　同州（馮翊郡）豆盧望　光宅元年
　　〈豆盧望之碑〉：豆盧望（624～709）「除太子右衛率府中郎將，……累
遷冀州刺史。……轉懷州刺史。……徵爲尙書兵部□□。……時高宗厭俗上
仙，太后臨朝稱制。□國以之作難，三叔於是流言。淮海荊河，稱兵嘯聚。
太后以漢數四七，時遘屯蒙，□中□二，事□□□。乃以公檢校同州刺史。
兇黨克平，追復本職。」〔註3〕

〔註1〕　郁賢皓：《唐刺史考全編》（合肥：安徽大學出版社，2000年）。
〔註2〕　郁賢皓：〈《唐刺史考全編》訂補〉，《南京師範大學學報》（社會科學版），2001
　　　　年第3期，頁147～155；潘明福：〈《唐刺史考全編》補遺〉，《文獻》，2005
　　　　年第2期，頁149～156；毛陽光：〈《唐刺史考全編》新訂補〉，《文獻》，2006
　　　　年第1期，頁31～40；毛陽光：〈《唐刺史考全編》再訂補〉，《文獻》，2007
　　　　年第2期，頁53～65；馬建紅：〈《唐刺史考全編》拾補〉，收入杜文玉主編《唐
　　　　史論叢》第十二輯（西安：三秦出版社，2010年），頁215～219。
〔註3〕　李迥秀：〈大唐故開府儀同三司尙書左僕射上柱國贈司空芮國元公豆盧府君之
　　　　碑并序〉，吳鋼主編：《全唐文補遺》第七輯（西安：三秦出版社2005年），
　　　　頁30。

案：豆盧望即是豆盧欽望，對照該墓誌銘所述與兩《唐書》豆盧欽望本傳所記可知。其中，「高宗厭俗上仙，太后臨朝稱制」是指高宗駕崩、武則天臨朝稱制，時在弘道元年（683）。而「淮海荊河，稱兵嘯聚」是指徐敬業（？～684）起兵反抗武則天的行動，時在光宅元年（684）。因此，豆盧望被任命爲同州刺史應在光宅元年。這次叛變所持續的時間並不長，從九月丁丑到十一月乙丑，前後 49 天。〔註4〕叛變結束後，豆盧望即回朝任原職。因此我們定其任職同州刺史的時間僅爲光宅元年。

又，孝敬皇帝李弘（652～675）爲太子是在顯慶元年（656）。〔註5〕而豆盧望初任「尚書兵部□□」是在高宗駕崩之前，因此我們推斷豆盧欽望任職冀、懷州刺史的時間大約在高宗晚期。

2、關內道　卷一五　隴州（汧陽郡）韋鈞　咸通十三年

〈崔特夫人於氏墓誌銘〉：崔特夫人於氏（840～871）「姊適韋鈞，今爲隴州刺史。」〔註6〕

案：該墓誌銘撰於咸通十三年（872），可知韋鈞此年在隴州刺史任上，至於其任職之年限就不得而知。

3、關內道　卷一九　鹽州（五原郡）李釋子　久視初～長安中

〈李釋子墓誌銘〉：李釋子（642～721）「久視初，出牧鹽、甘、肅州刺史，又充玉門軍大使。又充營田、處置等大使。景雲中，使持節巂州都督，又充姚、巂兩州討擊大使。……先天初，敕追赴京。」〔註7〕

案：關於李釋子任鹽州刺史的年份，《全編》卷一九〈關內道・鹽州〉記爲長安（701～704）中。據墓誌所載，郁氏所云仍可補之。結合其任職甘州刺史的時間大約在長安三至四年〔註8〕，我們推斷其任職鹽州刺史的時間大約在久視（700）初至長安中。

〔註4〕 胡戟：《武則天本傳》（西安：陝西師範大學出版社，1998 年），頁 87。

〔註5〕 劉昫等：《舊唐書》（北京：中華書局 1975 年）卷八六〈孝敬皇帝弘傳〉，頁 2828；歐陽修等：《新唐書》（北京：中華書局，1975 年，）卷八一〈孝敬皇帝弘傳〉，頁 3588。

〔註6〕 崔特：〈唐登仕郎前守左千牛衛冑曹參軍崔特自銘（夫人於氏墓誌銘）〉，吳鋼主編《全唐文補遺》第九輯（西安：三秦出版社，2007 年），頁 419～421。

〔註7〕 褚秀：〈唐故巂州都督李府君之墓誌銘并序〉，《全唐文補遺》第九輯，頁 357～358。

〔註8〕 《全編》卷四〇〈隴右道・甘州〉，頁 484。

又，關於李釋子任嶲州都督的年份，《全編》卷二四六〈劍南道‧嶲州〉置於景龍（707～710）中，但這是中宗年號。據墓誌原文，其任職嶲州都督的時間應該是在景雲（710～711）中至先天（712～713）初。

4、隴右道　卷二九　渭州（隴西郡）竇詮　天寶七載之前

〈竇詮墓誌銘〉：竇詮（681～748）「遂除隴西郡太守。……以天寶七載六月廿四日，寢疾終於郡之官舍。」〔註9〕

5、都畿道　卷五二　懷州（河內郡）豆盧望　高宗晚期

所據同1。

6、河南道　卷五六　宋州（睢陽郡）李鸒　乾元元年～二年

〈李鸒墓誌銘〉：李鸒（？～784）「自天人嗣位，上皇剋復，擢拜郢州刺史。無幾，累轉朗、辟（筆者按：史無辟州，疑壁州之誤）、歸、巴四州刺史。所至皆以政聞。乾元中，稍遷宋州刺史。……徵拜光祿少卿。束帶立朝，休問日著。改為洋州刺史。尋加大中夫，再遷澤州刺史。……無何除替，入覲京師。」〔註10〕

案：據《全編》卷五六〈河南道‧宋州〉，乾元（758～760）中任職宋州刺史的是李岑。筆者認為，郁氏的說法值得商榷。田神功（？～774）是在平定劉展的叛亂後，討伐圍攻宋州的安史叛軍的，時間在寶應（762～763）年間，當時被營救者即為宋州刺史李岑。〔註11〕因此，將李岑任職年份置於乾元中恐誤，似應將其任職年份置於劉展任職之後，即上元（760～762）以後。而乾元中任職者應為李鸒，其任職年月應為乾元元年六月至二年。因為嚴武（726～765）在乾元元年六月任巴州刺史，且一直供職至上元元年（760）。〔註12〕因此，李鸒卸任巴州刺史的時間當在乾元元年六月前後，此後才轉任宋州刺史；又，劉展任職宋州刺史是在乾元二年至上元元年之間。〔註13〕故定李鸒任職年月在乾元元年六月至二年之間。

〔註 9〕李頎：〈唐故朝議大夫隴西郡太守扶風竇府君墓誌銘并序〉，吳鋼主編《全唐文補遺》（千唐誌齋新藏專輯）（西安：三秦出版社，2006 年），頁 215。

〔註10〕李助：〈唐故中大夫澤州刺史贈光祿卿工部尚書太子少傅李府君墓誌銘并序〉，《全唐文補遺》（千唐誌齋新藏專輯），頁 355～356。

〔註11〕司馬光：《資治通鑑》（北京：中華書局，1956 年）卷二二二寶應元年建巳月壬辰條，頁 7127。

〔註12〕《全編》卷二一四〈山南西道‧巴州〉，頁 2870。

〔註13〕《全編》卷五六〈河南道‧宋州〉，頁 774。

又案：李鷁初任巴州當在兩京收復之際，即至德二載（757）末，至於其任郢、朗、壁、歸諸州刺史的時間與任巴州的時間略同。

另，《全編》卷八七〈河東道·澤州〉記其任職澤州刺史的時間是在大曆十四年（779）至建中三年（782）之間，以此往前推，其為洋州刺史或在大曆中晚期。

7、河南道　卷五六　宋州（睢陽郡）楊府君　元和中

〈楊府君墓誌銘〉：楊府君（747～821）「始應辟書，在東□為奉禮郎。在鄂岳為協律郎。在襄陽為大理評事。在淮南為監察御史。在河陰掌漕為殿中，真拜南臺。在河陽為檢校駕部員外郎兼侍御史。再辟淮南，為檢校禮部郎中兼侍御史。轉中丞，刺鄧、宋二州。再為大理少卿、宮相、衛尉卿、太子賓客。……所從者何？曹王皋、司徒杜公佑、相國李公吉甫、相國李公鄘。」〔註14〕

案：據《唐方鎮年表》可知，曹王李皋（733～792）、杜佑（735～812）、李吉甫（758～814）、李鄘（？～820）四人所蒞任者為襄陽、淮南二鎮；襄陽為曹王於貞元（785～805）初所任；〔註15〕杜佑、李吉甫、李鄘所任者為淮南，三人先後就任，其中李鄘任職的時間在元和五年至十二年（810～817）之間。〔註16〕另據楊府君亡於長慶元年（821），且任職鄧、宋二州刺史後仍歷任多個職位。因此楊府君任職鄧、宋二州刺史的時間大約在元和中。

8、河南道　卷五六　宋州（睢陽郡）崔鏶　咸通二年～咸通三年

〈崔鏶墓誌銘〉：崔鏶（816～862）「去歲孟春，府君白宰執，乞假抵東周。越月，授宋州刺史，非所求也。……乃追制就加御史中丞。……睢陽郡兼兵賦之重，當災沴之餘，府君明以燭奸，仁以恤下。……以咸通三年正月廿九日，終於官舍。」〔註17〕

9、河南道　卷六二　潁州（信州、汝陰郡）柳儒　睿宗時期？

〈柳儒墓誌銘〉：柳儒（652～731）「又改授潁州刺史。……改為劍州刺

〔註14〕 王起：〈唐故中散大夫守太子賓客上柱國弘農縣開國男食邑三百戶賜紫金魚袋楊府君墓誌銘并序〉，《全唐文補遺》（千唐誌齋新藏專輯），頁334～335。

〔註15〕 吳廷燮：《唐方鎮年表》（北京：中華書局，1980年）卷五〈荊南〉，頁685。

〔註16〕 《唐方鎮年表》卷五〈淮南〉，頁722～726。

〔註17〕 崔沆：〈唐故朝請大夫使持節宋州刺諸軍事守宋州刺史兼御史中丞充本州團練鎮遏使上柱國博陵縣開國男食邑三百戶贈左散騎常侍崔府君墓誌銘并敘〉《全唐文補遺》（千唐誌齋新藏專輯），頁403～405。

史。未幾，本道按察使以清白聞，轉嘉州刺史，以疾謝官歸。改授右司御率兼判將軍事，加雲麾將軍，遷趙州刺史。……尋改授冀州刺史。……尋改爲青州刺史。……尋除薛王府長史。……以開元十九年七月三十日，遘疾終於東都章善里之私第。」〔註18〕

　　案：據《全編》卷一〇五〈河北道‧趙州〉，柳儒任職趙州刺史是在開元十年（722）。以此推算，其任職冀、青二州刺史應在開元十年之後不久，大約在開元十一、二年。而其任職劍州刺史疑在開元初，任職潁州刺史則或在睿宗時期。

　　10、河南道　卷六二　潁州（信州、汝陰郡）魏中庸　大中四年

　　〈舟濟律師墓誌銘〉，此誌由魏中庸所撰，署銜有「潁州刺史」〔註19〕，其任職潁州刺史的時間至遲在舟濟律師（791～850）下葬之時，即大中四年（850）。

　　11、河南道　卷六三　亳州（譙郡）王玄質　開成五年

　　〈崔敬本墓誌銘〉，此誌由王玄質所撰，署銜有「亳州刺史」〔註20〕，其任職亳州刺史的時間至遲在崔敬本（772～838）下葬之時，即開成五年（840）。

　　12、河南道　卷七四　淄州（淄川郡）鄭博雅　開元十九年之前

　　〈鄭博雅墓誌銘〉：鄭博雅（665～731）累遷「金、淄二州刺史。……以開元十九年二月十四日，薨於京靜恭里，春秋六十七。」〔註21〕

　　13、河南道　卷七六　青州（北海郡）柳儒　開元十一～二年
　　所據同 9。

　　14、河東道　卷八二　慈州（汾州、南汾州、文成郡）李問政　睿宗、
　　　　玄宗開元初

　　〈李問政墓誌銘〉：李問政（652～720）「出守慈州刺史。居無何，復除和州刺史。以所部縣令犯贓，貶授鄭州別駕。……在官數年，以疾取急還於

〔註18〕韓休：〈大唐故銀青光祿大夫薛王府長史上柱國河東縣開國男柳府君墓誌銘并序〉，《全唐文補遺》（千唐誌齋新藏專輯），頁165～166。
〔註19〕魏中庸：〈唐故舟濟律師墓誌銘并敍〉，《全唐文補遺》第九輯，頁413。
〔註20〕王玄質：〈（上闕）崔府君墓誌銘并序〉，《全唐文補遺》（千唐誌齋新藏專輯），頁366。
〔註21〕裴總：〈大唐故淄州刺史鄭府君墓誌銘并序〉，《全唐文補遺》（千唐誌齋新藏專輯），頁161～162。

東都。長子新安主簿韶，奉迎就養。開元八年八月廿四日，終於新安縣之官舍。」〔註22〕

案：《全編》卷一二六〈淮南道・和州〉記其任職和州刺史的時間爲開元六至七年（718～719）。觀其任職鄭州別駕數年，且亡於開元八年（720），此說恐誤。筆者謂其任職慈、和二州刺史蓋在睿宗、玄宗開元初。

15、河東道　卷八二　慈州（汾州、南汾州、文成郡）鄭叔度　貞元前期

〈鄭叔度墓誌銘〉：鄭叔度（747～810）當「德宗御宇，旁求俊傑，翊贊儲貳。乃授太子司議郎。參詳著撰，克諧故實。出拜慈州刺史。……下車五年，化恰戎羯。罷郡之日，謠泳盈衢。爰授太子右諭德，轉衛尉少卿。……無何，出拜夔州刺史。……以元和五年八月廿日，寢疾薨於夔州州官舍。」〔註23〕

案：鄭叔度任職太子司議郎是在建中（780～783）初年。又從其是在太子司議郎之後任職慈州，且在建中元年至元和五年期間共就任五個職位來看，出任慈州刺史的時間大約是在貞元（785～804）前期。

16、河東道　卷八六　潞州（上黨郡）姚珹　開元十九年之前

〈姚珹墓誌銘〉：姚珹（677～731）「復陟京兆少尹，出典潞、冀二牧。……以開元十九年十二月十一日，寢疾薨於洛陽縣豐財里私第。」〔註24〕

17、河東道　卷八八　儀州（遼州、箕州、樂平郡）楊魏成　睿宗、開元初

〈楊魏成墓誌銘〉：楊魏成（658～725）「拜使持節儀州諸軍事、儀州刺史，轉滁州刺史。……自脫簪公府，授杖家園，羅君章有致仕之蘭，胡伯始有延年之菊……以開元十三年二月廿日，薨於別業。」〔註25〕

18、河北道　卷九九　博州（博平郡）李仲昌　貞元末

〈李仲昌墓誌銘〉：李仲昌（？～812）當「太保雁門王田公嗣司徒公節

〔註22〕不著撰人：〈大唐正議大夫行鄭州別駕李公墓誌銘并序〉，《全唐文補遺》（千唐誌齋新藏專輯），頁134～135。

〔註23〕崔邧：〈唐故朝議郎都督夔州諸軍事守夔州刺史賜緋魚袋榮陽鄭公夫人昌黎韓氏合祔墓誌銘并序〉，《全唐文補遺》第九輯，頁388～389。

〔註24〕陳希烈：〈大唐故太中大夫使持節冀州刺史諸軍事守冀州刺史上柱國姚君志文并序〉，《全唐文補遺》（千唐誌齋新藏專輯），頁163。

〔註25〕蔣勵己：〈大唐故正議大夫使持節滁州刺史楊府君墓誌銘并序〉，《全唐文補遺》（千唐誌齋新藏專輯），頁149～150。

制六郡，以公神氣端明，蒞理謹細，改衛州錄事參軍。……請公充節度巡官，權知博州刺史、兼防禦使。……鄴人倒懸，雁門念之，復□於公，而謂公曰：『……相實無政，願公行之。』……牧相三載，俗富且壽，……頃屬常山之東，兵氣晝黑。皇帝赫怒，觀師東征。雁門大壯國威，選將以備。公復歸戎府，參略軍謀。……以元和七年九月八日，善歿於衛州汲縣之傳居。」〔註26〕

　　案：太保雁門王當指田季安，因為其在任之時曾襲封雁門郡王，且加授任太子太保。〔註27〕「頃屬常山之東，兵氣晝黑。皇帝赫怒，觀師東征」當指元和四年（809）朝廷征討成德鎮之事。〔註28〕結合其「牧相三載」及朝廷征討成德之時，李仲昌「復歸戎府，參略軍謀」，我們推斷其任相州刺史的時間在元和初至四年之間。

　　又案：依此上推，李仲昌權知博州刺史當在貞元末。

19、河北道　卷一〇〇　相州（鄴郡）李仲昌　元和初～四年

所據同18。

20、河北道　卷一〇五　趙州（趙郡）衡守直　睿宗、玄宗初

〈衡守直墓誌銘〉：衡守直（654～718）「尋拜趙州刺史。……特拜仙州刺史。……以開元六年八月廿八日，薨於仙州官舍。」〔註29〕

21、河北道　卷一〇七　冀州（魏州、信都郡）豆盧望　高宗晚期

所據同1。

22、河北道　卷一〇七　冀州（魏州、信都郡）柳儒　開元十一、二年

所據同9。

23、河北道　卷一〇七　冀州（魏州、信都郡）姚賊　開元十九年之前

所據同16。

〔註26〕王建：〈唐故攝相州刺史兼監察御史裏行隴西李公墓誌銘并敘〉，《全唐文補遺》（千唐誌齋新藏專輯），頁316～317。

〔註27〕《舊唐書》卷一四一〈田季安傳〉，頁3847。

〔註28〕《資治通鑑》卷二三八元和四年八月壬午條，頁7664；元和四年十月己亥條，頁7668。

〔註29〕蘇頲：〈大唐故仙州刺史衡府君墓誌銘并序〉，《全唐文補遺》（千唐誌齋新藏專輯），頁135～136。

24、河北道　卷一一一　棣州（樂安郡）裴遂　天寶末

〈裴遂墓誌銘〉：裴遂（？～768）「有詔遷深州長史，兼知樂安郡事。寇多驕熾，棄郡而詣闕下。皇帝見之曰：『直哉忠臣。』屬潼關失守，間道而至江介。」〔註30〕

25、淮南道　卷一二四　楚州（淮陰郡）裴虬　大曆七年

〈裴虬墓誌銘〉：裴虬（723～786）於「（大曆）六年，代宗察公言顧行，行顧言，德可具大臣，才可施政事。由是擢授諫議大夫。……居一年，出為楚州刺史。旋移溫州。竟貶驪州司戶。」〔註31〕

案：據墓誌，裴虬任楚州刺史約大曆七年；任溫州刺史約大曆中。

26、淮南道　卷一二五　滁州（永陽郡）楊魏成　開元前期

所據同17。

27、淮南道　卷一二六　和州（歷陽郡）李問政　睿宗、玄宗開元初

所據同14。

28、淮南道　卷一二六　和州（歷陽郡）裴夷直　大中中

〈裴夷直墓銘〉：裴夷直（787～859）屬「息大中皇帝即位，蠲雪冤抑，徵於崇山，且以潮、循、韶、江，四授郡佐，換硤（峽）州刺史，轉歷陽、姑蘇。三郡人悉戴公如父母，皆詣廉使乞留。大中十一年，徵拜華州刺史、兼御史中丞，賜紫金魚袋。」〔註32〕

案：《全編》卷一三九〈江南東道・蘇州〉記其任職蘇州刺史是在大中十年至十一年（856～857），因此推斷其任硤州、和州刺史的時間在大中中。

29、淮南道　卷一三一　蘄州（蘄春郡）吳嘉賓　開元中

〈吳嘉賓墓誌銘〉：吳嘉賓（670～737）於「開元中，屬皇上急於字人，拜公忠州牧。以清白著，除蘄、邛、梓等三州刺史。……以開元廿五年太歲丁丑正月朔廿五日，終於梓州之公館靈蓻。」〔註33〕

〔註30〕呂鄂：〈唐故正議大夫守鄭州長史裴公墓誌銘并序〉，《全唐文補遺》（千唐誌齋新藏專輯），頁262～263。

〔註31〕裴復：〈唐故朝散大夫諫議大夫賜紫金魚袋裴公墓誌銘并敘〉，《全唐文補遺》（千唐誌齋新藏專輯），頁268～269。

〔註32〕李景讓：〈唐故朝散大夫守左散騎常侍贈工部尚書裴公墓銘并敘〉，《全唐文補遺》（千唐誌齋新藏專輯），頁397～398。

〔註33〕吳鞏：〈唐故梓州刺史渤海吳公墓誌銘并序〉，《全唐文補遺》（千唐誌齋新藏專輯），頁176。

30、淮南道　卷一三三　申州（義陽郡）蕭諗　開元中～天寶二年

〈蕭諗墓誌銘〉：蕭諗（684～743）其人，「維大唐天寶二年五月廿一日己未，義陽郡太守蘭陵蕭公即世於郡。……皇帝清問下人，大恤黎庶。精求牧守，俾爾分憂。猶（繇）是擢拜爲江夏守，尋除義陽郡，尙才也。」〔註34〕

案：《全編》卷一六四〈江南西道‧鄂州〉記蕭諗任職江夏太守的時間是在開元中，其又是在義陽郡太守任上去世的，且是任職江夏不久後就任職義陽郡的，因此其任職義陽郡太守的時間大約在開元中至天寶二年之間。

31、江南東道　卷一四四　台州（臨海郡）徐放　元和初～中期

〈徐放墓誌銘〉：徐放（766～817）其人，「元和十二年龍集丁酉正月十九日，朝散大夫、使持節衢州諸軍事守衢州刺史、上柱國徐公終於位，享年五十二。……京尹李鄘以吏事責群掾法曹疑獄，公悉平反，著名京師，日有弘益。遷尙書祠部員外判度支案。……轉屯田員外郎。無何，爲台州刺史。眾惜其去，芳猷藹然。在任六考，始終一致。……改衢州刺史。」〔註35〕

案：《全編》卷一四四〈江南東道‧台州〉記徐放任職台州刺史是在元和六年（811）。但據墓誌，似見其任台州刺史的時間並不止於元和六年。據《唐代京兆尹研究》一書，李鄘任職京兆尹是在元和元年八月至二年六月（806～807）。〔註36〕而徐放擔任台州刺史又達六年之久，結合元和九年其仍在衢州刺史任上，〔註37〕筆者推斷其任職台州刺史的時間在元和初至中期，但不超過九年。

32、江南東道　卷一五○　溫州（東嘉州、永嘉郡）裴虬　大曆中

所據同25。

33、江南東道　卷一五三　泉州（豐州、武榮州、清源郡）崔恭伯
　　開成三年

〈崔敬本墓誌銘〉：崔敬本（772～838）「先皇帝……遂詔以公爲泉州刺

〔註34〕邢宇：〈唐故中散大夫義陽郡太守蕭府君墓誌銘并序〉，《全唐文補遺》（千唐誌齋新藏專輯），頁189～190。

〔註35〕元祐：〈唐故朝散大夫守衢州刺史上柱國徐君墓誌銘并序〉，《全唐文補遺》（千唐誌齋新藏專輯），頁327～328。

〔註36〕張榮芳：《唐代京兆尹研究》（臺北：學生書局，1987年），頁291。

〔註37〕《全編》卷一四六〈江南東道‧衢州〉，頁2084～2085。

史。開成三年夏四月，始至於郡。……凡六月而泉人稱治，猶未施其志也。秋八月十二日遘疾，後月十六日，薨於正寢。」〔註38〕

案：《全編》卷一五三〈江南東道・泉州〉記崔恭伯（字敬本）任職泉州年份爲開成中，今依此可補記其任泉州刺史之確切年份即開成三年。

34、江南西道　卷一六八　郴州（桂陽郡）崔俠　元和六年

〈崔俠墓誌銘〉：崔俠（750～811）「轉濟源令，加朝散大夫。……三載而禮樂行焉。朝廷器之，遷壁（璧）州刺史。……詔丞相府速召赴闕，特拜郴州刺史。致郴州之道，如壁（璧）州之道，竟以正直不容，罷而入覲，遘疾中路。以元和六年八月廿一日，歿於旅次。」〔註39〕

案：《全編》卷一六八〈江南西道・郴州〉載崔俠任職郴州的時間爲大曆中，似誤。據此墓誌可知，其任職郴州刺史的時間當在元和六年。

又案：壁州當即璧州，據墓誌，其任璧州刺史當在元和六年之前。

35、江南西道　卷一七三　朗州（武陵郡）李鷁　至德二載末
所據同 6。

36、山南東道　卷一九〇　鄧州（南陽郡）楊府君　元和中
所據同 7。

37、山南東道　卷一九三　郢州（富水郡）李鷁　至德二載末
所據同 6。

38、山南東道　卷一九八　峽州（夷陵郡）裴夷直　大中中
所據同 28。

39、山南東道　卷一九九　歸州（巴東郡）李鷁　至德二載末～乾元元年
所據同 6。

40、山南東道　卷二〇〇　夔州（信州、雲安郡）鄭叔度　元和五年之前
所據同 15。

〔註38〕王玄質：〈崔府君墓誌銘并序〉，《全唐文補遺》（千唐誌齋新藏專輯），頁 366。

〔註39〕庾承恭：〈唐故朝散大夫使持節郴州諸軍事守郴州刺史博陵崔公墓誌銘并敍〉，《全唐文補遺》（千唐誌齋新藏專輯），頁 313～314。

41、山南東道　卷二〇一　萬州（浦州、南浦郡）李無或　高宗中

〈李無或墓誌〉：李無或（626～675）於「龍朔三年（663），除戎州都督府長史。累遷萬・榮・嘉三州諸軍事、三州刺史。……上元二年（675），除使持節都督廿四州諸軍事、廣州刺史。」〔註40〕

42、山南東道　卷二〇二　忠州（臨州、南賓郡）吳嘉賓　開元中

所據同 29。

43、山南東道　卷二〇三　金州（安康郡、漢陰郡）鄭博雅　開元十九年之前

所據同 12。

44、山南西道　卷二〇九　洋州（洋川郡）李鵾　大曆中晚期

所據同 6。

45、山南西道　卷二一二　壁州（始寧郡）李鵾　至德二載末

所據同 6。

46、山南西道　卷二一二　壁州（始寧郡）崔俠　元和六年之前

所據同 34。

47、山南西道　卷二一四　巴州（清化郡）李鵾　至德二載末～乾元元年

所據同 6。

48、劍南道　卷二二八　劍州（始州、普安郡）柳儒　開元初

所據同 9。

49、劍南道　卷二二九　梓州（梓潼郡）吳嘉賓　開元二十五年之前

所據同 29。

50、劍南道　卷二三一　普州（安岳郡）韋甫　貞元八年～十八年

〈韋甫墓誌銘〉：韋甫（722～802）「至（貞元）八年（792），重奏權知普州事，仍贈緋魚袋，本官如故。至十二年即眞。十七年冬，廉使以公課績居深，頌聲遐著，奏兼節度副使，仍賞紫金魚袋。……以貞元十八年八月十九日癸卯，薨於郡之官舍。」〔註41〕

〔註40〕不著撰人：〈大唐故廣州都督淮陰縣開國公李府君墓誌文〉，《全唐文補遺》（千唐誌齋新藏專輯），頁 56～57。
〔註41〕王良士：〈唐故朝議郎使持節普州諸軍事普州刺史賞紫金魚袋京兆韋府君墓誌銘并序〉，《全唐文補遺》第九輯，頁 383。

51、劍南道　卷二三四　榮州（和義郡）李無或　高宗中

所據同 41。

52、劍南道　卷二三六　嘉州（犍為郡）李無或　高宗中

所據同 41。

53、劍南道　卷二三七　邛州（臨邛郡）吳嘉賓　開元中

所據同 29。

54、劍南道　卷二四六　巂州（越巂郡）李釋子　景雲中～先天初

所據同 3

55、嶺南道　卷二五七　廣州（南海郡）李無或　上元二年

〈李無或墓誌〉：李無或（626～675）於「上元二年（675），除使持節都督廿四州諸軍事、廣州刺史。……上元二年八月一日，薨於府之官舍。」〔註42〕

案：《全編》卷二五七〈嶺南道・廣州〉對於上元中任職廣州都督者僅錄其姓氏，闕記其名，今據此補之；且補齊其任職之確切起止年份。

56、嶺南道　卷二五八　韶州（番州、東衡州、始興郡）裴札　建中初～興元元年

〈裴札墓誌銘〉：裴札（728～784）蒙「江西觀察使路公奏授檢校水部員外郎、兼殿中侍御史、都團練判官，又加朝議大夫、檢校金部郎中、兼韶州刺史。考績尤異，延賞過身。……至於平生事跡，皆振羽儀，馳聲郡邑。……粵以興元元年五月八日，薨於洪州之私第。」〔註43〕

案：又據〈裴札夫人路氏墓誌銘〉：「暨興元初，韶州以疾棄官，退居洪都育德私第。」〔註44〕該墓誌並無裴札之名，但可根據該墓誌題名推知韶州即指上舉之裴札，由此知其興元初（784）仍在韶州刺史任上。《全編》卷二五八〈嶺南道・韶州〉載，大曆十二年至十四年（777～779），韓會（738～780）任韶州刺史，而裴札僅一任韶州，因此其任職韶州的時間當在建中初至興元元年。

〔註42〕不著撰人：〈大唐故廣州都督淮陰縣開國公李府君墓誌文〉，《全唐文補遺》（千唐誌齋新藏專輯），頁 56～57。

〔註43〕杜密：〈唐故朝議大夫金部郎中韶州刺史裴府君誌銘并序〉，《全唐文補遺》（千唐誌齋新藏專輯），頁 279～280。

〔註44〕韋珏：〈唐故朝散大夫檢校金部郎中韶州刺史裴公夫人陳留縣君陽平路氏墓誌銘并序〉，《全唐文補遺》（千唐誌齋新藏專輯），頁 302～303。

57、嶺南道　卷二六〇　潮州（潮陽郡）李少贊　開成元年之前

〈李少贊墓誌銘〉：李少贊（762～836）於「寶曆元年（825），左僕射康公承恩出鎮，愼擇賓佐，以公才堪經務，籌可參戎，奏請公充兩番判官。……俄歷監察裏行、殿中侍御史，改授觀察支使。公以歲久參戎，不樂外府，頻□誠懇，請歸闕庭。元戎雖即眷能，其如公器難滯。薦歸朝庭，恩拜潮州刺史。……以開成元年七月廿四日，終於潮州之官舍。」〔註45〕

58、開元二十九年前後廢置之州郡　京畿道　鴻州　陽儉　武則天中

〈陽儉墓誌銘〉：陽儉（633～700）於「文明元年（684），有敕授金部郎中。再遊仙署，甫階榮寵。又除洛州永昌縣令。……尋授使持節鴻州諸軍事、鴻州刺史。……俄遷荊州大都督府長史。……有制徵爲尙方監，仍加銀青光祿大夫。……粵以久視元年八月十三日，薨於擇善里之私第。」〔註46〕

59、開元二十九年前後廢置之州郡　江南東道　信州　裴注　長慶二年

〈鄭府君夫人李氏墓誌銘〉：「次女纔及笄，適河東裴注。……粵長慶二年（822）春，裴君自侍御史出典信州，奉夫人同之所部。」〔註47〕

〔註45〕趙弘嗣：〈唐故潮州刺史上柱國李府君夫人會稽縣君康夫人合祔墓誌銘并序〉，《全唐文補遺》第九輯，頁402～403。

〔註46〕不著撰人：〈大周故銀青光祿大夫尙方監陽君墓誌之銘并序〉，《全唐文補遺》（千唐誌齋新藏專輯），頁84～85。

〔註47〕鄭居中：〈唐故右金吾衛錄事參軍滎陽鄭府君夫人隴西李氏墓誌銘并序〉，《全唐文補遺》（千唐誌齋新藏專輯），頁337。

唐代皇后籍貫的地理分佈

整理者按：本文是陳翔博士生前的未刊稿，但僅有正文，所附統計表格已下落不明。今根據殘稿整理如下，以見其觀點，庶幾可備學界參考。

皇后是母儀天下之人，居皇后位者往往需要一定的文化涵養。因此，對皇后的冊封是大事，爲歷朝歷代所重視。同時，冊封皇后又不僅僅是個人意願所能決定的，往往牽涉諸多因素。唐代亦不例外。在眾多被冊封的皇后中，關注她們籍貫的地理分佈，則有助於我們理解唐代政治、文化的特點及其變遷。本文試圖在弄清唐代皇后籍貫的空間分佈的基礎上，考察皇后地理分佈與唐代政治、文化等方面的關係。

唐朝 289 年歷史中，共有 26 位皇后。除了 6 位皇后的籍貫不可考外，其餘均有著落。而這 6 位皇后中，有 5 位是在死後由皇帝追封的。因此，其所佔比例雖大，但是不影響本文最後所得出結論之客觀性。本文所說的籍貫，是指本人的出生地或近祖居地。唐人重郡望，往往把郡望當作籍貫，但是郡望與本人的實際居住地是有出入的。那麼，傳世史料與出土墓誌銘對某人籍貫的記載並不統一就不難理解。因此有必要對某些皇后的籍貫進行具體考證。

下文中，筆者就諸書有關皇后籍貫記載不一致的情況進行考證，其餘無牴牾者則不再辨析。

高祖太穆皇后竇氏的籍貫。《舊唐書》本傳記爲「京兆始平人」〔註1〕，《新唐書》本傳稱爲「京兆平陵人」〔註2〕，而《元和姓纂》繫於「河南洛陽」〔註

〔註 1〕 劉昫等：《舊唐書》（北京：中華書局，1975 年）卷五一〈高祖太穆皇后竇氏傳〉，頁 2163。
〔註 2〕 歐陽修、宋祁：《新唐書》（北京：中華書局，1975 年）卷七六〈高祖太穆順

3）。可見，竇氏家族的居住地是有變化的。《新唐書‧宰相世系表》對竇氏家族的遷徙有著詳細的記載：扶風平陵→代郡平城→匈奴舊境→五原→河南洛陽。〔註4〕只是世系表僅記到北魏。《周書‧竇毅傳》有「及孝武西遷，遂從入關」〔註5〕的記載。竇毅（519～582）是竇皇后的父親。據此，我們可以斷定北魏孝武帝元修（510～534）西入關中後，竇氏家族隨之入關，居住在京兆一帶。因此，兩《唐書》是比較可信的。至於是京兆始平抑或京兆平陵，我們以爲當是京兆始平。因爲京兆平陵恐是依照《新唐書‧宰相世系表》中「扶風平陵」的說法，扶風平陵則爲郡望。

太宗文德皇后長孫氏（601～636）的籍貫。前人已考證出是長安，茲從之。〔註6〕

中宗韋庶人（？～710）的籍貫。兩《唐書》均作爲「京兆萬年人」〔註7〕，《元和姓纂》和《新唐書‧宰相世系表》則繫於「京兆杜陵」〔註8〕。歷史上，萬年與杜陵不是同一地方。《漢書‧地理志》載「杜陵」屬於「京兆尹」，「櫟陽」屬「左馮翊」，注曰：「秦獻公自雍徙。」〔註9〕《後漢書‧郡國志》中「杜陵」屬於「京兆尹」，「萬年」屬「左馮翊」，注曰：《帝王世紀》曰『秦獻公都櫟陽』是也。」〔註10〕因此，櫟陽即萬年。《晉書‧地理志》稱「杜陵」、「萬年」均屬於「京兆郡」，並載「萬年，故櫟陽縣。」〔註11〕《魏書‧地形志》曰：「杜」屬「京兆郡」，其沿革，「二漢、晉屬。二漢曰杜陵，晉曰杜城，後改。」「萬年」屬「左馮翊」，其沿革，「漢高帝置，二漢、晉屬京兆，後屬。」〔註12〕由此可

聖皇后竇氏傳〉，頁 3468。

〔註3〕 林寶著，岑仲勉校：《元和姓纂（附四校記）》（北京：中華書局，2008 年）卷九〈竇〉，頁 1364～1365。

〔註4〕 《新唐書》卷七一下〈宰相世系一下‧竇氏〉，頁 2288～2289。

〔註5〕 令狐德棻等：《周書》（北京：中華書局，1971 年）卷三〇〈竇毅傳〉，頁 521。

〔註6〕 黃河舟：〈長孫皇后籍貫小考〉，《人文雜誌》，1986 年第 2 期，頁 93。

〔註7〕 《舊唐書》卷五一〈中宗韋庶人傳〉，頁 2171；《新唐書》卷七六〈中宗庶人韋氏傳〉，頁 3486。

〔註8〕 《元和姓纂》卷二〈韋〉，頁 126；《新唐書》卷七四上〈宰相世系四上‧韋氏〉，頁 3045。

〔註9〕 班固：《漢書》（北京：中華書局，1962 年）卷二八上〈地理志上〉，頁 1544～1545。

〔註10〕 范曄：《後漢書》（北京：中華書局，1965 年）志一九〈郡國一〉，頁 3403、3405。

〔註11〕 房玄齡等：《晉書》（北京：中華書局，1974 年）卷一四〈地理上〉，頁 430。

〔註12〕 魏收：《魏書》（北京：中華書局，1974 年）卷一〇六下〈地形志二下〉，頁 2607

知，儘管杜陵、萬年在名稱上有變化，但並非同一地方是肯定的。《隋書‧地理志》曰：「京兆郡，統縣二十二」，其中「大興」縣，注曰「開皇三年置。後周於舊郡置縣曰萬年，高祖龍潛，封號大興，故至是改焉。有長樂宮。有後魏杜城縣、西霸城縣、西魏山北縣，並後周廢。」又記載「萬年」縣亦屬於「京兆郡」。〔註13〕《魏書》中並無京兆郡領杜城縣的記載，蓋杜城縣即是杜縣，亦就是漢晉所說的杜陵縣。北周時曾將杜城等縣廢掉。正史雖無記載這些廢縣併入何處，但是從對它們的說明附於大興縣之後，則可以認為杜城等縣併入大興縣。

《舊唐書‧地理志》曰：「京兆府」領縣中，有「萬年。隋大興縣。武德元年，改為萬年」；又有「櫟陽。隋萬年縣，武德元年，改為櫟陽」。〔註14〕兩《唐書》對於櫟陽屬於京兆抑或華州的領縣是有分歧的，但這並非筆者所要討論的。觀上述引文，筆者認為漢晉時的杜陵縣於周、隋、唐時已經併入北周新置的萬年縣。舊萬年縣仍然存在。杜陵是漢代的稱法，唐代並無此說法。蓋杜陵乃郡望，萬年乃籍貫。《元和姓纂》、《新唐書‧宰相世系表》記載，韋氏先祖漢丞相韋賢時，韋氏家族遷徙至京兆杜陵。時有杜陵之說，故此流傳下來，直至後世不改。因此，筆者認為中宗韋庶人的籍貫為京兆萬年。

睿宗昭成皇后竇氏（？～693）的籍貫。竇皇后的祖先竇善，與竇毅的父親竇岳是親兄弟。因此竇善家族居住地的變化與竇毅的是一致的。《周書‧竇熾傳》載：「熾兄善，以中軍大都督、南城公從魏孝武西遷。」〔註15〕另外，《隋唐五代墓誌彙編》陝西卷第三冊載竇誕（581～648）的墓誌銘出土於咸陽，竇誕是竇皇后的祖父。〔註16〕又據〈竇希球神道碑〉：竇希球（663～733）是「昭成皇后之第二弟。……遇疾，薨於長安布政里之賜第。……歸祔於咸陽舊原，禮也。」〔註17〕因此，筆者認為竇皇后的籍貫為京兆。

憲宗懿安皇后郭氏（？～851）的籍貫，兩《唐書》本傳不載〔註18〕。但

～2608。

〔註13〕 魏徵、令狐德棻：《隋書》（北京：中華書局，1973年）卷二九〈地理上〉，頁808～809。

〔註14〕 《舊唐書》卷三八〈地理一〉，頁1396～1397。

〔註15〕 《周書》卷三〇〈竇熾傳〉，頁521。

〔註16〕 不著撰人：〈大唐故光祿大夫工部尚書使持節都督荊州刺史駙馬都尉上柱國莘安公竇公墓誌銘并序〉，編委會編《隋唐五代墓誌彙編》（天津：天津古籍出版社，1991～1992年）陝西卷第三冊，頁25。

〔註17〕 裴耀卿：〈太子賓客贈太子太師竇希球神道碑〉，董誥等編《全唐文》（北京：中華書局，1983年）卷二九七，頁3015～3017。

〔註18〕 《舊唐書》卷五二〈憲宗懿安皇后郭氏傳〉，頁2196；《新唐書》卷七七〈憲

其祖父郭子儀（697～781）的籍貫，兩《唐書》本傳均作「華州鄭縣人」〔註19〕，《元和姓纂》、《新唐書‧宰相世系表》則作「華陰」〔註20〕。〈郭氏家廟碑〉曰：「故一族今爲華州鄭縣人。」〔註21〕「鄭縣」指的是縣地，「華陰」則爲郡地。因此，諸書記載一致。〈郭公墓誌銘〉曰：「葬於京兆某原之上。」〔註22〕此郭公乃郭子儀第六子郭曖（753～800）之子，名鏻。根據葬地，疑此時郭氏家族已經落籍長安。檢兩《唐書》之〈郭曖傳〉，郭曖自十餘歲尚昇平公主（？～810）起，大部分時間均生活在長安。〔註23〕郭曖乃皇后郭氏之父。雖然郭曖之子已落籍長安，但未見郭曖的墓誌銘，不清楚其葬於何處，故不敢妄論郭曖已經落籍長安。因此，筆者姑且斷定憲宗懿安皇后郭氏是華州鄭縣人。

通過對列表的分析，我們可以看出唐代皇后分佈如下幾個的特點：

其一，唐代皇后中有 4 位來自山東，但是屬於山東士族籍貫的僅有 1 位，且在後期。首先必須指出，高宗王皇后（？～655）並非山東士族，而是關隴集團的人。王皇后是北周王思政之後。根據《周書‧王思政傳》，王思政於大統十三年（547）被封爲大將軍〔註24〕，說明他們家族屬於關隴集團。爲什麼唐前期皇后無一人是山東士族？這主要在於唐皇室對山東士族採取抑制政策。從《氏族志》的纂修到《姓族系錄》的纂修，無不體現了這一點。〔註25〕《新唐書‧高儉傳》曰：當時「王妃、主婿皆取當世勳貴名臣家，未嘗尚山東舊族」〔註26〕。汪籛（1916～1966）通過對武德、貞觀時公主的婚嫁研究

宗懿安皇后郭氏傳〉，頁 3504。

〔註19〕《舊唐書》卷一二〇〈郭子儀傳〉，頁 3449；《新唐書》卷一三七〈郭子儀傳〉，頁 4599。

〔註20〕《元和姓纂》卷一〇〈郭〉，頁 1553；《新唐書》卷七四上〈宰相世系四上‧郭氏〉，頁 3115～3116。

〔註21〕顏眞卿：〈有唐故中大夫使持節壽州諸軍事壽州刺史上柱國贈太保郭公廟碑銘並序〉，王昶《金石萃編》卷九二，《石刻史料新編》（臺北：新文豐出版公司，1977 年）第一輯第二冊，頁 1537。

〔註22〕沈亞之：〈唐故銀青光祿大夫檢校左散騎常侍兼宮苑閑廄使駙馬都尉郭公墓誌銘〉，《全唐文》卷七三八，頁 7618。

〔註23〕《舊唐書》卷一二〇〈郭曖傳〉，頁 3470～3471；《新唐書》卷一三七〈郭曖傳〉，頁 4611。

〔註24〕《周書》卷一八〈王思政傳〉，頁 295～296。

〔註25〕唐長孺：《魏晉南北朝隋唐史三論：中國封建社會的形成和前期的變化》（武漢：武漢大學出版社，1993 年），頁 385～401。

〔註26〕《新唐書》卷九五〈高儉傳〉，頁 3842。

指出，公主所尙之人沒有一個是山東舊族。〔註27〕連王妃、主婿都沒有一個是山東舊族，怎麼可能會有山東士族居於皇后之位？至於唐後期出現的一位出自山東士族的皇后，或是《新唐書‧宰相世系表》並未列其家族，很可能他們是琅邪王氏的旁支遠親。

其二，唐代皇后中有 5 位來自關中地區，且多在前期。冊封皇后是國家大事，所選之人須母儀天下，故需要一定文化修養。唐代前期，關中是當時中國文化重心。基於此，我們就不難理解關中出了 5 位皇后的原因。而且關中是京師所在地，入宮較其他地方比較方便。

其三，唐代皇后的分佈，大族大姓的籍貫比較多，且多是在前期；同時，還有逐漸減少的趨勢，並帶有波動性。

隋唐雖然已經廢除門閥制度，但是門閥觀念並未隨之消失。世家大族的聯姻、婚姻仍然相當普遍。唐皇室亦不例外。隴西李氏雖貴爲皇室，但是社會地位不高。他們也希望同京兆韋氏、彭城劉氏等大族大姓聯姻以提高他們的社會地位。社會地位提高了，又有權勢，就顯得更有天子之威嚴。

陳寅恪（1890～1969）先生認爲：「蓋自漢代學校制度廢弛，博士傳授之風氣止息以後，學術中心移於家族，而家族復限於地域，故魏、晉、南北朝之學術、宗教皆與家族、地域兩點不可分離。」〔註28〕儘管隋唐時期已經大興學校，但是世家大族享有文化優越的地位並不是一朝一夕就能改變的。擁有文化優勢的他們入宮並高居皇后之位，是比較有條件的。

唐代是處於變革的時代，是由士族社會向庶族社會過渡的時代。社會基礎在這一變革時期，必然要發生變化。婚姻關係的不穩定，或世族與庶族聯姻，或世家大族之間聯姻，皆爲統治集團找尋自己社會基礎的探索。

〔註27〕汪籛：〈唐太宗樹立新門閥的意圖〉，氏著《汪籛隋唐史論稿》（北京：中國社會科學出版社，1981 年），頁 150～164。

〔註28〕陳寅恪：《隋唐制度淵源略論稿》（北京：三聯書店，2001 年），頁 20。

清正廉潔的唐代陝西人

整理者按：2011 年，陳翔博士曾與陝西師範大學歷史文化學院李宗俊副教授合撰《清正廉潔的陝西人》一書，因出版方毀約，一直未能出版。承蒙李先生告知，陳翔博士在該書中承擔了近一半的內容，包括從漢代到清代的二十多位歷史人物。今摘錄其中五位唐史人物，按時間先後匯成此文，並稍作編輯，以符合本書體例。因原書屬於歷史普及類讀物，故就史事而言，並無太多發明。但若能藉此彰顯陳博士在普及歷史文化方面的貢獻，善莫大焉！

一、韓思復：直言匡正，行善為民

韓思復（651～725），字紹出，長安人。他為人正直，凡朝廷政策、決議有所不合理的地方，都能夠直言進諫。他與當時同樣正直的韋湊（658～722）齊名，史稱「韋、韓讜言，醫國之病」〔註1〕；在地方上也經常有救舉百姓的措施，可以說是為政益民。

（一）貧困拒饋贈甘清貧，苦學中秀才顯才華

韓思復幼年喪父，十歲的時候，他的母親和他講起他父親病故的事情，他聽了之後，一度梗咽以至幾乎昏厥。因此，他的祖父韓倫特別喜歡他，曾經說到：「此兒必大吾宗。」〔註2〕當時家裏還比較富有，但是韓思復未曾去察看那些金玉、車馬、賞玩的物品。永淳（682）年間，家裏越發的貧困。正

〔註1〕劉昫等：《舊唐書》（北京：中華書局，1975 年）卷一〇一〈贊曰〉，頁 3162。
〔註2〕歐陽修、宋祁：《新唐書》（北京：中華書局，1975 年）卷一一八〈韓思復傳〉，頁 4271。

好碰上有一年饑荒，以至於家窮，無隔日糧，同鄉杜瑾送他一百匹綾布，儘管又餓，他都沒有拿這些綾布去換食物，而是原封不動地保留著。後來任職於汴州司戶參軍時，他的母親去世，他就離職回家守喪。居喪期間，打柴賣錢，過著自食其力的清貧生活。

韓思復十分好學，曾參加科舉，高中秀才。秀才科是唐代科舉考試的一個科目，唐代科舉考試分成秀才、進士、明經等科目。就整個唐代來講，秀才科是最難考的，能夠中秀才的人相當少，因此在唐高宗後期就廢除了。開元（713～741）年間，唐玄宗曾經恢復了秀才科，但是居然人沒有考中，也就不得不再行廢除。而韓思復能夠高中秀才，可以看出他的才學是很出色的。附帶說一下，唐代的秀才與以後所說的秀才含義不一樣，以後凡有資格參加科舉考試的讀書人都可以稱爲秀才，明清時期也把經過各級考試進入州、府、縣學校的學生稱爲秀才。

（二）歷任州郡，爲民造福

韓思復一生多次履職地方，都以寬恕爲標準、原則，爲民眾多作善事，深受朝野朝廷、民間的讚譽。

韓思復曾擔任梁州倉曹參軍，倉曹參軍是州府掌管倉庫、徵收租稅的官員。但每逢遇到大旱災的時候，他就打開糧倉，賑濟貧民。州府長官因此責備他，他回答說：「人窮則濫，不如因而活之，無趣爲盜賊。」〔註 3〕可以看出，他的爲民之心。他曾經擔任汴州司戶參軍，司戶參軍是掌管州府戶口、田宅等事的官吏，當然就要處理一些民事爭端，但是他從不使用鞭杖等刑罰來處理這些爭端。出任滁州刺史時，州里設有官營的銅礦，百姓開採極爲辛苦，韓思復便想辦法，將所採的礦產賣到外地，這樣就節省了費用而增加了收入。靈芝是古代的一種祥瑞，它的出現往往昭示著當地治理得很好。滁州州府辦公處在韓思復任職期間先後長出黃色靈芝達五次之多，這是不多見的，由此可以看出韓思復在滁州的政績。州民也爲此刻碑並對此大加稱頌。即使到了晚年，韓思復任職襄州刺史時，他的政績仍然很不錯。

（三）力阻武攸寧護禮制，兩諫唐睿宗活善思

韓思復擔任禮部郎中。禮部郎中是朝廷掌管禮儀制度、祥瑞、喪葬等政事的官員。建昌王武攸寧的母親去世，請求鼓吹樂班。按照當時的禮儀規定，

〔註 3〕《新唐書》卷一一八〈韓思復傳〉，頁 4271～4272。

女子去世，是不能使用鼓吹樂班的。作爲掌管禮儀制度的韓思復對此堅絕不同意。武攸寧也只好作罷。武攸寧是武則天的外家人，當時正值武則天在位，武攸寧受寵任職高官。而韓思復能以國家制度堅決阻止武攸寧的請求，可以看出他的正直與膽量。

　　韓思復後來擔任給事中。唐代詔敕有不合理者，給事中可以要求重擬；刑罰有所不當，給事中可以援引法律或案例進行裁決；還可以審查六品以下官員的任命，看看資歷、才能等是否屬實。可以說，給事中是集諫官、憲官與法官爲一體的官員。因此，唐睿宗修建景龍觀，韓思復就曾上諫勸阻：「禍難初弭，土木遽興，非憂物卹人所急。」〔註4〕只是這次奏疏，並沒有被皇帝所採納。但是這並沒有阻礙韓思復繼續上諫。

　　不久，唐中宗的兒子譙王重福（680～710）在一些包藏禍心之人的慫恿下，準備謀逆。他們對譙王重福說：「大王地居嫡長，自合繼爲天子。相王（睿宗李旦）雖有討平韋氏功，安可越次而居大位。昔漢誅諸呂，猶迎代王，今東都百官士庶，皆願王來。王若潛行直詣洛陽，亦是從天上落。遣人襲殺留守，即擁兵西據陝州，東下河北，此天下可圖也。」〔註5〕對於這樣的說辭，想必沒有人會不爲所動。因此譙王重福就想要取代睿宗。沒有想到的是，這件事情被洩露了。結果，譙王重福倉卒叛亂，最後兵敗投河自殺。

　　左散騎常侍（掌侍從、規諫之官）嚴善思（645～729）與譙王重福有來往，正巧譙王重福謀逆。因此，嚴善思就受到了牽連，被捕入獄。有關官員指責嚴善思擔任汝州刺史期間，與譙王重福一向有來往。被召到京師後，竟然不說李重福謀反的事情，只是上奏說東都有兵變的跡象。這明顯是匿反之罪，有司請處以絞刑。韓思復上奏反駁道：「議獄緩死，列聖明規；刑疑從輕，有國常典。嚴善思往在先朝，屬韋氏擅內，恃寵宮掖，謀危宗社。善思此時遂能先覺，因詣相府，有所發明。進論聖躬，必登宸極。雖交遊重福，蓋謀陷韋氏。及其謁見，猶不奏聞，將此行藏，即從極法。且敕追善思，書至便發，向懷逆節，寧即奔命？一面疏網，誠合順生；三驅取禽，來而可宥。惟刑是卹，事合昭詳。請付刑部，集群官議定奏裁，以符慎獄。」〔註6〕

　　評議者大多要求寬免嚴善思的罪行，唯有相關官員堅持原來的意見。韓

〔註4〕《新唐書》卷一一八〈韓思復傳〉，頁4272。
〔註5〕《舊唐書》卷八六〈庶人重福傳〉，頁2836。
〔註6〕《舊唐書》卷一〇一〈韓思復傳〉，頁3148。

思復又反駁道：「臣聞刑人於市，爵人於朝，必僉謀攸同，始行之無惑。謹按諸司所議，嚴善思十纔一入，抵罪惟輕。夫帝闇九重，途遠千里。故借天下之耳以聽，聽無不聰；借天下之目以視，視無不接。今群言上聞，採擇宜審，若棄多就少，臣實懼焉。輿誦一乖，下情不達，雖欲從眾，其可及乎！凡百京司，逢時之泰，列官分職，有賢有親。親則列藩諸王，陛下愛子；賢則胙茅開國，陛下名臣。見無禮於君，寧肯雷同不異？今措詞多出，法合從輕。」〔註7〕皇帝於是採納了韓思復的建議，於是免除嚴善思的死罪，流放靜州。

（四）諫修德消災，直言遭排擠

開元四年（716），山東發生大面積的蝗蟲災害，當時姚崇（650～721）擔任中書令（即宰相），上奏請派御史到各地捕捉掩埋蝗蟲。御史到各地督察捕蝗，表面上看起來很順利。但是因為殺蟲太多，朝廷上下還是有很多不同意見，甚至唐玄宗也認為殺蟲太多有傷和氣。這時，韓思復在朝廷上擔任諫議大夫。諫議大夫是掌規勸朝廷過失的官員，他對消除蝗災的有著自己的看法，他認為蝗蟲是天災，朝廷應該採取一些振舉德化的措施消除災害，而不是靠人力去消除它。姚崇對韓思復是有知遇之恩的。武則天時，擔任宰相的姚崇很賞識韓思復，就提拔他為司禮博士（即太常博士，武則天時曾把太常寺改為司禮寺。太常博士是大祭祀時掌管掌管引導百官施行禮儀，擬議王公及三品以上官員的謚號）。

儘管如此，他仍然上疏表示自己的不同意見，可以看出他的正直。他上疏說道：「臣聞河南、河北蝗蟲，頃日更益繁熾，經歷之處，苗稼都損。今漸翾飛向西，游食至洛，使命來往，不敢昌言，山東數州，甚為惶懼。且天災流行，埋瘞難盡。望陛下悔過責躬，發使宣慰，損不急之務，召至公之人，上下同心，君臣一德，持此誠實，以答休咎。前後驅蝗使等，伏望總停。《書》云：『皇天無親，惟德是輔；人心無親，惟惠是懷。』不可不收攬人心也。」〔註8〕玄宗認為他說的很對，將韓思復的奏疏交給姚崇，姚崇於是請求派遣韓思復前往山東檢查被蝗蟲損害的地方。回來後，韓思復如實奏報山東的情況。而姚崇又請朝廷派遣監察御史（掌管監督、考察諸州縣的職責）劉沼再次加以核實。劉沼為了迎合姚崇的旨意，於是嚴刑逼迫百姓修改先前的牒報上奏。

〔註7〕 《舊唐書》卷一〇一〈韓思復傳〉，頁3148～3149。
〔註8〕 《舊唐書》卷一〇一〈韓思復傳〉，頁3149。

劉沼的奏疏誇大了山東滅蝗的成果，這樣使得河南道數州不能減免賦稅。韓思復也因為在蝗災問題上的直言進諫，得罪了姚崇，因此受到姚崇的忌恨，結果被排擠出朝廷，到地方上任職。

之後，韓思復在中央、地方歷任多種官職。最後於開元十三年（725）去世，唐玄宗親自為其題寫了「有唐忠孝韓長山之墓」〔註9〕的碑文。長山縣男是韓倫的爵位，韓思復承襲祖父而得此封爵，因此墓碑才稱作「韓長山」。

二、楊瑒：剛強正直

楊瑒（667～735），字瑤光，華州華陰人。為人剛強正直，不畏強權，敢於據理諫諍，深得後人嘉許。

（一）正言止加徵

唐睿宗景雲年間（710～712），皇帝準備為自己兩位出家為道士的愛女金仙公主（689～732）、玉真公主（692～762）建造道觀。這是為皇帝女兒修建的道觀，故有別於一般的道觀，自然不能過於簡陋，因此需要花費巨大資金。而這樣的資金是不能從國庫支出的，那就只能從老百姓的身上擠出來。當時主持這項工程的是宰相竇懷貞。為了籌措鉅資，竇懷貞就向關中各縣發佈文告，下令徵收百姓所藏收的叛逆之徒的財產，以作為修建道觀的費用。

麟遊縣是關中諸縣之一。這個時候，楊瑒正在該縣擔任縣令。當徵收的公文送到麟遊縣的時候，楊瑒拒絕實行。身在朝中的竇懷貞（？～713）知道了這件事，大為惱火。他當即怒斥道：「焉有縣令卑微，敢拒大夫之命乎？」楊瑒則義正辭切地說道：「所論為人冤抑，不知計位高卑。」〔註10〕竇懷貞可是當朝宰相，為公主興建道觀的事情，在當時議論紛紛，滿朝文武幾乎都不支持，很多人上疏勸唐睿宗不要這樣做，唯有竇懷貞支持。竇懷貞在當時是出了名的阿諛奉承之輩，韋后（？～710）專權之時就依附於她，後來甚至與太平公主（？～713）合謀造反。面對這樣一個唯勢力是從的高官，身為六品小縣令的楊瑒敢於抗命不從，這需要多大的勇氣啊！好在竇懷貞在聽到楊瑒的說辭之後，覺得他的答覆很有豪氣，也就停止了對麟遊縣的徵收。

中國古代的州縣政府有一個很重要的職責就是徵收賦稅、攤派徭役。徵

〔註9〕《新唐書》卷一一八〈韓思復傳〉，頁4273。
〔註10〕《舊唐書》卷一八五下〈楊瑒傳〉，頁4819。

收、攤派是有體對象和標準，唐朝初年朝廷規定州縣徵收賦稅的對象是 21 歲以上丁男。唐中宗時期，皇后韋氏得到皇帝的寵幸，一度干預朝政，甚至有謀朝篡位的野心。她為了收攬人心，以為了以後能夠篡位獲得更多人的支持，就把原先徵收的標準做了改動，把州縣徵收賦稅對象改為 22 歲以上丁男，這樣就使得一大批人免交稅收。

後來韋后篡權失敗被殺，死後更是被廢為百姓，沒有任何身份、榮譽。原先用於招攬人心的政策有的恢復原樣，有的照舊。當時制定徵收稅收標準的行政官員建議把徵收的標準恢復到原來的 21 歲。楊瑒對此表示反對，他說：「韋庶人臨朝當國，制書非一，或進階卿士，或赦宥罪人。何獨於已役中男，重徵丁課？恐非保人之術。」〔註 11〕主管官員認為楊瑒說得有道理，就依照韋氏所制定的標準實行。楊瑒當時僅是一個六品小縣令，而這些主管官員都是三品高官。楊瑒遇事不合理就敢上奏言事，可以看出他的正直、膽略。

（二）奏疏救李傑

開元三年（715），崔日知擔任京兆尹。作為京師的最高地方長官，本身應該以身作則，給其他州縣樹立良好的榜樣。沒有想到的是，崔氏居然在任內貪贓枉法，魚肉百姓！

楊瑒在開元初年擔任侍御史，這是御史臺的官員，職責是彈劾百官。也就是朝中官員有不法的事情，御史臺的官員可以上奏揭發檢舉。崔日知畢竟任職於京城，地位很顯眼，因此他的腐敗行為自然逃不過御史臺官員的法眼。這時，楊瑒就準備和他的上司御史大夫李傑（？～718）聯名上奏揭發他。沒有想到的是，崔日知不知道通過什麼途徑預先知道了李傑等人要揭發他。「先下手為強」，崔日知就先上奏「揭發」李傑，這種「揭發」只能說是誣陷罷了。崔日知的陰謀果然得逞，李傑因此獲罪被貶。

在這種危急情況之下，楊瑒當即上奏朝廷，說道：「糾彈之司，若遭恐脅，以成姦人之謀，御史臺固可廢矣。」〔註 12〕對於崔日知的誣陷，朝廷本身並沒有進行過多的調查。唐玄宗也深知崔日知、李傑各自的為人，在看了楊瑒的奏疏之後，覺得他說的很有道理，認為他很正直，敢於對朝廷不合理的做法提出異議，因此讓他重新擔任御史大夫，同時把崔日知貶黜京城。

〔註11〕《舊唐書》卷一八五下〈楊瑒傳〉，頁 4819。
〔註12〕《舊唐書》卷一八五下〈楊瑒傳〉，頁 4819。

（三）直諫括戶之病

唐代以前，百姓由於自身生產、抗災能力的不足，往往容易破產。破產的百姓無法滿足朝廷賦稅的徵收，在州縣官員的逼迫之下，很多人便逃亡。或者逃到山林或其他地方開墾荒地耕種，或者成了地主的佃農、雇農等等，不一而足。唐代的情況也是如此。戶口逃亡，朝廷就沒有可以徵收賦稅的對象，因為當時的朝廷只按照戶籍上的人員進行徵收，而戶籍僅僅是記載本地人員的，戶口逃亡了，州縣就沒有憑證徵收賦稅。同時還有些通過各種途徑免除徭役。這樣，國家所能夠徵收賦役的對象就大為減少。沒有賦稅，就等於沒有錢。沒有開支，國家政府機構就無法正常運轉；沒有一定的徭役，許多工程沒有辦法興建。這是朝廷很頭疼的問題。在這種情況下，當時擔任監察御史的宇文融（？～730）就上奏請求檢查那些設法逃脫徭役的人以及搜求那些逃亡在外的人戶。這種建議正切中朝廷一直顧慮的問題，因此玄宗立即下令執行。

搜求工作如火如荼，搜刮出不少逃戶，這些逃戶很多都在外地置有田產。這些人口被要求一次交納一定的稅額，而這些稅額相當於兩年的額數，可以想見當時的稅額相當高。搜求工作也取得了一定成果，但州縣只顧迎合宇文融的意思，弄虛作假，甚至把不是逃戶的人員記成逃戶，這樣無形中就增加了搜刮而得的戶口數。

唐玄宗雖然對搜求戶數的工作很重視，也很認可，但是搜求工作自始至終都有人反對，當時很多官員紛紛上疏奏言，認為這種搜求戶口的政策不利於百姓的生活，會使百姓更加窮困，這些上疏言事者也多有獲罪被貶的。有一次，唐玄宗就召集百官在尚書省討論這件事。因為曾經有官員上奏議論此事不利於民而遭貶，再加上很多官員忌憚宇文融的勢力，畢竟現在宇文融深受皇帝的重用，同時皇帝對這件事似乎很認可。所以，儘管唐玄宗召集百官議事，但並沒有人敢於直言進諫，都認為宇文融搜求工作做得很出色。當時身居戶部侍郎的楊瑒當即提出了自己的看法。戶部侍郎是掌管戶口、土地等政事的官員，有資格談談自己的看法。他指出：「括客不利居人，徵籍外田稅，使百姓困弊，所得不補所失。」〔註13〕楊瑒確實指出了搜求戶口工作出現的一些問題。搜求戶口固然是利國的事情，但是這種利國之事如何在利民的前提下進行，也是需要考慮的。在眾口緘默，且有人因言獲罪的情況下，楊瑒

〔註13〕《舊唐書》卷一○五〈宇文融傳〉，頁3219。

敢於直言當時皇帝認可的事情，這是多麼難能可貴啊！也因此，他遭到了排擠，外任華州刺史。

三、韓休：剛正無私

韓休（671～739），唐代京兆長安人。堅持以天下蒼生爲念，敢於在皇帝面前直言皇帝過失，堅持己見；敢於與對其有薦引之恩的官員據理力爭；冒著可能被懲罰的危險執意上奏要求減免草料。這些無不體現他的剛強、正直與無私。

（一）執奏減徵草料

韓休曾經擔任虢州刺史。虢州地處京師長安和東都洛陽之間，距離長安和洛陽都算近州。皇帝來往兩京之間，或住長安，或住洛陽，都要向虢州徵調草料以供給皇家所飼養的馬匹。因此，朝廷向虢州徵收的草料遠多於其他州郡，百姓負擔也就相對比較重。當時身爲虢州長官的韓休知道這種情況後，就上奏請求朝廷能夠把虢州所應上繳的草料平均分攤給其他州郡。當時的宰相中書令張說（667～730）反駁道：「若獨免虢州，即當移向他郡，牧守欲爲私惠，國體固不可依。」〔註14〕於是，便將韓休的請求駁了回去。

爲了減輕虢州百姓的負擔，韓休準備再次向朝廷提出申請。韓休的下屬就說：「更奏必忤執政之意。」韓休當即正色回覆道：「爲刺史固不能救百姓之弊，何以爲政！必以忤上得罪，所甘心也。」〔註15〕於是，韓休再次上奏。大概是因爲他的再次奏請更爲眞切，朝廷終於同意了他的奏請，減免了虢州的草料徵收，也就減輕百姓的負擔。

（二）堅持己見

後來，韓休調任到朝廷當官。開元二十一年（733），更是當上宰相。由於韓休爲人正直，而且不以陞官進爵爲目的，因此他成爲宰相是合乎人心的。

有一次，萬年縣尉李美玉因事觸犯朝廷法律，玄宗將李美玉流放嶺南。對此，韓休持有不同的意見，因此他就向玄宗進言道：「美玉卑位，所犯又非巨害，今朝廷有大姦，尚不能去，豈得捨大而取小也！臣竊見金吾大將軍程伯獻，依恃恩寵，所在貪冒，第宅輿焉，僭擬過縱。臣請先出伯獻而後罪美

〔註14〕《舊唐書》卷九八〈韓休傳〉，頁3078。
〔註15〕《舊唐書》卷九八〈韓休傳〉，頁3078。

玉。」起初，玄宗並不同意韓休的奏請。韓休絲毫不讓步，他繼續進言辯解：「美玉微細猶不容，伯獻巨猾豈得不問！陛下若不出伯獻，臣即不敢奉詔流美玉。」〔註16〕韓休據理力爭，寸土不讓。朝廷擬定的詔令，要經過宰相下達有關部門執行，也就是說詔令的制定、實行有自己一套嚴格的程序，故而韓休才會這樣說。對於韓休的堅持，玄宗也認為有道理，也就同意了韓休的請求。正是韓休敢在聖駕面前，不依不饒，執意要求皇帝應該根據每個人所犯罪責大小實行處罰，朝廷才懲處了一個貪贓枉法的大惡人。

（三）帝瘦民胖

韓休能夠擔任宰相一職，是當時擔任宰相的蕭嵩（？～749）推薦的。在唐代，宰相一般是個集體，需要兩個以上的成員；如果任職期間，有一宰相因各種情況離任，其他宰相可以上奏推薦。蕭嵩原本以為韓休性情溫和，比較容易控制，也不會隨便否定他人的意見，或者與他人爭論。宰相是掌管國家重大事情決策的，國家很多重大事情先由宰相成員討論，如果有一成員比較懦弱，許多大事的決策可能最終就由其他宰相決定了。蕭嵩本以為如果控制了韓休，很多大事就可以由他蕭嵩自己決定，就等於他掌控很多決策權，所以蕭嵩才推薦韓休和自己共同擔任宰相。

但很多事情往往無法預見，往往不能合乎自己的初衷。韓休任職宰相後，每次討論國家大事，都經常與蕭嵩爭論，也因為他的爭論、正直，曾多次糾正了蕭嵩的錯誤意見，這也使得使得蕭嵩心裏很不舒服。本來是要讓你做做樣子的，你倒「寸土必爭」；本來設想自己可以控制決策權，沒想到，你倒是有事必爭。韓休在大是大非的問題上能夠堅持己見，寸步不讓。對此，曾經身為宰相宋璟非常讚賞，他說：「不謂韓休乃能如是，仁者之勇也。」〔註17〕

玄宗有時在宮中設宴作樂，或者在禁苑打獵的時候，所為如果有不合禮儀、制度的，玄宗就會問左右隨從人員：「韓休知否？」經常是話剛一說完，韓休諫諍的奏疏就送了上來。可見，韓休無一時不以國事為念。日子久了，這也讓身為一國之君的玄宗心裏很不高興。自己畢竟是天下之主，朕一有超越制度的行為你就上奏章，那朕身為一國之君的權力在哪裏？有一次，玄宗照著鏡子，悶悶不樂。左右隨侍人員也知道玄宗為什麼不高興，就趁機說：「自韓休入朝，陛下無一日歡，何自戚戚，不逐去之？」玄宗說：「吾雖瘠，天下

〔註16〕《舊唐書》卷九八〈韓休傳〉，頁3078。
〔註17〕《舊唐書》卷九八〈韓休傳〉，頁3078～3079。

肥矣。且蕭嵩每啓事，必順旨，我退而思天下，不安寢。韓休敷陳治道，多詆直，我退而思天下，寢必安。吾用休，社稷計耳。」〔註18〕韓休身爲一國之宰相，敢於在皇帝面前直言皇帝、朝廷的過失，與對其有薦引之恩的蕭嵩據理力爭，可以看出韓休的正直、無私。

四、一代名臣：顏眞卿

顏眞卿（709～785），字清臣，琅琊臨沂人。因爲祖輩在南北朝時就將家族遷到關中，因此可以說就是陝西人。顏眞卿是唐代著名的書法家，更是一個正直、有氣節的人；代宗時期，不畏權宦，上疏阻止元載（？～777）阻斷言路；在德宗時期，更是在叛賊淮西節度使李希烈（？～786）的地盤上顯示出不屈於武力的高尚氣節。

（一）御史雨解冤情

顏眞卿年輕的時候，讀書很勤奮、刻苦，所寫文章很有文采，特別是他的字寫得特別漂亮，故顏眞卿爲後人所知的都爲他的書法。開元二十二年（734），他參加科舉考試，高中進士。後來，朝廷讓其赴河隴一帶任職。當時五原郡出現了一件冤案，長期以來沒有得到處理。顏眞卿知道這個案情，經過仔細的調查，最終辨明這樁冤案的案情。原來，那個時候五原郡一直乾旱無雨，等到顏眞卿辨明冤案後，天就下起了雨。顏眞卿的到來，不僅解決了難以辨明的冤案，而且令老天爺都感動，因此當地百姓便稱這場雨爲「御史雨」〔註19〕。

因爲顏眞卿是以監察御史到外任河隴的。後來顏眞卿被朝廷委任爲殿中侍御史。御史臺的官員吉溫（？～755）誣陷開元賢相宋璟（663～737）第四子、御史中丞宋渾，上奏朝廷將其貶到賀州。顏眞卿對此很有意見，他知道其中內幕，即吉溫因爲私人恩怨陷害宋渾。他對吉溫說：「奈何以一時忿，欲危宋璟後乎？」〔註20〕宰相楊國忠（？～756）對於顏眞卿直言不諱很厭惡，想方設法排擠他，最後終於讓其在京外當了太守，也就是平原太守。

（二）肅正朝廷禮儀

後來安祿山（703～757）起兵范陽，顏眞卿角力抵抗，力不足時則離開

〔註18〕《新唐書》卷一二六〈韓休傳〉，頁4433。
〔註19〕《舊唐書》卷一二八〈顏眞卿傳〉，頁3589。
〔註20〕《新唐書》卷一五三〈顏眞卿傳〉，頁4854。

平原郡來到鳳翔，拜見剛剛即位不久的唐肅宗，隨後被朝廷任命爲御史大夫。中書舍人崔漪喝酒後大醉，卻仍然進入皇宮，諫議大夫何忌上朝時有所不敬，身爲御史的顏眞卿一律彈劾他們，朝廷也因爲將崔漪、何忌貶爲閒職，以示懲戒。

　　征討安史叛亂的元帥廣平王李豫（726～779）率領大軍準備收復長安。出發的那天，廣平王等在宮殿外上馬。這時王府的都虞候管崇嗣在廣平王上馬之前先上馬。顏眞卿就上奏彈劾管崇嗣。唐肅宗說：「朕兒子每出，諄諄教誡之，故不敢失禮。崇嗣老將，有足疾，姑欲優容之，卿勿復言。」〔註21〕雖然皇帝沒有聽從顏眞卿的奏辭，但是顏眞卿這樣做對於肅正朝廷禮儀是有作用的，使得天子即使受迫在外，朝廷的典章禮儀也沒有荒廢。這有賴於顏眞卿的直言不諱，以及深知朝廷故事。但是也正因爲顏眞卿知無不言，這使得不願皇帝知道太多事情的高官、權宦深爲不滿，因此就被陷害外貶州郡。

（三）疏奏阻權臣

　　代宗即位後，顏眞卿一度在朝中任職。當時元載擔任宰相一職，大權獨攬。由於元載任職時都任用自己喜歡的人，懼怕群臣議論上奏，於是就上奏皇帝說：「百官凡欲論事，皆先白長官，長官白宰相，然後上聞。」〔註22〕這是要禁斷群官之口，以利於元載的專權。如果這一建議眞正得到皇帝的批准，這將大大不利於朝廷。這是任何剛正之士都不願意看到的。於是顏眞卿就上奏陳述自己的看法。他在奏疏中是這樣說的：

> 御史中丞李進等傳宰相語，稱奉進止：「緣諸司官奏事頗多，朕不憚省覽，但所奏多挾讒毀；自今論事者，諸司官皆須先白長官，長官白宰相，宰相定可否，然後奏聞」者。臣自聞此語已來，朝野囂然，人心亦多衰退。何則？諸司長官皆達官也，言皆專達於天子也。郎官、御史者，陛下腹心耳目之臣也。故其出使天下，事無鉅細得失，皆令訪察，迴日奏聞，所以明四目、達四聰也。今陛下欲自屏耳目，使不聰明，則天下何述焉。《詩》云：「營營青蠅，止於棘。讒言罔極，交亂四國。」以其能變白爲黑，變黑爲白也。詩人深惡之，故曰：「取彼讒人，投畀豺虎。豺虎不食，投畀有北。」則夏之伯明、楚之無極、漢之江充，皆讒人也，孰不惡之？陛下惡之，深得君人

〔註21〕《舊唐書》卷一二八〈顏眞卿傳〉，頁 3591～3592。
〔註22〕《舊唐書》卷一二八〈顏眞卿傳〉，頁 3592。

－263－

之體矣。陛下何不深迴聽察？其言虛誣者，則讒人也，因誅殛之；其言不虛者，則正人也，因獎勵之。陛下捨此不爲，使眾人皆謂陛下不能明察，倦於聽覽，以此爲辭，拒其諫諍，臣竊爲陛下痛惜之。

臣聞太宗勤於聽覽，庶政以理，故著〈司門式〉云：「其有無門籍人，有急奏者，皆令監門司與仗家引奏，不許關礙。」所以防壅蔽也。并置立仗馬二匹，須有乘騎便往，所以平治天下，正用此道也。天寶已後，李林甫威權日盛，群臣不先諮宰相輒奏事者，仍託以他故中傷，猶不敢明約百司，令先白宰相。又閹官袁思藝日宣詔至中書，玄宗動靜，必告林甫，先意奏請，玄宗驚喜若神。以此權柄恩寵日甚，道路以目。上意不下宣，下情不上達，所以漸致潼關之禍，皆權臣誤主，不遵太宗之法故也。陵夷至於今日，天下之蔽，盡萃於聖躬，豈陛下招致之乎？蓋其所從來者漸矣。自艱難之初，百姓尚未凋弊，太平之理，立可便致。屬李輔國用權，宰相專政，遞相姑息，莫肯直言，大開三司。不安反側，逆賊散落，將士北走，党項合集。土賊至今爲患，偏將更相驚恐。因思明危懼，扇動卻反。又今相州敗散，東都陷沒，先帝由此憂勤，至於損壽，臣每思之，痛切心骨。

今天下兵戈未戢，瘡痛未平，陛下豈得不日聞讜言以廣視聽，而欲頓隔忠讜之路乎！臣竊聞陛下在陝州時，奏事者不限貴賤，務廣聞見，乃堯、舜之事也。凡百臣庶以爲太宗之理，可翹足而待也。臣又聞君子難進易退，由此言之，朝廷開不諱之路，猶恐不言，況懷厭怠，令宰相宣進止，使御史臺作條目，不令直進。從此人人不敢奏事，則陛下聞見，只在三數人耳。天下之士，方鉗口結舌，陛下後見無人奏事，必謂朝廷無事可論，豈知懼不敢進，即林甫、國忠復起矣。凡百臣庶，以爲危殆之期，又翹足而至也。如今日之事，曠古未有，雖李林甫、楊國忠猶不敢公然如此。今陛下不早覺悟，漸成孤立，後縱悔之無及矣！臣實知忤大臣者，罪在不測，不忍孤負陛下，無任懇迫之至。〔註23〕

顏眞卿的奏疏如此懇切，元載所建議的做法自然就沒有辦法得到實行。他也因此得罪了元載。

〔註23〕《舊唐書》卷一二八〈顏眞卿傳〉，頁 3592～3594。

（四）逆賊營中顯氣節

唐德宗時期，顏真卿仍然在朝中任職，擔任禮儀使。後來宰相盧杞（？～785）專權，妒忌顏真卿，改任太子太師，這是個虛職。然後又對顏真卿說：「方面之任，何處為便？」顏真卿覺得自己年紀大了，不願在外任職，希望能夠留在京師，因此他就想請宰相不要把他外放。於是，他就在中書省等盧杞，然後對盧杞說：「真卿以褊性為小人所憎，竄逐非一。今已贏老，幸相公庇之。相公先中丞傳首至平原，面上血真卿不敢衣拭，以舌舐之，相公忍不相容乎？」盧杞聽罷，驚惶下拜，但心中仍含怒氣。盧杞也在這個時候想著怎麼整這個老傢伙。恰逢淮西節度使李希烈攻陷汝州，盧杞便上奏說：「顏真卿四方所信，使諭之。可不勞師旅。」〔註24〕皇上聽從這個意見，而朝廷的官員都大驚失色。當時的汴州節度使李勉（717～788）聽說後，認為朝廷會因此失去一位老，使朝廷蒙受恥辱，便秘密上表請求留住顏真卿，又派人在路上迎候，可惜沒有趕上。

顏真卿剛見到李希烈，想要宣讀聖旨，李希烈的養子一千餘人手拿刀刃爭先上前逼迫顏真卿，想要吃他的肉。諸將都團團圍住顏真卿謾罵，揮舞刀刃進行威脅，顏真卿不動聲色。李希烈急忙用身體庇護他，揮手呵斥眾人，眾人退下，便揖手請顏真卿住在館舍。趁勢逼顏真卿寫章表，使朝廷能夠赦免他，然後自己撤兵休戰。

有一次，李希烈宴請反叛黨羽，召顏真卿就座，讓他親眼看戲子斥罵和褻瀆朝廷的表演，顏真卿看後極為憤慨地說：「相公，人臣也，奈何使此曹如是乎？」說罷，拂衣而起。李希烈聽了很慚愧，便呵斥停止表演。當時朱滔（746～785）、王武俊（735～801）、田悅（751～784）、李納（759～792）的使者在座，這些人當時都是和李希烈一起造反的。他們看著顏真卿對李希烈說：「聞太師名德久矣，相公欲建大號，而太師至，非天命正位？欲求宰相，孰先太師乎？」顏真卿正色訓斥他們說：「是何宰相耶！君等聞顏杲卿無？是吾兄也。祿山反，首舉義兵。及被害，詬罵不絕於口。吾今年向八十，官至太師，守吾兄之節，死而後已。豈受汝輩誘脅耶！」〔註25〕叛賊們一聽，也不敢再說話了。

於是，李希烈就拘捕顏真卿，命令十名衛士看守，在庭院裏挖了一個坑，

〔註24〕《舊唐書》卷一二八〈顏真卿傳〉，頁3595。
〔註25〕《舊唐書》卷一二八〈顏真卿傳〉，頁3595～3596。

叫「坑顏」，顏眞卿安然自得毫不在意。後來李希烈攻陷汴州後，建立僞號，派人問顏眞卿該用什麼禮儀，顏眞卿說：「老夫耄矣，曾掌國禮，所記者諸侯朝覲禮耳！」〔註26〕最後，顏眞卿還是被李希烈派人勒死了。

五、許孟容：剛正直言，不畏強權

許孟容（742～818），字公範，唐京兆長安人。他身爲皇帝近臣，敢於打擊豪強惡霸，能夠實事求是地直言朝廷的過失，可見他的正直品性。

（一）鐵面無私，嚴拒請託

許孟容年少的時候，很有才華，善於撰寫文章，並高中進士。年輕的時候他都在各地幕府任職，深得幕主的欣賞，後來更是使得節度使表奏爲濠州刺史。

唐德宗貞元六年（790），許孟容由濠州刺史調任京師，擔任禮部員外郎，這是主管國家禮儀、祭祀、學校等政務的官員。當時有位公主的兒子，希望能夠增補爲弘文館、崇文館的學生。弘文館、崇文館是朝廷分別設置在門下省、太子左春坊的學校，專門招收皇親、宰相、六部尚書以及一些三品以上高官的子孫作爲學生，這些學生考試合格後就可以參加當時的科舉考試。應該說這裏的門檻是很高的，不是任何人都有資格進來的。這位公主親自向當時主管學校事情的許孟容懇求增補她的兒子爲這裏的學生。許孟容隨即指出，這位公主兒子的條件不夠格，不符合國家制度要求。大概也不是所有皇親都有資格入學吧。公主覺得很委屈，自己好歹是當朝皇帝的女兒，自己孩子想進弘文館等學校也不行，就向德宗申訴這件事。德宗聽完之後，就派宦官前去查問這件事的原因，皇帝需要知道爲什麼連自己的外孫也沒有資格進崇文館。許孟容就條舉法令的相關規定，皇帝聽完覺得許孟容所說是有道理的，覺得他很稱職，能夠恪守國家法令制度，就提拔他爲禮部郎中。

（二）敢於廷爭，封駁詔書

朝廷不久又升任許孟容爲給事中，讓他擔任門下省的這一要職。貞元十七年（801）夏天，京兆府奏報好時縣因爲大風冰雹的破壞，麥子的收成大大減少。德宗就派遣宦官前往核實，核查的結果是好畤縣上報的情況不眞實，德宗一怒之下就擬詔處罰京兆尹顧少連（742～803）以下的所有官員，要削

〔註26〕《舊唐書》卷一二八〈顏眞卿傳〉，頁 3596。

掉這些官員的所有俸料錢。唐代官員的薪水分爲俸料與祿米等；俸料是官員從國家取得的錢物收入，祿米則是官員從國家取得的實物收入。中晚唐時期，俸料錢則成爲官員的主要收入。因此德宗才想削掉這些官員的俸料錢，以示懲罰。唐代的詔敕有不合理者，給事中可以要求重擬；刑罰有所不當，給事中可以援引法律或案例進行裁決；還可以審查六品以下官員的任命，看看資歷、才能等是否屬實。可以說，給事中是集諫官、憲官與法官爲一體的官員。

許孟容這時正擔任給事中，他感覺這一詔敕有不妥的地方，因此就上奏說：「府縣上事不實，罪止奪俸停官，其於弘宥，已是殊澤。但陛下使品官覆視後，更擇憲官一人，再令驗察，覆視轉審，隱欺益明。事宜觀聽，法歸綱紀。臣受官中謝日，伏請詔敕有須詳議者，則乞停留晷刻，得以奏陳。此敕既非急宣，可以少駐。」〔註27〕但是這種謹慎的要求，德宗並沒有採納，儘管給事中可以奉還詔書，但是德宗畢竟是一朝天子，皇帝如果執意要按自己意願而爲，爲臣子的也沒有辦法。德宗最後未依照許孟容的奏議重新商議這件事，但是朝臣們都認爲作爲給事中的許孟容對於詔敕有不合理的地方敢於上奏的做法是正確的。

貞元十八年（802），浙江東道觀察使裴肅（？～802）去世，朝廷任命當時的攝副使齊總爲衢州刺史。當時齊總在裴肅責令下四處盤剝所統轄的百姓，並把搜刮的錢物進奉給朝廷以獲取皇帝的寵任，齊總也因此很快就當上大州州郡的行政長官。朝廷上下對此議論紛紛，對朝廷的這一任命多持不同意見。朝廷任命齊總的詔敕下發之後，許孟容上奏說：「陛下比者以兵戎之地，或有不獲已超授者。今衢州無他虞，齊總無殊績，忽此超授，群情驚駭。總是浙東判官，今詔敕稱權知留後，攝都團練副使，向來無此敕命。便用此詔，尤恐不可。若總必有可錄，陛下須要酬勞，即明書課最，超一兩資與改。今舉朝之人，不知總之功能。衢州，浙東大郡，總自大理評事兼監察御史授之，使遝邐不甘，兇惡騰口。如臣言不切，乞陛下暫停此詔，密使人聽察，必賀聖朝無私。今齊總詔謹隨狀封進。」〔註28〕緊接著，又有諫官王武陵上奏提出齊總不能擔任衢州刺史的看法，因此齊總最終沒有被任命爲衢州刺史。後來，德宗在延英殿召見許孟容，對他大加讚賞。德宗說：「使百執事皆如卿，朕何憂也。」〔註29〕

〔註27〕《舊唐書》卷一五四〈許孟容傳〉，頁4100。

〔註28〕《舊唐書》卷一五四〈許孟容傳〉，頁4100～4101。

〔註29〕《舊唐書》卷一五四〈許孟容傳〉，頁4101。

自貞元元年給事中袁高（727～786）上疏奏議盧杞奸詐之事起，負責勸諫朝廷過失的官員就再也沒有上疏陳奏過朝政的問題。直到許孟容任職給事中，才再次接連上奏陳論詔敕之不妥。諫官不言事持續了近二十年。這大概與唐德宗一向多疑、猜忌有關。德宗在位期間，往往是事必躬親，獨斷專行，許多具體的政務甚至也要過問，宰相只是掛名而已。可以想見，皇帝的這種性格、行為，使得他擬定的詔敕沒有人敢於上奏言事的，因爲聖駕之前，稍有不慎就會遭到斥責，甚至丟掉性命。許孟容在這種殘酷的現實情況下，堅持自己的原則，執意上奏言事，可以看出他是多麼有膽量！

後來德宗還是不太能夠容忍許孟容的直言不諱，在貞元十九年（803）把他從給事中調任至太常少卿，這個官在當時地位顯然不如給事中重要。

（三）任職京兆，懲治不法

在憲宗時期，許孟容受到朝廷的重用。元和四年（809），許孟容擔任京兆尹，這是當時京城最高的行政長官。這裏住著大批官員，各種人員混雜在一起，很不容易治理。能夠被朝廷授任這一官職，也可以看出朝廷對他的信任。

唐代後期，宦官掌控著禁軍，因此權勢很大，到處橫行霸道，京城的地方官吏對他們也沒有辦法。神策軍的一個小吏李昱向一戶長安富人借了八千貫錢，三年期限到了，卻賴帳不還。債主告到京兆府。許孟容就派遣屬下將李昱關押起來，責令他限期還錢，並下令：「不及期當死。」〔註30〕

李昱被京兆尹逮捕，神策軍的所有人員都很震驚。因爲幾十年來，沒有一個地方官員膽敢對這一支禁軍這麼無禮。但是許孟容畢竟是京城最高的行政長官，也不能輕易冒犯。怎麼辦呢？宦官權勢再大，也是要依附於皇權，沒有皇帝，他們哪有權力可言，所謂「皮之不存，毛將焉附？」他們只得向憲宗申訴冤屈。他們大概說李昱是神策軍的人，犯了法，理應由他們自行處置。憲宗聽罷，立即傳旨，讓京兆尹將李昱放還軍中，由神策軍自己處置。放李昱回神策軍，由他們自己處置，這簡直是笑話！宦官一向跋扈，他們豈會處置自己人？

憲宗雖然下詔令許孟容交人，但是許孟容拒不奉詔。憲宗沒有辦法，就再次派人要求許孟容放人，而許孟容仍然堅持不放人，並且上疏抗辯說：「臣

〔註30〕 《舊唐書》卷一五四〈許孟容傳〉，頁4102。

誠知不奉詔當誅，然臣職司輦轂，合爲陛下彈抑豪強。錢未盡輸，昱不可得。」
〔註31〕憲宗看了許孟容的奏疏，覺得許孟容這樣做是秉公辦事，於是就同意
他的做法，不再派人索要李昱。從此，那些不法豪強的行爲就有所收斂。

從德宗興元年間（784），神策軍立有戰功之後，朝廷對這支禁軍特別寵
任，以至權勢很大。也依著這種勢力，他們往往爲非作歹，官吏更多的是敢
怒不敢言。許孟容能夠在這種他人敢怒不敢言的情況下，依法抓捕神策軍的
小吏，並依法處置他，可以看出他的不畏強權，敢於同惡勢力作鬥爭！

〔註31〕《舊唐書》卷一五四〈許孟容傳〉，頁 4102。

書評：賴瑞和《唐代中層文官》

整理者按：本文曾發表於《漢學研究》第 30 卷第 2 期（2012 年 6 月），陳翔博士生前曾於 2012 年 5 月 21 日修訂完畢，故原稿與刊登稿大不一樣，刊登稿限於篇幅，刪減頗多。今以刊登稿爲底稿，移入原稿中部分未刊登內容，以期全面反映陳博士對賴氏一書的看法。

唐人參加科舉考試是爲了獲得出身；獲得出身是爲了謀得一官半職。唐代官職共有三、四百種之多，唐人做官一般是出任哪些官職？哪些官職是唐人常擔任的？《封氏聞見記》所說的「八儁」只是唐人任官的理想圖，那麼唐人任官的實際模式又是什麼？這些官職在整個官僚體系中又居於什麼地位？對於這些問題，舊史並未給出現成的答案，前人對此亦幾無研究。要對此作出合理的解答，需要對唐人的墓誌資料及傳世文獻的人物傳記進行精細的爬梳。臺灣學者賴瑞和《唐代中層文官》正是嘗試對這些問題做出解答。

本書於 2011 年 9 月由北京中華書局出版簡體字版。此前，臺北聯經出版公司已於 2008 年 12 月出版了繁體字版。簡體字版是繁體字版的修訂本，兩者的結構是一致的：除導言、總結外，共分六章。在導言中，作者主要根據張說（667～730）、張九齡（678～740）、李巽（747～809）、李德裕（787～850）四人的任官經歷，結合封演《封氏聞見記》所說的「八儁」〔註 1〕及白居易（772～846）〈大官乏人〉〔註 2〕所論的唐代士人陞官圖，分別就精英與

〔註 1〕 封演撰，趙貞信校注：《封氏聞見記校注》（北京：中華書局，2005 年）卷三〈制科〉，頁 18～19。

〔註 2〕 白居易：〈大官乏人〉，《白居易集》（北京：中華書局，1979 年）卷六三〈策林二〉，頁 1326。

普通士人指出唐人常任核心官模式，且論及本書的研究範圍，並界定了幾個概念。第一章至第六章則分別探討監察御史、殿中侍御史和侍御史，拾遺和補闕，員外郎和郎中，縣令，司錄和錄事參軍，判官，即士人任職基層文官後常擔任的中層文官。各章結構略有不同，但均以典型人物的個案研究爲主，希冀以此尋求士人的任官模式與爲官細節。結論則是對全書的整體思考，認爲南北朝以來士人喜好任職清官的觀念、風氣是士人任官模式形成的原因。

全書主要採用個案描述與歸納總結的方法進行研究。該方法的運用在某些問題上取得了突破，如對三類縣令任官模式的總結（頁 223～276），使我們知道士人一般在什麼時候任職縣令，以及任職不同級別縣令的仕途前景。同時，個案描述使得本書的敘述極爲生動，從而「避免了一般制度史研究中只見制度、官職的弊端」﹝註3﹞。問題是，本書所選擇的官職，多爲前人論述頗多者，而作者更多的是在已有研究的框架下對士人官歷進行詳述，這種詳述也多是對詩文之用詞與官職的解釋。如此，給我們提供的僅僅是對一些細節的認知，如眞御史與使府御史一節對張徹官歷的論述（頁 72～74）。

再者，僅靠單一的描述、總結，易使研究流於平面，不夠深入。如作者依據前人研究成果，結合劉禹錫（772～842）、白居易、杜牧（803～852）等郎官出入刺史個案探討郎官地位，指出郎官外貶多爲偏荒小州刺史，刺史入爲郎官乃是陞遷（頁 153～162）。這樣的結論未能充分體現出郎官的地位。這種個案描述與總結方法的運用，使作者沿著傳統的路徑研究制度。所謂傳統的研究路徑，即僅是就制度而談制度，作者對官職選任、職掌、地位及官職不同稱呼等層面的靜態研究即是如此。如對拾遺、補闕地位的解讀，本書僅援引史料鋪陳，敘述二者屬於「近臣」、「侍臣」，這似乎僅僅是史料的整理，此點給我們提供的不過是一些實例（頁 95～99）。在檢索系統如此發達的今天，這樣的研究意義不太大。若能以此再結合當今制度史的研究路徑，如將官職研究與社會、政治關係相結合的研究方法，當能有所突破。例如，拾遺、補闕均屬士人常任官，皆出現於武則天時期。那麼，武則天之前，士人的任官模式如何？舊史的傳記、墓誌銘可供採擇的個案史料頗豐富，可依此進行個案描述、總結，進而得出結論。而武則天新設這兩個官職目的何在？這種陞遷模式的變化，或可結合這一政治目的有所發明。同時，通過前後任官模

﹝註3﹞ 吳鵬：〈書評：賴瑞和《唐代中層文官》〉，榮新江主編《唐研究》第十七卷（北京：北京大學出版社，2011 年），頁 591。

式的比照，亦可凸顯拾遺、補闕在官僚體系及遷轉中的地位。再如，頁 144
～152 論及，員外郎在後期多淪為閒司，這類閒司仍然得到士人青睞，成為士
人任官、遷轉中的重要一環。這種情況體現了什麼樣的社會心態？深入研究
這種社會心態，能夠更好地理解唐代官僚體系的實際運作。此亦是官職研究
與社會關係相結合的研究方法。

　　導言曾就精英與普通士人，分別指出唐人常任核心官的模式：基層階段，
精英擔任校書郎、正字、京畿縣尉，普通士人則任參軍、巡官、推官；中層
階段，精英任職三院御史、拾遺、補闕、郎中、要州錄事參軍、縣令、判官，
普通士人任官非要縣縣令；高層階段，精英為御史臺正副長官、中書舍人、
給事中、六部正副長官、卿監正副長官、地方長吏、上佐，普通士人則滯留
中下州縣（頁 33～34）。這樣的論斷很有意義，使我們不再局限於唐人對士人
陞遷模式的認知。但是本書的撰寫卻涵蓋了作為階官之用的上述官職，或為
地方長官自行任命的攝官。這類官職在陞遷圖中似不屬於士人理想中的官
職。因為作者所欲論者是官職的陞遷等，因此其所涵蓋的官職理應為任實職
者；再者，攝官並不為社會所承認，在士人心目中地位較低，〔註4〕因此似不
應將這類階官與攝官列入探討之中。

　　在幾個具體問題的探討中，作者的認識有值得商榷之處，茲述如下。

1. 唐人是否「重京官輕外官」？

　　導言指出，封演、白居易所論的陞遷圖未提及刺史、縣令等外官，是唐代
士人普遍重內輕外現象的反映（頁 30）。若確為如此，封、白二氏未列舉京兆
尹、赤·畿縣令等官又是基於何種原因？且，玄宗時期即制定了「內外之職，
出入須均」的政策，故一般認為重內輕外現象到後期已有根本性改觀；〔註5〕
封、白二氏均是後期的士人，以重內輕外解釋所論之陞遷圖不列刺史等外官，
恐不妥。後期，士人不歷州縣不得入中央為官，許多藩鎮更是宰相迴翔之地。
但是時人心目中的理想任官模式中儼然沒有這些外官，唐人的這種為官心態頗
值得玩味。或可作如是理解，封、白二氏的敘述，是在傳達這樣的信息：在為
官的每一階段，外任僅是跳板、過渡，任職京官始終是唐人任官的最高目標。

〔註4〕 李方：《唐西州行政體制考論》（哈爾濱：黑龍江教育出版社，2002 年），頁
　　　　161。
〔註5〕 劉詩平：〈唐代前後期內外官地位的變化——以刺史遷轉途徑為中心〉，榮新
　　　　江主編《唐研究》第二卷（北京：北京大學出版社，1996 年），頁 325～345。

2. 關於「攝官」

隋朝統一後，把地方的選舉權收歸中央。唐承隋制，亦有變更，地方長官即有權任命屬內州縣官，稱爲「攝官」。這是攝官的一種，另一種則爲中央所授，名曰「敕攝」。﹝註6﹞本書部分章節涉及攝官問題，其中更有混淆兩種攝官者。

頁68論及使府僚佐所帶御史銜或兼或攝時，指出兼御史銜爲幕府已上報中央批准的，攝御史銜則否。事實上，攝御史銜亦屬朝廷授任。如〈崔夐墓誌銘〉載：崔夐（701～759）當「天寶（742～756）中，邊垂警急，職務填委，賢推自隗，事不易堯，以左衛騎曹參軍攝監察御史，賜緋魚袋，四鎭節度判官，與能也。」﹝註7﹞再如〈杜濟墓誌銘〉載：杜濟（720～777）屬「皇甫侁江西採訪，奏爲推官，授大理司直、攝殿中侍御史、賜緋魚袋。」﹝註8﹞此由「授」字即可知。因此，兼御史與攝御史的區別不在於是否爲朝廷授任，或在於官員資歷的高低。《舊唐書・李芃傳》：李芃（722～785）「解褐上邽主簿，三遷試大理評事，攝監察御史、山南東道觀察支使。嚴武（726～765）爲京兆尹，舉爲長安尉。李勉（717～788）爲江西觀察使，署奏秘書郎、兼監察御史，爲判官。」﹝註9﹞李芃爲支使時資歷尚淺，故所授官銜僅爲「攝監察御史」；待任職長安尉、試秘書郎後，由於任官經歷的積累，爲判官時得以改授「兼監察御史」。再者，攝御史銜若果是地方未上報中央前的指稱，地方權勢則可掌控京銜的授任，地方豈不成了另一中央？中央豈非僅剩形式上之承認？使職的本官既可爲地方授任，中央又將以何種方式來維繫各種勢力的擁戴？強悍如河北，仍須「藉朝廷官爵威命以安軍情」﹝註10﹞，即是最好的例證。

〈盧侶墓誌銘〉：盧侶（約726～782）由「昭義連率薛公（嵩）……奏授試光祿寺丞，攝衛州別駕。……尋除朝散大夫、磁州別駕。連率薨，公亦辭

﹝註6﹞ 杜佑撰，王文錦等點校：《通典》（北京：中華書局，1988年）卷一九〈職官一・歷代官制總敍〉，頁472。

﹝註7﹞ 裴穎：〈大唐宣義郎行左衛騎曹參軍攝監察御史賜緋魚袋四鎭節度判官崔君墓誌銘〉，周紹良、趙超主編《唐代墓誌彙編》（上海：上海古籍出版社，1992年）乾元〇一〇，頁1741。

﹝註8﹞ 顏眞卿：〈唐京兆尹兼中丞杭州刺史劍南東川節度使杜公墓誌銘〉，周紹良、趙超主編《唐代墓誌彙編》（上海：上海古籍出版社，1992年），頁1795。

﹝註9﹞ 劉昫等：《舊唐書》（北京：中華書局，1975年）卷一三二〈李芃傳〉，頁3654。

﹝註10﹞ 司馬光：《資治通鑑》（北京：中華書局，1956年）卷二四八會昌四年八月戊申條，頁8010。

滿，遂東遊梁宋，嘯詠林泉。」〔註11〕頁261～262 分析該方墓誌銘後指出：
攝官例由地方長官任命，隨著地方長官的離世或去職，攝官由於與地方長官
的關係也就跟著失去工作，因此這裏的磁州別駕即是地方長官任命的官職。
對此，筆者有不同的理解。磁州別駕當是中央除授的官職。根據此方墓誌：
薛嵩（？～772）死後，墓主因任期屆滿才離任。作者依據所認定的攝官與地
方長官之關係，認為磁州別駕為地方版署之官。節度使等地方長官可任命僚
佐，形成勢力集團，僚佐與府主共沉浮。〔註12〕州縣攝官亦多為地方長官任
命，他們之間是否也構成從屬關係？

　　地方版署的州縣官的任期視情形而定，以現任官攝職者則以現任官為期
限。〈李正本墓誌銘〉：李正本（642～714）「除相州司士參軍，攝官諸曹，法理
為一州最。秩滿，授魏州頓丘縣令。」〔註13〕其他身份者則沒有限制，有的甚
至長達十年在一處攝職。〈崔樅墓誌銘〉：崔樅（773～827）「始以門蔭補汝州龍
興尉，考滿，攝魯□尉。或為讞獄之官，或主郵傳之務，不家食者凡十祀，累
換牧守，皆待以材儁，委之繁劇。」〔註14〕由此亦見，州縣攝官並不隨地方長
官的調動或去世而離職。這也說明州縣攝官與地方長官之間並不構成一種類似
府主與僚佐之間，強烈的人身依附關係。州縣攝官多由使府僚佐擔任，他們與
府主構成的關係應看作是府主與僚佐之間的關係，因為他們是以帶職的身份攝
職州縣。而以其他身份攝職州縣者才可看作是州縣攝官與地方長官之間的關係。

　　基於對州縣攝官與地方長官關係的這種認識，作者在分析州縣攝官的分佈
情況後指出，後期朝廷能夠真正控制的地區在兩京、汴河以及大運河流域的江
南地區（頁276～281、357～363）。事實上，州縣攝官在前期就已存在。據〈薛
僅善政碑〉：開元年間，薛僅「授江陽丞。（揚州都督府）長史王易從、李朝隱
以公清正直，攝江陽、江都、海陵三縣令。」〔註15〕若按照作者的邏輯，必然
會得出前期朝廷也未能控制全局的結論。這顯然不合史實。某些地區盛行州縣

〔註11〕戴正倫：〈唐故朝散大夫魏州貴鄉縣令盧公墓誌銘并序〉，《唐代墓誌彙編續集》
　　　　（上海：上海人民出版社，2001年），頁837。
〔註12〕賴瑞和：《唐代基層文官》（北京：中華書局，2008年），頁218～224。
〔註13〕洪子輿：〈唐故朝散大夫行洋州長史李府君墓誌銘並序〉，吳鋼主編《全唐文
　　　　補遺》第四輯（西安：三秦出版社，1997年），頁15。
〔註14〕崔干：〈唐故汴州雍丘縣尉清河崔府君墓誌銘并序〉，《唐代墓誌彙編》大和〇
　　　　一三，頁2105。
〔註15〕徐季鴿：〈屯留令薛僅善政碑〉，董誥等編《全唐文》（北京：中華書局，1983）
　　　　卷三六二，頁3677。

攝官，或是因中央集權衰弱所致，也可能是其他因素引起的，像京西北的藩鎮因屬貧瘠之地，選人多不願去，故州縣攝官多。其實，作者已經注意到了州縣攝官出現的這些原因（頁 359～363），惜未能聯繫起來加以考察。

3. 地方官帶京銜與京官帶地方官

唐宋時期的官階頗繁雜，若不仔細辨析，極易出現差錯。這就需要很熟悉當時人對官階的書寫模式。本書爲我們辨認檢校官、試官等帶職提供了極清晰的範式，但對一些官職的解讀，並不完全令人信服。

〈趙州刺史何公碑陰記〉記載著這樣一個官稱：「判官、朝議郎、試左金吾衛兵曹參軍、攝寧晉縣鄭楚玉」〔註 16〕。作者據此指出：試左金吾衛兵曹參軍是趙州刺史令鄭楚玉攝職寧晉縣後爲其所奏請的京銜。攝寧晉縣是地方已奏報的了，只是書寫題名者未嚴格遵守攝官與正式官階的區分所致（頁 279註 2）。對此，筆者有不同的理解。帶職與州縣攝官發生聯繫，是因爲府主奏僚屬的同時，會奏試官爲其僚屬的階官；而後期，在諸道州縣出現闕官時，又通常會派僚佐攝職州縣。帶職與州縣攝官就是這樣發生聯繫的。試左金吾衛兵曹參軍與攝寧晉縣發生聯繫可能就是這種情況。〔註 17〕質言之，鄭楚玉是以試左金吾衛兵曹參軍的身份攝職寧晉縣的，試左金吾衛兵曹參軍才是其本官。唐代內地墓誌題名只承認中央正式任命的官職〔註 18〕，故作者提出的書寫題名者未嚴格遵守攝官與正式官階區分的解釋，較缺乏說服力。正因爲作者對州縣攝官與帶職關係的理解存在一定偏差，致其遺漏了另一種地方官職，即地方正官帶京銜。

現藏臺北故宮博物院的「朱巨川告身」是一件很有價值的文物。本書以此結合舊史分析，指出朱巨川被舉授的試大理評事兼濠州鍾離縣令是一個特殊的官銜，濠州鍾離縣令是地方長官所任命的，試大理評事則是地方長官爲鍾離縣令奏得的京銜。（頁 276～279）作者對該官銜的理解存在一定偏差。「舉」乃推薦之意，舉授實爲推薦，而非奏薦。〔註 19〕因此朱巨川擔任的濠州鍾離縣令並非由地方長官所版署。朱氏所任的「試大理評事兼豪（濠）州鍾離縣

〔註 16〕 齊論：〈趙州刺史何公碑陰記〉，陸耀遹《八瓊室金石補正》卷六三，《石刻史料新編》第一輯第七冊（臺北：新文豐出版公司，1979 年），頁 5023 下欄。
〔註 17〕 陳志堅：《唐代州郡制度研究》（上海：上海古籍出版社，2005 年），頁 96～97。
〔註 18〕 李方：《唐西州行政體制考論》，頁 161。
〔註 19〕 舉薦與奏薦的差別，可參見陳志堅：《唐代州郡制度研究》，頁 128～129。

令」是中央除授的地方正官帶京銜。

　　頁 229～233 選取貞元二年（786）〈優恤畿內百姓並除十縣令〉〔註20〕探討赤、畿縣令的選任。其中幾個京畿縣令授任時兼帶京銜，亦屬地方正官帶京銜，如荀曾。該詔敕還牽涉另一官職，即京官帶地方官。這些郎官都是以京官本官兼領縣令的，即京官帶地方官。如《新唐書・鄭珣瑜傳》載：鄭珣瑜（738～805）「訖喪，遷吏部。貞元（785～805）初，詔擇十省郎治畿、赤，珣瑜檢校本官兼奉先令。」〔註21〕再如韋武（752～806），據〈韋武神道碑〉：「屬邦畿艱食，朝議敦本，選臺閣通理術者十人，分宰大邑，公與故相國公鄭公珣瑜等同被推擇，遂檢校本官兼昭應縣令。」〔註22〕郎官帶本官出宰京畿，與不帶郎官本官出宰京畿，兩者區別何在？這是關涉縣令地位的話題，應予注意。作者也未對郎官本官帶京畿縣令，與京畿縣令帶京銜的除授差別進行討論。同時，還將涇陽縣令韋滌在任期間因政績出眾被加授檢校郎官的實例與之相提並論，並認為此屬特例。殊不知唐後期地方正官因政績出眾而被加授京銜者非常多。如作者前一部書《唐代基層文官》〔註23〕所引到的〈鄭密墓誌銘〉載：鄭密（714～763）值「二京返正，天子選賢守相令長，將蘇瘡痍之人。殿中侍御史王政以公充賦，拜商州洛南令。數月，訟平賦均。監察御史李椅、殿中侍御史王延昌、御史中丞元公載並表言其狀，詔書褒稱，加公壽王府戶曹參軍，洛南如故。」〔註24〕再如〈姚侑墓誌銘〉記載：姚侑（747～802）於「建中（780～783）年，四海底清，中外齊致，以字民之職，為教化所由。衡鏡掄材，公實在選，授潞州銅鞮縣令。朞月而信讓漸恰，三年而富庶知方。滿歲，為本道節度使相國李公表請量留。從人之欲，就加試詹事府司直。」〔註25〕此亦是地方正官帶京銜。縣令任職時兼領京銜乃因朝

〔註20〕陸贄：〈優恤畿內百姓並除十縣令詔〉，《陸贄集》（王素點校，北京：中華書局，2006 年）卷四，頁 113～114。

〔註21〕歐陽修、宋祁：《新唐書》（北京：中華書局，1975 年）卷一六五〈鄭珣瑜傳〉，頁 5064。

〔註22〕呂溫：〈唐故銀青光祿大夫京兆尹兼御史大夫上柱國贈吏部尚書京兆韋公神道碑銘并序〉，陸心源《唐文拾遺》（《全唐文》附，北京：中華書局，1983 年）卷二六，頁 10671～10674。

〔註23〕賴瑞和：《唐代基層文官》（北京：中華書局，2008 年），頁 198。

〔註24〕獨孤及：〈唐故商州錄事參軍鄭府君墓誌銘〉，《全唐文》卷三九二，頁 3986～3987。

〔註25〕徐放：〈唐故朝散郎前試詹事府司直兼蘄州黃梅縣令姚公墓誌銘并序〉，吳鋼主編《全唐文補遺》（千唐誌齋新藏專輯）（西安：三秦出版社，2006 年），頁

廷重視。爲什麼有些縣令政績優異，朝廷因之加授京銜；而同樣優秀的縣令卻未加京銜，其中是否存在地域的差別？此亦屬縣令地位的問題，同樣值得關注。本書對官職的研究以人物官歷的個案描述爲主，若能增加對不同個案的比勘，將使整個研究更具深度。

4. 關於州府錄事參軍地位與權力的認識

頁 300～305 指出：錄事參軍中僅府、輔、雄、望、緊級別的州府錄事參軍有「綱紀六曹，內察府佐，外督屬縣」的權力。但是作者所引用的不少材料，卻不支持這一觀點。據〈張懷寂墓誌銘〉，張懷寂（632～693）「俄轉伊州錄事參軍，糾劾六曹。」〔註26〕又據〈王和墓誌銘〉，王和（590～666）「又除利州錄事參軍。揆務提綱，彈違舉直，具僚欽其稱首，屬縣仰其標致。」〔註27〕再據〈侯方墓誌銘〉，侯方（？～745）任嶺南道「順義郡錄事參軍」時，是「主勾郡曹」〔註28〕。伊州、利州、順義郡皆爲下州。再如〈李道瓛墓誌銘〉，李道瓛（626～688）「父石，皇朝任萊州錄事參軍。夙表楊庭，允居僚首。丹筆所振，周□以之自清；素業可依，家風傳其獨秀。」〔註29〕由此可見，低級別州府的錄事參軍亦具有與要州府錄事參軍相同的權力。各錄事參軍確因州府的地位有高低之分，士人可以次要州錄事參軍作爲釋褐官，意在說明這類官員在整個官僚體系的地位較低；但錄事參軍在這類級別州府中的地位仍然很高，這指的是錄事參軍在一州中的地位。這是兩個不同的層面。〔註30〕而正因爲錄事參軍在所有州府的地位都很高，所以才會在唐代後期史料中經常出現朝廷重視所有錄事參軍選授的記載，才會出現錄事參軍在後期職務逐漸增多的情況。

5. 其他問題

《舊唐書·馬炫傳》稱：「至德（756～758）中，李光弼（708～764）鎮

298～299。

〔註26〕 不著撰人：〈大唐故中散大夫行茂州都督府司馬上柱國張府君墓誌銘并序〉，《唐代墓誌彙編》長壽○三○，頁 854。

〔註27〕 不著撰人：〈唐故箕州榆社縣令王君墓誌銘并序〉，《唐代墓誌彙編》乾封○四○，頁 469。

〔註28〕 不著撰人：〈唐故順義郡錄事參軍事飛騎尉上谷侯府君墓誌并序〉，《唐代墓誌彙編》天寶○八九，頁 1594。

〔註29〕 不著撰人：〈大唐故文林郎李君墓誌銘并序〉，《唐代墓誌彙編》垂拱○六四，頁 774。

〔註30〕 趙璐璐：〈評《唐代中層文官》〉，《中國史研究》（韓國），第 62 輯，2009 年 10 月，頁 313。

太原，辟爲掌書記、試大理評事、監察御史，歷侍御史。常參謀議，光弼甚重之，奏授比部、刑部郎中。」〔註31〕作者將馬炫（713～791）所任之比部、刑部郎中解釋爲回朝廷擔任正職（頁73）。事實上，這兩個官銜是馬炫任職幕職所帶的檢校官，並不實任其職。

關於三院御史內供奉、裏行與正員地位高低問題的論述。作者的舉例恐不當，以有關官員由使府僚佐帶御史裏行或內供奉遷爲正員御史者作爲證據（頁84～86），是無法詮釋二者孰高孰低的。畢竟使府所帶京銜遷爲正官，很有可能會以降品階作爲代價。這種降品階的遷轉方式，作者在御史遷轉中就已提及（頁69～70）。事實上，關於御史內供奉、裏行與正員孰高孰低，本是研習唐史者所共知的，似不必再論。

《新唐書‧令狐滈傳》載：「滈乃以長安尉爲集賢校理。稍遷右拾遺、史館修撰。詔下，左拾遺劉蛻、起居郎張雲交疏指其惡，且言：『（令狐）綯用李琢爲安南都護，首亂南方，贓虐流著，使天下兵戈調斂不給。琢本進賂於滈，滈爲人子，陷綯於惡，顧可爲諫臣乎？』」〔註32〕作者以此探討不能任職拾遺者的原因（頁107）。令狐滈以拾遺充任史館修撰，拾遺在此似僅爲階官，以寄俸祿。作爲階官者，與任實職的應當是有差別的。但是大臣皆認爲令狐滈沒有擔任諫官的資格，似乎說明擔任史官修撰本官的拾遺並沒有完全階官化，似乎還有某種實質性的職務。對此，作者並未注意。對於以職事官爲直官者未完全階官化這一問題，陳志堅已經論及，〔註33〕此可作爲一例證以資補充。

作者根據《唐刺史考全編》中未錄嶺南不少小州如柳州、端州等州郡的部分刺史指出，這些地方多爲貶官之所，蠻荒之地，因此朝廷經常沒有派駐刺史（頁228）。這種情況或許是史料遺失造成的，不見得就是朝廷沒有派駐刺史的結果。

頁38注5中的「李績」應改爲「李勣」。

頁431指出功德使僅見於唐後期史料。這是錯的。作者也引用了杜文玉師〈唐代內諸司使考略〉〔註34〕，但是似乎沒有吸收他的研究成果。杜氏據

〔註31〕《舊唐書》卷一三四〈馬炫傳〉，頁3702。
〔註32〕《新唐書》卷一六六〈令狐滈傳〉，頁5103。
〔註33〕陳志堅：《唐代州郡制度研究》，頁78～79。
〔註34〕杜文玉，〈唐代內諸司使考略〉，《陝西師範大學學報》，1999年第3期，頁27～35。

墓誌資料已明確指出了天寶時期就有功德使，且以宦官充任。

以上是筆者對於本書的一些不成熟的看法。囿於成見、限於眼界，自以爲是者未必是、以爲非者未必非，沒有讀懂、理解不足之處更是在所難免。一孔之見，僅供參考而已。

附記：本文撰寫過程中，得到魯西奇師的悉心指導，並蒙匿名審查人及編輯委員會提出寶貴修改意見，謹此致謝。另，本文係 2011 年中國大陸國家社科基金項目「唐代墓誌中的人名官名資料整理與研究」（項目編號：11CZS010）及 2011 年陝西省教育廳科學研究項目「唐代中央與地方關係研究——以三類地方官爲中心」（項目編號：11JK0228）的階段性成果。

書評：張正田《「中原」邊緣：唐代昭義軍研究》

　　藩鎮問題是唐史研究的核心問題之一，素爲史家所重視。學界多從藩鎮割據的社會基礎、藩鎮割據形成的背景、藩鎮軍事體制等較大的面向研究藩鎮問題。亦有對藩鎮進行個案研究者，不過更多地集中在對河北割據型藩鎮的研究。爲了加深對藩鎮問題及中晚唐政治、社會等層面的認識，對非割據型的藩鎮進行研究也很有必要。自上個世紀九十年代以來，大陸與臺灣學術界，尤其是許多碩士生、博士生，針對這類藩鎮進行了廣泛的研究。張正田的《「中原」邊緣：唐代昭義軍研究》（臺北：稻鄉出版社，2007 年）一書即是在原有碩士論文的基礎上修訂而成的。

　　中古時期，行政區劃多以山川形便爲劃分標準，但亦有考量政治、軍事等因素的，這類情況多出現在戰亂時期，昭義鎮的出現即是基於這一層面的考量。昭義鎮領轄潞、澤、邢、洺、磁五州，橫跨太行山東西麓，澤、潞兩州位於西麓（澤潞區），邢、洺、磁三州則居於東麓（邢洺區），這一高大山脈使得昭義鎮兩區在自然、人文環境、社會特徵、軍隊構成等方面存在著很大的差異。該鎮在唐後期又肩負著朝廷防禦、攻略河北的重任。因此選擇以該鎮作爲個案研究的對象，是頗具眼光的。本書除第一章〈緒論〉、第六章〈結論〉外，共分四章。首起討論昭義軍兩區在自然地理環境、人文、社會特徵、軍隊結構等方面的差異，進而探究基於這樣的差別，中央如何控制昭義軍，昭義軍又是如何進行內部控制及消弭兩區之間所存在的諸多差異，以茲更好地維護本鎮的穩定、團結。

　　第二章〈昭義軍之地理環境〉，前兩節主要梳理前人對昭義鎮兩區自然地理環境、交通網絡、戰略形勢等方面的研究成果，歸納兩區在這些方面所存在的差異，並有所引申。最後一節則以昭義軍轄區戶口數的記載、州縣級別的變化，探討本鎮人口的變化，主要依據昭義軍常往邢洺區就食，並結合昭義軍轄區州縣等級的變化，推斷《元和郡縣圖志》所記邢洺等州的戶口不實，是因爲昭義軍節度使刻意隱瞞不報所致。這一見解實非新見。學者已指出懷州這一朝廷控制的州郡亦屬戶口申報不實者。不僅僅是邢洺所奏不實，潞州的戶數亦有不實。〔註1〕既然河東道、河南道的賦稅基本上是不上供的，多留作本鎮軍隊之需，〔註2〕那麼，這些藩鎮爲什麼還要刻意申報不實？縣的級別更改是需要上報中央，經過朝廷同意的。許多縣的級別變化是戶口變化所致，邢洺區屬縣的級別昇格較多，而所反映的戶數遠不及澤潞區。或可認爲，儘管中央知道地方未如實奏報戶數這一情況，但似乎不願多去深究，也體現當時朝廷的一種務實的態度：反正這裏的賦稅基本不上供，也就不過多干涉這裏的戶口申報問題。

　　第三章〈昭義軍轄區人文風習與文化特性〉，主要是以墓誌、碑刻等資料探討昭義軍在人文、社會特徵方面的差異，指出：澤潞區的民風比較純樸，社會風氣比較保守，相對封閉，本區少往兩京謀職者，只是若干士族、小姓因任官原因，著籍於此，改變了本區舊有階層的勢力；而邢洺區的民風較崇尚豪俠之氣，社會風氣較爲開放，本區之大姓、小姓多有到兩京任職並改葬兩京者，同時少數河北籍士族、小姓遷居於此，使得本區外來勢力較強。作者結合當時士族籍貫中央化的大背景，分述昭義軍兩區在人文、社會特徵方面的差異，同時也點出了兩區在安史亂後社會結構的共同之處，即外來勢力漸強。歷來藩鎮研究者，極少論及藩鎮內部的社會結構問題，而本書論及此，說明作者極其注意社會結構對藩鎮內部控制力的影響，也體現了作者的視野。

　　本章最後一節論及澤潞區民族結構。作者結合石刻史料等文獻資料及研究成果指出，該區是胡漢混雜的區域。陳寅恪（1890～1969）先生關於安史亂後河北與中央峙源於河北多胡化的論述，已然眾所周知。學界亦從各個

〔註1〕凍國棟：《中國人口史》第二卷《隋唐五代時期》（上海：復旦大學出版社，2002年），頁230～231、234。
〔註2〕齊勇鋒：〈中晚唐賦入「止於江南八道」說辨疑〉，《唐史論叢》第二輯（西安：陝西人民出版社，1987年），頁89～93。

方面深化陳先生的論點，此亦不必多言。晚近亦多有學者從其他方面意圖否定陳氏看法，認爲河北與中央的對峙並非胡化所致，他們或以爲河北地帶的漢化也不少。〔註3〕由此亦見，他們在某種程度上也認同文化的差異導致中央與河北的對峙。

既然胡化是河北與代表漢文化長安對抗之原因，何以在胡漢勢力並駕齊驅的上黨地區（頁 137），未見違逆中央之事？李抱眞（733～794）統治澤潞鎮時期，昭義軍素以忠義之師著稱，他們的軍隊多以該鎮中上階層爲團練對象（頁 151），這必然混雜著很多胡族士兵。何以他們不對抗中央，反而被稱爲忠義之師？安史之亂是朝廷憑藉自身強大實力平定的。戰後，以安史叛將鎮守河北本是僕固懷恩之意，朝廷此時也曾想消滅河北四鎮於無形中，只因吐蕃進犯而放棄。當此之時，河北四鎮因本身實力，尚恭順於中央，只待實力驟增後方才跋扈。〔註4〕若河北果眞胡化，其本身並未立即抗衡中央。我想所謂割據當不是胡化所致。畢竟導致叛亂者，古往今來多爲同族。〔註5〕觀李抱眞之軍隊實力，後又轄有富庶之邢洺區，仍未曾作亂；河北稍待實力驟增後即抗衡中央。對比此類事實，或可認爲，所謂的割據者，蓋因本鎮實力足以抗衡中央，且節度使等人有野心所致。蓋此一途，無他也。

第四章〈昭義軍武力系統及其特徵〉。軍隊是藩鎮的重要組成部分。特別是中原防遏型藩鎮的軍隊，更是朝廷征討河朔的主要依靠。進行藩鎮個案研究，必然要涉及藩鎮所統軍隊的問題。本章梳理了昭義軍由忠義之師向驕兵發展、變化的大致脈絡，並指出了這一演化的根源；仔細辨析昭義軍內部同時存在著不同系列的軍隊，即官健與團練兵。而這也是昭義軍節帥需要解決的矛盾所在。

本章在將與兵這一組概念的界定上比較模糊，使得對某些問題的論述不夠明晰。作者在論述昭義軍中士兵階層世襲化、家族化時，所舉墓誌銘甚至有兵馬使（頁 169～171）。兵馬使似不應列爲兵士階層。以這種實例爲論據，似無法證明作者所欲論之如昭義軍世襲化等問題，因爲將領世襲化，並不一定就會導致士兵階層的世襲化。而在論述昭義軍驕兵化時，作者所舉之例多

〔註 3〕 顧乃武：《唐代河朔三鎮的社會文化研究》，廈門：廈門大學博士論文，2007年。

〔註 4〕 陳翔：〈再論安史之亂的平定與河北藩鎮的重建〉，《江漢論壇》2010 年第 1期，頁 70～76。

〔註 5〕 岑仲勉：《隋唐史》（石家莊：河北教育出版社，2000 年），頁 256～257。

為大將、牙將造反者（頁184～187）。如果大將、牙將是將，那麼如何能將這種反叛稱之為「驕兵化」？如此而言，本書所界定的昭義軍四、五期，即劉氏勢力統治時期至孟氏割據這段時間，昭義軍的軍事權力結構也應屬於「將領階層是昭義軍的權力主體」這一模式。而在作者看來，似乎這兩期並不屬於這種權力結構模式。正是本書在將、兵概念的界定上較為模糊，故而使筆者產生這種疑慮。

澤潞區與邢洺區在自然、人文、社會、軍隊構成等方面存在如此大的差異，必然增加昭義鎮節度使統治、管轄的難度。地方長官如何消弭兩區各方面存在的差異，使之能夠更好地防禦、攻略河北？這是一個饒有趣味的話題。諸鎮在抗擊跋扈藩鎮之際，如何使軍隊團結一致？儘管很多軍隊多來自於同一區域，但是個體之間的差異性是存在的。第五章〈中央與昭義軍的互動〉以歷史心理分析方法為我們理解該問題提供了一個很有益的啟示：在思想意識方面，昭義軍節度使對兩區軍隊灌輸「忠義」意識，強化兩區的共同性，消弭、淡化兩區的差異，使之盡量在這種意識下團結一體，對抗河朔（頁246～249）。對膽敢抗命不恭的地方勢力，我想任何征叛之軍都會有此行為，統一軍隊思想、團結作戰。換句話說，這種灌輸「忠義」意識的模式不應是昭義軍所特有的。像安史之亂期間，朝廷派遣諸鎮行營討伐叛軍時，諸軍亦嘗以某種模式統一行動，才能夠團結一致。而且，本書的這一提法似乎僅是一種假設性的想法而已，因為並無直接史料證明昭義軍節度使確有此舉。再者，縱使兩區存在差異，這種意識灌輸是不是消弭兩區差異的唯一模式？因此，該問題仍然有繼續探討的餘地。

個案研究是深化藩鎮問題認識的重要路徑，這是一個很有意義的課題。值得注意的是，選擇某個藩鎮作為研究對象，以此窺視藩鎮問題或唐代政治、社會、軍事等方面某些規律性的認知，而這又是從別的途徑、角度，所無法窺見的。只有這樣，藩鎮個案的研究才會顯得有價值、有意義。

但是，目前的藩鎮個案研究，似乎有點類似於當下中古時期的家族個案研究中所呈現出來的跑馬圈式的研究模式。〔註6〕舉凡如今的藩鎮個案研究，結構上大同小異。不外乎先從本鎮的自然環境、交通狀況、戰略形勢，甚至地理沿革談起；其次論及本鎮與中央的關係，抑或是本鎮的軍隊構成；最後

〔註6〕陳爽：〈近20年中國大陸地區六朝士族研究概觀〉，（日）《中國史學》第11卷，2001年10月，頁15～26。

論及本鎮的地位、作用。研究者選取任一藩鎮進行研究時，似乎已經預先設計好了想要論述的框架，那麼，從這種大同小異的論述框架入手，得到的有關藩鎮的認識也幾乎是一致的，因為學術界早已對藩鎮問題進行了許多概論性的研究。像前此提及的，昭義軍作為中央控制的藩鎮不如實奏報戶數。再者，頁152～161 提到的昭義軍的權力結構即需要與監軍合作，才能夠取得合法性。這些並非什麼大的發現。現在所要做的是，繼續探討、挖掘這種共性背後深層次的因素、共性中個體間的差異及其原因，這樣才能夠確實顯示出昭義軍的獨特性。當然，僅僅這樣也還是不夠的。

在筆者看來，藩鎮個案研究的目的與意義有兩點：第一、對本鎮進行研究，將其較為系統、深入、細緻地勾勒、展示出來。比如對藩鎮中某一事件的前因後果、來龍去脈或某藩鎮的發展、演變的過程的揭示。這是最基本的部分；第二、藉此抽繹出藩鎮研究某些規律性的認知，或重建、復原當時複雜的歷史樣貌，這是個案研究最核心的部分。在檢索系統日益發達的今天，做到第一點並不難，那麼如何取得第二點的突破，就需要注意研究思路、研究路徑。〔註7〕

現今有一些藩鎮個案研究的思路、路徑是值得借鑒的。陸揚在仔細閱讀文本，詳細描述歷史發展進程的基礎上，研究元和（806～820）時期西川與浙西兩鎮所謂的叛亂之事，抽繹出藩鎮與中央關係新的範式，頗有啓發意義。〔註8〕其後，陸氏大致沿著這一路徑，在細繹歷史過程中，去分析事件發生之際，士人複雜的內心世界。〔註9〕仇鹿鳴也是在仔細閱讀文本的基礎上，通過魏博鎮造碑一事，窺視整個河北地區的社會心態以及支持此行為的文化機制。〔註10〕這些個案研究，有一個共通點，即在細緻描述歷史過程中，展現出所論事件之當時，複雜的歷史語境，或抽繹出藩鎮研究某些原則，而不是

〔註7〕 仇鹿鳴、侯旭東等學者曾指出，家族個案研究一定要注意研究方式和意義所在。其實，藩鎮個案的研究亦是如此。仇氏等人意見，參見魏斌：〈第三屆「中國中古青年學者聯誼會」綜述〉，收入《中國中古史研究：中國中古青年學者聯誼會會刊》第二卷（北京：中華書局，2011 年），頁 336。

〔註8〕 陸揚：〈從西川和浙西事件論元和政治格局的形成〉，《唐研究》第八卷（北京：北京大學出版社，2002 年），頁 225～256。

〔註9〕 陸揚：〈從新出墓誌再論九世紀初劍南西川劉闢事件及其相關問題〉，《唐研究》第十六卷（北京：北京大學出版社，2011 年），頁 331～356。

〔註10〕 仇鹿鳴：〈從「羅讓碑」看唐末魏博的政治與社會〉，《歷史研究》，2012 年第2 期，頁 27～44。

簡單地套用一些模式去研究。單純的描述是無法呈現出事物複雜的面貌,但是在借助幾種不同文本,通過之間的比勘,在透視出不同文本背後的真實內涵時,對歷史過程的細緻描述是可以重建當時複雜的歷史場景的或揭示出藩鎮研究的某些原則的。

事實上,本書在某些環節的論證是可以借鑒這些研究路徑的。如頁 210～215 探討親王遙兼昭義軍節度使時機的政治意義,作者指出這種遙領均發生在昭義軍內部出現政治動盪之時,即是顯示朝廷對該地控制的一種權宜措施,此即其政治意義。這樣的論斷實質上意義不大。親王遙領節度使之時,朝廷必定會頒佈詔令,也會有某種儀式,這些形式的出現體現的是中央的一種態度,不僅僅是對親王,也是對藩鎮。應該說,這是朝廷加強對藩鎮控制的體現。每個詔令或有差別,每一儀式容有不同,仔細審視它們之間的共通之處,分析這些內容所要昭示的對象,或可挖掘出這種遙領所彰顯的政治意義。再如頁 242～252 論及昭義軍「素忠義」之意識性質,亦即昭義軍如何消弭兩區差異之方式的論述。昭義軍力求統一內部的意識形態,但是這種意識形態的融合是有一個演進的過程,而這一進程,或許會出現反覆的狀況,甚至牴觸、衝突。這些狀況背後所隱藏的各階層的社會心態又是怎樣的?〔註11〕這些情況是研究者極少關注的。藩鎮內部文人甚多,其留下的詩文碑銘亦不少,仔細挖掘這些文本,或可回覆到當時複雜的歷史語境,這也將深化藩鎮問題的研究。

本書大致勾勒出了昭義軍的形成、演變、裂變的過程,但是由於其在研究方法上並未取得較大突破,其對昭義軍的研究依舊停留在原先的敘述方式上,使得其對昭義軍的研究還顯得不夠深入,未能呈現出一個立體式的昭義軍的形象。此外,在某些具體問題的解釋上也存在商榷之處。茲依先後順序,摘列如下:

頁 70 論及昭義軍轄區州縣設置的變化。作者結合所製的包含唐代昭義軍轄區曾經設置之州縣及時間的表格,並依據《資治通鑑》所記的「初,隋末喪亂,豪傑並起,擁眾據地,自相雄長;唐興,相帥來歸,上皇爲之割置州縣以寵祿之,由是州縣之數,倍於開皇、大業之間,上以民少吏多,思革其

〔註11〕 事實上,作者也注意到這一點,如頁 148 注 30 指出:薛氏昭義軍部隊組成分子複雜,軍隊合編、重整過程可能會出現一些適應不良狀況。惜未能加以深入探討。

弊；二月，命大加併省」〔註12〕指出，昭義五州併省州縣是在貞觀（627～649）
時期，這是太宗的改革政策所致。就武德（618～626）、貞觀時期昭義軍轄區
州縣的廢棄時間來看，似乎不是如此。很多縣雖然是武德年間設置的，但是
其中不少縣在武德年間也就廢棄，特別是邢洺區的。如溫州、起州、封州、
和州、東龍州、紫州等州都是在武德元年設置，四年即廢。當時確實是存在
貞觀初廢棄州縣的現象，但是武德期間廢棄州縣的現象也不少。僅以太宗的
這一政策解釋之，恐失之偏狹。

　　頁149～150依據《舊唐書‧王思禮傳》所記「乾元二年（759），與（郭）
子儀（697～781）等九節度圍安慶緒（？～759）於相州。思禮（？～761）
領關內及潞府行營步卒三萬、馬軍八千」〔註13〕，指出當時澤潞一帶的兵數
是三萬八千；緊接著，根據〈命郭子儀等備邊敕〉記載的李抱玉（704～777）
「以晉之高都、韓之上黨，河隍義從、汧隴少年，凡三萬眾，橫絕高壁，斜
界連營」〔註14〕，認為當時澤潞軍隊的來源有四個地方，即：高都、上黨、
河隍、汧隴。這兩個論斷值得商榷。《舊唐書‧王思禮傳》很清楚地提到，三
萬八千人馬是澤潞與關內行營的，不是單指澤潞的，同時行營兵馬也非指全
鎮兵力。李抱玉在大曆（766～779）初期，曾經兼任鳳翔、隴右節度使，河
隍、汧隴即指此地。〈命郭子儀等備邊敕〉是令李抱玉以這鳳翔、隴右、澤潞
三鎮兵馬防備邊境，因此，不能據此認為澤潞鎮的兵馬有如是之多，兵員亦
有如此之複雜。

　　頁208涉及昭義軍節度使對中央的態度時，提到從至德（756～758）至
貞元（785～805）年間，「只要節度使不公然反對唐中央之統治權，朝廷多願
意以類似終身職之方式，由內部提升以籠絡各任節度使，藩帥也因之對中央
的態度頗為恭順。故杜黃裳在憲宗朝亦曾與皇帝言及：『德宗自經憂患，務為
姑息，不生除節帥；有物故者，先遣中央察軍情所與則授之。』〔註15〕概多
由於此。」杜黃裳（738～808）提及的僅為德宗朝之事，未嘗言及肅、代二
朝的政策，而本書卻將肅、代、德三朝數任節度使任職長的原因皆歸於姑息

〔註12〕 司馬光：《資治通鑑》（北京：中華書局，1956年）卷一九二貞觀元年二月條，
　　　　頁6033。
〔註13〕 劉昫：《舊唐書》（北京：中華書局，1975年）卷一一○〈王思禮傳〉，頁3313。
〔註14〕 唐代宗：〈命郭子儀等備邊敕〉，董誥等編《全唐文》（北京：中華書局，1983
　　　　年），頁534。
〔註15〕 《資治通鑑》卷二三七元和元年春正月甲申條，頁7627。

政策所致，這顯然不合邏輯。再者，代宗朝、德宗朝亦並非全然對藩鎮推行姑息政策。綜觀代宗時期諸藩所出現的亂事，朝廷無意聽之任之。代宗在即位之初就平定安史之亂，叛亂平定後更是計劃消滅安史叛逆勢力。〔註 16〕其後許多藩鎮出現叛亂時，朝廷亦多能出兵討伐。大曆元年（766）底，周智光（？～767）殺陝州監軍，朝廷起初雖詔加官爵，並不准郭子儀撻伐之，此舉蓋欲麻痺之。翌年初，朝廷即密詔郭子儀討平周智光。〔註 17〕再如大曆三年（768），商州兵馬使劉洽（730～787）攻殺防禦使殷仲卿（？～768），朝廷隨即徵兵討平之。〔註 18〕而在有些情況下，由於朝廷力不能制，只能屈從叛藩的意志。永泰元年（765），劍南大將崔寧（723～783）殺節度使郭英乂（？～765），其他部將即群起攻伐崔寧，蜀中大亂。朝廷隨即任命杜鴻漸（709～769）為山南西道、劍南東西川副元帥、劍南西川節度使，意欲平定蜀中之亂。隨後，受杜氏節制的張獻誠（？～767）屢為崔寧所敗，杜氏惶恐之下，將州府之事悉皆委任之，並上疏請求將西川節度使讓與崔氏。杜氏與張獻誠乃是前方戰將，其不能抵擋崔氏勢力，故而朝廷不得已，方才令崔氏為西川節度使。〔註 19〕又如大曆三年（768），幽州部將朱希彩（？～772）等殺節度使李懷仙（？～768），並自稱留後。對此，代宗不予承認，並征討之。直至征伐不能成功，朝廷方才承認其留後地位。〔註 20〕應該說，代宗朝對叛藩的討伐是矢志不渝的。但是經歷了安史之亂，受到重創的唐王室未有絕對實力抗衡任一藩鎮。故學者稱：「藩鎮跋扈並非是唐政府的姑息，而是朝廷力量所不能制。」〔註 21〕這是代宗時期對藩鎮的政策、態度。而德宗在奉天之亂以前對藩鎮推行的是強硬政策，奉天亂後對藩鎮實行的是較務實的政策。〔註 22〕此外，作者認為這一時期昭義軍節度使的恭順乃是朝廷的政策所致，這無異於抹殺這些節度使優秀的個人品質，實際上已將他們歸類為貪圖職權之流，這是不合事實的。如《舊唐書·李抱玉傳》就記載，時任山南西道、鳳翔、澤

〔註 16〕陳翔：〈再論安史之亂的平定與河北藩鎮的重建〉，頁 73～74。

〔註 17〕《資治通鑑》卷二二四大曆元年十二月癸卯條，頁 7192～7193；大曆二年正月丁巳條，頁 7194。

〔註 18〕《資治通鑑》卷二二四大曆三年二月癸巳條，頁 7198。

〔註 19〕《資治通鑑》卷二二四永泰元年至大曆二年條，頁 7186～7187、7190～7192、7195。

〔註 20〕《舊唐書》卷一四三〈朱希彩傳〉，頁 3896。

〔註 21〕張澤咸：《唐五代賦役史草》（北京：中華書局，1986 年），頁 173。

〔註 22〕劉玉峰：《唐德宗評傳》（濟南：齊魯書社，2002 年），頁 61～65。

潞三道節度的李抱玉「以任位崇重，抗疏懇讓司空及山南西道節度、判梁州事，乞退授兵部尚書。」〔註23〕《舊唐書・李抱眞傳》亦載，代宗時朝廷欲以李抱眞爲陳鄭、澤潞節度留後，抱眞以「臣雖無可取，當今百姓勞逸，繫在牧守，願得一郡以自試」〔註24〕爲辭謝絕而改任澤州刺史。依此來看，二人豈是貪圖權位之徒？

最後，談談本書在學術規範上不盡完善的一點意見。第一章〈緒論〉指出，昭義軍的個案研究，僅有森部豐〈藩鎭昭義軍の成立過程について〉一文（頁16）。其實，森部豐還有一篇關於昭義軍的論文〈唐沢潞昭義軍節度使考：中晚唐期における唐朝と河北藩鎭の関係をめぐって〉〔註25〕。該文主要探討擔任澤潞昭義節度使人選的特點、昭義動亂的類型、昭義軍地位的變化，頗可參考。也因此，本書對該文的一些研究成果未能吸收。

本書指出，李抱眞死後元誼的叛亂，很可能是因爲被王虔休（737～799）殺害的元仲經（？～794）與元誼有親屬或家族關係。當然，作者也指出這一提法只是一種猜測，並沒有直接證據（頁154～155注45）。上舉森部豐之文結合嚴耕望（1916～1996）對方鎭使府僚佐的研究指出，元誼的叛亂是元氏對王虔休任職昭義軍節度使的不滿所致，因爲元誼本爲行軍司馬，該職在當時屬於下任節度使的候補。在元誼看來，他本應繼李抱眞爲節度使的，最終卻是王虔休擔任節度使，故而元氏不滿而作亂。這是很有見地的。另，本書認爲昭義軍分立期與第一、二期藩帥的選拔都是自昭義內部，多爲武職，這樣容易瞭解組織內部情況（頁198～199）。森部豐之文即已指出此點。

以上是筆者對於本書的一些不成熟看法。囿於成見，限於眼界，自己以爲是者未必是，以爲非者未必非，沒有讀懂、理解不足之處更是在所難免。一孔之見，僅供參考而已。

附記：本文係2011年安康學院高層次人才科研項目「唐五代澤潞鎭的若干問題研究」（項目編號：AYQDRW201116）的階段性成果。

〔註23〕《舊唐書》卷一三二〈李抱玉傳〉，頁3646。

〔註24〕《舊唐書》卷一三二〈李抱眞傳〉，頁3647。

〔註25〕森部豐：〈唐沢潞昭義軍節度使考：中晚唐期における唐朝と河北藩鎭の関係をめぐって〉，收入野口鐵郎先生古稀記念集刊行委員會編《中華世界の歷史的展開》（東京：汲古書院，2002年），頁97～131。張正田的碩士論文正好完成於2002年，故未見此文不足爲怪，但修訂成書時也未能參考，頗爲遺憾。

參考文獻

一、古籍及其整理

正　史

1. （東漢）班固：《漢書》，北京：中華書局，1962 年。
2. （南朝宋）范曄：《後漢書》，北京：中華書局，1965 年。
3. （北齊）魏收：《魏書》，北京：中華書局，1974 年。
4. （唐）房玄齡等：《晉書》，北京：中華書局，1974 年。
5. （唐）令狐德棻等：《周書》，北京：中華書局，1971 年。
6. （唐）魏徵、令狐德棻：《隋書》，北京：中華書局，1973 年。
7. （後晉）劉昫等：《舊唐書》，北京：中華書局，1975 年。
8. （宋）歐陽修、宋祁：《新唐書》，北京：中華書局，1975 年。
9. （宋）薛居正：《舊五代史》，北京：中華書局，1976 年。
10. （宋）歐陽修：《新五代史》，北京：中華書局，1974 年。
11. （宋）司馬光：《資治通鑑》，北京：中華書局，1956 年。
12. （宋）錢儼：《吳越備史》，五代史書彙編本，杭州：杭州出版社，2004 年。
13. （清）吳任臣：《十國春秋》，北京：中華書局，1983 年。

政　書

1. （唐）吳兢：《貞觀政要》，上海：上海古籍出版社，1978 年。
2. （唐）李林甫等：《唐六典》，北京：中華書局，1992 年。
3. （唐）杜佑：《通典》，北京：中華書局，1988 年。
4. （唐）李吉甫：《元和郡縣圖志》，北京：中華書局，1983 年。

5.（宋）王溥：《唐會要》，上海：上海古籍出版社，2006 年。

6.（宋）王溥：《五代會要》，上海：上海古籍出版社，2006 年。

7.（宋）王欽若等：《冊府元龜》，北京：中華書局，1960 年。

8.（宋）王欽若等：《宋本冊府元龜》，北京：中華書局，1989 年。

9.（宋）王欽若等：《冊府元龜》（校訂本），南京：鳳凰出版社，2006 年。

10.（宋）洪遵編：《翰苑群書》，知不足齋叢書本。

11.（宋）宋敏求編：《唐大詔令集》，北京：中華書局，2008 年。

12.（宋）孫逢吉：《職官分紀》，北京：中華書局，1988 年。

13.（元）馬端臨：《文獻通考》，北京：中華書局，1986 年。

14. 池田溫編：《唐代詔敕目錄》，西安：三秦出版社，1991 年。

筆記及類書

1.（唐）段成式：《酉陽雜俎》，北京：中華書局，1981 年。

2.（唐）封演：《封氏聞見記校注》，北京：中華書局，2005 年。

3.（唐）張鷟：《朝野僉載》，北京：中華書局，2005 年。

4.（唐）林寶著，岑仲勉校：《元和姓纂（附四校記）》，北京：中華書局，2005.8 年。

5.（五代）孫光憲：《北夢瑣言》，北京：中華書局，2002 年。

6.（宋）李昉編：《太平御覽》，北京：中華書局，1960 年。

7.（宋）李昉編：《太平廣記》，北京：中華書局，1961 年。

8.（宋）李昉編：《文苑英華》，北京：中華書局，1966 年。

9.（宋）王應麟編：《玉海》，上海：上海書店，1987 年。

10.（宋）曾慥編、王汝濤等校注：《類說校注》，福州：福建人民出版社，1996 年。

11.（宋）錢易：《南部新書》，北京：中華書局，2002 年。

12.（宋）宋敏求：《春明退朝錄》，北京：中華書局，1980 年。

13.（宋）王讜，周勳初校注：《唐語林校注》，北京：中華書局，1987 年。

14.（宋）葉夢得：《石林燕語》，北京：中華書局，1984 年。

15.（宋）趙彥衛：《雲麓漫鈔》，北京：中華書局，1996 年。

16.（宋）洪邁：《容齋隨筆》，北京：中華書局，2005 年。

17.（宋）周密：《武林舊事》，杭州：浙江古籍出版社，2011 年。

18.（元）周致中：《異域志》，北京：中華書局，1981 年。

19.（明）田汝成：《炎徼紀聞》，上海：商務印書館，1936 年。

20.（清）曹樹翹：《滇南雜誌》，臺北：華文書局，1968～1969 年。

文　集

1. （唐）陳子昂：《陳拾遺集》，上海：上海古籍出版社，1992 年。

2. （唐）張說：《張燕公集》，上海：上海古籍出版社，1992 年。

3. （唐）李白：《李太白全集》，北京：中華書局，1977 年。

4. （唐）李白撰，瞿蛻園、朱金城校注：《李白集校注》，上海：上海古籍出版社，1980 年。

5. （唐）李華：《李遐叔文集》，上海：上海古籍出版社，1992 年。

6. （唐）顏眞卿：《顏魯公集》，上海：上海古籍出版社，1992 年。

7. （唐）元結：《次山集》，上海：上海古籍出版社，1992 年。

8. （唐）獨孤及：《毘陵集》，上海：上海古籍出版社，1993 年。

9. （唐）陸贄：《陸贄集》，北京：中華書局，2006 年。

10. （唐）權德輿：《權德輿詩文集》，上海：上海古籍出版社，2008 年。

11. （唐）韓愈，馬其昶校注，馬茂元整理：《韓昌黎文集校注》，上海：上海古籍出版社，1987 年。

12. （唐）劉禹錫，瞿蛻園箋證：《劉禹錫集箋證》，上海：上海古籍出版社，1989 年。

13. （唐）劉禹錫：《劉禹錫集》，北京：中華書局，1990 年。

14. （唐）呂溫：《呂衡州文集》，上海：商務印書館，1935 年。

15. （唐）李翱：《李文公集》，上海：上海古籍出版社，1993 年。

16. （唐）白居易撰、朱金城箋注：《白居易集箋校》，上海：上海古籍出版社，1988 年。

17. （唐）柳宗元：《柳宗元集》，北京：中華書局，1979 年。

18. （唐）歐陽詹：《歐陽行周文集》，上海：上海古籍出版社，1993 年。

19. （唐）元稹：《元稹集》，北京：中華書局，1982 年。

20. （唐）皇甫湜：《皇甫持正集》，四部叢刊本。

21. （唐）李德裕撰，傅璇琮、周建國校箋：《李德裕文集校箋》，石家莊：河北教育出版社，2000 年。

22. （唐）杜牧：《樊川文集》，上海：上海古籍出版社，1978 年。

23. （唐）李商隱：《樊南文集》，上海：上海古籍出版社，1988 年。

24. （唐）司空圖：《司空表聖文集》，四部叢刊本。

25. （新羅）崔致遠，黨銀平校注：《桂苑筆耕集校注》，北京：中華書局，2007 年。

26. （清）董誥等編：《全唐文》，北京：中華書局，1983 年。

27.（清）彭定求等編：《全唐詩》（增訂本），北京：中華書局，1999 年。

學術札記

1. （清）顧炎武，黃汝成集釋：《日知錄集釋》（全校本），上海：上海古籍
出版社，2006 年。

2. （清）王夫之：《讀通鑑論》，北京：中華書局，1975 年。

3. （清）顧祖禹：《讀史方輿紀要》，北京：中華書局，2005 年。

4. （清）趙翼：《陔餘叢考》，北京：中華書局，1963 年。

5. （清）錢大昕：《廿二史考異》，上海：上海古籍出版社，2004 年。

6. （清）王鳴盛：《十七史商榷》，上海：上海書店出版社，2005 年。

金 石

1. 北京圖書館金石組、中國佛教圖書文物館石經組編：《房山石刻題經彙
編》，北京：書目文獻出版社，1987 年。

2. 陳長安主編：《隋唐五代墓誌彙編》（洛陽卷），天津：天津古籍出版社，
1991 年。

3. 郝本性主編：《隋唐五代墓誌彙編》（河南卷），天津：天津古籍出版社，
1991 年。

4. 陳尚君輯校：《全唐文補編》，北京：中華書局，2005 年。

5. 國家圖書館善本金石組編：《隋唐五代石刻文獻全編》，北京：北京圖書
館出版社，2003 年。

6. 吳鋼主編：《全唐文補遺》（第一輯），西安：三秦出版社，1994 年。

7. 吳鋼主編：《全唐文補遺》（第二輯），西安：三秦出版社，1995 年。

8. 吳鋼主編：《全唐文補遺》（第三輯），西安：三秦出版社，1996 年。

9. 吳鋼主編：《全唐文補遺》（第四輯），西安：三秦出版社，1997 年。

10. 吳鋼主編：《全唐文補遺》（第五輯），西安：三秦出版社，1998 年。

11. 吳鋼主編：《全唐文補遺》（第六輯），西安：三秦出版社，1999 年。

12. 吳鋼主編：《全唐文補遺》（第七輯），西安：三秦出版社，2000 年。

13. 吳鋼主編：《全唐文補遺》（第八輯），西安：三秦出版社，2005 年。

14. 吳鋼主編：《全唐文補遺》（千唐誌齋新藏專輯），西安：三秦出版社，2006
年。

15. 吳鋼主編：《全唐文補遺》（第九輯），西安：三秦出版社，2007 年。

16. 新文豐出版公司編輯部編：《石刻史料新編》（第一輯），臺北：新文豐出
版公司，1977 年。

17. 新文豐出版公司編輯部編：《石刻史料新編》（第二輯），臺北：新文豐出
版公司，1979 年。

18. 周紹良、趙超主編：《唐代墓誌彙編》，上海：上海古籍出版社，1992 年。

19. 周紹良、趙超主編：《唐代墓誌彙編續集》，上海：上海古籍出版社，2001 年。

20. 氣賀澤保規編：《新版唐代墓誌所在總合目錄》（增訂版），東京：汲古書院，2009 年。

二、近人著作

1. 艾沖：《唐代都督府研究——兼論總管府‧都督府‧節度司之關係》，西安：西安地圖出版社，2005 年。

2. 包偉民主編：《宋代制度史研究百年（1900～2000）》，北京：商務印書館，2004 年。

3. 薄貴利：《中央與地方關係》，長春：吉林大學出版社，1991 年。

4. 陳國燦、劉健明主編：《〈全唐文〉職官叢考》，武漢：武漢大學出版社，1997 年。

5. 陳寅恪：《金明館叢稿初編》，北京：三聯書店，2001 年。

6. 陳寅恪：《隋唐制度淵源略論稿》（外二種），北京：三聯書店，2001 年。

7. 陳仲安、王素：《漢唐職官制度研究》，北京：中華書局，1993 年。

8. 岑仲勉：《隋唐史》，北京：中華書局，1980 年。

9. 岑仲勉：《金石論叢》，北京：中華書局，2004 年。

10. 岑仲勉：《通鑑隋唐紀比事質疑》，北京：中華書局，2004 年。

11. 岑仲勉：《唐史餘瀋》（外一種），北京：中華書局，2004 年。

12. 陳志堅：《唐代州郡制度研究》，上海：上海古籍出版社，2005 年。

13. 戴偉華：《唐代使府與文學研究》（修訂本），桂林：廣西師範大學出版社，2007 年。

14. 戴偉華：《唐方鎮文職僚佐考》（修訂本），桂林：廣西師範大學出版社，2007 年。

15. 鄧小南：《宋代文官選任制度諸層面》，石家莊：河北教育出版社，1993 年。

16. 凍國棟：《中國人口史》第二卷《隋唐五代時期》，上海：復旦大學出版社，2002 年。

17. 杜文玉：《五代十國制度研究》，北京：人民出版社，2006 年。

18. 艾森斯塔得（Shmuel Noah Eisenstadt）著，閻步克譯：《帝國的政治體系》，貴陽：貴州人民出版社，1992 年。

19. 何燦浩：《唐末政治變化研究》，北京：中國文聯出版社，2001 年。

20. 黑格爾（Georg Wilhelm Friedrich Hegel）著，王造時譯：《歷史哲學》，上海：上海書店出版社，2006 年。

21. 胡寶華：《唐代監察制度研究》，北京：商務印書館，2005 年。

22. 胡戟：《武則天本傳》，西安：陝西師範大學出版社，1998 年。

23. 胡戟等主編：《二十世紀唐研究》，北京：中國社會科學出版社，2002 年。

24. 黃惠賢、陳鋒主編：《中國俸祿制度史》，武漢：武漢大學出版社，2005 年。

25. 黃樓：《唐宣宗大中政局研究》，天津：天津古籍出版社，2012 年。

26. 黃永年：《唐史史料學》，上海：上海書店出版社，2002 年。

27. 黃正建主編：《中晚唐社會與政治研究》，北京：中國社會科學出版社，2006 年。

28. 賴瑞和：《唐代基層文官》，北京：中華書局，2008 年。

29. 賴瑞和：《唐代中層文官》，臺北：聯經出版事業有限公司，2008 年。

30. 李方：《唐西州行政體制考論》，哈爾濱：黑龍江教育出版社，2002 年。

31. 李鴻賓：《唐朝朔方軍——兼論唐廷與西北諸族的關係及其演變》，長春：吉林人民出版社，2000 年。

32. 李錦繡：《唐代財政史稿》（上卷），北京：北京大學出版社，1995 年。

33. 李治安主編：《唐宋元明清中央與地方關係研究》，天津：南開大學出版社，1996 年。

34. 萊斯利·里普森（Leslie Lipson）著，劉曉等譯：《政治學的重大問題：政治學導論》，北京：華夏出版社，2001 年。

35. 劉後濱：《唐代中書門下體制研究：公文形態、政務運行與制度變遷》，濟南：齊魯書社，2004 年。

36. 劉希為：《唐代宗》，長春：吉林文史出版社，1995 年。

37. 劉玉峰：《唐德宗評傳》，濟南：齊魯書社，2002 年。

38. 呂思勉：《隋唐五代史》，上海：上海古籍出版社，2005 年。

39. 倪豪士（William H. Nienhauser, Jr.）：《傳記與小說——唐代文學比較論集》，北京：中華書局，2007 年。

40. 寧欣：《唐代選官研究》，臺北：文津出版社，1995 年。

41. 寧志新：《隋唐使職制度研究》（農牧工商編），北京：中華書局，2005 年。

42. 任士英：《唐代玄宗肅宗之際的中樞政局》，北京：社會科學文獻出版社，2002 年。

43. 日野開三郎：《唐代藩鎮の支配體制》，京都：三一書房，1980 年。

44. 石雲濤：《唐代幕府制度研究》，北京：中國社會科學出版社，2003 年。

45. 石雲濤：《安史之亂——大唐盛衰記（公元 755～763 年）》，北京：中華書局，2007 年。

46. 孫國棟：《唐宋史論叢》，上海：上海古籍出版社，2010 年。

47. 譚其驤主編：《中國歷史地圖集》第五冊《隋唐五代十國》，北京：中國地圖出版社，1982 年。

48. 唐長孺：《魏晉南北朝隋唐史三論：中國封建社會的形成和前期的變化》，武漢：武漢大學出版社，1993 年。

49. 杜希德（Denis C. Twitchet）主編，中國社會科學院歷史研究所西方漢學研究課題組譯：《劍橋中國隋唐史》，北京：中國社會科學出版社，1990 年。

50. 王明珂：《華夏邊緣：歷史記憶與族群認同》，北京：社會科學文獻出版社，2006 年。

51. 王壽南：《唐代政治史論集》，臺北：臺灣商務印書館，1977 年。

52. 王壽南：《唐代藩鎮與中央關係之研究》，臺北：大化書局，1978 年。

53. 王壽南：《唐代政治史論集》（增訂本），臺北：臺灣商務印書館，2004 年。

54. 王勳成：《唐代銓選與文學》，北京：中華書局，2001 年。

55. 王仲犖：《北周地理志》，北京：中華書局，1980 年。

56. 王仲犖：《隋唐五代史》，上海：上海人民出版社，1988 年。

57. 翁俊雄：《唐後期的政區與人口》，北京：首都師範大學出版社，1999 年。

58. 翁俊雄：《唐代區域經濟研究》，北京：首都師範大學出版社，2001 年。

59. 吳麗娛：《唐禮摭遺——中古書儀研究》，北京：商務印書館，2002 年。

60. 吳廷燮：《唐方鎮年表》，北京：中華書局，1980 年。

61. 吳宗國：《隋唐五代簡史》，福州：福建人民出版社，1998 年。

62. 吳宗國主編：《盛唐政治制度研究》，上海：上海辭書出版社，2003 年。

63. 吳宗國主編：《中國古代官僚政治制度研究》，北京：北京大學出版社，2004 年。

64. 辛向陽：《大國諸侯：中國中央與地方關係之結》，北京：中國社會出版社，2008 年。

65. 閻步克：《品位與職位——秦漢魏晉南北朝官階制度研究》，北京：中華書局，2002 年。

66. 嚴耕望：《唐史研究叢稿》，香港：新亞研究所，1969 年。

67. 嚴耕望：《嚴耕望史學論文選集》，北京：中華書局，2006 年。

68. 嚴耕望：《唐代交通圖考》，上海：上海古籍出版社，2007 年。

69. 嚴耕望：《唐僕尚丞郎表》，上海：上海古籍出版社，2007 年。

70. 嚴耕望：《中國地方行政制度史・魏晉南北朝地方行政制度》，上海：上海古籍出版社，2007 年。

71. 嚴耕望：《嚴耕望史學論文集》，上海：上海古籍出版社，2009 年。

72. 燕繼榮：《政治學十五講》，北京：北京大學出版社，2006 年。

73. 郁賢皓：《唐刺史考全編》，合肥：安徽大學出版社，2000 年。

74. 張國剛：《唐代藩鎮研究》，長沙：湖南教育出版社，1987 年。

75. 張國剛：《唐代官制》，西安：三秦出版社，1987 年。

76. 張國剛：《唐代政治制度研究論集》，臺北：文津出版社，1994 年。

77. 張國剛主編：《隋唐五代史研究概述》，天津：天津古籍出版社，1996 年。

78. 張國剛：《唐代藩鎮研究》（增訂本），北京：中國人民大學出版社，2010 年。

79. 張榮芳：《唐代京兆尹研究》，臺北：學生書局，1987 年。

80. 張玉興：《唐代縣官與地方社會研究》，天津：天津古籍出版社，2009 年。

81. 張澤咸：《唐五代賦役史草》，北京：中華書局，1986 年。

82. 張正田：《「中原」邊緣：唐代昭義軍研究》，臺北：稻鄉出版社，2007 年。

83. 趙德馨主編：《中國經濟通史》（第四卷），長沙：湖南人民出版社，2002 年。

84. 趙克堯、許道勳：《唐太宗傳》，北京：人民出版社，1984 年。

85. 周振鶴：《中國地方行政制度史》，上海：上海人民出版社，2005 年。

三、學位論文

1. 顧乃武：《唐代河朔三鎮的社會文化研究》，廈門：廈門大學歷史系博士論文，2008 年。

2. 賴青壽：《唐後期方鎮建置沿革研究》，上海：復旦大學歷史地理研究所博士論文，1999 年。

3. 劉詩平：《論唐代後期的地方行政體制研究》，北京：北京大學歷史系碩士論文，1997 年。

4. 孟憲實：《唐前期軍鎮研究》，北京：北京大學歷史系博士論文，2001 年。

5. 王韻：《論唐、五代的昭義鎮》，成都：四川師範大學碩士論文，2003 年。

6. 夏炎：《唐代州級行政體制研究》，天津：南開大學歷史系博士論文，2005 年。

四、單篇論文

1. 卞孝萱：〈唐代的支度使與度支使〉，《中國社會經濟史研究》，1983 年第 1 期。

2. 長部悦弘：〈唐代州刺史研究——京官との關連〉，《奈良史學》第 9 號，1991 年。

3. 陳明光、王敏：〈唐朝開元天寶時期節度使權力狀況析論〉，《廈門大學學報》，2006 年第 3 期。

4. 陳爽：〈近 20 年中國大陸地區六朝士族研究概觀〉，（日）《中國史學》第 11 卷，2001 年 10 月。

5. 陳翔：〈唐代後期澤潞鎮軍事地位的變化〉，《中國歷史地理論叢》，2008 年第 3 期。

6. 陳翔：〈再論安史之亂的平定與河北藩鎮的重建〉，《江漢論壇》，2010 年第 1 期。

7. 陳寅恪：〈論韓愈〉，氏著《金明館叢稿初編》，北京：三聯書店，2001 年。

8. 陳仲安：〈唐代使職差遣制〉，《武漢大學學報》，1963 年第 1 期。

9. 成一農：〈唐代地緣政治結構〉，李孝聰主編《唐代地域結構與運作空間》，上海：上海辭書出版社，2003 年。

10. 池田溫：〈採訪使考〉，《第一屆國際唐代學術會議論文集》，臺北：學生書局，1989 年。

11. 鄧小南：〈走向「活」的制度史——以宋代官僚政治制度史研究爲例的點滴思考〉，《浙江學刊》，2003 年第 3 期。

12. 杜文玉：〈論唐代員外官與試官〉，《陝西師範大學學報》，1993 年第 3 期。

13. 杜文玉：〈唐代内諸司使考略〉，《陝西師範大學學報》，1999 年第 3 期。

14. 杜文玉：〈唐五代的助禮錢與諸司禮錢〉，《陝西師範大學學報》，2004 年第 2 期。

15. 樊文禮：〈唐代平盧淄青節度使略論〉，《煙臺師範學院學報》，1993 年第 2 期。

16. 樊文禮：〈安史之亂以後的藩鎮形勢與唐代宗朝的藩鎮政策〉，《煙臺師範學院學報》，1995 年第 4 期。

17. 馮培紅：〈論唐五代藩鎮的帶職現象——以檢校、兼、試官爲中心〉，高田時雄主編《唐代的宗教文化與制度》，京都：京都大學人文科學研究所，2007 年。

18. 郭鋒：〈唐代道制改革與三級制地方行政體制的形成〉，《歷史研究》，2002 年第 6 期。

19. 韓國磐：〈唐末五代的藩鎮割據〉，氏著《隋唐五代史論集》，北京：三聯書店，1979 年。

20. 胡寶華：〈唐代朝集制度初探〉，《河北學刊》，1986 年第 3 期。

21. 胡寶華：〈唐代御史地位演變考〉，《南開學報》，2005 年第 4 期。

22. 胡戟、胡樂：〈試析玄武門事變的背景內幕〉，《唐史學會論文集》，西安：陝西人民出版社，1986 年。

23. 黃河舟：〈長孫皇后籍貫小考〉，《人文雜誌》，1986 年第 2 期。

24. 黃清連：〈忠武軍：唐代藩鎮個案研究〉，《中央研究院歷史語言研究所集刊》，第 64 本第 1 分，1993 年。

25. 黃清連：〈杜牧論藩鎮與軍事〉，黃清連主編《結網編》，臺北：東大圖書公司，1998 年。

26. 黃修明：〈論唐代的縣政官員〉，《大陸雜誌》，第 101 卷第 3 期，2000 年。

27. 黃修明：〈唐代縣令考論〉，《四川師範學院學報》，1997 年第 4 期。

28. 黃修明：〈論唐代縣制〉，《淮北煤炭師範學院學報》，1999 年第 1 期。

29. 黃永年：〈論安史之亂的平定和河北藩鎮的重建〉，《中國古代史論叢》第一輯，福州：福建人民出版社，1981 年。

30. 賈志剛：〈唐代地方長吏的交接替代〉，《鄭州大學學報》，2007 年第 3 期。

31. 蔣愛花：〈賴瑞和《唐代基層文官》〉，榮新江主編《唐研究》第十二卷，北京：北京大學出版社，2006 年。

32. 江曉敏：〈唐宋時期的中央與地方財政關係〉，《南開學報》，2003 年第 5 期。

33. 金宗燮：〈五代時期中央對地方的政策研究──以對州縣政策為主〉，張國剛主編《中國社會歷史評論》第四輯，北京：商務印書館，2002 年。

34. 堀敏一：〈藩鎮親衛軍的權力結構〉，收入劉俊文主編《日本學者研究中國史論著選譯》第四卷《六朝隋唐》，北京：中華書局，1992 年。

35. 賴青壽：〈唐代州縣等第稽考〉，《中國歷史地理論叢》，1995 年第 2 期。

36. 賴瑞和：〈論唐代的侍御史知雜〉，《中華文史論叢》，2006 年第 2 期。

37. 賴瑞和：〈論唐代的檢校官制〉，《漢學研究》，第 24 卷第 1 期，2006 年 6 月。

38. 賴瑞和：〈論唐代的州縣「攝」官〉，杜文玉主編《唐史論叢》第九輯，西安：三秦出版社，2007 年。

39. 賴瑞和：〈論唐代的檢校郎官〉，杜文玉主編《唐史論叢》第十輯，西安：三秦出版社，2008 年。

40. 李方：〈從西州兼攝官看唐前期地方行政體制及其變化〉，張國剛主編《中國社會歷史評論》第四輯，北京：商務印書館，2002 年。

41. 李方：〈論唐西州官吏的任用類別〉，《新疆師範大學學報》，2006 年第 1 期。

42. 李錦繡：〈唐代的勒留官〉，氏著《唐代制度史略論稿》，北京：中國政法大學出版社，1998 年。

43. 李錦繡：〈唐代「散試官」考〉，同上。

44. 李樹桐：〈唐楊文幹反辭連太子建成案考略〉，氏著《唐史考辨》，臺北：中華書局，1965 年。

45. 李文瀾：〈從唐代地方長官的選任看中央與地方的政治關係——以山南荊楚爲例〉，《魏晉南北朝隋唐史資料》第十九輯，武漢：武漢大學文科學報編輯部，2002 年。

46. 李燕捷：〈唐代後期内外官主要經濟收入對比——唐代内外官輕重問題研究〉，《晉陽學刊》，1990 年第 1 期。

47. 李燕捷：〈唐代後期内外官輕重辨〉，《社會科學戰線》，1992 年第 4 期。

48. 李燕捷：〈唐代祿制與内外官之輕重〉，《河北學刊》，1994 年第 5 期。

49. 李燕捷：〈從内外官遷轉規律看唐代内外官遷轉之輕重〉，河北師範學院編《祝賀胡如雷教授七十壽辰中國古史論叢》，石家莊：河北教育出版社，1995 年。

50. 李英祥、尹春明：〈唐玄武門之變眞相初探〉，《河北師範大學學報》，1999 年第 1 期。

51. 李治安：〈論古代中央與地方關係的演化和若干制約因素〉，《天津社會科學》，1996 年第 4 期。

52. 礪波護：〈唐代的縣尉〉，劉俊文主編《日本學者研究中國史論著選譯》第四卷《六朝隋唐》，北京：中華書局，1992 年。

53. 林冠群：〈僕固懷恩〉，《中國邊政》，第 78 卷，1982 年。

54. 林偉洲：〈河南道軍事權力的爭奪——安史動亂期間（755～762）的一個區域研究〉，《研究與動態》，第 12 期，2005 年 6 月。

55. 劉海峰：〈唐代俸料錢與内外官輕重的變化〉，《廈門大學學報》，1985 年第 2 期。

56. 劉後濱：〈論唐代縣令的選授〉，《中國歷史博物館館刊》，1997 年第 2 期。

57. 劉後濱：〈李方《唐西州行政體制考論》〉，榮新江主編《唐研究》第九卷，北京：北京大學出版社，2003 年。

58. 劉後濱：〈唐宋間選官文書及其裁決機制的變化〉，《歷史研究》，2008 年第 3 期。

59. 劉健明：〈論韓愈和李紳——臺參的爭論〉，《大陸雜誌》，第 70 卷第 6 期，1985 年。

60. 劉健明：〈氣賀澤保規編《唐代墓誌所在總和目錄》〉，榮新江主編《唐研究》第五卷，北京：北京大學出版社，1999 年。

61. 劉建偉：〈唐代武寧鎮的依附性與游離性〉，《徐州師範學院學報》，1988年第 1 期。

62. 劉詩平：〈唐代前後期内外官地位的變化──以刺史遷轉途徑爲中心〉，榮新江主編《唐研究》第二卷，北京：北京大學出版社，1996 年。

63. 陸揚：〈從西川和浙西事件論元和政治格局的形成〉，榮新江主編《唐研究》第八卷，北京：北京大學出版社，2002 年。

64. 陸揚：〈從新出墓誌再論九世紀初劍南西川劉闢事件及其相關問題〉，《唐研究》第十六卷，北京：北京大學出版社，2011 年。

65. 羅榮添：〈獨孤及考證〉，《大陸雜誌》，第 48 卷第 3 期，1974 年。

66. 馬馳：〈唐幽州境僑治羈縻州與河朔藩鎮割據〉，榮新江主編《唐研究》第四卷，北京：北京大學出版社，1998 年。

67. 馬建紅：〈《唐刺史考全編》拾補〉，杜文玉主編《唐史論叢》第十二輯，西安：三秦出版社，2010 年。

68. 毛漢光：〈魏博二百年史論〉，氏著《中國中古政治史論》，上海：上海書店出版社，2002 年。

69. 毛陽光：〈《唐刺史考全編》新訂補〉，《文獻》，2006 年第 1 期。

70. 毛陽光：〈《唐刺史考全編》再訂補〉，《文獻》，2007 年第 2 期。

71. 孟憲實：〈唐代前期的使職問題〉，吳宗國主編《盛唐政治制度研究》，上海：上海辭書出版社，2003 年。

72. 倪豪士（William H. Nienhauser，Jr.）：〈略論碑誌文、史傳文和雜史傳記：以歐陽詹的傳記爲例〉，《第一屆國際唐代學術會議論文集》，臺北：學生書局，1989 年。

73. 寧欣：〈唐朝巡院及其在唐後期監察體系中的地位和作用〉，《北京師範學院學報》，1989 年第 6 期。

74. 潘明福：〈《唐刺史考全編》補遺〉，《文獻》，2005 年第 2 期。

75. 齊勇鋒：〈中晚唐賦入「止於江南八道」說辨疑〉，史念海主編《唐史論叢》第二輯，西安：陝西人民出版社，1987 年。

76. 齊勇鋒：〈「度支使」與「支度使」〉，《歷史研究》，1983 年第 5 期。

77. 青海省文物管理處考古隊：〈青海大通縣上孫家寨出土的舞蹈紋彩陶盆〉，《文物》，1978 年第 3 期。

78. 仇鹿鳴：〈從「羅讓碑」看唐末魏博的政治與社會〉，《歷史研究》，2012年第 2 期。

79. 日野開三郎：〈藩鎮體制和直屬州〉，《東洋學報》，第 43 卷第 4 號，1951年。

80. 日野開三郎：〈觀察處置使について──主として大曆末まで〉，《日野開三郎東洋史學論文集》（第三卷），京都：三一書房，1980 年。

81. 日野開三郎：〈五代鎮將考〉，劉俊文主編《日本學者研究中國史論著選譯》第五卷《五代宋元》，北京：中華書局，1993 年。

82. 森部豐：〈藩鎮昭義軍の成立過程について〉，野口鐵郎編《中國史における教と國家》，東京：雄山閣，1994 年。

83. 森部豐：〈唐沢潞昭義軍節度使考：中晚唐期における唐朝と河北藩鎮の関係をめぐって〉，野口鐵郎先生古稀紀念集刊行委員會編：《中華世界の歷史的展開》，東京：汲古書院，2002 年。

84. 松井秀一：〈盧龍藩鎮考〉，《史學雜誌》，第 68 卷第 12 號，1959 年。

85. 孫繼民：〈唐大中四年申岸撰墓誌文考釋〉，杜文玉主編《唐史論叢》第八輯，西安：三秦出版社，2006 年。

86. 汪籛：〈唐太宗樹立新門閥的意圖〉，氏著《汪籛隋唐史論稿》，北京：中國社會科學出版社，1981 年。

87. 王永興：〈關於唐後期方鎮官制新史料考釋〉，北京大學中國中古史研究中心編《紀念陳寅恪先生誕辰百年學術論文集》，北京：北京大學出版社，1989 年。

88. 王國堯：〈李德裕與澤潞之役──兼論唐朝於 9 世紀中所處之政治困局〉，《唐研究》第十二卷，北京：北京大學出版社，2006 年。

89. 王靜：〈唐長安城中的節度使宅第──中晚唐中央與方鎮關係的一個側面〉，《人文雜誌》，2006 年第 2 期。

90. 王靜：〈朝廷和方鎮的聯絡樞紐：試談中晚唐的進奏院〉，鄧小南主編《政績考察與信息傳遞──以宋代爲中心》，北京：北京大學出版社，2008 年。

91. 王賽時：〈唐代淄青鎮〉，《東嶽論叢》，1994 年第 2 期。

92. 王壽南：〈唐代御史制度〉，許倬雲等編《中國歷史論文集》，臺北：臺灣商務印書館，1986 年。

93. 王壽南：〈論僕固懷恩之叛〉，黃約瑟、劉健明主編《隋唐史論集》，香港：香港大學亞洲研究中心，1993 年。

94. 王韻：〈唐代的黜陟使〉，《中華文化論壇》，2008 年第 3 期。

95. 魏斌：〈第三屆「中國中古青年學者聯誼會」綜述〉，《中國中古史研究：中國中古青年學者聯誼會會刊》第二卷，北京：中華書局，2011 年。

96. 翁俊雄：〈唐代州縣等級制度〉，《北京師範學院學報》，1991 年第 1 期。

97. 吳鵬：〈書評：賴瑞和《唐代中層文官》〉，榮新江主編《唐研究》第十七卷，北京：北京大學出版社，2011 年。

98. 伍伯常：〈唐德宗的建藩政策——論中唐以來制御藩鎮戰略格局的形成〉，《東吳歷史學報》，第 6 期，2000 年 3 月。

99. 夏炎：〈試論唐代的州縣關係〉，《中國史研究》，2005 年第 4 期。

100. 夏炎：〈從刺史的地位看唐代內外官的輕重〉，杜文玉主編《唐史論叢》第九輯，西安：三秦出版社，2007 年。

101. 夏炎：〈試論唐代都督府與州的關係〉，《史學集刊》，2008 年第 2 期。

102. 夏炎：〈從州級官員設置的變動看唐代中央與地方的關係〉，《中國社會歷史評論》第九卷，北京：商務印書館，2008 年。

103. 閻步克：〈「品位——職位」視角中的傳統階制的五期變化〉，《歷史研究》，2001 年第 2 期。

104. 楊志玖：〈釋「臺參」並論韓愈和李紳爭論〉，《社會科學戰線》，1982 年第 3 期。

105. 于賡哲：〈從朝集使到進奏院〉，《上海師範大學學報》，2002 年第 5 期。

106. 郁賢皓：〈《唐刺史考全編》訂補〉，《南京師範大學學報》，2001 年第 3 期。

107. 袁英光：〈試論唐代藩鎮割據的幾個問題〉，中國唐史研究會編《唐史研究會論文集》，西安：陝西人民出版社，1983 年。

108. 張東光：〈唐代的檢校官〉，《晉陽學刊》，2006 年第 2 期。

109. 張東光：〈唐代任官形式中的知判問題〉，《鄭州大學學報》，2007 年第 1 期。

110. 張廣達：〈唐代的吏〉，《北京大學學報》，1989 年第 2 期。

111. 張國剛：〈唐代階官與職事官的階官化〉，《中華文史論叢》，1989 年第 2 期。

112. 張國剛：〈二十世紀隋唐五代史研究的回顧與展望〉，《歷史研究》，2001 年第 2 期。

113. 張榮芳：〈唐代京兆府領京畿縣令之分析〉，黃約瑟、劉健明主編《隋唐史論集》，香港：香港大學亞洲研究中心，1993 年。

114. 張衛東：〈唐代中央與地方的博弈——以土貢為中心〉，《江漢論壇》，2007 年第 5 期。

115. 張衛東：〈唐代官員不願外任刺史原因新探〉，《江漢論壇》，2009 年第 3 期。

116. 張玉興：〈唐代縣主簿初探〉，《史學月刊》，2005 年第 4 期。

117. 張玉興：〈從統計資料看唐代縣尉的來源與遷轉途徑——兼論縣尉的兼任與差出及對縣政的影響〉，《甘肅社會科學》，2007 年第 2 期。

118. 張玉興：〈唐代縣令任期變動問題研究〉，《史學月刊》，2007 年第 9 期。

119. 張佐良：〈近三十年來的古代中央與地方關係研究綜述〉,《中國史研究動態》,2007 年第 12 期。

120. 趙冬梅：〈試述晚唐的兩種品位標誌與官僚生態〉,北京大學中國古代史研究中心編《鄧廣銘教授百年誕辰紀念論文集》,北京：中華書局,2008 年。

121. 趙璐璐：〈評《唐代中層文官》〉,（韓）《中國史研究》,第 62 輯,2009 年 10 月。

122. 趙望秦：〈略論唐代官制中的「守、行、兼」制度〉,杜文玉主編《唐史論叢》第八輯,西安：三秦出版社,2006 年。

123. 鄭炳俊：〈唐後半の地方行政體系について——特に州直達・直下を中心として〉,《東洋史研究》,第 51 卷第 3 號,1992 年。

124. 鄭炳俊：〈唐代の觀察處置使研究について——藩鎮體制の一考察〉,《史林》,第 77 卷第 5 號,1994 年。

125. 鄭炳林、張全民、穆小軍：〈唐李恪墓誌銘考釋與有關問題研究〉,《敦煌學輯刊》,2007 年第 3 期。

126. 中村圭爾：〈六朝における官僚制の敘述〉,《東洋學報》,第 91 卷第 2 號,2009 年。

127. 周寶珠：〈隋唐時期的汴州與宣武軍〉,《河南大學學報》,1989 年第 1 期。

128. 朱溢：〈論晚唐五代的試官〉,《國學研究》第十九卷,北京：北京大學出版社,2007 年。

博之殤──《陳翔唐史研究文存》跋

　　新年伊始，元月 23 日，陳翔的同門師弟胡耀飛君發來一則短訊：「花木蘭文化出版社已同意出版陳師兄文集。」並囑我寫一篇跋語，「記錄一下陳師兄的小時候，以及求學生涯，也算是保存陳師兄個人的史料。」耀飛君是浙江德清人，戰國時著名的鑄劍師干將、莫邪的小老鄉，適在復旦大學讀博。我們雖然同居上海，卻素未謀面。他與陳翔在陝西師大讀研時，先後師從杜文玉教授，甚相投契，主動承擔起收集、整理、編校陳翔遺著的責任。在一個物欲橫流、權錢當道的社會，實在難能可貴。據說德清縣名的由來，是因了「人若德行，如水至清」這句古語，良有以也！

　　陳翔是我大弟陳永和的第三子，一個地地道道的「草根」。爺爺是鐵匠，父親繼承爺爺的手藝和職業，在鐵與火的交熔碰撞中討生涯，直至有一片熾熱銳利的鐵屑奪去他的一隻眼睛。改行後雖然有過短暫的小小風光，不久就歸於平淡而且落寞，只得帶著他的家小東投西走，南北奔波，在社會的最底層掙扎打拼。家裏男孩兒多，本想將陳翔與鄰居的女兒交換，到底沒捨得。不曾想他卻生成一副文靜、靦腆、內向的性格，內向中帶著一份堅韌的固執。小時候，他就把讀書、求學當成一種樂趣、一種追求，和兩個哥哥大異其趣，好像天生就結緣於書籍，儘管他並不懂得「書籍豐富人生，知識改變命運」的格言。每天放學，除了偶爾打打乒乓球，每見他抱著一本書，或是一本《岳飛》，或是一本《文天祥》、《鄭成功》，那種小 32 開，帶著幾幅白描插圖的薄薄通俗讀物，獨自躲在房間裏靜靜閱讀。絕少看到他領著小夥伴回家踔騰，或是在外頭打打鬧鬧。

　　家境的困頓，讓一顆本應天真爛漫的幼小心靈承受了大人們無法解語的

巨大壓力，過早變得敏感而老成。然而，生當改革開放的大時代，社會的五光十色不可能不對一個寂寞的小學生產生誘惑。有一次他纏著奶奶要了一塊錢去打遊戲，恰巧他媽媽從外地回來，奶奶告了一狀。媽媽找到那家遊戲廳，喊他出來，並沒有罵他。陳翔默默地從兜裏掏出剩餘的七角錢交到媽媽手裏，說以後我不打了。他果然從此絕跡於此類場所，並且立下志願，一定要考上大學，爲家庭爭氣，不讓人看衰。剛上初中，他就要媽媽教他洗衣服，說是上了大學，總不能帶著媽媽來幫忙。到了初二下學期，好像是應了他的預感，父母帶著兩個哥哥到外省謀生去了，他真地要自己做飯，自己洗衣，獨立地生活了。可憐天下父母心。臨行前父母用僅有的錢給他訂了一份羊奶。時不時地，媽媽會乘火車回來看他一下，走時留幾箱速食麵，給他當點心，也當正餐。有一次媽媽擔心地問：「你一個人在家，會不會跟街上那些皮孩子學壞？」陳翔搖搖頭說：「我跟他們不和，講都講不攏。」在那個由廈門管轄的東南繁華小鎮，雖然也有其他親友的過問，但能給他溫情和關愛的，莫過於他的一位表嫂。表嫂讀過幼師，在街道幼稚園當老師，深諳兒童心理，精明、幹練又不乏愛心。但表嫂的經濟也不寬裕，每月不過幾百塊錢，還有兩個女兒需要撫養。從初三到高三，四年艱辛歲月，陳翔就靠著每天幾角錢的一份羊奶和一箱箱速食麵，以及表嫂家的關愛扶助，支撐到畢業。那些年他主要的娛樂，就是周末在表嫂家的客廳看電視上的足球比賽，有時就攤開一領席子躺到廳裏，看著看著就睡著了。父母忙於生計，實在顧不上他，他也因此得以平平靜靜一門心思地讀書學習。奇怪的是他竟然沒有像模像樣地病過一回，真是上蒼的眷顧。

　　陳翔考上泉州師院歷史系，得力於他在泉州當醫生的姑姑和姑父，及時幫他調整了志願。這一調整，徹底改變了他的人生軌跡，注定他要與歷史學廝磨終生。上了大學，吃住在學院裏，方方面面都得到姑姑、姑父的關照。泉州的親屬或多或少都給他一些資助。姑姑家也有兩個女兒，年紀相當；一向疼愛他的奶奶也在這裏，家庭的溫馨重又縈繞著他，他長高了，長壯了，也長帥了，活潑了很多。一向膽小、老實、沉默寡言的他，有一次竟然大大地調皮了一下。一天晚上，正是上晚自習的時候，教室、宿舍、操場突然斷電，整個學院剎那間好像陷入萬丈深淵。學生們先是詫異，繼而喧嘩，然後有人就惡作劇地率先敲起了臉盆。很快，叮叮鐺鐺的臉盆、牙缸敲擊聲撕破黑暗，震響夜空，攪得一片沸騰，久被紀律羈束的青春騷動不經意間找到一

個出口。學院保衛科放出狠話，要揪出帶頭鬧事的學生，嚴肅校紀，以儆效尤。恰巧我來泉州省親，陳翔惴惴地把事情告訴了我。一看他的眼神，我立即意識到，他很可能就是領頭敲盆者之一，說：「別怕，別理他們這一套，學校斷電，責任在領導。」

大專畢業考本科，大家庭是支持的，又是泉州的姑姑、姑父最爲用心，最爲賣力。陳翔有了一次考本失敗的教訓，應考復習，全力以赴。往往是別人都睡了，他還在宿舍外借著幽幽路燈埋頭苦讀。終於，在同批考生中，他以前四名的榮譽，考入福建師大歷史系。行前我無以爲贈，送給他一本拙作小說散文集，只在扉頁上題了一句古訓：「艱難苦厄，玉汝以成。」不料他好像讀書讀出了癮，本科畢業，他要考研了，根本沒把我們替他籌畫的某重點中學的教師職位當回事。他跟他父親說：「到中學教書，無非讓我早點結婚生子，組織小家庭，和大多數人一樣，那有什麼意思？」他說他學歷史，書是越讀越深，越讀越有趣味。他說他想的是做學問，當學者。「清苦就清苦一點，我不怕清苦。」我大弟的脾氣與他的名字一樣，永遠是一團和氣，從不違拗子女的意願。以我世俗務實的觀念，實在難以理解他的雄心壯志。或許陳翔確實是外表文弱，內心強大，一旦認準目標就「咬定青山不放鬆」，具有百折不撓一往無前的定力。毅然決然地，他又以超過分數線 78 分的驕人成績考到了西安，成爲中國唐史學會副會長兼秘書長杜文玉教授的入室弟子。讀研三年，主要靠微薄的國家助學金生活，老師看他日子清苦，寒暑假推薦他做做家教、改改試卷，掙一點傭金。有一次我在電話裏問他，西安的碑林和大雁塔去過沒有？他說等畢業了工作了再去吧！連近在市區的名勝古跡都捨不得花點錢去遊覽一下，更無論郊區的兵馬俑、華清池了。

其實，陳翔早在心裏謀畫好了攻讀博士的路線圖。拿到碩士文憑，爲了不給拮据的家庭帶來經濟負擔，陳翔又和安康學院簽了委培合約，興高采烈，躊躇滿志地奔赴珞珈山麓東湖堤畔，叩開那座擁有一百多年歷史的「國立武漢大學」，投在前中國唐史學會會長朱雷教授門下，主攻唐代政治史和制度史。朱雷教授想必是深知閩人極重宗族及其源流的，有一次問陳翔，「你的祖先從哪裏來？」陳翔無以爲答，轉問於我。我說閩臺陳姓主要有三派：一派是「將軍派」，係「開漳聖王」陳元光後裔，唐時由河南固始遷入；一派是「義門派」，南朝陳後主之弟陳叔明的傳人，宋代由江西九江析莊而來；一派爲「太傅派」，唐玄宗李隆基的老師、太子太傅陳邕，因遭權相李林甫迫害，開元二

十四年（736）被讁入閩，舉家從長安徙居漳州南廂山，建「延福報劬南院」。我們這個家族就屬於「太傅派」，雖然也稱「潁川衍派」，但「丁號」卻是「南院傳芳」。先祖於明朝成化年間由漳州圳尾遷至泉州南安園頭村，迄今已歷四百餘年。這是我從臺灣堂哥保存下來的族譜得知的。

匆匆又是四年。2010 年 7 月，陳翔夢想成真春風得意，把目不識丁的媽媽接到武漢參加自己的畢業典禮。戴著博士帽，拍過博士照，學成履約，義無反顧地從白雲黃鶴之鄉，穿越重重隧道，來到位於秦嶺大巴山腹地的安康學院，執教於政治與歷史系，還主持陝西省教育廳的一項科研課題。期間他曾陸續給我寄來他發表的幾篇史學論文，我是外行，看不出什麼門道，勉勵之餘，只能就語言、修辭提一點意見。因為不管是「論由史出」還是「以論統史」，表達是至關重要的。翌年秋初，我赴雲貴川旅行，從武當山下來，擬去四川大足看佛教石刻，路過安康，特意下車來看望這位多年未見的侄子。出站相見，第一感覺是：瘦了，老了。到得他的宿舍，卻見四堵蕭然，一派清貧。偌大房間，惟一床一桌一椅一檯電腦，再有就是圖書了。他在陽臺上置了幾件灶具，幾乎每天靠著下餃子過日子。他領我參觀了校園和市博物館，又帶我逛了逛古稱「金州」的安康老城廂和頗具現代氣息的漢水之濱，在這裏盤桓了兩三天。交談中，陳翔對史學大師陳寅恪（1890～1969）的人格學問思想文章推崇備至。我提到某一另類文史學者曾說，他是以自己的處境看歷史的。陳翔應聲接言：「我也是以自己的處境看歷史的。」我從西南倦遊返滬，因為惦記釣魚島，託他查找明清兩代冊封琉球國使者的著述，很快便收到他網購的三部古籍，是二十世紀三十年代商務印書館影印本的重版，裝幀古樸，插圖清晰，讓我得以撰寫並發表〈漳人‧媽祖‧琉球海溝〉一文，了卻一樁心事。未久，我到福州路舊書肆淘書，看到葛兆光編選的一本《學術薪火——三十年代清華大學人文社會學科畢業生論文選》，裏面有兩篇關於唐代政治、經濟的論文，有的還附有陳寅恪、吳宓（1894～1978）等大師的評語和評分，殊堪珍惜。我連忙購下，準備寄給他作資料。不料書未寄出，卻得到陳翔突病送醫的消息，心猛地一沉，一刹時懵了。不知是不是心靈感應，頭天晚上，我竟無緣無故地輾轉反側，一夜無眠。

時間就定格在這裏：2012 年 10 月 18 日上午，陳翔抱病堅持上完兩節課，十點左右乘通勤車由北校區返回東校區宿舍，十點四十分突發腦溢血，深度昏迷，送醫搶救。第二天凌晨，媽媽和二哥趕來，只見他直挺挺地躺在中心

醫院重症監護室，對外界已無任何反應。在親屬的一再要求下，校方派出專車，馳往西安接請神經內科專家。當晚九點半，專家趕到，經過會診，決定進行血液透析。專家說，希望渺茫，只能靠他身體內在的活力和運氣了。此前，醫院主任醫生多次跟親屬表示，陳翔可能已經腦死亡。他的心跳、血壓、呼吸都只能靠藥物和器械維持。第四天早晨七點半，醫院通知親屬，陳翔去世。那個溫和的總是面帶微笑的青年學人，就這樣從我們的生活中永遠消失了！足球場和音樂會，再也看不到他那熟悉的身影。

陳翔 1979 年 11 月 11 日生人，屬羊；2012 年 10 月 21 日離世，只在人世間逗留了短暫的三十三個春秋。在安康學院執教這兩三年，經過一番操練和熱身，當他積蓄了足夠的正能量，準備讓自己的教學春天與學術生命絢麗綻放的時候，厄運降臨了。他在北校區 1224 教室，爲歷史教育 2011 級 1 班的學生上了最後一課，講的是「隋唐史專選」。據說學院的某位領導聞訊之後，喟然歎道：「老天不公！」在我看來，這完全是過度疲勞所致，標標準準的「過勞死」！梁啓超（1873～1929）曾有名言：「戰士死於沙場，學者死於講壇」，說的是一種人生境界。

安康學院爲陳翔舉行了規格不低的追悼會。靈堂肅穆，哀樂低回；悲聲凝氛，素花似雪。校方在悼詞中評價他：「爲人忠厚，襟懷坦白；謙虛謹愼，平易近人；生活節儉，艱苦樸素。」「以強烈的愛心和較強的業務能力，贏得了同事的好評，深受學生的愛戴，學生親切地稱他爲『翔哥』。」應該說，忠厚、誠信、善良、正直，正是這個「草根」博士的本質。但他涉世未深，過於天眞幼稚，好像一鑽進「故紙堆」，就可以不食人間煙火，也不探出頭來，看一看當今的時態世相。

陳翔三十三年青春生命的代價，是校方按照某種慣例計發的一筆 20520 元的一次性撫恤金。他的父母一再請求校方以用人單位或工會的名義，向當地政府有關部門申請工傷認定。所謂「工傷」，指的是因工作而受傷或死亡。然而校方聲稱，經過諮詢安康市人力資源和社會保障局的業務經辦人，認爲陳翔突病身亡，不符合規定，不能申報工傷。陳翔怎麼也不會料到，從九點半到十點四十分，短短的幾十分鐘；從北校區到東校區，近近的幾千米路程，竟然成爲他此生的終點。他又怎麼會料到，就是這短短的幾十分鐘，他就不被承認爲「工作時間」？就是這近近的幾千米路程，他就不被承認在「工作崗位」了？至於那個必須「在 48 小時內經搶救無效死亡」的時間界定，對於

認定是不是屬於「工傷」，並無絲毫科學根據，亦無任何法理依據。陳翔父母說，稍微有點人性的人，都不可能爲了卡合這個鐘點，而對正在施救的醫生喊停。人性如此，人道如此！

　　陳翔從閩南來到陝南，教教書，寫寫論文，踢踢足球，有時也會在學校的晚會上一展歌喉。他歌唱得滿好，音色明亮、優美。三十出頭，青春正富。一米七八的個頭，和顏悅色，活蹦亂跳，前前後後不過兩年多；及至歸去，卻成了父母手中的一抔骨灰。哀哉！白髮人送黑髮人，眼在垂淚，心在滴血，手在顫抖！陳翔這一走，家庭的頂樑柱倒了，父母心中的精神支柱垮了。晚年喪子，哀莫大焉；一夜之間，灰霜滿面。父母都是往七十上奔的人了，沒有文化，沒有精力，沒有體力，也沒有財力。他們只是希望能夠得到法律援助，替這位被學生們親切稱爲「翔哥」的草根博士，討回「盡瘁講壇」的公道。

　　父母把他帶回泉州，安置在皇跡山陵園，和爺爺、奶奶相伴。皇跡山是閩王王審知（862～925）的二哥、唐武肅王王審邽（858～904）的陵寢之所，確是一方風水寶地。陳翔生爲唐太子太傅的裔孫，學的是唐史，寫的是唐論，逝後歸葬於唐武肅王之側，莫非這就是宿命？陳翔出生滿月之際，他父親給他取名爲「陳挺」，緣於對葉挺（1896～1946）將軍的崇拜。後來大概覺得「挺」字過於硬氣，容易折損，又給他改名爲「翔」，希望他能飛出小小馬巷，到更廣闊的天地間翱翔。然而他沒有想到，翱翔也有鎩羽的風險。痛定思痛，痛何如哉！

　　逝者往矣，惟留許多遺憾和痛楚在我們家族心頭，揮之不去……

二〇一三年二月四日，立春，滬上

整理後記

經過五個月的艱辛，陳翔博士的遺著終於要面世了。在此，作爲遺著整理者，我們覺得有必要在此寄託一下我們的哀思，並感謝爲陳博士遺著的出版付出貢獻的相關人士。

2012 年 10 月 21 日，陳翔博士因突發腦溢血，逝世於安康學院政史系講師（去世後追評爲副教授）任上。此後，各地的師友都以不同的方式表達了哀思。廈門大學歷史系魯西奇教授聽到噩耗後，第一時間寫下了懷念文字〈陳翔，如果我沒有答應你，你可能不會走吧？〉；陳博士的碩士師弟，復旦大學歷史學系博士生胡耀飛，整理了陳博士的論著目錄，並寫下〈懷念陳翔師兄〉一文。

另外，一位熱心人士爲陳博士在「天堂紀念網」上創建了紀念網頁，從而讓師友們有寄託哀思的平臺。現冒昧摘錄數則，以見陳博士生前的交誼：

匿名：「本科迎新時您的熱情，本科畢業時您的〈一路上有你〉，都讓我們印象深刻！如此活躍的你，卻獨自一個人走了，陳翔師兄，一路走好！」（2012 年 10 月 25 日）

魏德樂：「泉州師院 98 歷史系，因你而驕傲。一路飛翔，歷史天空，因你精彩。」（2012 年 11 月 2 日）

匿名：「很想和你再去吹吹風，去吹吹風……老班長，一直很想你。鐵桿的 AC 米蘭球迷，我的好球友。」（2012 年 11 月 2 日）

匿名：「陳翔老師爲人忠厚，襟懷坦白；謙虛謹愼，平易近人；生活節儉，艱苦樸素。杜鵑泣血，百靈哀鳴，晴空一聲霹靂，噩耗猛然當頭，不料陳翔老師闔然長辭，撒手西去。想當年，中流砥柱耀杏壇；値此日，星沉月落盡

哀音。良師風範，流芳百世。陳翔老師形象永不泯滅！」（2012 年 12 月 2 日）

還有一位熱心人士為陳博士在「紛紛雨紀念網」上創建了紀念網頁，也成為師友們寄託哀思的平臺。現冒昧摘錄數則，再見陳博士生前交誼：

胡耀飛：「澤潞起家，續論有唐中央與地方，惜乎藩鎮研究未終；福建揚帆，深造古城西安和武漢，可歎金州執教早歿！」（2012 年 10 月 22 日）

學生：「輕輕地您走了，但您卻永遠留在我們 10 級政本班的同學們心中，我們會永遠記著您。翔哥，走好！」（2012 年 10 月 23 日）

在陳博士生前就讀的陝西師範大學歷史文化學院主辦的「西嶽論壇」上，也有師友表達了哀思，謹再次冒昧摘錄數則：

程義：「記得武漢年會的時候，有個姓陳老師，安康學院的，因為我在漢中呆過，有去安康帶學生實習過，所以對安康還是有些感情的。所以就很談得來，記得還說到要他給我拷貝《石刻史料新編》的事。因為忙這忙那的，也沒寄移動硬盤過去。今早打開『往復（論壇）』一看，陳翔仙逝了，竟然就是安康師院有一面之交的陳翔！驚恐萬分！陳兄走好！」（2012 年 10 月 23 日）

拜根興：「去年武漢唐史年會上見過一面，很精神、很認親、十分和藹的一個小伙。昨天從杜老師處得悉其病亡，英年早逝，可惜！可惜！」（2012 年 10 月 23 日）

三省齋：「〈悼陳老師〉：噩耗傳來驚破魂，始信天地無人情。菊潭之水遙千里，願御長風為君尋！」（2012 年 10 月 27 日）

師友們從生活和學術不同角度追憶了與陳博士的交往，使我們感到，更有責任把陳博士的遺著付諸鉛字了。於是，經過一番努力後，2013 年 1 月，我們通過臺灣科技大學兼任助理教授張正田先生居中聯絡，與臺灣花木蘭文化出版社總編輯杜潔祥先生達成了出版合作事宜，承蒙同意，以《陳翔唐史研究文存》為書名，收入該社「古代歷史文化研究輯刊」中。隨後，即開始了陳博士遺著的整理工作。

在此，有必要對本書相關章節的具體整理情況進行介紹：

一、本書上編為陳博士在武漢大學撰寫的博士論文，故以博士論文原文為基礎，參考了曾陸續抽出發表的相關論文：

1. 第一章第二節第二部分，曾修改為〈唐代地方正官帶京銜研究綜述〉，發表於樊英峰主編《乾陵文化研究》第七輯，西安：三秦出版社，2012年 12 月。

2. 第三章，曾修改爲〈唐代地方正官帶京銜現象之研究〉，2011 年 7 月
宣讀於武漢大學歷史學院主辦的「唐長孺先生百年誕辰紀念國際學術
研討會暨中國唐史學會第十一屆年會」，待刊於《江漢論壇》。

3. 第四章，曾修改爲〈唐代中央與地方關係問題新探——以幕職差攝州
縣的政策爲中心〉。

二、本書下編爲陳博士在陝西師範大學撰寫的碩士論文，以及其他單篇論
文和書評，其中碩士論文以原文爲基礎，參考了曾陸續抽出發表的相關論文：

1. 第一章的第一、三部分，曾修改爲〈唐代澤潞鎮建置及擴建考〉，發表
於《江西社會科學》，2013 年第 2 期。

2. 第二章的第二、四部分，曾修改爲〈唐代後期澤潞鎮軍事地位的變化〉，
發表於《中國歷史地理論叢》，2008 年第 3 期，並被北京中國人民大
學複印資料《魏晉隋唐史》2009 年第 1 期全文轉載。

三、本書下編其餘文章是陳博士在碩、博士論文之外單獨發表的其他主
題論文和書評，故以原文爲基礎進行整理，這些論文包括：

1.〈再論安史之亂的平定與河北藩鎮的重建〉，《江漢論壇》，2010 年第 1
期。

2.〈玄武門事變新論〉，樊英峰主編《乾陵文化研究》第六輯，西安：三
秦出版社，2011 年 12 月。

3.〈唐代「踏歌」習俗〉，《華夏文化》，2005 年第 1 期。

4.〈《唐刺史考全編》拾遺、訂正〉，杜文玉主編《唐史論叢》第十四輯，
西安：陝西師範大學出版社，2012 年。此文爲陳博士生前所申請的陝
西省教育廳科學研究項目「唐代中央與地方關係研究——以三類地方
官爲中心」（項目編號：11JK0228）的階段性成果。

5.〈書評：賴瑞和《唐代中層文官》〉，《漢學研究》，第 30 卷第 2 期，2012
年 6 月。

6.〈書評：張正田《「中原」邊緣——唐代昭義軍研究》〉，第二作者秦中
亮，榮新江主編《唐研究》第十八卷，北京：北京大學出版社，2012
年 12 月。此文爲 2011 年安康學院高層次人才科研項目「唐五代澤潞
鎮的若干問題研究」（項目編號：AYQDRW201116）的階段性成果。

四、陳博士生前曾參與過兩次學術合作，相關情況爲：

1. 2011 年 9～10 月，在陝西師範大學歷史文化學院王雙懷教授的引介下，

陳博士參與編寫該院李宗俊副教授負責的《清正廉潔的陝西人》一書，撰寫了五萬餘字的 21 則歷史上清正廉潔的陝西人小傳，時間範圍從秦漢到明清，皆有涉及。但作爲普及性的讀物，本書僅能選取其中 5 則涉及到唐代人物的小傳，匯集爲〈清正廉潔的唐代陝西人〉。雖然遺憾，但也足以懷念。

2. 2012 年 9 月，在師弟胡耀飛的引介下，陳博士參與了河北大學宋史研究中心彭文峰講師申請的「唐代墓誌中的人名官名資料整理與研究」國家社科基金項目（項目編號：11CZS010），負責整理《唐代墓誌彙編續編》中的相關材料，但尚未來得及展開具體的整理工作，便已辭世，悲愴無已！因此也就無法展示陳博士在這個項目中的具體成果了。不過對賴瑞和《唐代中層文官》一書的書評，因爲用到許多墓誌銘，故署了該項目。

另外，陳師兄女友高靜女史提供的遺稿中，有〈唐代皇后籍貫的地理分佈〉一文，雖然沒有統計表，但正文考證部分尚在，所提供的結論也彌足珍貴，故依然納入本書。

至於陳博士還在《中國唐史學會會刊》第二十三期（2004 年 10 月）發表與同門陳麗、崔北京合作整理的〈2003 年隋唐五代史論文索引〉，以張衛東爲第一作者合作發表〈唐代文儒孫逖家族研究〉（《江西社會科學》，2010 年第 9 期）一文，又在 2011 年 6 月安康學院 2011 屆學生畢業典禮上進行主題發言，這些或非陳師兄個人著述，或與唐史無關，本書不再收錄。

我們的整理工作是在陳博士的碩士導師、陝西師範大學歷史文化學院杜文玉教授，陳博士的博士導師、武漢大學歷史學院朱雷教授，以及廈門大學歷史系魯西奇教授的指導下進行的。參與整理的有：復旦大學歷史學系博士生胡耀飛、上海大學歷史系博士生秦中亮、陝西師範大學歷史文化學院碩士生謝宇榮。定稿後又承蒙陳博士的碩士師兄、濱州學院歷史與社會學系副教授王鳳翔審定。另外，陝西師範大學歷史文化學院王雙懷教授、李宗俊副教授、河北大學宋史研究中心彭文峰老師、《江漢論壇》編輯部張衛東編審也在百忙之中時刻關注。又承蒙朱雷教授、杜文玉教授賜序。花木蘭文化出版社北京聯絡處的楊嘉樂、陳世東老師則先後承擔了出版方面的聯絡與編輯工作。在此，謹向上述師友表示感謝！

在本書出版過程中，我們還得到了陳博士的父母，陳博士生前的女友、

安康學院政史系高靜女史，陳博士的伯父、散文家陳創先生，以及陳博士的侄女陳明彬等人的大力支持！陳創先生還爲此撰寫了跋文〈博之殤〉，從中可以看到陳博士一生求學與工作的經歷，並感受陳博士去世後親屬的悲痛之情。我們編輯此書，一來告慰陳博士在天之靈，二來也向陳博士的親屬表達我們的敬意！

最後，謹以此書奉獻給賜予陳博士生命的兩位老人：

陳永和先生、吳來晟女士。

編輯小組
癸巳年清明之際